Abusos
de Posição Dominante

Abusos de Posição Dominante

2012

Ricardo Bordalo Junqueiro
Advogado

ALMEDINA

ABUSOS DE POSIÇÃO DOMINANTE
AUTOR
Ricardo Bordalo Junqueiro
EDITOR
EDIÇÕES ALMEDINA, S.A.
Rua Fernandes Tomás, nºs 76, 78 e 79
3000-167 Coimbra
Tel.: 239 851 904 · Fax: 239 851 901
www.almedina.net · editora@almedina.net
DESIGN DE CAPA
FBA.
PRÉ-IMPRESSÃO
EDIÇÕES ALMEDINA, S.A.
IMPRESSÃO E ACABAMENTO
COMPANHIA EDITORA DO MINHO
Outubro, 2012
DEPÓSITO LEGAL
349867/12

Apesar do cuidado e rigor colocados na elaboração da presente obra, devem os diplomas legais dela constantes ser sempre objeto de confirmação com as publicações oficiais.
Toda a reprodução desta obra, por fotocópia ou outro qualquer processo, sem prévia autorização escrita do Editor, é ilícita e passível de procedimento judicial contra o infrator.

 GRUPOALMEDINA

BIBLIOTECA NACIONAL DE PORTUGAL – CATALOGAÇÃO NA PUBLICAÇÃO

JUNQUEIRO, Ricardo Bordalo

Abusos de posição dominante. – (Monografias)
ISBN 978-972-40-4944-1

CDU 346

Aos meus Pais, que continuam sempre presentes, e a quem nunca pude retribuir tudo o que me deram.

À Joana, pela cumplicidade.

Aos nossos filhos, Leonor e Vasco.

AGRADECIMENTOS

Esta obra não teria sido possível sem diversos contributos que me cabe aqui agradecer.

Começo pela família, em especial, a minha mulher, Joana, os meus filhos, Leonor e Vasco, e a minha irmã Patrícia. Cada um à sua maneira são fundamentais para que consiga levar a bom porto os desafios com que me vou deparando na vida. A empreitada cujo resultado se encontra plasmado nas páginas que se seguem não foi exceção.

Uma referência é igualmente devida à equipa de Concorrência/U.E. da Vieira de Almeida & Associados, e, em particular, ao Dr. Nuno Ruiz, com quem, ao longo de mais de uma década, tenho tido o privilégio de aprender a pensar os problemas do direito da concorrência e a procurar sempre a excelência no trabalho.

Também ao Dr. Nuno Ruiz, mas, igualmente, ao Dr. Diogo Santos Pereira e à Dra. Carla Farinhas, agradeço terem lido e comentado versões preliminares de alguns dos capítulos desta obra. A pertinência das observações tecidas permitiu um substancial aumento da sua qualidade.

Não menos importante foi a ajuda do Dr. Alexandre Norinho de Oliveira no exercício de revisão dos textos, graças à qual diminuiu bastante a quantidade de erros e inconsistências.

Não obstante o que por todos foi aportado, cabe, contudo, chamar a mim próprio a responsabilidade exclusiva por eventuais erros, lapsos, inconsistências ou omissões, que a obra continue a apresentar.

Uma palavra final para a VdAcademia pelo apoio formal a este projeto, possibilitando assim a criação de condições para que fosse possível realizá-lo.

PREFÁCIO

Os últimos dez anos foram especialmente férteis no que toca à interpretação e aplicação do direito da concorrência aos abusos de posição dominante. Proliferaram as decisões administrativas a nível da União Europeia e dos Estados-membros e, inevitavelmente, a estas sucedeu-se a pronúncia dos tribunais. A Comissão Europeia anunciou, discutiu publicamente e, finalmente, difundiu orientações sobre abusos de exclusão.

Portugal não escapou a esta tendência. A Autoridade da Concorrência tomou posição sobre questões de recusa de acesso a infraestruturas essenciais, de discriminação e de esmagamento de margens. Os tribunais foram chamados a apreciar, não apenas a legalidade das decisões da Autoridade, mas também pedidos de condenação no pagamento de indemnizações pelos danos decorrentes da conduta alegadamente abusiva de empresas detentoras de posição dominante.

Evoluiu-se de uma lógica de infração por objeto associada à especial responsabilidade da empresa dominante para uma perspetiva fundada na lógica do abuso e nos efeitos atuais ou potenciais do comportamento abusivo, abrindo-se o terreno à análise económica, nem sempre suficientemente esclarecedora e proporcionadora de segurança jurídica.

Mas, o que é realmente um abuso? Qual a fronteira entre uma conduta racional e legítima e uma conduta racional e abusiva? Onde termina a concorrência e começa o abuso?

O título e a obra não poderiam ser mais oportunos. A capacidade de síntese e a atualidade são méritos evidentes do autor. A clareza é porém o que mais considero digno de nota. A clareza com que conduz o leitor através da sucessão exaustiva de questões que o tema suscita e que quase parecem inevitáveis e simples apesar do carácter por vezes errático da doutrina, da prática administrativa e da jurisprudência, não raro fontes de maior incerteza do que de segurança jurídica.

E é por isso valioso o modo como os temas se adivinham e sucedem: primeiro o porquê das coisas, em seguida a explicação e assimilação dos conceitos, depois a razão das soluções, por fim os terrenos ainda inexplorados e o espaço das controvérsias.

O resultado é menos uma obra de consulta, onde se procuram respostas num cardápio completo de precedentes nem sempre explicados e explicáveis, do que um discurso que atrai e não se abandona, e do qual se sai afinal familiarizado com uma problemática, e que por isso nos ensina a lidar com o inesperado para além dos tipos e das dogmáticas, ou seja, com a intimidade da vida económica e dos negócios e com a naturalidade da exploração abusiva do poder de mercado.

Nada mais estimulante.

Nuno Ruiz

Lisboa, 28 de Julho de 2012

Capítulo 1
Introdução

1. Apresentação e âmbito
O direito da concorrência é um instrumento essencial da economia de mercado. A sua aplicação visa defender o normal funcionamento dos mercados e permitir assim ao consumidor usufruir dos benefícios a que a concorrência dá origem, *maxime*, preços mais baixos, melhor qualidade e maior variedade de bens e serviços. Os três principais elementos deste ramo do direito são o regime jurídico do controlo de operações de concentração, o dos acordos proibidos (que inclui as práticas concertadas e as decisões de associações de empresas) e o dos abusos de posição dominante. O presente trabalho versa sobre a última destas matérias.

O artigo 102º do Tratado sobre o Funcionamento da União Europeia ("TFUE")[1] consagra a proibição de abusos de posição dominante. A nível nacional, idêntica proibição consta do artigo 11º da Lei nº 19/2012, de 8 de maio (Lei nº 19/2012). Em ambos os casos, a letra da lei não é suficiente para esclarecer com precisão aquilo em que se traduz uma exploração abusiva de uma posição dominante. Nem o artigo 102º TFUE nem tão pouco o artigo 11º da Lei nº 19/2012 explicam o que significa deter "posição dominante" ou em que consiste o seu abuso. De ambas as disposições

---

[1] Por facilidade de exposição, ao longo do texto, referimo-nos sempre apenas ao artigo 102º TFUE mesmo quando mencionamos casos a que foi a aplicada a mesma disposição com a numeração antiga (i.e. artigo 86º ou artigo 82º Tratado CE).

consta uma lista de comportamentos que podem configurar uma exploração abusiva de uma posição dominante. Trata-se, porém, de uma enumeração meramente exemplificativa que não esgota nem detalha o leque de práticas que podem ser vistas como abusivas.

A concretização e densificação do âmbito da proibição de abuso da posição dominante encontra-se a cargo do Tribunal de Justiça da União Europeia ("TJUE")[2], cuja jurisprudência desempenha um papel central na aplicação do direito da concorrência da União Europeia (U.E.) e nacional. É dos casos em que a aplicação do artigo 102º TFUE foi discutida que se retiram as principais regras do regime jurídico dos abusos de posição dominante.

É conveniente deixar claro que, de um ponto de vista substantivo, e no essencial, o regime jurídico do abuso de posição dominante nacional e o da UE não divergem. A aplicação do regime nacional dos abuso de posição dominante deve respeitar a jurisprudência do TJUE e a sua evolução.

Em Portugal, a aplicação das normas de concorrência só começou a ser levada mais a sério a partir da entrada em vigor da Lei nº 18/2003, de 11 de junho (Lei nº 18/2003), a anterior lei da concorrência, entretanto revogada pela Lei nº 19/2012. No período de vigência da Lei nº 18/2003, tanto quanto é do conhecimento público, a Autoridade da Concorrência ("AdC") adotou quatro decisões condenatórias por abuso de posição dominante. Em três destas decisões foi aplicado o artigo 6º da Lei nº 18/2003 em conjunto com o artigo 102º TFUE e, na quarta, além destas duas disposições, a AdC aplicou também o regime jurídico dos acordos proibidos (ainda que porventura a vertentes diferentes dos factos).

O âmbito do presente trabalho circunscreve-se aos aspetos substantivos do regime jurídico do abuso de posição dominante. Embora, aqui e ali, a exposição nos leve a breves enquadramentos processuais, é o regime substantivo do abuso de posição dominante, e não o processual, que constitui o objeto deste estudo.

---

[2] O TJUE integra o Tribunal Geral ("TG"), que corresponde ao antigo Tribunal de Primeira Instância (criado em 1988), o Tribunal de Justiça ("TJ"), que, entre outras competências, aprecia os recursos das decisões (acórdãos e despachos) do TG e, em colaboração com os orgãos jurisdicionais dos Estados-Membros da União Europeia, aprecia questões relativas ao direito da União, em sede de reenvio prejudicial. O TJUE integra ainda o Tribunal da Função Pública.

INTRODUÇÃO

Não quer isto dizer que a aplicação do regime jurídico do abuso de posição dominante não suscite questões do foro do direito processual, que se revestem do maior relevo. Muito pelo contrário. Tanto a nível nacional como da União Europeia, os aspetos processuais colocam questões da maior complexidade e importância, muitas vezes relacionadas com o respeito dos direitos de defesa das empresas investigadas e/ou acusadas, que podem revelar-se determinantes no desfecho dos casos. No entanto, a conveniência em manter o presente estudo com um âmbito e uma dimensão realistas, levou-nos a concentrar a atenção nas questões substantivas.

Refira-se também que a perspetiva que orientou a presente empreitada foi essencialmente prática, e não académica. Mais de uma década de experiência nesta área do direito, levou-nos a optar por conduzir a exposição dos temas centrando-nos nas questões substantivas que foram realmente discutidas pelas autoridades de concorrência e pelos tribunais, deixando a reflexão com um cariz dogmático para outros locais. A filosofia da obra é pois a de passar em revista o modo como as instituições europeias e nacionais decidiram os principais processos em que aplicaram as normas que proibem o abuso de posição dominante procurando, a partir desse exercício, extrair as principais regras substantivas da aplicação deste regime jurídico.

O presente trabalho visa, por fim, dar um contributo para colmatar uma lacuna muitas vezes sentida por quem lida com o regime dos abusos de posição dominante, e que se prende com a inexistência de materiais de consulta, em língua portuguesa e com um cariz mais prático, que ajudem a compreender e a delimitar convenientemente o âmbito da proibição.

Sendo certo que uma obra com esta natureza e caraterísticas tem também limitações, esperamos contudo alcançar o objetivo proposto de contribuir para uma melhor compreensão do âmbito substantivo da proibição do abuso de posição dominante.

2. Os benefícios da concorrência e o regime jurídico dos abusos de posição dominante

Em mercados concorrenciais, as empresas disputam a procura concorrendo através do preço e da qualidade dos seus produtos. É comum falar-se das "três eficiências do processo competitivo". A *eficiência distributiva*, que se refere à ideia de que a concorrência reduz o risco de que os bens ou serviços produzidos não sejam pretendidos ou não sejam pretendidos ao preço a que são colocados no mercado. A *eficiência dinâmica*, que traduz a ideia de que a concorrência leva as empresas a ajustarem-se às preferências dos consumidores. Os produtores investem em investigação e desenvolvimento (I&D) e inovam, uma vez que jogam aí a sua própria sobrevivência e crescimento. E, por fim, a *eficiência produtiva*, que alude à existência de uma pressão permanente sobre produtores e/ou vendedores para manter os custos, e consequentemente os preços, a níveis baixos. Os grandes beneficiários do processo de rivalidade entre as empresas (*i.e.* das três eficiências) são os consumidores, que obtém assim preços mais baixos, melhores produtos e mais escolha.

Em mercados não concorrenciais, regra geral, os consumidores têm menos probabilidades de obter estes benefícios. Nos monopólios, por exemplo, que constituem a forma mais extrema de mercado não concorrencial, existe apenas uma empresa a oferecer um produto ou serviço no mercado, não sentindo por isso constangimentos sérios em relação ao nível do preço praticado ou à qualidade do produto ou serviço oferecido[3].

As empresas detentoras de posição dominante atuam em mercados onde não existe concorrência efetiva. Estes mercados não são necessariamente monopólios, mas são mercados onde a empresa em causa, se

---

[3] Em regra, os livros de economia identificam quatro modelos ou estruturas de mercados. Muito sucintamente, e partindo do mais concorrencial para o menos concorrencial, pode dizer-se que, o *mercado de concorrência perfeita* é aquele onde existem inúmeros compradores e vendedores, o produto é homogéneo (os compradores não preferem uns produtos aos outros), a informação é perfeita, nenhum vendedor tem poder para influenciar os preços ou o equilíbrio entre a oferta e a procura, a entrada e a saída são livres. Estes mercados não existem na prática, correspondendo essencialmente a um modelo teórico. Em segundo lugar, num *mercado de concorrência monopolística* (ou imperfeita), existem diversos compradores e vendedores, não se verifica uma interação estratégica entre as empresas, o produto é diferenciado mas altamente substituível (consumidores têm preferências definidas mas existem alternativas), as empresas têm poder limitado sobre o preço; não existem barreiras significativas à entrada nem à saída. Num terceiro nível, estão os *oligopólios*. Neste tipo de mercado existem em regra poucos concorrentes (nunca menos de dois) e apresentam, como caraterística fundamental a "interação estratégica" entre as empresas: o que uma faz afeta as demais. Tipicamente existem também barreiras à entrada e à saída elevadas. Por fim, no extremo oposto à concorrência perfeita está o *monopólio*. Só uma empresa serve o mercado relevante (100% quota de mercado), o produto é único, *i.e.* não existem substitutos próximos, toda a procura é dirigida à empresa, a empresa tem controlo total sobre o preço (ainda que o preço cobrado afete a quantidade procurada). Ver, para uma explicação detalhada sobre o funcionamento de cada uma destas estruturas de mercado, Mankiw, N. Gregory, *Principles of Economics*, Second Ed., Harcourt, capítulos 14 a 17.

enfrentar alguma concorrência, não é suficientemente forte a ponto de representar um constangimento sério à sua atuação[4].

Conforme veremos em detalhe nos capítulos 3 e 4, a detenção de posição dominante, além de conferir a uma empresa o poder de extrair indevidamente valor ao consumidor (*e.g.* através da prática de preços excessivos), permite-lhe prejudicar, com recurso a métodos diferentes da concorrência com base no melhor desempenho, a estrutura de concorrência do mercado. Ao enunciar as suas prioridades na aplicação do artigo 102º TFUE a comportamentos de exclusão, a Comissão Europeia declara que "[o]s benefícios que a concorrência proporciona aos consumidores são preços mais baixos, melhor qualidade e maior variedade de bens e serviços novos ou melhorados. Assim, a Comissão pretende orientar a aplicação da lei no sentido de assegurar o bom funcionamento dos mercados e o benefício por parte dos consumidores da eficiência e produtividade resultantes de uma concorrência efetiva entre as empresas"[5].

Em suma, é acima de tudo o bem-estar do consumidor que o direito da concorrência, em geral, e o regime dos abusos de posição dominante, em particular, visam proteger.

3. Os sujeitos do regime jurídico dos abusos de posição dominante

Um ponto que importa deixar, desde logo, claro é o de saber quem são os destinatários das regras que aprofundamos nos capítulos seguintes. O direito da concorrência aplica-se às empresas. Para o direito da concorrência, uma "empresa é qualquer entidade que exerça uma atividade económica que consista na oferta de bens ou serviços num determinado mercado, independentemente do seu estatuto jurídico e do seu modo de financiamento"[6].

O conceito de empresa é muito abangente e pode incluir entidades de direito privado ou de direito público, entidades com ou sem fins lucrativos, profissionais liberais, parcerias, cooperativas, associações desportivas, entre outros. O que releva é que a entidade em causa se encontre envolvida numa atividade económica.

---

[4] Ver capítulo 3 *infra* quanto ao conceito de posição dominante.
[5] Orientação sobre as prioridades da Comissão na aplicação do artigo 82º do Tratado CE a comportamentos de exclusão abusivos por parte de empresas em posição dominante, JO 2009, C 45/02, para 5.
[6] Artigo 3º, nº 1 da Lei nº 19/2012.

Interessa igualmente ter presente que o conceito de empresa é relativo e deve ser avaliado em função da atividade desenvolvida num caso concreto. Por exemplo, no processo *Höfner e Elser*[7] "um serviço público envolvido, *inter alia*, em atividades de consultadoria de recrutamento de quadros foi considerado, relativamente a essa atividade, como empresa. Em contrapartida, no acórdão *Calí & Figli*, considerou-se que uma entidade limitadamente de direito privado, à qual foi confiada pelos poderes públicos uma atividade preventiva anti-poluição, não cabia no âmbito de aplicação pessoal das regras de concorrência relativas a essa atividade em especial"[8]. Isto significa que a mesma entidade pode ser uma empresa enquanto desempenha uma dada atividade (económica) e não o ser quando desempenha outra (não económica).

Para a determinação daquilo a que corresponde uma empresa, releva, pois, a substância (o exercício de uma atividade económica) e não a forma (o estatuto jurídico da entidade em causa).

É também importante ter presente que, regra geral, um grupo económico empresarial é uma única empresa para efeitos de direito de concorrência. O TJUE já esclareceu a este respeito que:

"[O] comportamento anticoncorrencial de uma empresa pode ser imputado a outra, quando aquela não determinou de forma autónoma o seu comportamento no mercado, mas aplicou no essencial as instruções que lhe foram dadas por esta última, tendo em conta, em particular, os laços económicos e jurídicos que as unem (...). Assim, o comportamento de uma filial pode ser imputado à sociedade-mãe, quando a filial não determinar de forma autónoma a sua conduta no mercado, mas aplicar no essencial as instruções que lhe são dadas pela sociedade-mãe (acórdão do Tribunal de Justiça de 14 de Julho de 1972, Imperial Chemical Industries/Comissão, 48/69, Col. p. 619, nºs 132 e 133)[9]".

A Lei nº 19/2012 reflete este entendimento, estabelecendo que "considera-se como uma única empresa o conjunto de empresas que, embora

---

[7] Acórdão do TJ, de 23.4.1991, Proc. C-41/90, *Höfner e Eiser* Col., p. 1-1979.
[8] Conclusões do Advogado-Geral Jacobs, de 28.1.1999, Proc. Ap. C-115/97, C-116/97 E C-117/97 E C-219/97, Col. 1999, I-5751, para 207.
[9] Acórdão do TG, de 9.9.2009, Proc. T-301/04, *Clearstream AG*/Comissão, Col 2009 II-3155, para 198.

juridicamente distintas, constituem uma unidade económica ou mantêm entre si laços de interdependência decorrentes, nomeadamente: (a) de uma participação maioritária no capital; (b) da detenção de mais de metade dos votos atribuídos pela detenção de participações sociais; (c) da possibilidade de designar mais de metade dos membros do órgão de administração ou de fiscalização; (d) do poder de gerir os respetivos negócios"[10].

Embora o direito da concorrência seja aplicável a qualquer empresa, o regime jurídico dos abusos de posição dominante aplica-se unicamente a empresas detentoras de posição dominante. Detemo-nos sobre o conceito de posição dominante no capítulo 3.

4. O processo de reforma e modernização da aplicação do artigo 102º TFUE

A aplicação do artigo 102º TFUE pelas instituições europeias seguiu, historicamente, uma abordagem centrada na forma da comportamento. Muitas práticas levadas a cabo por empresas detentoras de posição dominante foram censuradas por se presumir que delas decorriam efeitos anticoncorrenciais. Não interessava saber se o comportamento em causa, apesar da forma, podia ainda assim dar origem a efeitos procompetitivos ou se estes podiam até superar os efeitos negativos que lhe eram associados. Não interessava também saber se o comportamento tinha a probabilidade de restringir ou eliminar a concorrência, ou se a tinha efetivamente restringido ou eliminado, mas apenas se era "suscetível" de o fazer. Determinadas práticas eram pois consideradas "ilegais em si mesmas" (*per se illegality*) e censuradas independentemente do efeito provável ou concretamente produzido.

Não obstante a segurança jurídica oferecida por uma abordagem desta natureza, o resultado não é necessariamente o melhor para o funcionamento do mercado e, em última instância, para os consumidores. No contexto de uma abordagem que atende apenas à forma, as empresas dominantes podem vir a ser proibidas de levar a cabo comportamentos que originam benefícios para os consumidores e que são expressão de uma concorrência legítima e com base no mérito. Se assim for, o direito da concorrência corre um risco sério de proibir os comportamentos errados, acabando por proteger os concorrentes – ainda que menos eficientes do

---

[10] Artigo 3º, nº 2 da Lei nº 19/2012.

que empresa dominante e ainda que não tragam ao consumidor qualquer valor acrescentado –, e não o processo competitivo em si mesmo.

A inadequação da designada *per se illegality* no âmbito da avaliação dos comportamentos que podem configurar abusos de posição dominante tornou-se, sobretudo na última década, evidente e gerou-se um amplo consenso entre a doutrina e prática europeia de que as regras de aplicação do artigo 102º TFUE careciam de uma revisão que as levasse a atender mais aos efeitos dos comportamentos e não tanto à sua forma. Neste contexto, e depois de ter promovido, anos antes, a reforma das regras de aplicação do artigo 101º TFUE, a Comissão Europeia tomou a iniciativa de desencadear o processo de reforma e modernização da aplicação do artigo 102º TFUE, no âmbito do qual defende a adoção de uma abordagem mais centrada no efeito da prática.

Este processo tem como principais marcos a adoção, pela Comissão, do *DG Competition discussion paper on the application of Article 82 of the Treaty to exclusionary abuses* (*Discussion Paper*), em 2005, e, anos mais tarde, em 2008, da "Orientação sobre as prioridades da Comissão na aplicação do artigo 82º do Tratado CE a comportamentos de exclusão abusivos por parte de empresas em posição dominante" (Orientação sobre o artigo 102º TFUE).

Ao longo do presente trabalho analisamos as propostas concretamente apresentadas pela Comissão como metodologia de avaliação de cada um dos principais abusos de exclusão. Comum a todas elas é o abandono da perspetiva baseada na forma e a defesa da uma abordagem económica centrada no efeito do comportamento.

Importa todavia notar que não é ainda hoje certo que a Comissão virá a ter sucesso no desiderato de instituir uma abordagem de aplicação do artigo 102º TFUE assente na análise económica. Para que isso suceda, o TJUE terá que validar a abordagem proposta pela Comissão algo que, após alguns dos acórdãos proferidos já depois de o referido processo de reforma ter sido iniciado, não é inteiramente seguro que venha a acontecer. Em *British Airways*[11], por exemplo, ou mais recentemente em *Tomra*[12], os juízes do Luxemburgo parecem ainda muito "abrigados" dos "ventos económicos" que sopram em Bruxelas.

---

[11] Acórdão do TG, de 17.12.2003, Proc T-219/99 *British Airways*/Comissão Col, p. II5917; acórdão do TJ de 15.3.2007, Proc. C-95/04 *British Airways*/Comissão, C95/04 P, Col., p. I2331.

[12] Acórdão do TG, de 9.9.2010, Proc. T 155/06, *Tomra*/Comissão, ainda não publicado; acórdão do TJ, de 19.4.2012, Proc. C 549/10 P, *Tomra*/Comissão, ainda não publicado.

5. Plano da obra

O presente trabalho desenvolve-se ao longo de 12 capítulos. Após a breve apresentação e introdução de que nos ocupámos no primeiro capítulo, prosseguimos, no capítulo 2, com o tema da delimitação do mercado relevante, que é um exercício essencial no processo de identificação de uma posição dominante. Em seguida, aprofundamos o conceito de posição dominante (capítulo 3) e passamos depois à análise do conceito de abuso de posição dominante (capítulo 4).

Os sete capítulos seguintes são dedicados aos abusos de posição dominante mais frequentes e mais estudados, a saber, a recusa em contratar (capítulo 5), a compressão de margens (capítulo 6), os preços predatórios (capítulo 7), a venda ligada (capítulo 8), a discriminação abusiva (capítulo 9), os acordos exclusivos e os descontos condicionais (capítulo 10) e os preços excessivos (capítulo 11). No último capítulo, respeitante a "outros abusos" (capítulo 12) analisamos outros comportamentos que têm também motivado a aplicação abusos de posição dominante.

Capítulo 2
Definição do Mercado Relevante

1. Introdução
1.1 Considerações gerais

Para o direito da concorrência, o mercado reflete uma relação de concorrência entre produtos ou serviços e entre as empresas que os exploram comercialmente. No âmbito da análise jusconcorrencial, o mercado designa-se "mercado relevante" e, conforme veremos com maior detalhe, integra a empresa objeto de análise (ou, em boa verdade, o produto ou serviço que esta oferece) e os seus concorrentes efetivos.

Não é, contudo, raro vermos o termo "mercado" ser utilizado pelas empresas para designar os seus produtos ou a indústria ou o setor em que atuam[13]. Expressões como "mercado da aviação", "mercado das telecomunicações", "mercado do turismo", entre outras, surgem frequentemente nos meios de comunicação social, em comunicados de imprensa, em Relatórios & Contas ou em declarações públicas de responsáveis de empresas.

O termo "mercado" com o sentido empregue no mundo empresarial e na linguagem comum não se confunde com o "mercado relevante" do direito da concorrência. O mercado relevante reflete sempre relações de concorrência entre empresas enquanto, na aceção mais utilizada no

---

[13] Cf. Comunicação da Comissão relativa à definição do mercado relevante para efeitos do direito comunitário da concorrência ("Comunicação sobre o mercado relevante") 97/C 372/03, para 3.

universo empresarial, num mesmo mercado podem estar empresas não concorrentes (*e.g.* no designado "mercado da aviação" incluem-se quer fabricantes de aviões comerciais de passageiros, como a *Boeing* ou a *Airbus*, quer empresas transportadoras aéreas, como a *British Airways* ou a TAP).

No presente capítulo ocupamo-nos do exercício de definição do mercado relevante.

O principal objetivo da definição de um mercado relevante consiste em identificar, de uma forma sistemática, os condicionalismos concorrenciais que as empresas têm de enfrentar, *i.e.*, "identificar os concorrentes efetivos das empresas em causa suscetíveis de restringir o seu comportamento e de impedi-las de atuar independentemente de uma pressão concorrencial efetiva[14]".

Depois de definido um mercado relevante, saberemos quais os concorrentes efetivos da empresa em investigação.

A identificação deste grupo de empresas (e bens e/ou serviços) permite desenvolver uma análise sobre a estrutura concorrencial do mercado e, por exemplo, calcular quotas de mercado, que são um indicador útil para avaliar o poder de mercado das empresas e a probabilidade de ocorrência de efeitos anticompetitivos decorrentes de uma determinada prática.

A definição de um mercado relevante é um exercício central às principais áreas de intervenção do direito e da política da concorrência e o seu resultado é, frequentemente, determinante na avaliação das questões colocadas às autoridades de concorrência e aos tribunais. Dependendo dos exatos limites de um mercado relevante, uma operação de concentração de empresas pode dar (ou não) origem à criação de uma posição dominante ou a uma diminuição substancial da concorrência no mercado (podendo assim influenciar a sua aprovação em sede de controlo de concentrações[15]),

---

[14] Cf. Comunicação sobre o mercado relevante, para 2.
[15] A antiga Lei nº 18/2003, de 11 de junho, à semelhança do anterior Regulamento Comunitário das Concentrações (Regulamento (CEE) nº 4064/89 do Conselho, de 21 de Dezembro de 1989, JO L 395 de 30.12.1989, p. 1 (versão retificada no JO L 257 de 21.9.1990, p. 13), com a última redacção que lhe foi dada pelo Regulamento (CE) nº 1310/97 (JO L 180 de 9.7.1997, p. 1) (versão retificada no JO L 40 de 13.2.1998, p. 17)), consagrava o teste da *criação ou reforço de uma posição dominante* como critério substantivo para a aprovação de operações de concentração de empresas. O atual Regulamento (UE) Nº 139/2004, de 20 de Janeiro de 2004 (JO L 24 de 29.1.2004, p. 1), estabelece o critério da *diminuição substancial da concorrência num mercado* como critério de aprovação de operações de concentração. A Lei nº 19/2012 que revogou a

um acordo entre empresas pode ser visto como suscetível de afetar "de forma sensível" a concorrência num dado mercado[16] e uma empresa pode ser considerada detentora de uma posição dominante, pressuposto fundamental para aplicação do regime jurídico nacional e da União Europeia dos abusos de posição dominante[17].

1.2 Razão de ordem

O presente capítulo encontra-se dividido em quatro partes, ao longo das quais procuramos abordar os conceitos-chave utilizados no âmbito de um processo de definição do mercado relevante. Assim, percorremos os conceitos de mercado relevante de produto e de mercado relevante geográfico, as duas principais dimensões de um mercado relevante[18].

Metodologicamente, começamos por nos deter sobre a definição do mercado relevante de produto (Parte 2), abordando, em seguida, a definição do mercado relevante geográfico (Parte 3).

Lei nº 18/2003, de 11 de junho refere-se à *criação de entraves significativos à concorrência efetiva no mercado*, que está em linha com o atual teste da União Europeia.

[16] Artigo 9º, nº1 Lei nº 19/2012 e artigo 101º TFUE. Refira-se porém que, no âmbito do regime dos acordos proibidos, pode haver casos em que a definição do mercado relevante pode ficar em aberto. Cf. Acórdão do TG de 19.3.2000, Proc. T-213/00, Col 2003 II-00913, para 221: "Por conseguinte, há que admitir que a definição prévia dos mercados dos serviços em causa não era, no caso vertente, necessária para se concluir que o acordo em causa era suscetível de afectar de forma sensível o comércio entre Estados-Membros"

[17] Artigo 102º TFUE e artigo 11º da Lei nº 19/2012. Por facilidade de exposição, referir-nos-emos apenas ao artigo 102º TFUE sempre que, no contexto da exposição, não existirem razões para distinguir entre o regime do TFUE e o nacional.

[18] Existem outras dimensões do mercado que podem influenciar a forma como um mercado relevante é definido, como por exemplo a temporal (ver *infra* ponto 4.1 do presente capítulo). Enquanto, por exemplo, investigações respeitantes a matérias relativas a abusos de posição dominante levam a que se perspetive o mercado relevante tal como é no presente ou no passado (no tempo da prática dos factos), as análises de mercado levadas a cabo no âmbito de processos de concentração de empresas obrigam a uma abordagem prospetiva do mercado, *i.e.* a avaliação de como o mercado irá evoluir na sequência de uma concentração proposta. A análise prospetiva é também empregue no contexto das análises de mercado desenvolvidas pelas Autoridades Reguladoras Nacionais no âmbito da aplicação do quadro regulamentar do setor das comunicações eletrónicas em que estas entidades são chamadas a realizar uma análise do modo como o mercado vai evoluir nos 3 anos seguintes. Naturalmente, os contornos de um mercado relevante podem ser diferentes em função da abordagem adotada.

Analisamos o conceito de substituibilidade, que é central ao exercício de definição de um mercado. Em termos gerais, definir um mercado corresponde a procurar produtos e áreas geográficas substitutas. Veremos, em particular, o papel desempenhado pela substituibilidade do lado da procura e pela substituibilidade do lado da oferta no processo de definição do mercado relevante.

Detemo-nos também sobre o "teste do monoplista hipotético", uma das principais ferramentas de que a Comissão Europeia e a AdC lançam mão para avaliar a substituibilidade entre produtos e regiões, e das limitações que comummente lhe são apontadas em casos de artigo 102º TFUE.

Referimo-nos igualmente aos casos em que o mercado relevante integra não apenas substitutos próximos do produto ou região em estudo, mas também outros que são apenas substitutos mais distantes (indiretos) do produto ou região sob investigação, o caso das cadeias de substituição.

Terminamos com a identificação de alguns temas específicos que se colocam a propósito da definição de mercado, como a dimensão temporal do mercado, os mercados com dois lados, a substituibilidade apenas de um lado, produtos substitutos e produtos complementares, os mercados secundários e os pacotes de produtos (Parte 4).

2. Mercado Relevante de Produto
2.1 Considerações gerais

O mercado relevante de produto tem vindo a ser definido como compreendendo todos os produtos e/ou serviços considerados permutáveis ou substituíveis pelo consumidor devido às suas "caraterísticas, preços e utilização pretendida[19]".

Da definição de mercado relevante de produto sobressai o facto de o conceito de "substituibilidade" desempenhar um papel primordial no exercício de definição de um mercado.

Na medida em que o mercado relevante de produto é delimitado de forma a incluir "todos os produtos e/ou serviços considerados permutáveis ou substituíveis pelo consumidor", facilmente se deduz que a substituibilidade do lado da procura é o mais importante fator a que deve atender-se no âmbito deste exercício. Não é, contudo, o único. Conforme veremos

---

[19] Cf. Comunicação da Comissão relativa à definição de mercado relevante para efeitos do direito comunitário da concorrência (97/C 372/03), para 7.

adiante, a substituibilidade do lado da oferta pode igualmente ser tomada em consideração, sempre que os seus efeitos forem equivalentes aos da substituição do lado da procura em termos de eficácia e efeito imediato[20].

2.2 Substituibilidade do lado da procura

Os maiores e mais imediatos constrangimentos concorrenciais que uma empresa encontra quando determina o preço a que coloca um produto no mercado são os produtos ou grupos de produtos que podem considerar--se "substitutos próximos". Os que os compradores do seu produto poderão ver como alternativas. O conceito de mercado relevante de produto fornece-nos as pistas necessárias para identificar que produtos são estes: aqueles cujas "caraterísticas, preços e utilização pretendida" os aproximam das do produto em investigação.

Para serem substituíveis para os consumidores, dois produtos têm que começar por revestir-se de "caraterísticas" que os aproximem. Note-se todavia que esta proximidade de caraterísticas não corresponde a serem fisicamente semelhantes, mas antes a serem funcionalmente aptos a satisfazer as mesmas necessidades (a mesma utilização pretendida). Neste sentido, fósforos e isqueiros descartáveis, por exemplo, já foram incluídos no mesmo mercado relevante por serem vistos como substitutos próximos pelos consumidores[21]. De igual modo, as bananas foram já vistas como pertencendo a um mercado relevante diferente daqueles em que se inserem outras frutas frescas (como as maçãs, as uvas, os pêssegos, laranjas, uvas, *etc.*). As suas caraterísticas específicas – como a aparência, o gosto, a maciez, a ausência de caroço, o fácil manuseio e um nível permanente de produção – foram consideradas como sendo sucifientemente distintivas para uma procura representada por uma parte importante da população (crianças, idosos e pessoas doentes), que não vê nas restantes frutas um substituto próximo[22].

Por outro lado, o preço de dois produtos substituíveis não tem, também, que ser idêntico. Dois produtos que satisfazem a mesma utilização pretendida, mas em que um apresenta uma qualidade superior, podem

---

[20] Cf. Comunicação da Comissão relativa à definição de mercado relevante para efeitos do direito comunitário da concorrência (97/C 372/03), para 20.
[21] Cf. *Office of Fair Trading* ("OFT"), *Market Definition*, 3.5.
[22] Cf. Acórdão do TJ, de 14.2.1978, Proc. 27/76, *United Brands/* Comissão, para 31.

encontrar-se incluídos no mesmo mercado relevante. Embora um deles seja de qualidade inferior, os clientes podem passar a adquiri-lo em reação a um aumento do preço do produto de qualidade superior, caso este suba de tal maneira que a qualidade superior deixe de justificar, para os clientes, a diferença de preço. A questão relevante é a de saber em que medida o preço de um condiciona suficientemente o preço do outro[23] [24].

Determinar se dois produtos são ou não substitutos próximos para os consumidores requer uma avaliação que permita saber como estes valoram as caraterísticas, o preço e a utilização pretendida de ambos.

Neste contexto, as autoridades de concorrência lançam mão de diversos instrumentos com vista a determinar quais os produtos que se incluem no mesmo mercado relevante. O designado "teste do monopolista hipotético", também conhecido como *SSNIP test*[25], é uma das ferramentas mais utilizadas na definição de mercados relevantes por autoridades da concorrência em todo o mundo.

2.3 O teste do monopolista hipotético ("*SSNIP test*")

Introduzido pela primeira vez nas *Horizontal Merger Guidelines* da *Federal Trade Commission* e do *Department of Justice*, entidades responsáveis pela aplicação do regime jurídico da concorrência nos EUA, o teste do monopolista hipotético é hoje o instrumento mais utilizado para avaliar a pressão que o preço de um produto exerce sobre o preço de outro, procurando encontrar todos os produtos cujo preço condiciona suficientemente o preço do produto analisado.

A questão que se coloca é a de saber se os clientes de uma empresa transfeririam rapidamente as suas compras para os produtos de substitui-

---

[23] Cf. OFT, *Market Definition*, 3.5.

[24] Vale a pena citar o seguinte exemplo de *Bishop* e *Walker*: se o produto A é comumente considerado duas vezes melhor que o produto B (porque talvez dure duas vezes mais tempo), os dois produtos podem coexistir no mercado, tendo o primeiro um preço de € 10 e o segundo um preço de € 5. Se o fabricante do produto A tentasse subir o preço para € 15, é claro que os clientes mudarão para o produto B. Na verdade, se o produto A é apenas duas vezes melhor, não se justifica pagar três vezes mais. Cf. Bishop, Simon and Walker, Mike, *The Economics of EC Competition Law: Concepts, Application and Measurement*, University Edition, Sweet & Maxwell, 2010, pág 139.

[25] A sigla SSNIP corresponde às iniciais em língua inglesa do termo aumento pequeno mas significativo e não transitório do preço (*Small but Significant and Non Transitory Increase in Price*).

ção disponíveis ou para fornecedores do mesmo produto situados noutros locais em resposta a um pequeno aumento hipotético (em torno dos 5 a 10%) dos preços relativos, dos produtos e áreas em análise. Se o fenómeno da substituição for suficiente para tornar o aumento de preços *não lucrativo* devido à perda de vendas daí resultante, os produtos de substituição e as áreas adicionais serão incluídos no mercado relevante até que o conjunto de produtos e área geográfica seja de molde a tornar lucrativos pequenos aumentos duradouros dos preços relativos[26].

De forma sucinta, o *SSNIP test* funciona do seguinte modo: imaginemos que uma empresa é monopolista na venda de computadores portáteis (*laptops*)[27] e que decide aumentar o preço dos *laptops* entre 5 a 10%. A questão relevante está em saber se o aumento foi lucrativo. Se a resposta é afirmativa, o mercado relevante de produto está encontrado: o *laptop* não tem substitutos próximos e constitui um mercado relevante autónomo. Se, ao invés, em consequência do aumento de preço do *laptop*, uma parte significativa das compras de *laptops* se tiver deslocado para outro produto, *e.g.* computadores pessoais, vulgo PCs (*desktops*), então, o *laptop* não constitui um mercado relevante autónomo uma vez que os consumidores vêem os *desktops* como substitutos próximos.

O mercado relevante incluirá então (pelo menos) o *laptop* e o *desktop*, prosseguindo o exercício com a inclusão de outros produtos eventualmente substituíveis (e.g. *tablets*) simulando-se um novo aumento do preço de forma não transitória entre 5 a 10% por parte de um monopolista hipotético, até que o aumento do preço seja *lucrativo*.

Importa esclarecer que não é necessário que todos os clientes, ou sequer que uma maioria de clientes, transfiram as suas compras para outro produto. O que importa é que o volume de compras transferido seja de molde a tornar o aumento de preço *não lucrativo*[28].

---

[26] Cf. Comunicação sobre o mercado relevante (97/C 372/03), para 17.
[27] Por facilidade de exposição ignoramos a questão da possibilidade de o mercado dos *laptops* ser segmentável em função de determinadas caraterísticas (*e.g.* dimensão, preço, capacidade, velocidade, etc.). O mesmo se diga em relação ao mercado dos *desktops*.
[28] A Comissão Europeia é muito clara a este respeito no para 17 da Comunicação sobre o mercado relevante, ao afirmar que "[s]e o fenómeno da substituição for suficiente para tornar o aumento de preços não lucrativo devido à perda de vendas daí resultante, os produtos de substituição e as áreas adicionais serão incluídos no mercado relevante até que o conjunto de produtos e área geográfica seja de molde a tornar lucrativo pequenos aumentos duradouros

2.4 Elasticidade da procura

O conceito de elasticidade da procura é muito utilizado no âmbito do teste do monopolista hipotético. A ideia é simples. Um conjunto de variáveis influencia a quantidade de um produto que é adquirida pelos compradores (a procura). As principais são o preço do produto, os rendimentos dos compradores, o preço dos produtos substitutos ou o preço dos produtos complementares. O conceito de elasticidade é utilizado para medir a quantidade da procura que responde a alterações das variáveis[29].

A elasticidade preço da procura mede (quantitativamente) a reação da procura a uma alteração do preço. A procura diz-se *elástica* se a quantidade se altera substancialmente em reação a mudanças no preço e *inelástica* se responde apenas ligeiramente a alterações do preço[30].

Uma variação do conceito de elasticidade preço é o de elasticidade cruzada do preço entre dois produtos. A elasticidade cruzada do preço entre o produto A e o produto B refere-se à percentagem da procura de A que se transfere para B em resposta a um aumento do preço de A[31]. Como facilmente se intui trata-se de um exercício com relevo na identificação dos produtos que exercem um constrangimento concorrencial sobre o produto analisado[32].

---

dos preços relativos". A este propósito, no acórdão do TG de 30.1.2007, Proc. 340/03 *France Telecom S.A.*/Comissão, o TG parece não ter interpretado corretamente a Comunicação da Comissão Europeia sobre o mercado relevante, uma vez que afirma que "verifica-se que uma sondagem efetuada a pedido da Comissão e anexada à petição pela WIN demonstra que, em caso de aumento do preço da alta velocidade na ordem de 5% a 10%, 80% dos assinantes da alta velocidade não alterariam a sua assinatura. Ora, nos termos do ponto 17 da comunicação relativa à definição de mercado relevante para efeitos do direito comunitário da concorrência (v. nº 87 supra), essa elevada percentagem de assinantes que não abandonariam a alta velocidade em caso de aumento do preço de 5% a 10% é um forte indício da não substituibilidade do lado da procura" (cf. p. 90). A nosso ver, o que estaria em causa seria antes saber se o grupo que mudaria para uma assinatura de internet de baixa velocidade (20% cancelaria o serviço de Internet de alta velocidade, mas destes, apenas 13% mudaria para a baixa velocidade, uma vez que 7% dos clientes cancelaria qualquer subscrição de Internet) seria de molde a tornar o aumento do preço não lucrativo.

[29] Mankiw, Gregory N., *Principles of Economics*, Sec. Ed., Harcourt, pág 94
[30] Mankiw, Gregory N., cit, pág 94
[31] Motta, Massimo, *Competition Policy – Theory and Practice*, 2004, Cambridge, pág 107
[32] Ver Mankiw, Gregory N., cit, pág 95 e segs ou Motta, Massimo, cit,. pág 107 e segs sobre a forma de calcular a elasticidade preço da procura.

2.5 Perda Crítica

Outro conceito de grande relevo no âmbito do teste do monopolista hipotético é o de *perda crítica* (*"critical loss"*)[33]. Um aumento de preços por parte de um monopolista hipotético, como, em boa verdade, por parte da generalidade das empresas que ponderam aumentos de preços, tem, em regra, dois efeitos: por um lado, as vendas diminuem; por outro, a margem de lucro em cada produto vendido é maior.

Em qualquer aumento de preços é fundamental perceber qual dos dois efeitos predomina. Até que ponto o aumento da margem de lucro realizada em cada produto compensa a perda de vendas resultante do aumento. A *perda crítica* corresponde ao nível em que o efeito da perda de vendas e o efeito do aumento de lucro unitário se equilibra, sendo o efeito ao nível dos lucros nulo após o aumento do preço.

Encontrar o nível de perda crítica é um passo muito importante do exercício do *SSNIP test*. Se a perda de lucros após o *SSNIP* exceder o limite da *perda crítica*, o aumento não é lucrativo, e o mercado será mais amplo. Caso contrário, o *SSNIP* é lucrativo e está encontrada a definição de mercado relevante[34].

2.6 A falácia do Celofane

O preço tido em consideração para iniciar o exercício do monopolista hipotético pode influenciar o seu resultado de forma significativa.

Regra geral, os consumidores de um dado produto (produto A) encontram-se mais disponíveis para mudar para outro produto (produto B) quanto mais o preço do primeiro subir.

Se, por hipótese, o preço do produto A for €10 e o preço do produto B for igualmente €10, os consumidores de A preferem A, uma vez que o balanço que efetuam das caraterísticas, preço, e utilização pretendida do produto A leva-os a não ver em B um substituto próximo. Perante um aumento de 10% não transitório do preço do produto A, para €11, os consumidores da A continuam a preferir o produto A, rejeitando mudar para B. A e B não pertencem, assim, ao mesmo mercado relevante.

---

[33] O conceito de *critical loss* foi desenvolvido pelos economistas BC Harris e JJ Simon, *Focusing Market definition: how much substitution is necessary?* (1989) 12 *Research in Law and Economics*, 207-26.

[34] Ver Niels, Gunnar, Jenkins, Helen e Kavanagh James, *Economics for Competition Lawyers*, Oxford, 2011, pág 57, para uma explicação detalhada da aplicação prática do conceito no âmbito de um teste SSNIP.

Imagine-se, porém, que, não tendo concorrentes efetivos na venda de produtos da gama de A, a empresa que fabrica o produto A, o comercializa no mercado a um preço supracompetitivo de €15. E imagine-se igualmente que a investigação toma como preço de análise do *SSNIP test*, o preço de mercado, *i.e.* os €15. Neste caso, perante um aumento de 10% não transitório do preço do produto A, para €16,5, poderia dar-se o caso de uma parte dos clientes de A ponderar já a troca para o produto B, uma vez que não valorizam já a diferente qualidade percecionada entre os dois produtos a um ponto que justifique pagar a diferença de preço, tornando assim o aumento do preço não lucrativo.

O problema não é meramente teórico. Na verdade, a questão colocou-se pela primeira vez num processo da década de 50 do século XX nos Estados Unidos, o caso *DuPont*[35], que celebrizou o termo "a falácia do celofane". A empresa *DuPont*, única fabricante de celofane, argumentava que outros materiais flexíveis de empacotamento, como a folha de alumínio, o papel de cera e o polietileno, pertenciam ao mesmo mercado relevante em que se integrava o celofane. A *DuPont* apresentava um conjunto de evidência empírica que demonstrava que não podia subir o preço do celofane de forma lucrativa, uma vez que tal aumento daria origem a uma transferência significativa das compras para os referidos materiais.

O Supremo Tribunal Norte Americano foi sensível aos argumentos da empresa, não se apercebendo que o preço a que a *DuPont* comercializava o celofane nos EUA era supracompetitivo, razão pela qual, os clientes viam já outros materiais como alternativas. Este processo celebrizou, por esta razão, o termo "falácia do celofane", com o qual se pretende alertar para o perigo de tomar em consideração o preço (supracompetitivo) por norma praticado por empresas detentoras de posição dominante, na realização do *SSNIP test*.

Na realidade, em mercados onde se encontra presente uma empresa detentora de posição dominante, o preço de mercado é frequentemente um preço supracompetitivo, uma vez que, por definição, uma empresa em posição dominante não sofre pressões concorrenciais significativas[36]. Nes-

---

[35] *United States v. E.I. du Pont de Nemours & Co* (1956) 352 U.S. 377; 76 *Sup Court* 994; L. Ed 1264.
[36] Note-se porém que em mercados sujeitos a regulação económica, como tem sido o caso de muitos mercados de comunicações eletrónicas na primeira década do século XXI, os preços praticados por empresas consideradas dominantes encontram-se sujeitos a obrigações regu-

tes casos, utilizar o preço de mercado do produto analisado como ponto de partida do teste *SSNIP* poderá sugerir erradamente que outros produtos estão incluídos no mercado relevante e conduzir a uma definição mais ampla do mercado, subestimando assim o poder que a empresa investigada detém no mercado. Foi o que sucedeu no caso *DuPont*. É que, como tem sido observado, os substitutos próximos de um produto vendido a um preço supracompetitivo não são necessariamente os mesmos substitutos próximos do produto se transacionado a um preço competitivo.

A Comissão Europeia chama a atenção para o problema quer na Comunicação sobre o mercado relevante[37], quer, em maior detalhe, no *Discussion Paper*[38]. Em particular, sublinha que, não obstante a utilidade em fazer uso do *SSNIP test* mesmo em casos de artigo 102º – uma vez que indica padrões de substituição a tais níveis de preço e os produtos excluídos mesmo a um preço supracompetitivo seriam também necessariamente excluídos a um preço competitivo – é, na prática, difícil estimar o preço competitivo com o grau de precisão necessário para desenvolver o exercício de forma segura, o que significa que o mercado relevante só pode ser adequadamente definido após terem sido aplicados um conjunto de métodos para confirmar a robustez de definições de mercado alternativas.

A Comissão observa que outras abordagens possíveis para definir o mercado relevante podem incluir o exame das caraterísticas e o uso pretendido do produto em causa e avaliar em que medida estes são adequados para satisfazer uma necessidade de consumo inelástica[39] ou realizar comparações de preços entre regiões diferentes[40].

---

lamentares de controlo de preços (*e.g.* obrigações de orientação dos preços para os custos), que levam a que estes se encontrem a níveis concorrenciais.

[37] Cf. Comunicação sobre o mercado relevante (97/C 372/03), para 19.

[38] Curiosamente, a Comissão Europeia eliminou Orientação sobre o artigo 102º TFUE, qualquer consideração sobre o tema da definição de mercado relevante.

[39] De acordo com a Comissão Europeia, este método consiste em avaliar em que medida as caraterísticas dos produtos e o seu uso pretendido são de molde a diferenciá-los suficientemente de outros produtos, de tal forma que estes se encontram condicionados apenas numa pequena medida, o que significa que não representam um constrangimento concorrencial efetivo a um preço competitivo. Cf. *Discussion Paper*, para 18.

[40] A Comissão Europeia observa que a realização de comparações de preços em regiões diferentes pode constituir um indicador importante, não apenas para definir mercados geográficos, mas igualmente porque nos casos em que uma empresa vende o mesmo produto em várias regiões, a circunstância de cobrar um preço mais elevado em regiões onde detém uma quota

2.7 A prática da Comissão Europeia na definição de mercados em processos de abusos de posição dominante

Atendendo às aludidas reservas quanto à aplicação do teste do monopolista hipotético quando se investiga um comportamento que pode configurar um abuso de posição dominante, é legítimo questionar qual é então a prática da Comissão na definição de mercados em casos de artigo 102º TFUE?

Na realidade, a análise da prática decisória da Comissão em casos de aplicação do artigo 102º TFUE revela que o teste do monopolista hipotético é utilizado, em conjunto com os outros instrumentos a que a Comissão alude no *Discussion Paper*, como sejam as caraterísticas dos produtos comparados, os preços, a utilização pretendida, entre outros.

A título de exemplo, refira-se a decisão *Wanadoo* em que, no capítulo da definição do mercado, onde se discutia se a Internet de baixa velocidade podia incluir-se no mesmo mercado da Internet de alta velocidade (conforme defendido pela empresa *Wanadoo*), a Comissão se deteve nas caraterísticas, preços e utilização pretendida[41], mas recorreu igualmente ao teste do monopolista hipotético[42] para avaliar a substituibilidade entre ambos os produtos[43].

O mesmo se diga da decisão *Telefónica*, em que a Comissão Europeia considerou que as ofertas *standard* de acesso em banda larga à Internet disponíveis no mercado pertencem a um mercado relevante distinto das ofertas específicas montadas para satisfazer as necessidades de certos clientes (*e.g.* ofertas *tailor-made* para clientes empresariais com necessidades substanciais), observando que perante um aumento não transitório do preço entre 5 a 10% desta segunda categoria de oferta de acesso à Internet, os clientes com necessidades substanciais não mudariam para as ofertas *stan-*

---

de mercado mais elevada (como veremos adiante, a detenção de quotas de mercado elevadas é um indicador importante de posição dominante) sugere que o principal constrangimento concorrencial vem de outros fornecedores do mesmo produto e não de fornecedores de produtos diferentes. Cf. *Discussion Paper*, para 19.

[41] Cf. decisão da Comissão, de 16.7.2003, Proc. COMP/38.233 – *Wanadoo Interactive*, paras 181 a 192.

[42] Cf. decisão *Wanadoo*, paras 193 a 202.

[43] Refira-se que a abordagem da Comissão foi expressamente confirmada pelo acórdão do TG de 30.1.2007, Proc T-340/03, *France Telecom*/Comissão, Col. 2007, p. II 107, paras 78 a 91.

dard disponíveis no mercado, uma vez que não satisfazem as suas necessidades[44].

Já na decisão *Microsoft*, a Comissão concluiu que os sistemas operativos para computadores pessoais (PCs) e os sistemas operativos para outros computadores (*e.g.* servidores) não pertencem ao mesmo mercado de produto apenas com base nas caraterísticas específicas de cada um e utilização pretendida pela procura. Não sendo dois produtos, pelas suas caraterísticas, aptos a satisfazer a mesma finalidade, isso bastará para não pertencerem ao mesmo mercado relevante[45]. Todavia, na avaliação da substituibilidade do lado da oferta, a Comissão lançou mão do teste do monopolista hipotético para determinar em que medida empresas fora do mercado dos sistemas operativos para PCs poderiam facilmente alterar as suas linhas de produção e entrar no mercado[46].

Em conclusão, não obstante as aludidas limitações do teste do monopolista hipotético nos casos de abuso de posição dominante, a verdade é que, embora com cautelas, as instituições europeias não prescindem de a este recorrer.

2.8 Fatores tidos em consideração para demonstrar a substituibilidade

A prática das investigações de mercado levadas a cabo quer pela Comissão Europeia quer pelas autoridades nacionais de concorrência revela que um conjunto importante de fatores é ponderado com frequência nos exercícios de definição de mercado de produto, contribuindo para a demonstração de relações de substituibilidade.

Entre os mais importantes[47], encontram-se, desde logo – e sempre que disponíveis – *elementos referentes a acontecimentos recentes* no mercado que ilustram, de forma concreta, a ocorrência de uma substituição entre dois

---

[44] Cf. decisão da Comissão, de 4.7.2007, Proc. COMP/38.784 – *Wanadoo España*/Telefónica, para 157.

[45] Neste caso, uma vez que os primeiros são utilizados para permitir utilizar o *hardware* do PC e funcionar como interface para o cliente utilizar o PC e correr aplicações, enquanto os segundos não são tecnicamente aptos para essa finalidade, não faz sequer sentido realizar o teste do monopolista hipotético.

[46] Cf. decisão da Comissão, de 24.3.2004, Proc. COMP/C-3/37.792 *Microsoft*, para 334.

[47] Os fatores seguidamente indicados são alguns (a nosso ver, os mais relevantes) dos incluídos na Comunicação da Comissão Europeia sobre o mercado relevante (para 36 a 43) e na *OFT Market Definition* (para 3.7), onde são explicados de forma mais aprofundada, e para onde remetemos.

produtos. Em particular, informação sobre as reações efetivas dos consumidores a alterações de preços representam um fator de muito relevo para estabelecer a substituibilidade. Por exemplo, evidência de que uma quantidade significativa de clientes reagiu a um pequeno aumento não transitório do preço do produto A passando a adquirir o produto B poderá constituir uma sugestão forte de que ambos os produtos se encontram no mesmo mercado relevante.

O recurso a *testes quantitativos concebidos para efeitos de definição dos mercados*, como abordagens econométricas e estatísticas que incluem estimativas da elasticidade própria e da elasticidade cruzada da procura de um produto, análises das oscilações dos preços ao longo do tempo, avaliação do efeito de causalidade entre séries de preços e a semelhança entre níveis de preços e/ou a sua convergência.

Documentos internos das empresas que evidenciem quais os produtos/serviços que estas vêem como os substitutos mais próximos dos seus produtos podem ser igualmente relevantes. Comunicações internas, declarações públicas de responsáveis das empresas, estudos sobre as preferências dos consumidores ou os planos de negócios das empresas podem também conter indicações úteis.

As *opiniões de clientes e concorrentes* são também tidas em conta. É muito frequente que estes sejam contactados para recolha de informação sobre os limites do mercado de produto. No âmbito destes questionários, não é raro ser colocado aos clientes a questão de saber como reagiriam a um aumento hipotético e não transitório do preço entre 5 e 10%.

As *preferências dos consumidores* constituem também um elemento importante na consideração efetuada e podem muitas vezes ajudar a esclarecer diversos aspetos, entre os quais, a forma como os consumidores vêem determinados produtos, se existem lealdades a certas marcas e quais as caraterísticas dos produtos que mais influenciam a sua decisão de compra.

Os *custos de mudança* são também um elemento que pode influenciar bastante a avaliação da relação de substituibilidade entre dois produtos. Se os clientes incorrerem em custos de mudança elevados a relação de substituibilidade entre dos produtos poderá encontrar-se dificultada. Na *Comunicação sobre o mercado relevante*, a Comissão refere que, na sua experiência tem sido confrontada com entraves regulamentares ou outras formas de intervenção estatal, condicionalismos nos mercados a jusante, necessidade de realizar investimentos específicos em bens de equipamento ou de sofrer uma perda a nível da produção corrente a fim de mudar para fatores de produção alternativos, a localização geográfica dos clientes, o investimento específico no processo de produção, investimento na formação e nos recursos humanos, custos associados à aquisição de novas ferramentas ou outros investimentos, incerteza quanto à qualidade e reputação de fornecedores desconhecidos, entre outros.

As *caraterísticas dos produtos* podem constituir indicadores úteis na avaliação dos contornos de um mercado relevante. É provável que dois produtos com caraterísticas idênticas e ambos aptos a satisfazer a mesma utilização pretendida sejam substitutos próximos. Todavia, um observação mais atenta pode levar a notar que elementos como custos de mudança elevados ou lealdade a uma marca limitam essa aparente relação de substituibilidade.

Por último, a existência de *discriminação de preços* em relação a um grupo particular de clientes pode também sugerir a existência de um mercado relevante autónomo. A Comissão indica que tal poderá suceder quando *(i)* é possível identificar claramente o grupo em que se insere um cliente individual aquando da venda dos produtos relevantes ao mesmo; e *(ii)* não é possível a arbitragem. Por exemplo, um monopolista hipotético de um serviço de transporte ferroviário pode cobrar, no mesmo percurso, preços distintos a clientes que viajem em horas de ponta e fora das horas de ponta, o que pode indicar a existência de mercados relevantes distintos para cada tipo de viagem[48].

2.9 Cadeias de substituição

Em determinadas situações, um mercado relevante pode incluir produtos que, sendo apenas substitutos indiretos, pertencem à mesma cadeia de substituição[49].

Atentemos no exemplo seguinte: o produto A e o produto B são substitutos próximos. O produto C é um substituto próximo de B mas não já de A. O produto A concorre com o produto B que, por sua vez, concorre com o produto C. Logo, o produto A e o produto C estão no mesmo mercado relevante, uma vez que A influencia o preço de B que por sua vez influencia o preço de C.

---

[48] Cf. OFT, *Market definition*, 3.9.
[49] V. Comunicação da Comissão relativa à definição de mercado relevante para efeitos do direito comunitário da concorrência (97/C 372/03), para 57. Ver também OFT, *Market Definition*, para 3.11.

O exemplo dado pode ser graficamente ilustrado da seguinte forma.

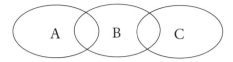

Na prática, a empresa que comercializa o produto A concorre diretamente com B. Ponderando subir o preço do seu produto, a empresa A tomará em consideração a reação da empresa B. Se esta subir igualmente o preço, a perda de vendas para B será menor. No entanto, quando avalia se acompanha ou não a subida de preço de A, a empresa B não deixa de ponderar igualmente a reação da empresa C, que é também um seu concorrente direto. Se o preço de C se mantiver constante, B poderá não acompanhar a subida de preço de A para não perder negócio para C. Tudo visto e ponderado, a empresa A poderá ela própria não subir o preço atendendo à reação da empresa C, que se encontra na mesma cadeia de substituição[50].

Existem diversas decisões da Comissão Europeia e das autoridades nacionais em que o conceito de substituibilidade em cadeia foi utilizado. A título de exemplo, aponte-se a decisão da Comissão no processo de concentação *AstraZeneca/Novartis*[51], em que o mercado dos herbicidas foi definido com base na tese da substituição em cadeia. Também na decisão

---

[50] Cf. O'Donoghue, Robert and Padilla, Jorge, *The Law and Economics of Article 82 EC*, Hart Publishing, pág 75.

[51] Cf. COMP/M.1806 AstraZeneca/Novartis. A Comissão Europeia afirmou, neste processo, que "seria natural perguntar se um hipotético fornecedor único de todos os herbicidas capazes de controlar as gramíneas (isto é, graminicidas e, em menor grau, herbicidas de largo espectro) consideraria vantajoso aumentar os preços destes produtos da forma atrás descrita. Tal não aconteceria necessariamente. Afinal, os herbicidas de largo espectro concorrem com os herbicidas para infestantes de folha larga e, se o preço dos herbicidas de largo espectro aumentasse, as suas vendas reduzir-se-iam, não só porque os agricultores deixariam de utilizar o produto de largo espectro para controlar as gramínias, mas também porque os agricultores que compravam esse produto para controlar as infestantes de folha larga passariam a comprar herbicidas específicos para estas infestantes. Uma vez que muitos compradores de herbicidas de largo espectro os adquirem para controlar ambos os tipos de infestantes e o valor destes produtos é substancial, comparativamente ao dos graminicidas, os herbicidas para infestantes de folha larga exercem uma pressão concorrencial sobre os preços dos herbicidas de largo espectro e, consequentemente, sobre os preços dos graminicidas. É a denominada cadeia de substituição", v. para 60. Exemplo citado em O'Donoghue, Robert e Padilla, Jorge, cit., pág 76.

Intel, a Comissão não excluiu que pudesse existir substituição em cadeia do lado da procura entre CPUs para *desktops, laptops* e para servidores "o que poderá significar que todos os CPUs se encontram no mesmo mercado relevante de produto, ainda que, por exemplo, os CPUs mais baratos destinados a desktops de gama baixa não sejam substitutos diretos de CPUs mais caros destinados a servidores caros[52]".

A nível nacional, temos o exemplo da deliberação do ICP-ANACOM "sobre o mercado retalhista e os mercados grossistas dos segmentos terminais e de trânsito de circuitos alugados", que obteve parecer favorável da AdC[53], em que as diferentes ofertas de circuitos alugados com velocidades descendente entre 2Mbps e 1G foram incluídas no mesmo mercado relevante de produto, com recurso à tese da cadeia de substituição, quer do lado da procura quer do lado da oferta[54].

Refira-se ainda, e por fim, a decisão da AdC no processo *Sonae/Carrefour*, em que foi avaliada a aquisição da rede de hipermercados *Carrefour* pelo Grupo Sonae, tendo a Autoridade feito uso da tese da substituibilidade em cadeia para concluir que em determinadas regiões (*e.g.* Loures/Lisboa/Oeiras/Loures/Vila Franca de Xira, Montijo/Barreiro/Seixal e Vila Nova de Gaia/Porto/Maia/Valongo), o mercado relevante geográfico excede a área de influência típica de cada hipermercado (por norma, a área de influência de cada hipermercado é definida como a área correspondente a um deslocação de automóvel entre 10 a 30 minutos até ao estabelecimento em questão), rejeitando, contudo, o argumento da notificante, que entendia, igualmente com base no argumento da cadeia de substituição, que o mercado relevante tinha uma dimensão nacional[55].

---

[52] Cf. decisão da Comissão, de 13.5.2009, Proc. COMP/C-3 /37.990 – *Intel*, para 799.
[53] Cf. Parecer da Autoridade da Concorrência, de 19.1.2010, nos termos do artº 61º da Lei nº 5/2004, de 10 de Fevereiro, sobre a definição de mercados relevantes e a avaliação da existência de poder de mercado significativo (PMS) nos mercados de fornecimento retalhista de circuitos alugados e mercados de fornecimento grossista dos segmentos terminais e de trânsito de circuitos alugados.
[54] Cf. Deliberação do ICP-Anacom sobre o mercado de fornecimento retalhista de circuitos alugados e mercados de fornecimento grossista dos segmentos terminais e de trânsito de circuitos alugados – análise dos mercados do produto e geográficos, avaliação de pms e imposição, manutenção, alteração ou supressão de obrigações regulamentares, Dezembro 2009, págs 39 e 40.
[55] Cf. decisão da AdC, de 27.12.2007, Proc. Ccent 51/2007 Sonae/Carrefour, para 248.

2.10 Substituibilidade do lado da oferta

Embora a substituibilidade do lado da procura represente um constrangimento concorrencial mais imediato, mais disciplinador e mais facilmente compreensível, os limites de um mercado podem igualmente ser determinados pela substituibilidade do lado da oferta. No entanto, isto sucede apenas nos casos em que, como observa a Comissão Europeia "os seus efeitos são equivalentes aos da substituição do lado da procura em termos de eficácia e efeito imediato[56]".

Na realidade, não são apenas os clientes que podem reagir a um aumento do preço para um nível supracompetitivo e torná-lo não lucrativo. Em boa verdade, caso os fabricantes de um outro produto (que não é substituível pelo lado da procura) possam, em resposta a um aumento do preço, ajustar rapidamente (*i.e.* sem ter que correr riscos ou realizar investimentos significativos) as suas linhas de produção e começar a fabricar e a disponibilizar o produto do monopolista hipotético, facilmente o aumento de preço poderá tornar-se não lucrativo. Como salienta a Comissão, sempre que isto sucede, a produção adicional colocada no mercado terá um efeito disciplinador sobre o comportamento concorrencial das empresas em questão. Um impacto deste tipo, em termos de eficácia e efeito imediato, é equivalente ao efeito da substituição do lado da procura[57].

O *Office of Fair Trading*[58] salienta, a este propósito, que a análise da substituibilidade do lado da oferta procura responder à questão sobre *se, em que medida* e *com que rapidez*, outras empresas começariam a prestar serviços ou a vender produtos no mercado, em reação a uma tentativa do monopolista hipotético de praticar preços supracompetitivos. Por norma, para se concluir que a substitutibilidade do lado da oferta coloca um constrangimento concorrencial equivalente ao da substituibilidade do lado da procura, deveremos estar perante:

(i) Um caso especial de entrada no mercado – a entrada ocorre em menos de um ano;

---

[56] Cf. Comunicação da Comissão relativa à definição de mercado relevante para efeitos do direito comunitário da concorrência (97/C 372/03), para 20.
[57] Cf. Comunicação da Comissão relativa à definição de mercado relevante para efeitos do direito comunitário da concorrência (97/C 372/03), para 20.
[58] Cf. OFT, *Market Definition*, para 3.15.

(ii) A entrada ser efetiva – a entrada no mercado tem lugar numa escala suficiente para afetar os preços; e
(iii) A entrada não requerer investimentos significativos[59].

Na prática, dois produtos podem ser vistos como substituíveis pelo lado da oferta quando o fabricante de um deles dispõe já de todo o equipamento necessário para produzir o outro e tem os incentivos comerciais e a capacidade para iniciar tal produção no curto prazo, sem ter que realizar investimentos significativos.

A adequada consideração da substituibilidade pelo lado da oferta constitui um fator determinante para a correta definição do mercado e, consequentemente para uma sólida instrução de um processo. Isto mesmo ficou claro no célebre acórdão *Continental Can*, em que a decisão condenatória da Comissão foi anulada pelo TJ por, entre outros motivos, não ter tido a substituibilidade do lado da oferta em devida conta no processo de definição do mercado relevante[60-61].

---

[59] Cf. OFT, *Market Definition*, para 3.15
[60] Acórdão do TJ, de 21.2.1973, Proc. 6/72, *Europemballage e Continental Can*/ Comissão Europeia, Col. 1973 p 109, para 33.
[61] Na prática decisória da AdC é possível encontrar decisões em que o mercado relevante foi definido tendo sobretudo em consideração a substituibilidade do lado da oferta. A título de exemplo pode apontar-se a decisão Ccent. 50/2009 – *Tapón Spain/Activos Tapón Corona Ibérica*, em que a AdC foi chamada a pronunciar-se sobre a aquisição de um conjunto de activos afectos à produção, distribuição e comercialização de tampas metálicas em forma de coroa com revestimento de plástico ou de cortiça no seu interior utilizadas para a selagem hermética de garrafas de vidro, vulgarmente conhecidas por "caricas" ou "cápsulas". Neste processo a AdC não se opôs à proposta da notificante de incluir cápsulas *pry-off* (*cápsulas de alavanca que se separam da garrafa utilizando um abre garrafas*) e cápsulas *twist-off* (cápsulas com sistema de rosca que se separam da garrafa através de um movimento giratório) no mesmo mercado relevante, atendendo essencialmente à substituibilidade do lado da oferta. Pode ler-se na decisão (para 15-19) que: "Tanto as cápsulas com sistema pry-off como as cápsulas com sistema twist-off são produzidas com o mesmo material (aço não estanhado), tecnologia e equipamento (sendo apenas necessário proceder a pequenos ajustamentos no processo de fabrico para deixar de produzir um tipo de tampa e passar a produzir o outro na mesma máquina). (...) os fornecedores de cápsulas com sistema twist-off podem transferir em poucas horas a sua produção para cápsulas com sistema pry-off e vice-versa, bastando para tal proceder a alguns ajustamentos na linha de revestimento das cápsulas. (...) os materiais, equipamentos e tecnologia utilizados para a produção dos dois tipos de cápsulas são os mesmos".

Na realidade, atender apenas à substituibilidade do lado da procura pode levar a conclusões incorretas. Alguns exemplos são comummente apontados para evidenciar este ponto. Se, por exemplo, se olhasse apenas para a substituibilidade do lado da procura, seguramente que os diferentes tamanhos (e.g. *small, medium, large, extra-large*) de uma determinada peça de roupa poderiam pertencer a mercados relevantes distintos, uma vez que um cliente que procura um S por norma não vê o XL como uma alternativa. O mesmo sucederia entre um par de sapatos número 39 e outro, do mesmo modelo, mas número 43. Todavia, neste tipo de situações é frequente os produtos serem agrupados no mesmo mercado relevante por se percecionar a facilidade com que os processos de produção de uns e de outros podem ser ajustados sem riscos ou investimentos significativos por parte das empresas que os fabricam[62].

A prática da Comissão Europeia fornece diversos exemplos em que a substituibilidade do lado da oferta desempenhou um papel determinante na delimitação do mercado relevante. A título de exemplo, pode citar-se o processo de concentração *Volvo/Scania*, em que a Comissão considerou que os diferentes tipos de camiões pesados não constituem mercados relevantes distintos, atendendo sobretudo ao facto de os custos que os fabricantes enfrentam para ajustar as linhas de produção de uns tipos de camiões pesados para os outros não serem substanciais[63].

2.11 Concorrência potencial

A concorrência potencial é o terceiro condicionalismo concorrencial, identificado pela Comissão Europeia na *Comunicação sobre o mercado relevante*.

A concorrência potencial diz respeito à capacidade de empresas que estão fora do mercado relevante nele entrarem no médio ou longo-prazo (mais do que um ano). Dificilmente, por isso, a concorrência potencial representa um condicionalismo concorrencial do lado da oferta suscetível de originar efeitos equivalentes aos da substituição do lado da procura em termos de eficácia e efeito imediato[64].

---

[62] Cf. Simon Bishop and Mike Walker, "*The Economics of EC Competition Law: Concepts, Application and Measurement*", University Edition, 2010, Sweet & Maxwell, p. 120.
[63] Cf. decisão da Comissão, de 20.3.2000, COMP/M.1672 Volvo/Scania, JO C(2000) 681, para 30; Ver também, processo IV/M166 Torras/Sarrio JO [1992] C58/00 [1992], para 18.
[64] Cf. Comunicação sobre o mercado relevante, para 20.

Nesta medida, trata-se de um fator que não é tido em linha de conta no exercício de definição do mercado relevante, podendo, no entanto, desempenhar um papel de maior relevo na avaliação da posição das empresas no mercado[65], *i.e.* para saber se uma dada empresa num mercado relevante detém ou não posição dominante.

3. Mercado Relevante Geográfico
3.1 Considerações gerais

Identificado o mercado de produto, o exercício de definição do mercado relevante prossegue com a identificação do mercado geográfico. O mercado geográfico relevante compreende a área em que as empresas em causa fornecem produtos ou serviços, em que as condições da concorrência são suficientemente homogéneas e que podem distinguir-se de áreas geográficas vizinhas devido ao facto, em especial, de as condições da concorrência serem consideravelmente diferentes nessas áreas[66] [67].

Tal como na definição do mercado relevante de produto, o objetivo de definir a dimensão geográfica do mercado relevante é o de identificar, de um ponto de vista geográfico, quais os concorrentes capazes de condicionar o comportamento concorrencial da empresa em questão. O exercício de definição do mercado geográfico tem também em consideração a substituibilidade do lado da procura e a substituibilidade do lado da oferta.

No que se refere à substituibilidade do lado da procura, o exercício de definição do mercado geográfico procurará delimitar a região em que o consumidor pode encontrar os produtos que considera substitutos próximos para os produtos da empresa investigada.

O mesmo se diga quanto à substituibilidade do lado da oferta. O exercício de definição de mercado passa por delimitar a região onde existem fornecedores que podem prontamente ajustar as suas linhas de produção

---

[65] Cf. Comunicação sobre o mercado relevante, para 24.
[66] Cf. Comunicação sobre o mercado relevante, para 8.
[67] Logo no acórdão *United Brands*, em 1978, a importância da delimitação do mercado geográfico foi reconhecida, tendo o TJ afirmado que "[a]s possibilidades de concorrência face ao disposto no artigo [102º TFUE] devem ser analisadas em função das caraterísticas específicas do produto em causa e *por referência à zona geográfica claramente definida na qual é comercializado e onde as condições de concorrência são suficientemente homogéneas para se poder apreciar o efeito do poder económico da empresa em questão*" (nosso ênfase). Acórdão do TJ, de 14.2.1978, no Proc. 27/76 *United Brands/* Comissão, para 11.

para, sem riscos ou custos significativos, entrarem no mercado de produto onde opera a empresa sob investigação.

As autoridades de concorrência aplicam o teste do monopolista hipotético, começando por ter em consideração uma dada área geográfica, tão pequena quanto possível. Passam depois a incluir outras áreas geográficas no "mercado relevante" até que um aumento não transitório de 5 a 10% do preço seja *lucrativo*.

No essencial, os princípios a observar no âmbito da definição da dimensão geográfica do mercado não se desviam dos princípios enunciados a propósito da definição do mercado de produto, já analisados *supra*.

Fatores como a discriminação de preços ou a substituibilidade em cadeia[68] são até particularmente nítidos no contexto da definição do mercado geográfico.

Outros fatores, como os fluxos transfronteiriços ou os custos de transporte, a que nos referimos de seguida, podem assumir uma importância preponderante na avaliação da substituibilidade geográfica.

3.2 Fluxos transfronteiriços e custos de transporte

A existência de fluxos comerciais entre duas regiões (*e.g.* importações e exportações) pode sugerir que o mercado geográfico tem um âmbito que excede os limites de cada uma, e que inclui ambas. Na verdade, à primeira vista, este dado pode ser uma clara indicação de que as empresas de uma região exercem pressão competitiva sobre as empresas da outra. As autoridades de concorrência analisam, frequentemente, dados sobre importações/exportações de um dado produto no âmbito do exercício de definição de um mercado geográfico relevante. Estes dados devem, todavia, ser analisados com cautela. Na verdade, por vezes, a existência de dados que revelem importações para um dado território, não basta para concluir que produtos de fora do território sejam concorrentes. Não raro, embora existam registos de importações provenientes de outros territórios, estas têm origem nas operações além-fronteiras de operadores nacionais e, na realidade, não representam um constrangimento concorrencial independente sobre as empresas presentes no mercado nacional[69]. Por outro lado, como observam alguns autores, a inexistência de fluxos comerciais entre duas regiões

---

[68] Note-se que a decisão da AdC, de 27.12.2007, Proc. Ccent 51/2007 – Sonae/Carrefour, citada no ponto 2.9 *supra*, é, na verdade, um exemplo cadeia de substituição geográfica.

[69] Cf. OFT, *Market definition*, para 4.6.

não significa necessariamente que estas não pertencem ao mesmo mercado relevante. Imagine-se que as empresas da região A e da região B vendem o mesmo produto a preços idênticos (*e.g.* €100) e que penetrar na região vizinha, com as atuais condições de mercado, não se mostra compensador, na medida em que existirão sempre alguns, ainda que reduzidos, custos de transporte (*e.g.* €3). Isto pode significar que se as empresas da região A subirem os seus preços (*e.g.* para €105 ou € 110) as empresas da região B, que os vendem a um preço mais barato, podem sentir incentivos para exportar para a região A, tornando assim o aumento não lucrativo[70].

Os *custos de transporte* são também um elemento que pode revestir-se de uma importância determinante na delimitação de um mercado relevante geográfico, em particular, quando estes são elevados comparativamente com o preço do produto em questão. Uma empresa que fabrique um produto cujo transporte tenha custos elevados poderá ter uma área de influência geograficamente reduzida. A título de exemplo, refira-se que na decisão *Secil/Cimentos Madeira*, a AdC notou, a propósito da delimitação do mercado relevante geográfico, que tanto a prática decisória da Comissão como a da AdC, têm considerado que o mercado do *betão pronto* é de âmbito regional ou até mesmo local, na medida em que se trata de um produto perecível, transportado em camiões-betoneiras por distâncias curtas, e com um custo de transporte elevado, tendo, no caso concreto, entendido que o mercado tem um âmbito local, circunscrito à ilha da Madeira e à ilha de Porto Santo[71].

Em todo o caso, importa sempre realizar uma análise cuidada do papel que os custos de transporte desempenham num determinado mercado geográfico e enquadrá-lo com outros fatores que possam também influenciar a análise. Como observa a Comissão, o impacto dos custos de transporte restringirá, por norma, o âmbito do mercado geográfico no que diz respeito aos produtos volumosos e de baixo valor, mas deve também ter-se em conta que as desvantagens no plano dos transportes podem ser compensadas por outros custos comparativamente mais vantajosos (custos de mão-de-obra ou de matérias-primas)[72].

---

[70] Ver. Motta, Massimo, cit, pág 114; Bishop e Walker, cit, pág 142.
[71] Cf. decisão da AdC, de 24.5.2007, Proc. Ccent 12/2007 – Secil/Cimentos Madeira, paras 26 e 27.
[72] Cf. Comunicação sobre o mercado relevante, para 50.

3.3 Fatores tidos em consideração para demonstrar a substituibilidade geográfica

À semelhança do que sucede com a definição do mercado de produto, também no exercício de delimitação do mercado geográfico, as autoridades de concorrência olham para um conjunto de fatores que podem assumir grande relevo na demonstração de relações de substituibilidade entre produtos ou fornecedores situados em diferentes regiões, ou, dito de outro modo, na delimitação do âmbito da região em que os produtos concorrem. A *Comunicação sobre o mercado relevante*, da Comissão Europeia, aborda alguns deles, incluindo os fluxos *comerciais transfronteiriços* e os *custos de transporte*, a que nos referimos anteriormente.

Sempre que disponível para análise, a consulta de *elementos históricos* que apontem para a deslocação de encomendas para outras áreas, sobretudo em reação a variações nos preços constituem, por norma, um elemento que pode ter bastante utilidade para aferir da substituibilidade entre fornecedores de produtos situados em duas regiões distintas. A Comissão sublinha contudo que pode igualmente fazer uso dos mesmos critérios quantitativos empregues para a definição do mercado do produto, observando, porém, que importa ter presente que comparações internacionais de preços podem ser mais complexas devido a uma série de fatores como, por exemplo, as flutuações cambiais, a tributação e a diferenciação do produto[73].

As *preferências dos consumidores* podem igualmente sugerir uma determinada delimitação de um mercado geográfico. As preferências nacionais ou as preferências pelas marcas nacionais, a língua, a cultura e o estilo de vida, bem como a necessidade de uma presença local podem potencialmente limitar o âmbito geográfico do mercado.

As *opiniões de clientes e concorrentes* são também frequentemente ponderadas para saber quais os limites geográficos da concorrência.

A atual estrutura geográfica das compras é igualmente um indicador útil. Quando os clientes realizam as suas aquisições, em condições análogas, junto de empresas situadas em qualquer local na União Europeia ou no E.E.E., ou quando obtêm os seus fornecimentos através de concursos abertos à participação de empresas provenientes de qualquer ponto da União ou do E.E.E., considerar-se-á por norma que o mercado geográfico assume uma dimensão correspondente ao território da União Europeia.

---

[73] Cf. Comunicação sobre o mercado relevante, para 45.

3.4 Exemplos de delimitações de mercados geográficos

A conclusão quanto à delimitação geográfica dos mercados depende da ponderação de todos os elementos de análise disponíveis. A prática decisória da Comissão Europeia e da AdC fornece inúmeros exemplos em que os mercados relevantes geográficos assumiram uma dimensão mundial, E.E.E., nacional, ou até mesmo local, com base nas tipologias de argumentos *supra* identificadas.

Na decisão *Intel*, a Comissão Europeia considerou que o mercado dos CPU (*Central Processing Units*) – o CPU é um microprocessador instalado em cada computador, que interpreta e executa as instruções do utilizador – tem dimensão mundial, com base no facto de os principais concorrentes atuarem globalmente, as arquiteturas dos CPU serem as mesmas em todo o mundo, os principais clientes (fabricantes de computadores) operarem também à escala global, e os custos de transporte de CPUs serem reduzidos em comparação com o seu custo de fabrico[74].

Na avaliação de uma operação de concentração em que o mercado afetado era o da produção e comercialização das cápsulas metálicas (ou caricas), o facto de estas poderem ser transportadas a um custo reduzido, o que torna possível fabricá-las num único local e distribui-las em toda a Europa (os custos de transporte representam menos de 5% do preço das cápsulas), a homogeneidade das condições de comércio das mesmas, incluindo preços, em todo o E.E.E., levou a AdC a delimitar este mercado como correspondendo ao E.E.E[75].

Na decisão *Murganheira/Raposeira*, a AdC, socorrendo-se da prática decisória da Comissão Europeia no processo *Pernod Ricard/V&S*[76], considerou o mercado da produção e comercialização de vinhos tranquilos e o mercado da produção e comercialização de vinhos espumantes como tendo dimensão nacional, não obstante a existência de fluxos transfronteiriços, dadas as fortes preferências nacionais e os comportamentos dos consumidores[77].

Na decisão *Sonaecom/PT*[78], a AdC delimitou o mercado da exibição cinematográfica como tendo dimensão geográfica local, podendo assu-

---

[74] Cf. decisão da Comissão, de 13.5.2009, Proc. COMP/C-3 /37.990 – *Intel*, para 836.
[75] Cf. decisão da AdC, de 19.2.2010, Ccent 50/2009 Tapón Spain/ Activos Tapón Corona Ibérica, paras 32 a 35.
[76] Cf. decisão da Comissão de 17.7.2008, COMP/M.5114 *Pernod Ricard/V&S*.
[77] Cf. decisão de AdC, de 11.2.2010, proc. Ccent 3/2010 – Murganheira/Raposeira, para 20.
[78] Cf. decisão da AdC, de 19.11.2009, Proc. Ccent 12/2009 – TAP/SPDH.

mir nalguns casos dimensão regional, atendendo ao tempo/distância que um consumidor normalmente está disposto a dedicar/percorrer para ir ao cinema. A AdC justificou a posição adotada com base na informação recolhida junto de empresas que operam no mercado de exibição cinematográfica que consideram que, do ponto de vista do consumidor final, os cinemas concorrem num âmbito geográfico *local* quando têm idêntica capacidade de oferta e num âmbito geográfico *regional*, quando têm uma capacidade de oferta muito distinta[79].

4. Temas específicos respeitantes à definição de mercado relevante
4.1 O mercado temporal
Por vezes, é apontada uma terceira dimensão do mercado relevante: a dimensão temporal[80]. Enquanto alguns mercados não têm uma dimensão temporal, noutros o fator tempo pode ser determinante para a delimitação do seu âmbito.

Entre os exemplos da dimensão temporal do mercado relevante que são comummente apontados, encontram-se *(i)* serviços prestados em horas de ponta e serviços prestados fora de horas de ponta; *(ii)* variações de estações do ano, por exemplo, mercados sazonais que só existem no verão ou só no inverno; ou *(iii)* a inovação, no sentido de que em determinados tipos de produtos alguns consumidores podem adiar a sua compra por considerarem que surgirá uma versão tecnologicamente mais avançada[81].

---

[79] Cf. decisão da AdC, de 22.12.2006, Proc. Cent 8/2006 *Sonaecom/PT*, paras 330 e 331. Note-se, contudo, que nesta decisão a AdC entendeu que alguns parâmetros de concorrência assumem frequentemente uma dimensão nacional, (*e.g.* a negociação com distribuidores para acesso a conteúdos cinematográficos; o acesso a cópias de estreia; a negociação de novos projetos com promotores imobiliários e a negociação/angariação de espaço publicitário), e também que o facto de as três principais empresas que atuam no mercado da exibição, correspondendo a 81% das salas e 76% das receitas, desenvolverem a sua atividade a nível nacional, levou-a igualmente a avaliar os efeitos da operação numa perspetiva nacional.

[80] Pode discutir-se se a dimensão temporal tem um relevo conceptual autónomo ou se é antes uma manifestação do mercado relevante de produto.

[81] Cf. OFT, *Market Definition*, paras 5.1 a 5.3. O *Office of Fair Trading* sugere que pode justificar--se falar numa dimensão temporal do mercado relevante quando: *(i)* os clientes não puderem substituir o período temporal em que necessitam de um serviço (*e.g.* serviço de transporte ferroviário a uma hora de ponta) e *(ii)* os fornecedores não puderem substituir entre períodos de tempo (*e.g.* um produtor de fruta vê a sua capacidade de produção alterar-se drasticamente de uma época para outra e não é possível armazenar o produto).

4.2 Mercados com dois lados (*two-sided markets*)

O exercício de definição do mercado relevante pode assumir algumas especificidades no caso dos chamados mercados com dois lados (*two-sided markets*).

Mercados com dois lados, igualmente designados plataformas com dois lados, dizem respeito a situações em que dois grupos de utilizadores distintos interagem um com o outro através de uma plataforma comum e valorizam-na em função da dimensão do grupo de utilizadores oposto (*i.e.* em função da dimensão do "lado" oposto). Entre os exemplos mais vezes apontados encontram-se os cartões de crédito. Os cartões de crédito são utilizados pelos consumidores interessados em fazer compras e aceites por muitos comerciantes. Os comerciantes têm tanto mais interesse em aceitar pagamentos com recurso a um determinado cartão de crédito, quanto maior for o número de utilizadores deste meio de pagamento. De igual modo, os consumidores têm mais interesse em utilizar um dado cartão de crédito, quanto maior for a rede de locais onde este meio de pagamento é aceite.

Mas diversos outros negócios assumem a forma de mercados (ou plataformas) com dois lados. Clubes noturnos e empresas de *online dating* prestam serviços a homens e mulheres que pretendem conhecer-se; motores de busca de Internet prestam serviços a utilizadores que realizam pesquisas e a *sites*/ anunciantes que pretendem ser encontrados por utilizadores; plataformas de jogos de vídeo (*e.g. Nintendo, Playstation*) prestam serviços a fabricantes de jogos de vídeo e aos utilizadores destes jogos; diretórios de páginas amarelas prestam serviços a anunciantes e a utilizadores que procuram informação sobre prestadores dos mais variados serviços; portais de compras online (*e.g.* ebay.com) prestam serviços a vendedores e compradores, os canais televisivos são interessantes para os anunciantes em função da sua audiência[82].

Os modelos de negócio das empresas que atuam neste tipo de mercados têm que ter em consideração ambos os lados da plataforma. O objetivo de maximização do lucro leva a que muitas vezes seja necessário beneficiar um dos lados da plataforma para assegurar que esta tem uma dimensão suficientemente interessante para ambos.

---

[82] Cf. David S. Evans, *Two-Sided Market Definition*, disponível em: http://ssrn.com/abstact=1396751, onde se exploram alguns dos exemplos referidos.

Ambos os lados da plataforma podem originar lucros para a empresa que a explora. No entanto, na prática, muitas plataformas com dois lados obtêm a maioria dos seus lucros num dos lados do mercado e prestam serviços no outro lado a preços que podem ser inferiores aos custos incrementais, ou até, por vezes, de forma gratuita.

Por exemplo, é frequente os emissores de cartões de crédito disponibilizarem aos titulares dos cartões programas que incentivam a sua utilização (*e.g.* programas de milhas), isentarem as anuidades do cartão, e concederem outros benefícios, uma vez que desta forma aumentam a base de utilização dos cartões e, assim, mais facilmente os comerciantes estão dispostos a receber pagamentos com um determinado cartão de crédito. De igual modo, não é raro os clubes noturnos não cobrarem bebidas a mulheres no intuito de atraírem a frequência de mais mulheres e consequentemente de mais homens. Tipicamente, também os utilizadores que realizam pesquisas em motores de busca na Internet não pagam a pesquisa. No entanto, os anunciantes que são "encontrados" nas pesquisas, pagam para ser encontrados[83]. A televisão *free-to-air* ou alguns jornais diários são distribuídos gratuitamente, procurando assim uma maior audiência e tornando-se num produto mais atrativo para os anunciantes.

As particularidades associadas aos mercados com dois lados levam a que os instrumentos de definição de mercado mais utilizados em mercados com apenas um lado, como o teste do monopolista hipotético, e outros, possam não se revelar os mais adequados, sem alguns ajustamentos. Na verdade, como vimos, o modelo de maximização do lucro nestas indústrias é distinto do das indústrias com apenas um lado e, muitas vezes, têm que ser tomados em consideração elementos adicionais que não são ponderados num mercado com apenas um lado. Por exemplo, numa formulação normal do teste do monopolista hipotético, uma subida de preço de um bem no mercado A tem em consideração a perda de vendas daí resultante nesse mesmo mercado, mas não tem em consideração os efeitos no mercado B, com a consequente perda de vendas também neste mercado e bem assim o impacto em ambos os lados.

Existe hoje em dia algum consenso no sentido de que em mercados com estas caraterísticas, mais importante do que a definição concreta do mer-

---

[83] Ver David S. Evans, *Two-Sided Market Definition*, págs 2, 6 e 7. Disponível em http://ssrn.com/abstact=1396751.

cado relevante de produto é assegurar que as ligações entre os dois lados e a complexidade das relações entre os grupos de clientes são tomadas na devida conta. Uma definição mecânica do mercado relevante que ignore um dos lados pode dar origem a erros, devendo por isso ser evitada[84].

4.3 Substituibilidade apenas de um lado

Por vezes, na avaliação da relação de substituibilidade entre dois produtos, constata-se que existe substituibilidade apenas de um lado. Exemplificando, a avaliação da substituibilidade entre os produtos A e B revela que perante um aumento significativo e não transitório do preço de A, uma parte das compras de A transfere-se para B, mas o inverso não sucede, isto é, perante um aumento significativo e não transitório do preço de B, as compras de B não se transferem para A.

Que impacto tem este tipo de fenómeno na definição de mercado? A e B não pertencem ao mesmo mercado relevante, embora, em alguma medida, existam relações de concorrência entre eles.

Existem vários exemplos na prática decisória da Comissão Europeia que podem ser apontados[85].

Vale a pena referir a relação entre a Internet de baixa velocidade (banda estreita) e a Internet de alta velocidade (banda larga), avaliada pela Comissão Europeia no âmbito do processo *Wanadoo*, em que, começando por reconhecer a existência de alguma substituibilidade entre as ofertas de Internet de baixa velocidade e de alta velocidade, observou depois a Comissão que "essa substituibilidade funciona de modo profundamente assimétrico, sendo as migrações de clientes da alta velocidade para a baixa

---

[84] Ver OECD Policy Roundtables, *Two-sided markets*, 2009, pág 11.; Ver igualmente David Evans and M- Noel *Analysing Market Definition and Power in Multi-sided Markets*, 2005, http://ssrn.com/abstract=835504.

[85] Veja-se, por exemplo, a análise da Comissão Europeia no caso *Mitsui/CVRD/Caemi*, COMP/M.2420 (substituibilidade unilateral de produto) e no caso *Bertelsmann/Springer/JV* COMP/M.3178, como exemplo de substituibilidade unilateral geográfica. Na realidade, o facto de mais de 50% da capacidade instalada de um determinado tipo de impressoras se encontrar instalada na Alemanha levou a Comissão a admitir a possibilidade de os clientes alemães, as editoras, se encontrarem num mercado doméstico, composto essencialmente pelas empresas alemãs, enquanto nos restantes países da U.E., em particular França e o Reino Unido, os mercados deste serviço excediam as fronteiras nacionais, incluindo igualmente o alemão, atendendo ao facto de se registarem muitas importações das editoras destes países às entidades alemãs que detinham estas impressoras, mas de o contrário não suceder (cf. Para 70).

velocidade ínfimas em relação às migrações no sentido oposto. (...) se os produtos fossem totalmente substituíveis do ponto de vista da procura, as taxas de migração deveriam ser, se não iguais, pelo menos de uma ordem de grandeza comparável[86-87]".

4.4 Produtos substitutos e produtos complementares

A conclusão da análise de substituibilidade entre dois produtos aponta, por vezes, para a conclusão de que estes apresentam uma relação de complementaridade e não de substituibilidade.

Por norma, as procuras de produtos complementares e de produtos substitutos movem-se em sentidos opostos quando se realiza o teste do monopolista hipotético. Citando o sugestivo exemplo de *Niels, Jenkins* e *Kavanagh*, perante um aumento duradouro de 10% do preço do *gin* é expectável que a procura de *gin* desça e que a de água tónica desça também (um tipo de bebida muito utilizada para beber juntamente com o gin – "gin tónico"). Estes produtos apresentam, pois, uma relação de complementaridade[88-89].

No entanto, se estivesse em causa um produto substituto, por hipótese, o rum, perante um aumento duradouro de 10% do preço do gin, seria de

---

[86] Cf. acórdão do TG, de 30.1.2007, Proc. T-340/03, *France Telecom*/Comissão, para 88.

[87] A prática decisória da Comissão Europeia tem distinguido três formas de acesso à Internet (*(i)* o acesso em banda estreita *(ii)* o acesso em banda larga e *(iii)* acessos dedicados), integrando, cada uma delas, em mercados relevantes distintos (veja-se, por exemplo, o processo COMP/M.4417 – Telecom Italia/AOL, 20 de Outubro de 2006). As razões normalmente invocadas para separar os mercados da banda estreita e da banda larga relacionam-se essencialmente com as suas diferentes caraterísticas e preço. A substituibilidade apenas de um lado tem sido igualmente vista como um fator impeditivo para as incluir no mesmo mercado relevante. Refira-se contudo que numa recente operação de concentração apreciada pela Comissão Europeia, as partes invocaram a migração crescente de clientes da banda estreita para a banda larga como um argumento para não as autonomizar. A Comissão Europeia apontou o firme declínio no número de utilizadores de acesso em banda estreita (não excluindo, inclusivamente, que venham mesmo desaparecer no futuro) e notou, uma vez mais, que a migração é apenas para a banda larga (e não o inverso), mas deixou a questão em aberto, uma vez que, para o caso concreto, não era necessário tomar posição. Ver processo *COMP/M.5532 – CARPHONE WAREHOUSE/TISCALI UK*, de 29 de Junho de 2009, paras 11 a 14.

[88] Ver Niels, G, Jenkins, H Kavanagh, J, cit, pág 85.

[89] Cournot, A., *Recherches sur les Principes Mathématiques de la Théorie des Richesses* (Paris, Hachette, 1838).

esperar que ao mesmo tempo que a procura de gin desce a procura do rum suba.

Na decisão *Sonaecom/PT*, ao analisar os mercados dos canais para televisão por subscrição, a AdC parece considerar que os canais de acesso não condicionado incluídos no pacote básico e os canais de acesso condicionado (canais Premium) são produtos complementares[90]. De acordo com o modelo de negócio dos operadores de televisão por subscrição predominante na altura da operação, a contratação do pacote básico (onde se incluem os canais de acesso não condicionado) constitui um pressuposto da contratação de canais premium.

Assim, a relação de complementaridade entre ambos os produtos é sugerida pelo facto de, perante um aumento duradouro de 10% do preço do pacote básico, ser de esperar que a respetiva procura desça e que a procura de canais Premium também se reduza.

4.5 Mercados secundários (*aftermarkets*)

O exercício de definição do mercado relevante pode apresentar particularidades quando estão em causa produtos que requerem (ou podem requerer) a aquisição posterior de outros produtos complementares. Veículos automóveis e as peças sobresselentes, impressoras a laser e *toners* e/ou serviços de manutenção, *giletes* de barbear e lâminas de substituição, consolas de jogos e jogos próprios para a consola, a rede de telefonia móvel e as chamadas de voz ou as mensagens escritas enviadas por essa rede, *software* informático e *upgrades*[91], são exemplos, entre outros, que podem apontar-se. Os primeiros constituem o produto primário, enquanto os segundos constituem o produto secundário.

De um ponto de vista concetual, o *Office of Fair Trading* identifica três possibilidades de definição do mercado relevante quando estão em causa produtos secundários[92], que podem, utilmente, referir-se:

(i) **Mercado de sistema** (*system market*): um único mercado para o produto primário e para o produto secundário (*e.g.* um único mercado para todas as giletes de barbear e lâminas de substituição);

---

[90] Ver decisão da AdC de 22.12.2006, Proc. Ccent. 8/2006, Sonaecom/PT, para 370.
[91] Cf. *Discussion Paper*, para 243; Bishop and Walker, cit., p. 150.
[92] Ver OFT, *Market Definition*, para 6.2, que seguimos de perto no texto.

(ii) **Mercados múltiplos** (*multiple market*): um mercado para os produtos primários e mercados individuais separados para cada produto secundário associado a um produto primário (*e.g.* um mercado para todas as giletes de barbear, e mercados individuais para cada tipo de lâmina de substituição associada a cada marca de giletes de barbear – mercados específicos de cada marca);

(iii) **Mercados duplos** (*dual markets*): um mercado para o produto primário e um mercado separado para o produto secundário (*e.g.* um mercado para todas as giletes de barbear e um mercado separado para todas as lâminas de substituição.

O modo de definir o mercado dependerá sempre do caso concreto. Definir um *mercado de sistema* poderá fazer sentido quando os consumidores, ao adquirirem o produto primário, efetuam uma ponderação que tem em conta não apenas o preço do produto primário mas igualmente aquilo que antecipam serem os consumos do produto secundário durante o período de vida do primeiro (*whole life costing*), ou, de igual modo, quando o efeito reputacional significa que fixar o preço do produto secundário a um nível supracompetitivo prejudica significativamente os lucros do fornecedor nas vendas do produto primário (*reputation effects*). O teste do monopolista hipotético pode ser útil para estimar o impacto do primeiro destes fatores na decisão de compra do produto primário. Tomemos o exemplo de um monopolista hipotético no mercado (secundário) dos *toners* da marca X de impressoras a laser. A questão a colocar seria a de saber se este poderia levar a cabo um aumento significativo e não transitório do preço dos *toners* de forma lucrativa. Embora os clientes que já possuem impressoras a laser da marca X não possam procurar *toners* de outras marcas (são incompatíveis), pode dar-se o caso de os consumidores que ponderam adquirir uma impressora a laser da marca X preferirem outras marcas na medida em que baseiam a sua decisão de compra não apenas no preço da impressora, mas igualmente no preço dos *toners* que antecipam ter que adquirir com alguma frequência. Sendo o preço dos *toners* um elemento de relevo para o consumidor estimar o preço global da impressora, e na medida em que uma quantidade suficiente de compradores o tome em consideração, a iniciativa de aumento de preço do monopolista hipotético pode tornar-se não lucrativa[93].

---

[93] Motta, Massimo, *Competition Policy – Theory and Practice*, 2004, Cambridge, pág 111.

Nos casos em que não há lugar à ponderação dos custos globais a incorrer com o produto nem a efeitos de reputação, poderá fazer sentido definir *mercados múltiplos* ou *duplos*. Os primeiros são mais prováveis quando, após a compra do produto primário, os produtos secundários tecnicamente compatíveis com o produto primário são limitados. Já quando os produtos secundários são compatíveis com todos os produtos primários (e os clientes percecionam tal compatibilidade) fará mais sentido uma definição de mercado duplo[94].

Considerar os produtos primários e secundários como mercados de sistema, múltiplos ou duplos pode ter um impacto decisivo na avaliação substantiva dos casos. A jurisprudência do TJUE dá-nos eloquentes exemplos disso. Nos casos *Hilti* ou *Tetra Pak II*[95] as empresas foram condenadas por venda subordinada anticoncorrencial entre o mercado do produto primário e o mercado do produto secundário, tendo sustentado uma grande parte da sua defesa na contestação da delimitação do mercado relevante. No caso *Tetra Pak II*, por exemplo, a empresa dominante subordinou a venda de máquinas de enchimento de líquidos em embalagens de cartão assépticas à aquisição exclusiva dos seus cartões e dos seus serviços de manutenção e de reparação. A principal linha de defesa da empresa consistiu em sustentar que estava em causa um único mercado relevante que integrava o produto primário (as máquinas) e os secundários (os cartões e os serviços), entre os quais existia uma ligação natural. No entanto, a circunstância de existirem produtores independentes dedicados exclusivamente ao fabrico de cartões não assépticos destinados a ser utilizados em máquinas produzidas por outras empresas contribuiu decisivamente para a conclusão do TG de que estavam em causa produtos distintos, uma vez que considerou que tal facto constitui, por si só, um indício sério da existência de um mercado específico[96]. Se tivesse prevalecido a visão da empresa, de que estava

---

[94] OFT, *Market definition*, paras 6.3 e 6.4.
[95] Acórdão do TG, de 6.10.1994, Proc T-83/91, Tetra Pak/*Comissão*, Col 1994 II-00755, para 82; acórdão do TJ, de 14.11.1996, Proc. C-333/94 P, Tetra Pak/ Comissão, Col. 1996 I-05951, para 36; e acórdão do TG de 12.12.1991, Proc. T-30/89, Hilti/Comissão, Col 1991 II-01439. Ver *infra* Capítulo 8, páginas 280 e 284, onde analisamos cada um dos casos referidos a propósito do abuso de posição dominante por venda ligada.
[96] Ver acórdão do TG de 12.12.1991, Proc. T-30/89, Hilti/Comissão, Col 1991 II-01439, para 82 e acórdão do TJ, de 2.3.1994, Proc. C-53/92 P, Hilti/Comissão, Col 1994 II-00667, para 36. No acórdão *Hilti*, o TJ utilizou idêntico argumento, ver paras 66 e 67.

em causa um único mercado relevante, dificilmente haveria fundamento para uma condenação por abuso de venda ligada[97].

No recente caso *CEAHR*[98], uma associação de reparadores independentes de relógios de luxo apresentou uma denúncia, por violação dos artigos 101º e 102º TFUE, contra diversos fabricantes de relógios de luxo, decorrente da recusa de continuarem a abastecer os reparadores independentes com peças sobresselentes.

O tema da definição de mercado assumiu uma importância central no processo, tendo a *CEAHR* considerado que os mercados secundários relevantes eram específicos de cada marca de relógio constituindo mercados relevantes distintos do mercado de produto primário (mercados múltiplos). A Comissão rejeitou a denúncia, considerando, relativamente ao mercado relevante, que o mercado dos serviços de manutenção e reparação de relógios de luxo não constituía um mercado distinto, devendo antes ser examinado conjuntamente com o mercado primário (mercado de sistema).

A Comissão, que neste processo se afastou da jurisprudência *Hilti* e *Tetra Pak II* no peso que atribuiu à presença de empresas independentes dedicadas unicamente à reparação, considerou ser possível que o mercado das peças sobresselentes para os produtos primários de uma determinada marca *não* constitua um mercado relevante separado em duas situações: *(i)* no caso de o consumidor poder recorrer a outras peças sobresselentes produzidas por outro fabricante; e *(ii)* no caso de o consumidor poder recorrer a outro produto primário para evitar um aumento de preço no mercado das peças sobresselentes.

O TG considerou o teste enunciado pela Comissão compatível com a jurisprudência "desde que seja demonstrado que, no caso de um aumento moderado e permanente do preço dos produtos secundários,

---

[97] A Comissão Europeia admite, no *Discussion Paper*, que em mercados de produtos diferenciados pode ter lugar uma venda ligada entre produtos pertencentes a um mesmo mercado relevante (ver *Discussion Paper*, para 185, nota de rodapé 118). A nosso ver, não obstante a posição da Comissão Europeia no *Discussion Paper*, dificilmente um caso em que apenas se identifique um mercado relevante pode ser instruído como uma venda ligada, sendo mais provável outro enquadramento. Ver capítulo 8, ponto 4.2, págs 301.

[98] Cf. acórdão do TG, de 15.12.2010, Proc. T427/08, *Confédération européenne des associations d'horlogersréparateurs* (CEAHR)/ *Comissão Europeia*, ainda não publicado.

um número suficiente de consumidores recorreria a outros produtos primários ou secundários, tornando esse aumento não rentável[99]". Analisados os argumentos da Comissão, o TG entendeu que a conclusão de que estava em causa um mercado de sistema não se encontrava devidamente fundamentada, chamando a atenção para um conjunto de indícios que, se devidamente ponderados pela Comissão, poderiam tê-la levado a um entendimento distinto, tendo por isso rejeitado o entendimento da Comissão[100-101].

4.6 Pacotes de produtos (vendas ligadas)

Em determinadas situações, um mercado relevante pode ser constituído, não por um produto, mas por um pacote de produtos que, noutro contexto, podem ser vistos como pertencendo a mercados distintos.

A *Comunicação sobre o mercado relevante*[102] não fornece indicações específicas relativas ao modo como podem ser definidos mercados onde estão presentes pacotes de produtos, o que pode sugerir que se aplicam as regras gerais.

A análise da jurisprudência *Hilti*, *Tetra Pak II* e *Microsoft*, permite-nos observar aspetos aos quais é dado um especial relevo nesta avaliação. Em particular, o facto de existirem empresas que apenas se dedicam a um dos produtos tem sido visto como um indício forte de que existe uma procura autónoma para um dos produtos em separado e, consequentemente, que existem mercados distintos[103].

Em *Hilti*, por exemplo, o TG entendeu que "se determinados operadores económicos são especializados e só são ativos no mercado de pós-venda de um mercado primário, isto constitui, por si só, um indício sério da existência de um mercado específico". Na decisão *Microsoft*, a Comissão sustentou também que o facto de existir uma procura autónoma para *media*

---

[99] Cfr. acórdão CEAHR, para 80.
[100] Ver acórdão CEAHR, paras 78 a 109.
[101] Para um estudo mais aprofundado do tema dos mercados secundários, ver Temple Lang, John, *Practical Aspects of Aftermarkets in European Competition Law*, CPI, Vol 7, No 1, Spring 2011, pág 199.
[102] Comunicação da sobre o mercado relevante, 97/C 372/03.
[103] Ver igualmente ponto 51 da Orientação sobre o artigo 102º TFUE.

players, distinta da procura de PCs, constituia um indício forte da existência de mercados diferentes para cada um destes produtos[104-105].

Sem prejuízo de as circunstâncias do caso e de a questão jusconcorrencial em investigação influenciarem bastante a forma como o mercado poderá ser delimitado numa situação concreta, a existência de uma procura autónoma para um dos produtos tem desempenhado, como se constata, um papel de relevo no exercício de delimitação do mercado relevante em casos de pacotes de produtos.

Um mercado em que os produtos apenas são vendidos em pacote (*i.e.* não são disponibilizados separadamente), as vendas ocorrem em proporções fixas e todas as empresas vendem em pacote – não se identificando por isso procuras autónomas para os produtos que integram o *bundle* –, será provavelmente melhor definido como o mercado do pacote dos produtos em causa e não como mercados separados para cada um dos produtos que o integram[106].

Em Portugal, embora não sejam ainda do conhecimento público decisões condenatórias da AdC em mercados de pacotes de serviços, a AdC deu recentemente sinais de não se afastar da abordagem europeia, tendo o seu Presidente, num discurso proferido em 14.1.2011 observado, a pro-

---

[104] Ver decisão da Comissão, de 24.3.2004, Proc. COMP/C-3/37.792 *Microsoft*, para 804 e acórdão do TG de 17.9.2007, Proc. T-201/04 *Microsoft Corporation*/Comissão Europeia, Col II-3601, paras 917 e 918. No acórdão *Microsoft*, o TG citou a jurisprudência *Hilti* e *Tetra Pak* notando que "o facto de haver, no mercado, sociedades independentes especializadas na produção e na venda do produto ligado é um indício sério da existência de um mercado distinto para esse produto" (v. Para 927).

[105] Quanto àquilo que pode considerar-se constituir uma procura autónoma, vale a pena chamar a atenção para o facto de a *Microsoft* ter suscitado a questão da possibilidade de produtos suplementares poderem ser autónomos, uma vez que não haveria procura para tais produtos sem a aquisição do produto primário. A Comissão e o TG entenderam que sustentar que os produtos suplementares não podem ser produtos distintos para efeitos da aplicação do artigo [102º TFUE], é contrário à jurisprudência comunitária em matéria de vendas ligadas. "Relativamente ao processo *Hilti*, por exemplo, pode supor-se que não haveria procura para carregadores para pistolas de pregos se não fossem também fornecidos pregos, uma vez que um carregador sem pregos é inútil. Ora, isso não impediu o juiz comunitário de considerar que esses dois produtos faziam parte de mercados distintos". Recordou o TG que no caso dos produtos suplementares, o facto de os consumidores os quererem juntos não significa que não os queiram de fontes diferentes. Ver acórdão *Microsoft*, paras 921 e 922.

[106] Ver Niels, G, Jenkins, H, Kavanagh, J, cit., pág 87.

pósito dos pacotes 3P que "a procura desses serviços em Portugal dirige-se crescentemente para pacotes de serviços, tais como o triple-play (telefonia fixa, televisão por subscrição e acesso à Internet em banda larga fixa), e cada vez menos para serviços individuais o que permite a conclusão de que os pacotes de serviços triple-play constituem um mercado relevante autónomo para efeitos de política de concorrência[107]".

---

[107] Discurso do Presidente da AdC Professor Manuel Sebastião na Conferência "Europa 2011 – Regulação e Competitividade", Lisboa, 14 de Janeiro de 2011. Disponível em www.concorrencia.pt.

Capítulo 3
Posição Dominante

1. Introdução

O pressuposto essencial de aplicação do artigo 102º TFUE e do artigo 11º da Lei nº 19/2012 é o de que a(s) empresa(s) sob suspeita detenha(m) uma posição dominante. Por outras palavras, sem posição dominante, não há abuso. Contudo, embora se trate de uma condição necessária para a aplicação das disposições em causa, deter uma posição dominante não é ilícito. Apenas a sua exploração abusiva é proibida.

Uma posição dominante corresponde, *grosso modo*, à detenção de poder substancial de mercado por uma ou mais empresas, individual ou coletivamente. As empresas podem deter posições dominantes por diversas razões. Podem operar num mercado que lhes está reservado por lei, *e.g.* resultante da detenção de um direito de propriedade intelectual (monopólio legal), ou onde, por diversas razões, nenhuma outra empresa encontrou os incentivos adequados para entrar e exercer concorrência (monopólio de facto); podem operar num mercado recentemente liberalizado, e onde são ainda o maior e mais poderoso operador, detendo os seus rivais uma capacidade limitada de constranger o seu comportamento concorrencial; podem controlar um *input* de que os seus concorrentes necessitam para exercer a sua atividade; podem simplesmente ter um melhor desempenho (*e.g.* melhores produtos, melhores preços, mais variedade, maior reconhecimento da marca) do que a alcançada pelas restantes empresas, encontrando-se, por isso, o nível da concorrência enfraquecido. Num mercado onde uma empresa é dominante, os concorrentes, quando existem, não têm capacidade para constranger efetivamente o seu comportamento, acabando aquela por gozar de uma ampla liberdade de ação.

No presente capítulo debruçamo-nos sobre o tema da posição dominante, procurando compreender em que circunstâncias uma empresa pode ser vista como detentora deste tipo de posição. Começamos pela noção de posição dominante (parte 2), discutimos depois o conceito de posição dominante individual (parte 3) e o de posição dominante coletiva (parte 4). Na parte 5, abordamos um conjunto de temas específicos relativos à posição dominante.

2. Noção de posição dominante

O artigo 102º TFUE declara "incompatível com o mercado interno e proibido, na medida em que tal seja suscetível de afetar o comércio entre os Estados-Membros, o facto de uma ou mais empresas explorarem de forma abusiva uma posição dominante no mercado interno ou numa parte substancial deste".

O legislador europeu não definiu o conceito de posição dominante no Tratado, deixando essa tarefa para a jurisprudência[108]. No final da década de 70, o Tribunal de Justiça, a propósito do (agora) artigo 102º TFUE, observou que:

> "a posição dominante a que se refere esse artigo diz respeito a uma posição de poder económico detida por uma empresa que lhe permite afastar a manutenção de uma concorrência efetiva no mercado em causa e lhe possibilita comportar-se, em medida apreciável, de modo independente em relação aos seus concorrentes, aos seus clientes e, finalmente, aos consumidores[109]".

---

[108] O legislador nacional incluiu o que entende por posição dominante tanto no Decreto-Lei nº 371/93, de 29 de Outubro (artigo 3º) como na Lei nº 18/2003, de 11 de Junho (artigo 6º), ambos já revogados. No entanto, a Lei nº 19/2012, que teve, em larga medida, em vista proceder a uma harmonização do regime nacional da concorrência com o da U.E., absteve-se, na linha do artigo 102º TFUE, de definir o conceito.

[109] Acórdão do TJ, de 14.2.1978, Proc. 27/76 *United Brands*/Comissão, Col. 1978, 77, para 65; ver igualmente acórdão do TJ, de 13.2.1979, Proc. 85/76, *Hoffman-La Roche*/Comissão, Col 1979-I, p.217, para 38. Desde estes acórdãos que esta definição tem vindo a ser citada na prática decisória da Comissão e na jurisprudência subsequente do TJUE.

A definição jurisprudencial de empresa dominante refere-se à ideia de independência que é, a nosso ver, o elemento central do conceito. A independência traduz o grau de pressão competitiva a que uma empresa dominante se encontra sujeita. Uma empresa em posição dominante não enfrenta uma pressão concorrencial suficientemente eficaz e, nessa medida, goza de um poder de mercado considerável e duradouro. Assim, as suas decisões são em grande medida insensíveis às ações e reações dos concorrentes, dos clientes e mesmo dos consumidores[110-111].

Deter posição dominante corresponde a deter *poder substancial de mercado*. O conceito de poder de mercado refere-se ao poder de aumentar os preços acima do nível competitivo de uma forma lucrativa. Em termos económicos, uma empresa tem poder de mercado quando cobra um preço acima do custo marginal de produção, que é o custo de produzir a última unidade de produção, e não inclui custos fixos. Regra geral, todas as empresas fixam o preço acima do custo marginal (caso contrário não recuperariam os seus custos fixos), pelo que em boa verdade pode dizer-se que a generalidade das empresas detém, em alguma medida, poder de mercado. No entanto, em mercados concorrenciais, as empresas temem que um preço elevado as leve a perder clientes para os rivais, o que significa que o seu poder de mercado é limitado. Uma empresa detém *poder de mercado substancial* quando pode elevar os preços a um nível supracompetitivo, de forma lucrativa e duradoura[112], sem recear perder clientes. Tal

---

[110] Orientação sobre o artigo 102º TFUE, para 10.

[111] É frequente a observação de que, em termos económicos, "agir com independência relativamente a concorrentes, clientes e, em última instância, aos consumidores" não é um conceito adequado para distinguir entre empresas dominantes e não dominantes, uma vez que, em boa verdade, à exceção dos verdadeiros monopolistas presentes em mercados com elevadíssimas barreiras à entrada, empresa nenhuma pode atuar com verdadeira independência relativamente aos seus clientes e consumidores (pelo menos de forma sustentável). Isto porque aumentos dos preços conduzem, em regra, a uma descida do consumo, não podendo a empresa, mesmo que detenha elevado poder de mercado, impedir tal descida em reação a um aumento do preço. Por outro lado, tipicamente, as empresas (mesmo as dominantes) aumentam o preço acima do nível concorrencial até ao ponto em que um aumento adicional se torna não lucrativo. Isto quer dizer que os concorrentes, os clientes e os consumidore condicionam o seu comportamento, o que significa que nem as empresas dominantes atuam de forma verdeiramente independente dos restantes parceiros. Ver Bishop, Simon e Walker, Mike, cit, pág 228.

[112] Na Orientação sobre o artigo 102º TFUE, a Comissão observa que a definição de um período duradouro, ou período de tempo significativo irá depender do período e das circunstâncias do

apenas sucede quando não é sujeita a pressões concorrenciais efetivas[113]. Uma empresa nesta posição detém posição dominante.

Isto dito, é conveniente esclarecer que o facto de uma empresa se encontrar numa posição dominante não significa que toda a concorrência nesse mercado tenha sido eliminada. Em *Hoffman-La Roche*, o TJ observou que a detenção de tal posição num mercado *"não exclui a existência de uma certa concorrência*, embora dê à empresa que dela beneficia a possibilidade de decidir ou, pelo menos, de influenciar consideravelmente as condições em que esta concorrência se desenvolverá e, em todo o caso, de se comportar em larga medida sem ter de a tomar em linha de conta e sem que esta atitude a prejudique[114]" (nosso ênfase).

Quer isto dizer que num mercado onde está presente uma empresa dominante, embora não exista concorrência efetiva, pode registar-se alguma concorrência. A concorrência existente é contudo insuficiente para afetar de forma sensível as suas decisões.

No entanto, se uma empresa supostamente dominante se sentir efetivamente pressionada pelas políticas de preços dos concorrentes ao ponto de reduzir ela própria os seus preços, tal facto poderá constituir um indício de que não se comporta com a *independência* que faz parte do conceito de posição dominante mas que, ao invés, se encontra sujeita a constrangimentos concorrenciais[115]. Quando assim é, o comportamento da empresa no mercado pode revelar que afinal não detém posição dominante.

Tendo presente o que precede, não raro as empresas investigadas por práticas de preços predatórios (um tipo de abuso de posição dominante que consiste em praticar preços abaixo do custo de forma a excluir ou disciplinar concorrentes[116]), começam por argumentar, entre outras coisas, que os preços praticados se destinaram a reagir a políticas de preços agressivos dos seus concorrentes, que mais não são do que o exercício de uma pressão concorrencial efetiva, o que permitirá demonstrar desde logo a ausência de posição dominante no mercado. No entanto, muitas vezes tal argu-

---

mercado em questão, mas que, em regra, um período de dois anos será considerado suficiente. Cf. Para 11, nota de rodapé 6.
[113] Ver Motta, Massimo, cit, pág 40.
[114] Acórdão TJ de 13.2.1979, Proc. 85/76 *Hoffman-La Roche*/Comissão, Col. 1979-I, p 217, para 39.
[115] Cf. *Discussion Paper*, para 27.
[116] Ver *infra* Capítulo, 7, pág 219 segs.

mento reflete uma interpretação muito estrita do conceito. Na realidade, a independência inerente ao conceito de posição dominante não significa que a empresa em questão se encontre numa posição de total invulnerabilidade perante os concorrentes. Se assim fosse, as empresas dominantes não teriam sequer incentivo para levar a cabo práticas anticoncorrenciais destinadas a eliminá-los[117].

Refira-se ainda que uma posição dominante é sempre detida num mercado relevante em concreto. A posição dominante não existe em abstrato[118]. Por isso, só depois de definido o mercado relevante, exercício de que nos ocupámos no capítulo anterior, é possível avaliar se uma empresa detém posição dominante nesse mercado.

Diga-se ainda que num mercado relevante só pode, por definição, existir uma posição dominante. Não pode existir mais do que uma. A posição dominante pode no entanto ser detida por uma única empresa (posição dominante individual) ou por mais do que uma empresa conjuntamente (posição dominante coletiva).

3. Posição dominante Individual

A existência de uma posição dominante resulta, em geral, da reunião de diversos fatores, que, tomados isoladamente, não seriam necessariamente determinantes numa avaliação[119]. A Comissão Europeia aponta como particularmente importantes na avaliação de uma posição dominante os três seguintes[120]:

(i) A posição da empresa no mercado e a posição dos seus concorrentes;
(ii) A existência de barreiras à expansão (dos concorrentes atuais) ou à entrada (de concorrentes potenciais);
(iii) Poder negocial dos compradores.

---

[117] Ver, por exemplo, Decisão COMP/38.233 – *Wanadoo Interactive*, paras 208 e 209.
[118] Cf. *Discussion Paper*, para 22.
[119] Acórdão do TJ, de 14.2.1978, Proc. 27/76 *United Brands*/Comissão, Col. 1978, 77, para 66. Ver igualmente Orientação sobre o artigo 102º TFUE, para 10.
[120] Orientação sobre o artigo 102º TFUE, para 12.

3.1 Posição no mercado da empresa e dos seus rivais

Na avaliação de uma posição dominante, as quotas de mercado constituem um primeiro indicador muito importante da estrutura concorrencial que um determinado mercado apresenta. Uma empresa deter uma quota elevada ao mesmo tempo que os seus principais concorrentes registam quotas reduzidas é sugestivo da existência de uma posição dominante.

Importa, no entanto, ter presente que a quota de mercado é apenas um indicador e não existe um limiar de quota de mercado a partir do qual uma empresa seja, por definição, detentora de posição dominante. Mesmo quotas de mercado muito elevadas podem, no contexto em que são detidas, não traduzir necessariamente a detenção de uma posição dominante[121].

Por outro lado, a evolução das quotas de todas as empresas presentes no mercado relevante ao longo do tempo é sempre mais informativa do que a consideração das mesmas apenas num dado ponto no tempo, especialmente porque esse ponto pode não revelar a natureza dinâmica do mercado[122]. Se uma empresa detém persistentemente uma quota de mercado elevada em comparação com os seus concorrentes, este dado é um indicador de posição dominante. Se as quotas num dado mercado flutuam significativamente ao longo do tempo devido à rivalidade entre as empresas, isso sugere que o mercado é concorrencial[123]. Na Orientação sobre o

---

[121] Por exemplo, na decisão *Solvay*, não obstante a elevada quota de mercado da empresa investigada, a Comissão tomou em consideração um amplo conjunto de fatores, antes de concluir pela existência de uma posição dominante. Observou, neste contexto, que "a quota de mercado [da *Solvay*], de cerca de 70 % na Europa Ocidental Continental durante a totalidade do período em apreço, é em si representativa de um grau significativo de poder de mercado. Embora importante, a quota de mercado é apenas um dos indicadores a partir do qual se pode inferir a existência de uma posição dominante. O seu significado pode variar de caso para caso em função das caraterísticas do mercado em questão". Ver decisão da Comissão, de 13.12.2000, COMP/33.133-C: Carbonato de sódio – *Solvay*, 2003/6/CE, para 137; ver igualmente Estudo da AdC – "Análise do mercado de originação de chamadas nas redes móveis nacionais", Dezembro de 2010, onde a AdC afirma, depois de constatar que cada operador móvel detinha 100% de quota de mercado, "apesar da posição de monopólio detida por cada operador no mercado relevante respetivo, a decisão sobre a eventual dominância depende também da análise de outros fatores, nomeadamente a presença de barreiras à entrada, da existência de integração vertical, da rivalidade entre empresas, da concorrência potencial e do contrapoder negocial dos compradores", v. ponto 261, pág 47.
[122] OFT *Assessment of market power*, 2004, para 4.3, pág 11.
[123] *Discussion Paper*, para 29.

artigo 102º TFUE, a Comissão refere expressamente que analisará as quotas de mercado "à luz das condições específicas e, especialmente, da dinâmica do mercado e do grau de diferenciação dos produtos[124]".

3.1.1 Cálculo das quotas de mercado

A dimensão total do mercado e as quotas de cada empresa são, em regra, calculadas em função das suas vendas no mercado relevante. As vendas por volume e por valor representam uma informação útil neste âmbito. Existem, porém, outros parâmetros, como a capacidade instalada, o número de candidatos no âmbito de procedimentos concursais, entre outros, que, no caso de determinados produtos específicos, podem fornecer informações relevantes[125].

Muitas vezes as empresas não dispõem de dados exatos quanto à dimensão total do mercado nem quanto à quota nele detida, limitando-se a realizar estimativas, mais ou menos fiáveis.

Os dados relativos à dimensão total do mercado e às quotas de mercado podem frequentemente ser obtidos junto de fontes de informação no mercado, para além das estimativas das empresas, estudos encomendados a consultores do setor da indústria e/ou associações comerciais. Sempre que não existem dados disponíveis ou as estimativas não são fiáveis, as autoridades de concorrência solicitam a cada empresa presente no mercado relevante que apresente as suas próprias vendas a fim de calcular a dimensão total do mercado e as respetivas quotas[126].

3.1.2 Quotas de mercado e produtos diferenciados

Em regra, a análise de um mercado assume que as quotas de cada empresa traduzem a pressão competitiva por esta exercida na proporção da sua quota de mercado. A pressão concorrencial de uma empresa será assim tanto maior quanto maior for a sua quota de mercado.

Todavia, em mercados de produtos diferenciados, este indicador pode não ser fiável. Produtos diferenciados são aqueles que são diferentes aos olhos dos consumidores devido a fatores como por exemplo a imagem da marca, caraterísticas ou qualidade do produto, nível de serviço ou locali-

---

[124] Orientação sobre o artigo 102º TFUE, para 13.
[125] Ver Comunicação sobre o mercado relevante, para 54.
[126] Cf. Comunicação sobre o mercado relevante, para 53.

zação do vendedor. A substituibilidade entre produtos pode ser maior ou menor em virtude destes fatores. Quando os produtos são diferenciados a pressão competitiva que exercem uns sobre os outros pode variar mesmo quando pertencem ao mesmo mercado relevante[127]. Por exemplo, ainda que se encontrem todos no mesmo mercado relevante, é provável que o preço de um produto *premium* A exerça maior pressão sobre o preço do produto *premium* B do que o preço de um produto C, de gama baixa, mesmo que a quota de mercado do produto C possa ser superior à quota de mercado do produto A. Importa, pois, ter presente que quanto maior for o grau de diferenciação de produtos num mercado, maior cautela será necessária na valoração das quotas nesse mercado[128-129].

3.1.3 Presunções resultantes de limitares de quotas de mercado?
3.1.3.1 Quotas de mercado superiores a 50%

Quotas de mercado elevadas detidas por um longo período de tempo constituem um indicador de posição dominante, especialmente, se as empresas concorrentes detiverem quotas muito mais pequenas. Em *Hoffman-La Roche*, o TJ observou que embora a importância das quotas de mercado possa variar de um mercado para o outro, pode entender-se que "quotas de mercado muito elevadas são, em si mesmas, e exceto em circunstâncias excecionais", prova da existência de uma posição dominante[130]. Em *AKZO*, o TJ esclareceu que quotas superiores a 50% são quotas muitos elevadas, para os efeitos da presunção estabelecida em *Hoffman-La Roche*[131]. Neste processo, uma quota de mercado de 50%, detida entre 1979 e 1982, foi vista como prova de detenção de posição dominante. Em *Michelin I*, quotas de mercado entre 57% e 65% sendo as dos principais concorrentes de apenas 4% a 8%, foram consideradas suficientes para provar a posição de

---

[127] Cf. *Discussion Paper*, para 33.
[128] A Comissão Europeia observa que no caso de produtos diferenciados, considera-se normalmente que as vendas em termos de valor e a respetiva quota de mercado refletem melhor a posição e o poder relativo de cada empresa. Cf. Comunicação sobre o mercado relevante, para 55.
[129] Bishop, Simon e Walker, Mike, cit., pág 152.
[130] Acórdão TJ, de 13.2.1979, Proc. 85/76 *Hoffman-La Roche*/Comissão, Col. Jur. 1979-I, p 217, para 41.
[131] Acórdão do TJ, de 3.7.1991, C-62/86 *AKZO Chemie*/Comissão, Col. 1991, p. I-3359, para 60.

domínio[132]. Na decisão *Microsoft*, a Comissão considerou que a posição da *Microsoft*, com quotas superiores 93,8% (unidades) e 96,1% (valor) no mercado de sistemas operativos para clientes PC, em 2002, e sempre superiores a 76% desde 1996, aliado ao facto de o seu principal concorrente, a Apple, deter quotas na ordem dos 2%, confirmavam que a empresa detinha uma "posição dominante esmagadora[133]".

A terminologia empregue pelo TJ em *Hoffman-La Roche* e *AKZO* permite suscitar a questão de saber se se aplica uma presunção de existência de posição dominante para as empresas detentoras de quotas de mercado superiores a 50%, caso em que ficaria invertido o ónus da prova, e passaria a recair sobre a empresa em questão a obrigação de demonstrar que, não obstante a detenção de uma quota dessa ordem de grandeza, não detém posição dominante. A nosso ver, não se estabelece qualquer presunção, sendo a detenção de uma quota muito elevada apenas um indicador, ainda que forte, de detenção de posição dominante. Conforme referido *supra* no ponto 3.1 do presente capítulo, e não obstante a terminologia do TJ, mesmo quotas muito elevadas podem não traduzir a existência de uma posição dominante, sendo sempre necessário tomar em consideração um conjunto de fatores que, vistos isoladamente, não são necessariamente determinantes.

Refira-se, em acréscimo, que a evolução da prática europeia vai no sentido de relativizar, em certa medida, o papel das supostas "presunções" relacionadas com as quotas de mercado. Note-se por exemplo que na Orientação sobre o artigo 102º TFUE, e ao contrário do que sucedia no *Discussion Paper*, a Comissão Europeia abandonou a referência à ideia de que quotas de mercado superiores a 50% indicam a detenção de posição dominante.

Também em Portugal, a AdC parece inclinada a uma abordagem económica do conceito de posição dominante e a não atribuir um peso excessivo ao papel desempenhado pelas quotas de mercado na avaliação da posição dominante. Em alguns processos de controlo de concentrações, e atendendo às caraterísticas do mercado, a AdC considerou não existir uma

---

[132] Acórdão do TJ, de 9.11.1983, Proc. 322/81, *Michelin*/Comissão, Col. 1983, p. 3461, para 52.
[133] Cf. decisão *Microsoft*, para 430 a 435; acórdão T-201/04 *Microsoft*/Comissão, Col 2007 II-03601.

posição dominante, não obstante a empresa em causa deter uma quota de mercado superior a 50%[134].

3.1.3.2 Quotas de mercado inferiores a 50% mas superiores as 40%

É frequente observar-se que posições de mercado inferiores a 50% mas superiores a 40% podem, conjugadas com outros elementos que apontem no mesmo sentido, constituir uma indicação da existência de posição dominante. Isto significa, à partida, que quotas desta ordem de grandeza, ao contrário das que ultrapassam os 50% do mercado, tenderão a não constituir um indicador suficientemente forte de que uma empresa detém posição dominante, mas que, juntamente com outros elementos, podem contribuir para tal conclusão[135]. Em *Hoffman-La Roche*, o TJ considerou que a quota de 47% no mercado da vitamina A indiciava a detenção de uma posição dominante, na medida em que outros fatores concorriam para idêntica conclusão, nomeadamente: *(i)* os restantes concorrentes serem de muito menor dimensão (27%, 18%, 7 % e 1%), sendo a *Roche* maior de que os seus dois principais concorrentes juntos, *(ii)* a supremacia tecnológica da *Roche* sobre os rivais, resultante das diversas patentes respeitantes à vitamina A, garantia que a liderança do mercado se manteria mesmo depois de aquelas expirarem, *(iii)* a inexistência de concorrência potencial[136].

Em boa verdade, embora a existência de quotas dentro destes intervalos requeira uma análise mais completa e exaustiva de outros fatores relacionados com a posição dominante, tanto quotas de mercado superiores a estes limiares, como as inferiores, não dispensam a cuidada avaliação das restantes caraterísticas do mercado. A nosso ver, a utilidade destas referências prende-se sobretudo com a identificação de um limite inferior (os 40%) abaixo do qual será menos provável existir posição dominante num mercado.

3.1.3.3 Quotas de mercado inferiores a 40%

Quotas de mercado reduzidas significam, em regra, ausência de poder de mercado substancial. Quando a porção de mercado detida é inferior a 40% é pouco provável a existência de uma posição dominante. Note-se,

---

[134] Ver, por exemplo, decisão da AdC, de 23.8.2010, Proc. Ccent 27/2010, *Zoomed/Tratospital*.
[135] *Discussion Paper*, paras 31 e 32.
[136] Cf. Acórdão do TJ, de 13.2.1979, Proc. 85/76, *Hoffman-La Roche*/Comissão, Col 1979-I, p.217, paras 50 a 52.

POSIÇÃO DOMINANTE

contudo, que mesmo abaixo deste limiar poderão existir casos específicos de empresas cujos concorrentes não têm capacidade para pressionar de forma eficaz o seu comportamento, nomeadamente, quando enfrentam limitações de capacidade[137]. Embora os exemplos não abundem, existem casos de decisões em que a Comissão Europeia considerou existir posição dominante, mesmo com quotas de mercado inferiores a 40%. Foi o que sucedeu em *British Airways*, em que a empresa de aviação britânica foi considerada detentora de uma posição dominante com uma quota de mercado de 39,7%[138].

Em todo o caso, quanto menor for a quota menos provável é a existência de uma posição dominante, sendo mesmo muito improvável que quotas de mercado na ordem dos 25% possam traduzir a existência de posição dominante[139].

3.1.4 Quotas de mercado elevadas que podem não corresponder a uma posição dominante

Resulta do exposto nos pontos anteriores que o papel das quotas de mercado é muito importante na avaliação do poder de mercado das empresas. Como vimos, a prática europeia chegou mesmo a procurar estabelecer uma espécie de presunções respeitantes à existência de posição dominante que decorrem da constatação da existência de quotas de mercado elevadas. No entanto, ficou igualmente dito que a análise de outras caraterísticas do mercado pode vir a contribuir para alterar a primeira indicação que a detenção de quotas de mercado elevadas representa.

A Comissão Europeia nota, por exemplo, que em mercados onde para toda ou a maior parte da procura existem substitutos adequados, em que o produto é homogéneo e os concorrentes da empresa dominante não enfrentam constrangimentos ao nível da capacidade é improvável que uma empresa detenha posição dominante, mesmo com quotas de mercado elevadas[140].

---

[137] Cf. Orientação sobre o artigo 102ºTFUE, para 14.
[138] Cf. Decisão da Comissão, de 14.7.1999, Proc. IV/D-2/34.780 – *Virgin/British Airways*, JO L 30/01, para 94.
[139] Ver Regulamento (UE) nº 139/2004 de 20 de Janeiro sobre o controlo de concentrações entre empresas, JO L 24, 29.1.2004, pág 1, para 32; *Discussion Paper*, para 31.
[140] Ver *Discussion Paper*, para 146 e nota de rodapé 92.

Por outro lado, mercados onde a procura e a oferta se encontram em concursos públicos, podem igualmente levar a que deva ser relativizado o papel das quotas de mercado. Neste tipo de mercados, a detenção de uma quota de mercado muito elevada num determinado momento pode alterar-se drasticamente no procedimento concursal seguinte, desde que, nada limite as empresas presentes no mercado de apresentarem ofertas competitivas (*e.g.* limitações de capacidade)[141].

Por fim, e tal como veremos em maior detalhe no ponto seguinte, em mercados com reduzidas barreiras à entrada, a detenção de uma quota de mercado persistentemente elevada pode não representar necessariamente a existência de posição dominante. Na verdade, se entrar no mercado for fácil, a empresa em causa pode ser forçada a comportar-se de forma competitiva para não atrair a entrada de concorrentes potenciais[142].

3.2 A existência de barreiras à expansão (dos concorrentes atuais) ou à entrada (de concorrentes potenciais)[143]

Barreiras à entrada são os obstáculos que concorrentes potenciais encontram para entrar no mercado. Barreiras à expansão correspondem aos obstáculos que enfrentam os concorrentes atuais para expandir a sua produção.

As barreiras à expansão e à entrada são, porventura, o fator de maior importância na avaliação da estrutura concorrencial de um mercado. Como se viu anteriormente, uma empresa detém posição dominante quando dispõe de capacidade para aumentar o preço de forma duradoura e lucrativa acima de níveis competitivos. Em mercados onde empresas concorrentes conseguem entrar e sair sem dificuldades, mesmo quotas de mercado muito elevadas podem não traduzir um poder de mercado significativo, uma vez que, na eventualidade de se dar um aumento do preço por parte da entidade supostamente dominante, os rivais podem entrar no mercado e tornar tal aumento de preço não lucrativo.

---

[141] Ver OFT *Guideline on the Assessment of Market Power*, 4.3, pág 12.
[142] Ver OFT *Guideline on the Assessment of Market Power*, 4.3, pág 12, onde a OFT fornece igualmente outros exemplos de situações em que quotas de mercado elevadas podem não representar necessariamente a existência de uma posição dominante.
[143] Nesta parte baseamo-nos nas indicações da Comissão Europeia na Orientação sobre o artigo 102º TFUE (para 16 e 17) e no *Discussion Paper* (paras 34 a 40), para onde remetemos, para uma exposição mais detalhada.

Antes de entrar num mercado ou decidir expandir a produção, uma empresa pondera, no essencial, dois fatores: o custo da entrada ou da expansão e o preço que poderá cobrar uma vez consumada a entrada ou a expansão. No fundo, quanto maior for o custo da entrada ou da expansão e menor o preço provável pós-entrada ou expansão, maior será o risco de que a entrada ou a expansão sejam não lucrativas e não cheguem sequer a ser tentadas pelas empresas que as ponderam[144].

A possibilidade de que um aumento do preço conceda a outras empresas incentivos à entrada no mercado poderá atuar como uma pressão competitiva importante e, em determinadas circunstâncias, demover uma empresa de subir o preço.

A Comissão Europeia considera que para que isso suceda, a expansão ou a entrada de um novo operador deve ser *(i)* provável, *(ii)* atempada e *(iii)* suficiente[145].

Para avaliar se a expansão ou a entrada são *prováveis*, a Comissão procurará saber se serão suficientemente lucrativas, atendendo não apenas aos obstáculos à entrada ou à expansão, mas igualmente às reações prováveis da empresa supostamente dominante e dos outros concorrentes e aos custos do fracasso[146]. A análise da história do mercado em questão pode ser útil para chegar a uma conclusão. Se anteriores tentativas de entrada no mercado não tiveram sucesso devido a um comportamento dissuasor da empresa possivelmente dominante, é menos provável que a expansão e a entrada possam configurar um fator de pressão concorrencial relevante[147].

A expansão ou a entrada serão vistas como *atempadas* se forem suficientemente rápidas para dissuadir ou impedir o exercício de um poder de mercado significativo. O período de tempo considerado necessário para caraterizar uma entrada como atempada depende das caraterísticas e da dinâmica do mercado[148].

---

[144] Cf. *Discussion Paper*, para 38.
[145] Orientação sobre o artigo 102º TFUE, para 16.
[146] Por exemplo, a entrada num dado mercado poderá encontrar-se facilitada se fornecedores presentes noutros mercados possuirem já instrumentos de produção necessários (e.g. fábricas, etc.) que possam ser utilizados para entrar no mercado em questão, com menores custos afundados. Cf. *Discussion Paper*, para 37.
[147] Orientação sobre o artigo 102º TFUE, para 16; *Discussion Paper*, para 36.
[148] Cf. *Discussion Paper*, para 35.

Por fim, para que a expansão ou a entrada sejam *suficientes*, não pode tratar-se de uma simples entrada de pequena escala (*e.g.* para um nicho de mercado), devendo antes apresentar uma dimensão adequada a dissuadir qualquer tentativa de aumento dos preços por parte da empresa alegadamente detentora de posição dominante[149].

As barreiras à expansão e à entrada referem-se, por norma, a circunstâncias que conferem vantagens competitivas à empresa alegadamente dominante e que não podem ser razoavelmente replicadas pelos seus rivais. Estas barreiras podem ter uma natureza variada. Vejamos algumas das mais frequentemente referidas[150]:

(i) **Barreiras jurídicas**: o enquadramento legislativo/regulamentar do mercado pode configurar um obstáculo ao surgimento de concorrência. Exemplos disso são normas que limitam o número de participantes no mercado, como os *numerus clausus* para licenças de atividade (*e.g.* mercado da telefonia móvel em Portugal, quanto a licenças para exploração de rede), concessões de serviços públicos que atribuem às empresas em causa direitos especiais ou exclusivos (*e.g.* os antigos monopólios das telecomunicações ou da eletricidade) ou direitos de propriedade intelectual[151] (*e.g.* as patentes sobre os medicamentos na indústria farmacêutica).

(ii) **Limitações de capacidade**: em determinadas situações apenas a empresa alegadamente dominante dispõe de capacidade para satisfazer as necessidades da procura. Para que os seus concorrentes atuais ou potenciais adquiram capacidade para satisfazer a totalidade da procura, teriam que realizar investimentos significativos, que implicam elevados custos afundados, para expandir a produção ou entrar no mercado – *i.e.*, custos de entrada que não podem ser recuperados caso a entrada não seja bem sucedida. Nestas situações é provável que a empresa em questão

---

[149] Orientação sobre o artigo 102º TFUE, para 16.
[150] Ver *Discussion Paper*, para 40.
[151] Importa ter presente que o simples facto de deter um direito de propriedade intelectual não torna, por si só, uma empresa detentora de posição dominante. Na realidade, em muitos casos nada impede que os concorrentes desenvolvam substitutos próximos. Ver acórdão do TJ de 6.4.1995, Proc. C-241/91 P e C-242/91 P RTE e ITP/Comissão Europeia (Magill), Col 1995 I-00743, para 46.

possa atuar com independência, sem recear uma resposta provável, rápida e suficiente de concorrentes atuais ou potenciais[152]. Inversamente, se em mercados com determinadas caraterísticas, os rivais da empresa supostamente dominante não tiverem quaisquer limitações à capacidade e puderem disputar a procura em pé de igualdade, mesmo quotas de mercado elevadas, podem não ser suficientes para concluir que uma empresa é dominante[153].

(iii) **Economias de escala e de gama**: uma empresa que vê o seu custo médio de produção/distribuição decrescer à medida que a quantidade produzida/distribuída aumenta realiza economias de escala. Quando uma empresa que produz/distribui dois ou mais produtos tem um custo menor do que se os produzisse/distribuísse separadamente realiza economias de gama. Em mercados em que a produção e/ou a distribuição em larga escala concede à empresa de maior dimensão uma vantagem competitiva sobre as empresas mais pequenas, nomeadamente por realizar significativas poupanças de custos, economias de aprendizagem, resultantes da dimensão e de ser uma empresa multiprodutos, a entrada eficiente no mercado pode ser mais arriscada para novos operadores e, nessa medida, contribuir para uma avaliação positiva de posição dominante[154].

(iv) **Vantagens de custo absolutas**: o acesso preferencial a infraestruturas essenciais[155], a recursos naturais, a inovação e I&D[156], a direitos de propriedade intelectual e a capital[157], que confiram uma

---

[152] Ver acórdão *Hoffman-La Roche*, em que o Tribunal aludiu ao facto de a Roche deter capacidade de produção que por si só bastava para satisfazer a procura mundial, para caraterizar a posição dominante da empresa. Cf. para 48.

[153] *Discussion Paper*, para 146 e nota de rodapé 92.

[154] Ver, por exemplo, decisão da Comissão IV/31.900, *BPB Industries PLC*, de 5.12.1988, para 115 e 116; acórdão *United Brands*, para 122.

[155] Ver acórdão do TJ de 6.3.1974, *Instituto Chemioterapico Italiano SpA e Comercial Solvents/Comissão*, ed. Port. Col 1974 119.

[156] Ver acórdão *United Brands*, paras 82 a 84.

[157] Ver acórdão do TJ de 6.4.2995, Proc. C-310/93, *P BPB Industries pcl & Anor*/Comissão, Col 1995 I-00865, para 115; ver também processo *Continental Can Company* JO 1972 1 7/25, para 12. Refira-se, contudo, que embora na prática decisória da Comissão e na jurisprudência abundem exemplos de casos em que o poderio económico da empresa em questão contribuiu para concluir pela existência de uma posição dominante num mercado, nem sempre foi dado

vantagem competitiva à empresa em questão e que dificultem a capacidade de outras empresas de concorrer de forma efetiva.

(v) ***Acesso privilegiado à oferta***: a integração vertical ou o controlo sobre os *inputs* necessários para concorrer no mercado a jusante, em especial quando se trata de *inputs* escassos, podem dificultar a entrada ou a expansão de empresas de menor dimensão, e, nessa medida, contribuir para caraterizar a existência de uma posição dominante[158].

(vi) ***Rede de distribuição e vendas muito desenvolvida***: a empresa dominante pode ter uma rede de distribuição e de pontos de venda muito desenvolvida e uma presença geográfica muito forte, que torne muito difícil aos concorrentes replicar[159].

(vii) ***Experiência e reputação***: em determinados mercados, onde a experiência e a reputação são particularmente importantes para concorrer, pode ser mais difícil a entrada de novos operadores. Fatores como a lealdade a uma marca, a relação entre fornecedores e clientes, a importância da publicidade, entre outros, podem contribuir para caraterizar uma posição dominante[160].

(viii) ***Outras barreiras estratégicas***: determinados fatores dificultam a mudança de fornecedor e, nessa medida, tornam mais difícil a uma empresa entrar no mercado. Entre esses fatores encontram-se os efeitos de rede, as situações em que foi dada no passado formação para uso do produto da empresa alegadamente dominante ou a existência de contratos de longa duração entre a empresa supostamente dominante e os seus clientes, dificultando assim aos novos

---

relevo a este aspeto. No acórdão *Hoffman-La Roche*, o TJ sublinhou que "o facto de a Roche ser o maior produtor mundial de vitaminas, do seu volume de negócios ultrapassar o do conjunto dos outros produtores e de ser o líder do grupo farmacêutico mundial mais importante" não constituem um indício válido de que esta detenha posição dominante. Cf. para 47.

[158] Ver acórdão *United Brands*, paras 72 a 74; ver igualmente acórdão do TJ 6/73 e 7/73 *Instituto Chemioterapico Italiano SpA e Commercial Solvents Corporation*/Comissão, 6.3.1974 ed. port Col 1974 119, em que a empresa dominante controlava o fornecimento de nitropropano e um dos seus derivados, o aminobutanol, produto intermediário no fabrico de etambutol; ver igualmente decisão da Comissão *Sea Containers/Sealinks* (medidas provisórias) JO 1994 L15/8.

[159] Ver acórdão United Brands, para 122; acórdão *Hoffman-La Roche*, para 48; acórdão *Michelin I*, para 58; Decisão da Comissão Eurofix-Bauco/Hilti IV/30.787 e 31.488, JO L65/19, para 69.

[160] Ver, por exemplo, Decisão da Comissão Europeia IV/M.833 *The Coca-Cola Company*/Carlsberg A/S, JO C103 de 02.04.1997, para 72.

entrantes conquistar um número de clientes que torne a entrada viável[161].

(ix) **Supremacia tecnológica**: em *Hoffman-La Roche*, o TJ sublinhou que "o avanço tecnológico de uma empresa em relação aos seus concorrentes" constitui um indício de posição dominante e em *United Brands*, a detenção de "conhecimentos técnicos" superiores aos dos concorrentes foi um fator igualmente tido em conta para caraterizar a posição dominante[162].

(x) **Efeito do portfolio**: no acórdão *Michelin I*, o TJ deu razão à Comissão em considerar um indício de existência de posição dominante da *Michelin* a "extensão particular da sua gama de produtos", notando que para certo tipo de pneus, a empresa era o "único fornecedor no mercado que os incluia na sua gama[163]". Mais tarde, no acórdão *AKZO*, o TJ sublinhou ser "óbvio que o facto de propor uma gama de produtos mais vasta do que a dos principais rivais contribuía para garantir à *AKZO* uma posição dominante nesse mercado[164]".

(xi) **Evidência comportamental**: No acórdão *United Brands*, o TJ observou que para estabelecer uma posição dominante pode "ser útil tomar em consideração os factos invocados como constituindo um exemplo de comportamentos abusivos sem que se tenha necessariamente que lhes reconhecer essa natureza[165]". Na decisão *Michelin I*, a Comissão observou igualmente que "como é frequentemente o caso, a conclusão de que existe uma posição dominante é suportada, entre outros, pela evidência respeitante ao abuso dessa posição[166]". Não pode contudo deixar de referir-se que a

---

[161] Ver, por exemplo, decisão *Microsoft*, paras 448 a 464, onde a Comissão considerou que as barreiras à entrada que caraterizam a posição dominante da *Microsoft* resultam sobretudo de efeitos de rede. A Comissão Europeia refere-se igualmente aos custos de mudança que os clientes teriam em trocar o *Windows* por outro sistema operativo – e, inclusivamente, à consciência que a empresa revela desse facto numa comunicação interna – que lhe permite comportar-se com independência face aos seus clientes. Cf. para 463.

[162] Ver Hoffman-La Roche, para 48; ver *United Brands*, paras 82-84.

[163] Cf Acórdão *Michelin I*, para 55.

[164] Cf acórdão do TJ, de 3.7.1991, Proc C-62/86 *AKZO Chemie BV* Comissão Europeia, Col 1991, p. I-3359, para 58.

[165] Cf. acórdão *United Brands*, para 68.

[166] Ver decisão da Comissão Europeia 81/969/EEC *Bandengroothandel Frieschebrug BV/NV Nederlandsche Banden-Industrie Michelin*, JO L 353, 9.12.1981, p. 33-47, para 35.

análise do comportamento da empresa deve ser, em regra, utilizada para caraterizar o abuso e não a posição dominante. Como sublinham alguns autores, a utilização de indícios comportamentais deve limitar-se a situações excecionais e em que pode afirmar-se que a conduta de uma empresa não poderia ser realizada nem seria lucrativa se a empresa não detivesse posição dominante[167].

3.3 Poder negocial dos compradores

Uma empresa com uma quota de mercado elevada pode não conseguir atuar de forma independente no mercado face a clientes com um elevado poder de negociação. Em determinados mercados, a procura é caraterizada por compradores de grande dimensão ou com grande peso para a empresa fornecedora. Por vezes, estas empresas têm peso suficiente para dissuadir um aumento de preços por parte da empresa supostamente dominante dada a sua capacidade para mudar rapidamente para fornecedores concorrentes, de promoverem novas entradas no mercado, de se integraram verticalmente e/ou de serem credíveis na ameaça de o fazer[168]. Quando assim é, pode dizer-se que o poder negocial enquanto comprador funciona como uma pressão suficientemente eficaz para dissuadir o exercício de poder mercado. Note-se, contudo, que não basta que um comprador de grande dimensão consiga obter melhores condições comerciais do que outros compradores mais pequenos. Na realidade, a presença de compradores fortes deve funcionar como uma proteção não apenas para si próprios mas para todo o mercado[169].

O poder de mercado de comprador pode encontrar-se presente em diversos setores, sendo o setor da distribuição alimentar e o setor farmacêutico frequentemente apontados como exemplos[170].

---

[167] Cf. D. Geradin, P. Hofer, Fr. Louis, N. Petit and M. Walker, *The Concept of dominance*, GCLC *Research Papers on Article 82 EC*, College of Europe, 2005, pág 26.
[168] Ver Orientação sobre o artigo 102º TFUE, para 18.
[169] Ver Orientação sobre o artigo 102º TFUE e *Discussion Paper*, para 41.
[170] Ver O'Donoghue, Robert e Padilla, Jorge, cit. pág 131.

4. Posição dominante coletiva

Tanto o artigo 102º TFUE como o artigo 11º da Lei nº 19/2012 referem-se expressamente a abusos cometidos por uma ou mais empresas. Não podendo, por definição, existir mais do que uma posição dominante no mesmo mercado relevante, está em causa a detenção de uma posição dominante conjuntamente por mais do que uma empresa.

A noção de posição dominante coletiva tem vindo a ser desenvolvida pela prática decisória da Comissão Europeia e pela jurisprudência do TJUE. Em 1992, o acórdão *Società Italiana Vetro E.O.* do Tribunal Geral (*Vidro Plano*) reconheceu pela primeira vez o conceito ao observar que "não se pode excluir, por princípio, que duas ou mais entidades económicas independentes estejam, num mercado específico, unidas por tais laços económicos que, de facto, detenham em conjunto uma posição dominante sobre os outros operadores no mesmo mercado[171]".

Apesar da introdução do conceito no léxico dos tribunais, o exato âmbito daquilo a que corresponde uma posição dominante coletiva permaneceu envolto em alguma ambiguidade durante os anos seguintes ao acórdão do *Vidro Plano*. Na realidade, o conceito de laços económicos continuou a suscitar dúvidas, em particular respeitantes a saber se este tipo de laços exige a verificação de ligações estruturais entre as empresas (*e.g.* participações acionistas cruzadas, acordos entre as empresas, etc.) ou se o mero comportamento das empresas, ainda que inexistindo ligações estruturais, como pode suceder nos oligopólios, pode ser suficiente para estarmos na presença de uma posição dominante coletiva.

Em 1999, o acórdão *Gencor* veio clarificar que os laços económicos necessários para existir uma posição dominante coletiva não necessitam ser ligações estruturais entre as empresas e que o conceito é aplicável aos mercados oligopolistas que revelam determinadas caraterísticas, nomeadamente, em termos de concentração do mercado, de transparência e de homogeneidade do produto, que concedem fortes incentivos às empresas para alinharem o comportamento, sem necessidade de recorrer a um acordo ou a uma prática concertada[172]. Dito de outro modo, a estrutura

---

[171] Acórdão do TG, de 10.3.1992, Proc. Ap. T-68/89, T-77/89 e T-78/89, *Società Italiana Vetro E.O.* contra Comissão Europeia, Col. Jur. 1992, p. II-1403, para 358.

[172] Acórdão do TG de 25.3.1999, Proc. T-102/96 *Gencor Ltd*/Comissão, Col 1999 II-00753, paras 276 e 277.

concorrencial do mercado pode bastar para que venha a ser identificada uma posição dominante coletiva.

Em *Compagnie Maritime Belge*, no ano 2000, o TJ reafirmou não ser necessária a existência de quaisquer vínculos estruturais entre as empresas (*e.g.* acordos), podendo uma posição dominante resultar de outro tipo de laços económicos, sendo, contudo, que o ponto essencial residirá sempre na circunstância de as empresas em questão serem vistas pelos seus concorrentes, parceiros comerciais e consumidores, como uma entidade coletiva[173].

Em 2002, o acórdão *Airtours*[174] veio clarificar as condições que devem encontrar-se reunidas para estarmos perante uma posição dominante coletiva num determinado mercado, e, mais tarde, em, 2005, o *Discussion Paper* da DG COMP assimilou-as do seguinte modo[175]:

(i) Primeiro, cada empresa deve poder monitorizar se as restantes estão a aderir à política comum. Não é suficiente que cada uma delas esteja consciente de que um comportamento interdependente no mercado é lucrativo para todas, porque cada empresa será tentada a aumentar a sua parte do mercado, afastando-se da política comum. Deve pois haver suficiente transparência no mercado para que todas as empresas em causa tenham consciência, de forma suficientemente precisa e rápida, do comportamento das restantes no mercado;

(ii) Em segundo lugar, a implementação de uma política comum deve ser sustentável ao longo do tempo, o que pressupõe a existência de mecanismos suficientes de dissuasão, que sejam suficientemente severos para sensibilizar todas as empresas em questão que é no seu melhor interesse aderir a uma política comum.

(iii) Por fim, deve demonstrar-se que os condicionalismos concorrenciais não colocam em perigo a implementação de uma estra-

---

[173] Acórdão do TJ de 16.3.2000, Proc C-395/96, *Compagnie maritime belge*/Comissão, Col Jur p. I-1365, paras 44 e 45.

[174] Cf. acórdão do TG, de 6.6.2002, Proc. T-342/99 *Airtours* plc/Comissão, para 62; ver igualmente acórdão do TG de 26.1.2005, Proc. T-193/02 *Laurent Piau*, Col Jur 2005, p II-209, para 111, em que os critérios *Airtours* foram aplicados a um processo de abuso de posição dominante coletiva.

[175] Ver *Discussion Paper*, paras 48 a 50. A tradução do inglês é nossa.

tégia comum. Tal como no caso da posição dominante individual, deve analisar-se qual é a posição de mercado e força das empresas rivais que não fazem parte da entidade coletiva, qual a posição de mercado e força dos compradores e qual é o potencial para novas entradas tal como indicado pela dimensão das barreiras à entrada.

É hoje claro que o conceito de posição dominante coletiva é aplicável a situações em que as condições de mercado concedem fortes incentivos a empresas independentes para coordenar o seu comportamento, como sucede em mercados oligopolistas com determinadas caraterísticas, onde as empresas coordenam tacitamente o seu comportamento. No entanto, as clarificações jurisprudenciais a respeito do conceito de posição dominante coletiva surgiram, a maior parte das vezes, no contexto da aplicação das regras de controlo de concentrações. Não obstante o conceito de posição dominante coletiva ser idêntico tanto em sede de controlo de concentrações como de abusos de posição dominante, a verdade é que a sua aplicação poderá encontrar-se mais facilitada no âmbito de uma análise prospetiva, como aquela que se realiza no âmbito do controlo de concentrações, do que no âmbito de uma análise passada dos factos, como a que se desenvolve no contexto da aplicação das normas relativas a abusos de posição dominante. Existem, por isso, diversos aspetos que poderão apresentar dificuldades particulares em termos de prova no que respeita à demonstração da coordenação tácita de comportamento, o que poderá também explicar a escassez de prática decisória respeitante a casos de abuso de posição dominante coletiva baseado apenas em evidência de comportamento no mercado[176].

5. Temas específicos respeitantes à posição dominante
5.1 Posição superdominante
O termo "posição superdominante" é muitas vezes utilizado para referir a situação de empresas que são monopolistas ou quase monopolistas e que assumem uma preponderância absoluta ou quase absoluta no mercado.

---

[176] Para um enquadramento mais profundo da evolução da noção de posição dominante coletiva ver Moura e Silva, Miguel, *O Abuso de Posição Dominante na Nova Economia*, Almedina, 2010, págs 102 a 142.

Como observam Geradin e outros[177], a ideia subjacente à posição superdominante é simples: se uma empresa com 50% do mercado é dominante, uma empresa com 90% – mantendo-se constantes os restantes fatores – é, provavelmente, ainda mais dominante.

As Conclusões do Advogado-Geral Fennelly, no processo *Compagnie Maritime Belge*, são comummente apontadas como a primeira vez em que foi feita uma distinção entre uma posição dominante e uma posição "superdominante[178]". Neste processo, o Advogado-Geral sublinhou que a especial responsabilidade que recai sobre empresas em posição dominante é particularmente acentuada quando estão em causa empresas cuja posição no mercado se aproxima do monopólio.

Em *TeliaSonera*, o TJ parece, no entanto, negar relevo conceptual ao "superdomínio" lembrando que "[o artigo 102º TFUE] (...) *não inclui no conceito de posição dominante uma distinção nem um grau*. Logo, quando uma empresa dispõe de um poder económico como o exigido pelo artigo 102º TFUE, para verificar se ela ocupa uma posição dominante num mercado determinado, há que apreciar o seu comportamento à luz desta disposição" (nosso ênfase)[179].

É, pois, ponto assente que, nos termos do artigo 102º TFUE, uma empresa detém ou não detém posição dominante. Não detém mais ou menos posição dominante.

Tal não significa, contudo, que deter uma posição "superdominante" não seja relevante para avaliar a legalidade do comportamento de uma empresa no mercado à luz do artigo 102º TFUE. A prática do TJUE exibe alguns casos de comportamentos censurados a empresas superdominantes, que dificilmente teriam tido idêntico desfecho se estivesse em causa uma empresa meramente dominante. A título de exemplo, diversos autores sugerem a ideia de que, em *Compagnie Maritime Belge*, a condenação de uma prática de preços acima do custo total médio se encontra relacionada com a posição (coletiva) de "superdomínio" identificada no mercado[180].

---

[177] Cf. D. Geradin, P. Hofer, Fr. Louis, N. Petit and M. Walker, *The Concept of dominance*, GCLC Research Papers on Article 82 EC, College of Europe, 2005, pág 12.
[178] Refira-se que na versão das Conclusões em língua portuguesa o termo "superdominant" surge traduzido como "claramente dominante". A língua do processo era o Inglês.
[179] Ver acórdão TJ TeliaSonera, paras 79 e 80.
[180] Neste sentido O'Donoghue, Robert e Padilla, Jorge, cit, pág 167.

Em *TeliaSonera*, embora deixando claro que o artigo 102º TFUE não distingue graus à posição dominante, o TJ parece reconhecer que o poder de mercado da empresa pode ser relevante para efeitos da avaliação dos efeitos do comportamento, recordando mesmo que noutros processos a análise empreendida teria tomado em conta a circunstância de a empresa ocupar uma posição superdominante ou quase monopolista (*e.g. Tetra Pak* e *Compagnie Maritime Belge*[181]).

Assim sendo, embora o conceito de "superdomínio" possa não ser juridicamente autónomo do de "domínio", em determinadas situações apenas a detenção de uma posição de superdomínio é suscetível de originar efeitos restritivos da concorrência. Isto mesmo parece ser reconhecido pela Comissão Europeia, ao notar que na avaliação dos efeitos do comportamento da empresa dominante no mercado, o grau de domínio é um fator relevante e que, por norma, quanto mais forte a posição dominante detida maior a probabilidade de resultar em efeitos anticoncorrenciais[182].

5.2 Parceiro comercial obrigatório

O conceito de "parceiro comercial obrigatório" ou "incontornável" surge por vezes em decisões relativas ao artigo 102º TFUE e disposições nacionais equivalentes para caraterizar a posição de determinadas empresas dominantes. Os exemplos abundam. Nos processos *Michelin I* e *II*, a Comissão Europeia e o TJ[183] observaram que os revendedores especializados não poderiam não escolher a *Michelin* sob pena de porem em causa a sua credibilidade e que dada a quota de mercado da empresa (entre os 50% e os 70% em França) um revendedor não pode razoavelmente optar por não trabalhar com a *Michelin*[184]. Em *Clearstream*, o TG deu razão à Comissão na qualificação da posição dominante da empresa observando que esta detinha um monopólio de facto e, portanto, era um *parceiro comercial incontornável* em matéria de prestação de serviços primários de compensação e de

---

[181] Ver acórdão *TeliaSonera*, para 81.
[182] Orientação sobre o artigo 102º TFUE, para 20; *Discussion Paper*, para 59.
[183] Decisão da Comissão de 20.1.2001 – COMP/E-2/36.041/PO *Michelin*, 2002/405/EC, L143, p 1, paras 200 a 208; acórdão do TJ, de 9.11.1983, Proc. 322/81, *Michelin*/Comissão, Col 1983, p. 3461; acórdão do TG de 30.9.2003, *Michelin*/Comissão, T-203/01, Col 2003 II-04071.
[184] Ver igualmente acórdão do TG, de 21.10.1997, Proc T-229/94, *Deutsche Bahn*/Comissão, Col. 1997 II-01689.

liquidação no mercado relevante[185]. Em *British Airways*, a Comissão considerou a BA detentora de uma posição dominante no mercado dos serviços das agências de viagens com base em vários fatores, entre os quais, o de a BA constituir um *parceiro comercial obrigatório* para as agências de viagens que desejam oferecer um serviço completo aos seus clientes[186]. Também no processo *Tetra Pak II*, o TG subscreveu a posição da Comissão que considerara que a *Tetra Pak*, detentora de cerca de 90% do mercado das máquinas e cartões de embalagem asséticos, era um *parceiro obrigatório* para as empresas de embalagem[187]. Em *Intel*, a Comissão qualificou da mesma forma a posição ocupada pela empresa[188]. Em Portugal, foi também assim que a AdC qualificou a Portugal Telecom no processo *Circuitos*[189].

A constatação de que uma empresa desempenha um papel de parceiro comercial obrigatório num determinado mercado tem sido utilizada para, de algum modo, qualificar a posição dominante detida como uma posição particularmente forte.

5.3 Posição dominante e mercados vizinhos

Em determinadas situações especiais, uma empresa pode ser responsabilizada por abuso de posição dominante ainda que não fique provada a detenção de uma posição dominante no mercado relevante em questão.

No processo *Tetra Pak II*, a empresa detinha mais de 90% do mercado do acondicionamento em embalagens de cartão asséticas, não tendo contudo ficado demonstrado que detivesse também uma posição dominante no mercado do acondicionamento em embalagens de cartão não asséticas.

No entanto, o Tribunal Geral considerou que os comportamentos da *Tetra Pak* nos mercados não asséticos são "suscetíveis de ficar abrangidas pelo artigo [102º TFUE], sem que seja necessário provar a existência de uma posição dominante nestes mercados isoladamente considerados", uma vez

---

[185] Cfr. acórdão do TG de 9.9.2009, Proc. T-301/04, *Clearstream*/Comissão Europeia, Col. 2009 II 03155, para 146.
[186] Decisão da Comissão de 14.7.1999, Proc. IV/D-2/34.780 – *Virgin British Airways,* JO 4.2.2000, L 30/1, para 47 (iv).
[187] Cfr. Acórdão do TG de 6.10.1994, Proc. T-83/91, *Tetra Pak International*/Comissão, Col. p. 11-755, para 109.
[188] Decisão *Intel*, para 573.
[189] Decisão AdC de 28.8.2008, PRC 01/04.

que: *(i)* a *Tetra Pak*, ainda que não detivesse uma posição dominante neste mercado, detinha sempre uma posição de liderança; e *(ii)* os dois mercados (asséticos e não asséticos) apresentavam ligações muito estreitas, uma vez que eram ambos usados para o empacotamento dos mesmos produtos, uma grande parte (35%) dos clientes da *Tetra Pak* comprava ambos os produtos e o seu principal concorrente, a PKL, estava também presente em ambos os mercados[190].

O Tribunal de Justiça, por sua vez, sufragou a posição do Tribunal Geral notando tratar-se de posições "distintas mas estreitamente conexas, [que] colocavam esta empresa numa situação equiparável à detenção de uma posição dominante no conjunto dos mercados em causa[191]".

Na *Comunicação sobre acordos de acesso no setor das telecomunicações*, a Comissão Europeia sublinhou que, não obstante o processo *Tetra Pak* ter incidido sobre mercados horizontais estreitamente ligados entre si, a análise é igualmente válida para os mercados verticais estreitamente ligados entre si[192].

5.4 Posição dominante enquanto comprador

Uma empresa pode deter uma posição dominante no mercado onde vende os seus produtos e/ou no mercado onde atua como compradora. Para o direito da concorrência as preocupações são essencialmente as mesmas, a do abuso de poder de mercado. O artigo 102º TFUE e a lei nacional aplicam-se ao comportamento de empresas dominantes tanto enquanto vendedoras como enquanto compradoras.

Embora menos frequentes do que os processos de posição dominante na venda, encontram-se exemplos de poder de compra tanto a nível europeu como nacional. A nível da U.E., no processo *British Airways/Virgin*, a companhia aérea britânica foi vista como uma compradora dominante de serviços de agências de viagens. Em Portugal, no processo Sugalidal (arqui-

---

[190] Acórdão do TG de 6.10.1994, Proc. T-83/91, *Tetra Pak International*/Comissão, Col 1994 II-00755, para 122.

[191] Ver igualmente acórdão do TJUE de 14.11.1996, Proc C-333/94 P *Tetra Pak International* contra Comissão Europeia, Col 1996 I- 5951, para 31.

[192] Comunicação da Comissão sobre a aplicação das regras da concorrência aos acordos de acesso no setor das telecomunicações – Enquadramento, mercados relevantes e princípios Jornal Oficial nº C 265 de 22/08/1998 p. 0002 – 0028, paras 65 a 67

vamento com compromissos), esta empresa foi vista como dominante na compra de tomate fresco.

5.5 Poder de mercado transitório

A detenção de poder de mercado de forma apenas transitória não é, em princípio, suficiente para conferir a uma empresa posição dominante. Facilmente se intui que o caráter transitório deste poder poderá limitar a sua utilização por parte da empresa que o detém (*e.g.* preços supracompetitivos, favorecer uns clientes em detrimento de outros sem recear perda de clientela, etc.), sob pena de, uma vez restauradas as condições normais de mercado, os clientes que se sentiram prejudicados, procurarem outro fornecedor.

O processo *BP/Comissão*[193] pode ser referido como um exemplo de um caso em que a questão foi discutida. Durante o período da crise petrolífera 1973-74, resultante da limitação de produção ocorrida nesta altura num grande número de países produtores, e que teve um especial impacto nos Países Baixos, a Comissão condenou a BP por abuso de posição dominante, por reduzir as suas entregas ao cliente à *Aardolie Belangen Gemeenschap BV* ("ABG"), de uma forma substancial e numa proporção claramente mais marcada do que a aplicada às entregas a todos os seus outros clientes. No entender da Comissão, o comportamento da BP não podia beneficiar de justificações objetivas[194].

Os fundamentos da Comissão para considerar a BP detentora de posição dominante estão longe de ser incontroversos. A Comissão concluiu pela existência de "uma posição dominante detida não só pela BP em relação aos seus compradores, mas também por cada uma das grandes companhias petrolíferas internacionais, que refinam ou mandam refinar o petróleo nos Países Baixos, face às suas respetivas clientelas. Os motivos desta conclusão fundam-se, essencialmente, em considerações de caráter geral atinentes às condições globais do mercado neerlandês, durante a crise, no que respeita ao abastecimento de produtos petrolíferos e ao estado das relações comerciais que, num mercado idêntico ao do caso em apreço, se instaura-

---

[193] Acórdão do TJ, de 29.6.1978, Proc. 77/77 BP/Comissão, Col 1978/00525 (ed port).
[194] Acórdão do TJ de 29.6.1978, Proc. 77/77 BP/Comissão, Col 1978/00525 (ed port).

riam inevitavelmente entre «os vendedores, que detêm partes importantes do mercado e têm disponibilidades, e os seus compradores»[195]".

O TJ não se alongou sobre o tema da existência de uma posição dominante[196], anulando a decisão da Comissão por considerar não existir uma prática abusiva. No entanto, o *Advogado-Geral*, nas Conclusões apresentadas ao processo, endereçou o tema da qualificação que a Comissão havia feito da posição dominante da BP, nos seguintes termos:

> "Numa situação temporária de restrição, idêntica à do caso em apreço, um operador não pode, contudo, repartir as quantidades de que dispõe sem se preocupar com a atitude dos seus clientes. Tem de ter em conta que, passado o período de crise, a sua clientela se recordará da forma como foi tratada durante o período de escassez. Os clientes contratuais esperam da sua parte um tratamento de favor em virtude do contrato que os liga, isto – como a BP sublinhou – quer por razões de ordem jurídica, quer por razões de moralidade comercial. Os clientes não contratuais, mas regulares, esperam dela que a lealdade, por eles demonstrada em períodos em que a concorrência atuava normalmente, lhes seja retribuída em período de escassez. Um fornecedor não pode negligenciar estas considerações salvo se quiser correr o risco de perder clientes em proveito dos seus concorrentes, uma vez a crise passada. Portanto, não pensamos, antes de mais, que ela se encontre, no momento da crise, numa posição dominante, na aceção em que esta expressão é empregue no artigo [102 TFUE][197]".

A nosso ver, a posição do Advogado-Geral parece traduzir de forma adequada as considerações que se colocam em torno da detenção de poder de mercado transitório, e que, em princípio, não permitirão qualificar a posição da empresa como dominante.

---

[195] Acórdão do TJ BP/Comissão, paras 16 e 17.
[196] Acórdão do TJ BP/Comissão, para 18.
[197] Conclusões do Advogado-Geral JP Warner, de 23.5.1978, Proc. 77/77, para 59.

Capítulo 4
O conceito de abuso de posição dominante

1. Introdução

A aplicação do regime jurídico dos abusos de posição dominante pressupõe a identificação prévia de uma empresa detentora de uma posição dominante num determinado mercado relevante. Vimos nos dois capítulos anteriores em que se traduz o exercício de definição do mercado relevante e em que consiste uma posição dominante. Só depois de esclarecida a questão da existência de uma posição dominante num mercado caberá avaliar se teve lugar uma exploração abusiva da mesma.

A detenção de uma posição dominante não é, em si mesma, ilícita. O processo concorrencial carateriza-se pela rivalidade entre as empresas que procuram conquistar as preferências dos consumidores através de melhores produtos e/ou melhores preços. Quando são bem sucedidas, as empresas podem conquistar uma posição de preponderância tal que passam a ocupar uma posição dominante. O direito da concorrência nada tem a opor a que uma empresa conquiste uma posição dominante por via do melhor desempenho. Essa é, muitas vezes, a consequência do processo competitivo e do normal funcionamento do mercado.

No entanto, uma empresa detentora de posição dominante encontra-se impedida de a explorar de forma abusiva. No artigo 102º TFUE, o legislador europeu absteve-se de definir o conceito de "exploração abusiva" ou de "abuso", fornecendo apenas uma lista exemplificativa de comportamentos que configuram práticas abusivas. De igual modo, a nível nacional, nem a antiga Lei nº 18/2003 nem a nova Lei nº 19/2012, definem o conceito de abuso de posição dominante.

O conceito de abuso foi, porém, definido e densificado pela prática das instituições europeias. Vários autores têm criticado a ambiguidade do conceito de abuso sublinhando que tanto a Comissão Europeia como o TJUE recorreram por sistema a definições vagas e nem sempre consistentes. Termos como "concorrência normal", "concorrência pelo mérito", "concorrência genuína e não distorcida", "especial responsabilidade", entre outros, têm sido utilizados para explicar o conceito de abuso, sem, no entanto, fornecerem uma clarificação decisiva quanto ao seu âmbito[198].

Uma coisa é, no entanto, certa: uma prática abusiva pode assumir uma multiplicidade de formas e ser descrita sob um conjunto de diferentes classificações. Nos restantes capítulos desta obra procuramos debruçar-nos sobre os mais frequentes tipos de comportamentos abusivos, sem ter, contudo, a ambição de esgotar o tema.

Quanto aos tipos conceptuais de abuso, muitos autores identificam duas categorias principais: os abusos de exploração – os que se traduzem no aproveitamento do poder de mercado para extrair valor aos clientes –, e os abusos de exclusão – os suscetíveis de prejudicar o funcionamento da concorrência no mercado[199].

2. Abusos de Exploração

A jurisprudência não forneceu até hoje uma definição precisa daquilo em que consiste um abuso de exploração. Em *United Brands*, o TJ teve no entanto a oportunidade de sintetizar a ideia-chave sublinhando que um abuso de exploração é um comportamento mediante o qual uma "empresa em posição dominante utilizou as possibilidades que resultam dessa posição para obter vantagens comerciais que não teria podido obter face a uma concorrência normal e suficientemente eficaz[200]".

---

[198] Ver, por todos, Temple Lang, John e O'Donoghue, Robert, *The Concept of an Exclusionary Abuse under Article 82 EC*, GCLC Research papers on Article 82 EC – July 2005, pág 40. Disponível em: http://www.coleurope.eu

[199] Ver, por exemplo, Jones, Alison e Sufrin, Brenda, *EU Competition Law*, Fourth Ed., OUP, 2011, pág 358; Faull, Jonathan e Nikpay, Ali, *The EC Law of Competition*, Second Ed., Oxford, 2007, pág 348.

[200] Acórdão do TJ, de 14.2.1978, Proc 27/76, *United Brands*/Comissão, Col 1978 p 77, para 249.

Em determinados mercados, a ausência de constrangimentos concorrenciais pode levar a empresa dominante a fixar os preços a um nível elevado, extraindo assim aos seus clientes benefícios que, num mercado concorrencial, não conseguiria extrair. O principal tipo de abuso de posição dominante de natureza exploratória é a prática de preços excessivos, de que nos ocupamos no capítulo 11.

Existem contudo outros abusos de exploração, como a imposição de termos contratuais particularmente onerosos, em aspetos distintos do preço, e que a empresa não teria conseguido impor não fosse a sua posição dominante[201].

3. Abusos de Exclusão

O TJUE definiu o conceito de abuso de exclusão no processo *Hoffman-La Roche* em termos que têm sido reiteradamente citados em posteriores decisões da Comissão e em acórdãos do TJUE. De acordo com o Tribunal de Justiça:

"A noção de exploração abusiva é uma noção objetiva que abrange os comportamentos de uma empresa em posição dominante suscetíveis de influenciar a estrutura de um mercado no qual, precisamente na sequência da presença da empresa em questão, o grau de concorrência já está enfraquecido e que têm como consequência impedir, através de meios diferentes daqueles que regem uma competição normal de produtos ou serviços com base em prestações dos prestadores económicos, a manutenção do grau de concorrência ainda existente no mercado ou o desenvolvimento desta concorrência[202]".

Posteriormente, em *Michelin I*, o Tribunal de Justiça observou que:

"a constatação da existência de uma posição dominante não implica em si mesma qualquer censura relativamente à empresa em causa mas significa apenas que lhe incumbe, independentemente das causas de uma tal posição, uma

---

[201] Ver O'Donoghue, Robert e Padilla, Jorge, cit, Capítulo 13, pág 639, para uma exposição mais detalhada sobre outros abusos de exploração, diferentes dos preços excessivos.
[202] Acórdão do TJ, de 13.2.1979, Proc. 85/76, *Hoffman-La Roche*/Comissão, Col 1979, p. 217, para 91.

responsabilidade especial de não atentar pelo seu comportamento contra uma concorrência efetiva e não falseada no mercado comum[203]".

Nestas duas ocasiões, o TJUE caraterizou o conceito de abuso por exclusão, podendo, a nosso ver, destacar-se quatro elementos com particular relevo:

(i) A natureza objetiva do conceito de abuso;
(ii) Efeito sobre a manutenção ou o desenvolvimento da concorrência no mercado;
(iii) Comportamento diferente daqueles que regem uma competição normal de produtos ou serviços com base nas prestações das empresas, *i.e.* diferente da concorrência pelo mérito;
(iv) Responsabilidade especial da empresa dominante em não permitir que a sua conduta atente contra a concorrência no mercado.

A compreensão dos quatro elementos referidos assume grande importância para a correta interpretação do conceito de exploração abusiva de uma posição dominante.
Vejamos cada um deles.

3.1 A natureza objetiva do conceito de abuso
O conceito de abuso de posição dominante reveste-se de natureza objetiva, exigindo-se apenas a verificação do facto sem que se requeira a demonstração de qualquer dimensão subjetiva do mesmo, *i.e.* sem que seja necessário demonstrar a culpa. A inexistência de uma "intenção" anticoncorrencial não pode por isso ser invocada como defesa, na medida em que a verificação do elemento subjetivo não é requerida para que tenhamos um abuso. Isso mesmo resulta da jurisprudência do TJUE e é pacificamente assumido pela doutrina europeia[204].

---

[203] Cf. acórdão do TJ, de 9.11.1983, Proc 322/81, *NV Nederlandse Banden Industrie Michelin*/Comissão, Col 1983 p 3461, para 57.

[204] Acórdão *Hoffmann-La Roche*/Comissão, cit, para 91; acórdão do TG de 30.9.2003, Proc. T-203/01, *Michelin*/Comissão, Col 2003 II-04071, para 54, e a jurisprudência aí citada; acórdão do TG, de 1.4.1993, Proc. T-65/89, *BPB Industries* e *British Gypsum*/Comissão, Col p. II 389, para 70; acórdão do TG, de 23.10.2003, Proc T-65/98, *Van den Bergh Foods*/Comissão, Col 2003 II-04653, para 157.

Diversos exemplos podem ser citados. Ainda recentemente, no acórdão *Clearstream*, o Tribunal Geral sublinhou que:

"[O] comportamento de uma empresa em posição dominante pode considerar-se abusivo, na aceção do artigo [102º TFUE], independentemente de qualquer culpa. (...) Por conseguinte, o argumento das recorrentes, segundo o qual não prosseguiram qualquer objetivo anticoncorrencial, é irrelevante para a qualificação jurídica dos factos. Neste contexto, a demonstração do objetivo das recorrentes de adiar a abertura do acesso com o intuito de impedir um cliente e concorrente do Grupo Clearstream de prestar os seus serviços de forma eficaz pode reforçar a conclusão da existência de um abuso de posição dominante, mas não é uma condição de tal existência[205].

Declarações com idêntico teor têm vindo a ser reiteradas pelo TJUE sempre que as empresas dominantes invocam a falta de intencionalidade para escaparem à proibição do artigo 102º TFUE. Em *AstraZeneca*, o TG afirmou que:

"Resulta do caráter objetivo do conceito de abuso (acórdão Hoffmann La Roche/Comissão, já referido no nº 239 supra, nº 91), que a natureza enganosa das declarações prestadas às autoridades públicas deve ser analisada com base em elementos objetivos e que a demonstração do caráter deliberado do comportamento e da má fé da empresa em posição dominante não é exigível para efeitos de identificação de um abuso de posição dominante[206]. (...)
A alegada inexistência de intenção fraudulenta subjacente a este comportamento não pode, assim, constituir um obstáculo à qualificação de abuso de posição dominante pela Comissão quando está provado, dado o contexto objetivo em que ocorreu, que este comportamento era suscetível de atrasar ou impedir a introdução de produtos genéricos e as importações paralelas[207]".

---

[205] Acórdão do TG, de 9.9.2009, Proc. T–301/04, *Clearstream Banking*/Comissão, Col. 2009 II-03155, paras 141 e 142.
[206] Acórdão do TG, de 1.6.2012, Proc. T–321/05, *AstraZeneca*/Comissão, Col. 2010 II-02805, para 356.
[207] Acórdão do TG, de 1.6.2012, Proc. T–321/05, *AstraZeneca*/Comissão, Col. 2010 II-02805, para 813.

Não obstante a natureza objetiva do conceito de abuso, a dispensa da verificação do elemento subjetivo não é, todavia, absoluta. Em algumas categorias específicas de abuso, a intenção desempenha um papel relevante. Por exemplo, a existência de um plano para eliminar um concorrente parece ser exigida pela jurisprudência do TJUE para censurar a prática de preços predatórios em determinados casos, conforme veremos em maior detalhe no capítulo 7[208].

De acordo com o direito da União, a falta de consciência da ilicitude por parte da empresa detentora de posição dominante pode no entanto ser tida em consideração para efeitos de determinação do montante da coima[209].

3.1.1 A questão da imputação subjetiva do ilícito no direito nacional

Questão diversa é a de no ordenamento jurídico nacional um comportamento só poder ser punido quando praticado com culpa. Significa isto que, independentemente do preenchimento dos elementos objetivos do abuso, para que uma empresa detentora de posição dominante possa ser punida pelo comportamento abusivo tem também que ficar demonstrado o elemento subjetivo.

À semelhança da anterior Lei nº 18/2003, de 11 de junho, a Lei nº 19/2012 determina, no artigo 13º, nº1, que os processos por infração ao artigo 11º regem-se pelo previsto neste mesmo diploma e, subsidiariamente, pelo regime geral do ilícito de mera ordenação social, aprovado pelo Decreto-Lei nº 433/82, de 27 de outubro ("RGIMOS"). Nos termos do artigo 8º do RGIMOS é "punível o facto praticado com dolo ou, nos casos especialmente previstos na lei, com negligência". Os casos especialmente previstos na lei são aqueles em que, de modo especial, com particular referência, a lei declara a punição da negligência. A Lei nº 19/2012 declara, no artigo 68º, nº 1 alínea a), que constitui contraordenação punível com coima a violação do disposto no artigo 11º e, no nº 3 do mesmo artigo 68º, estabelece que a negligência é punível.

Em nosso entender, e salvo melhor opinião, a demonstração do elemento subjetivo em processos de abusos de posição dominante pode

---

[208] Ver acórdão do TJ, de 3.7.1991, Proc C-62/86, *AKZO Chemie*/Comissão, Col 1991 p. 3359, para 72.
[209] Ver Orientações para o cálculo das coimas aplicadas por força do nº 2, alínea a), do artigo 23º do Regulamento (CE) nº 1/2003, JO 2006 C 210 p 2.

encontrar-se particularmente facilitada, pelo menos a título de negligência. Tal resulta da articulação com o conceito de "especial responsabilidade" da empresa dominante, que abordamos *infra* no ponto 3.4 do presente capítulo.

Ora, na realidade, nos termos do artigo 15º do Código Penal:

"Age com negligência quem, por não proceder com o cuidado a que, segundo as circunstâncias, está obrigado e de que é capaz:
a) Representar como possível a realização de um facto que preenche um tipo de crime mas actuar sem se conformar com essa realização; ou
b) Não chegar sequer a representar a possibilidade de realização do facto".

A jurisprudência do TJUE consagrou e consolidou o conceito de "especial responsabilidade da empresa dominante", traduzindo-se esta num dever especial de cuidado que impende sobre a empresa nesta posição. A empresa dominante não deve permitir que o seu comportamento atente contra a concorrência efetiva no mercado.

Nestes termos, sempre que o comportamento da empresa dominante configure, objetivamente, um abuso, a empresa em causa terá violado este dever especial de cuidado, encontrando-se por isso igualmente preenchido o elemento subjetivo, pelo menos a título de negligência.

3.2 Efeito sobre a manutenção ou o desenvolvimento da concorrência

Ao definir o conceito de abuso de exclusão, o TJUE refere-se à suscetibilidade de o comportamento da empresa dominante influenciar a estrutura do mercado envolvendo um efeito que impeça a manutenção ou o desenvolvimento da concorrência. Na aplicação e densificação deste conceito de "efeito sobre a concorrência" têm-se colocado um conjunto de questões com grande relevo.

Tal como resulta da Orientação sobre o artigo 102º TFUE, o objetivo da aplicação do regime jurídico da concorrência a comportamentos de exclusão é o de assegurar que as empresas em posição dominante não prejudicam uma concorrência efetiva através do encerramento do mercado aos rivais originando, assim, um impacto adverso no bem-estar dos consumidores, quer em resultado de preços mais elevados do que os que de outra forma prevaleceriam, quer pela limitação da qualidade, ou ainda pela redução do leque de escolha para os consumidores[210].

As questões que podem colocar-se a propósito do tema do efeito anticoncorrencial são múltiplas, não cabendo no âmbito do presente trabalho explaná-las todas.

Vale todavia a pena olhar para duas que, a nosso ver, são das que maior importância se revestem.

Por um lado, saber se a demonstração de um efeito sobre a concorrência exige a prova de um efeito concreto (ou provável) ou antes de um efeito meramente potencial.

Por outro lado, na medida em que a salvaguarda do bem-estar do consumidor é a prioridade do direito da concorrência, até que ponto a verificação de um prejuízo causado ao consumidor é necessária para instruir um processo de abuso de posição dominante. Alguns autores observam que a exclusão do acesso de concorrentes ao mercado, embora constitua um passo necessário, não é suficiente para se concluir que ocorreu um encerramento anticoncorrencial do mercado, atribuindo por isso um papel importante à prova do prejuízo do consumidor[211].

3.2.1 Efeito concreto ou meramente potencial?

Uma questão muito debatida pela doutrina europeia, sobretudo a partir do processo de modernização da aplicação do artigo 102º TFUE, é a de saber se a existência de um abuso de posição dominante implica a demonstração de efeitos concretos[212] ou prováveis[213] do comportamento no mercado ou se, na linha da jurisprudência clássica do TJUE, basta provar que a prática analisada poderá ter apenas um efeito restritivo possível ou potencial, na medida em que é adequada ou suscetível a produzir tal resultado.

A questão tem o maior relevo prático, uma vez que, dependendo da resposta, o âmbito de aplicação do artigo 102º TFUE e do artigo 11º da Lei nº 19/2012 será distinto.

---

[210] Orientação sobre o artigo 102º TFUE, para 19.

[211] Bishop, Simon e Walker, Mike, cit, pág 231; O'Donoghue, Robert, Padilla, Jorge, cit, pág 221 e segs.

[212] No caso dos comportamentos já ocorridos durante um período de tempo suficiente para produzir efeitos.

[213] No caso dos comportamentos que não chegaram a consumar-se ou cessaram antes de decorrido um período de tempo suficiente.

Exigindo-se a demonstração de um efeito concreto ou provável, o preenchimento do elemento "efeito sobre a concorrência", resultante da jurisprudência *Hoffman-La Roche*, requer a análise dos efeitos do comportamento no mercado à luz das suas circunstâncias específicas. A ponderação dos elementos referidos no ponto 20 da Orientação sobre o artigo 102º TFUE desempenhará neste caso um papel central. Será, por exemplo, relevante saber se a quota de mercado da empresa dominante aumentou durante o período da infração, ou se a dos concorrentes diminuiu, ou se a parte do mercado afetada pelo comportamento é suficientemente ampla para impedir um acesso viável ao mercado aos restantes concorrentes ou se é apenas negligenciável e os concorrentes podem disputar livremente todo o restante mercado.

Inversamente, bastando demonstrar o efeito possível ou potencial, mesmo se comprovada a ausência de efeitos concretos sobre a concorrência, um comportamento pode violar o artigo 102º TFUE ou o artigo 11º da Lei nº 19/2012, se se provar que tem um objeto anticompetitivo. Neste caso, alguns comportamentos-padrão vêm determinados efeitos típicos serem-lhes associados, bastando por vezes demonstrar que o comportamento teve lugar e que, assim sendo, o efeito anticoncorrencial é possível.

A prática do TJUE na aplicação do artigo 102º TFUE, que é tradicionalmente formalista, tem dado sinais que não são totalmente coincidentes a respeito do nível de prova do efeito.

Por um lado, é comum os acórdãos do TG e do TJ referirem-se à jurisprudência *Michelin II*[214], onde foi dispensada a prova dos efeitos concretos ou prováveis, e onde o tribunal desvalorizou elementos trazidos pela *Michelin* ao processo que contribuiam para demonstrar a ausência de um efeito concreto da prática no mercado, como seria a queda da sua quota de mercado e dos preços durante o período em questão[215].

Neste processo, declarou o TG que para efeitos de aplicação do artigo 102º TFUE, a demonstração do objetivo e do efeito anticoncorrencial se confundem e que se se demonstrar que o objetivo prosseguido pelo com-

---

[214] Acórdão do TG, de 30.9.2003, Proc. T-203/01 *Michelin*/Comissão, Col p. II 4071, para 239.
[215] Acórdão do TG, de 30.9.2003, Proc. T-203/01 *Michelin*/Comissão, Col p. II 4071, para 236.

portamento de uma empresa em posição dominante é o de restringir a concorrência, este comportamento é também suscetível de ter tal efeito[216-217].

No entanto, no âmbito da modernização da aplicação do artigo 102º TFUE, a Comissão Europeia propôs uma abordagem centrada no efeito do comportamento, que pressupõe uma análise rigorosa do modo como é afetada a concorrência no mercado, avaliando em que medida as estratégias específicas de cada empresa impactam no bem-estar do consumidor[218]. Nos termos da abordagem centrada no efeito, a avaliação da compatibilidade de um comportamento com o artigo 102º TFUE (ou com o artigo 11º da Lei nº 19/2012) deve partir da apreciação dos efeitos concretos que esta provocou (ou dos efeitos prováveis que poderá provocar) sobre os consumidores e não da qualificação da mesma como um comportamento-padrão relativamente ao qual se presumem efeitos negativos[219].

A prática decisória mais recente da Comissão Europeia tem-se mostrado alinhada com esta perspetiva, denotando uma preocupação crescente em estabelecer efeitos concretos ou prováveis dos comportamentos abusivos, não obstante reconhecer que a jurisprudência exige unicamente a prova de efeitos potenciais[220]. Em diversos processos recentes (*e.g. France Telecom*,

---

[216] Acórdão do TG, de 30.9.2003, Proc. T-203/01 *Michelin*/Comissão, Col p. II 4071, para 241.

[217] Esta posição tem sido reiterada pela jurisprudência, não obstante o movimento de modernização da aplicação do artigo 102º TFUE. Por exemplo, no acórdão *Clearstream*, em 9.9.2009, o TG observou que o efeito a que se refere a jurisprudência *Hoffman-La Roche* não respeita necessariamente ao efeito concreto do comportamento abusivo denunciado. "Para demonstração de uma violação do artigo [102º TFUE], basta demonstrar que o comportamento abusivo da empresa em posição dominante tende a restringir a concorrência ou, por outras palavras, que o comportamento é adequado ou suscetível de ter tal efeito", v. acórdão de 9.9.2009, Proc. T-301/04 *Clearstream/Comissão*, Col 2009 II-3155, n. 144; em igual sentido, e entre outros, acórdão do TG de 17.12.2003, Proc. T-219/99, British Airways/Comissão, Col. 2003 II 05917, para 293; acórdão do TG de 9.9.2009, Proc T-301/04, *Clearstream/Comissão*, n. 144; acórdão do TG de 30.1.2007, *France Telecom*/Comissão, Col. 2007 II-00107, para 195.

[218] EAGCP Report, pág 2.

[219] Lianos, Ioannis, *Categorical Thinking in Competition Law and the effects-based approach in Article 82*, in *Article 82 EC: Reflections on its Recent Evolution*, Hart Publishing, Oxford, pág 20.

[220] Na decisão *Telefónica*, por exemplo, após recordar a jurisprudência que a dispensa de provar efeitos concretos ou prováveis, a Comissão refere que "no presente caso, no entanto, (...) examinou o impacto dos comportamentos da Telefónica e estabeleceu que a conduta da Telefónica era não apenas suscetível de restringir (...) mas teve igualmente um impacto atual na estrutura competitiva do mercado relevante e um impacto negativo para os utilizadores". (decisão *Telefónica*, para 544).

Microsoft, Telefónica ou *Intel*), a Comissão levou a cabo análises dos efeitos da prática em linha com a abordagem centrada no efeito, não se limitando a presumir efeitos potenciais de comportamentos-padrão. Por exemplo, em *Microsoft*, como veremos em maior detalhe no capítulo 8, a Comissão considerou mesmo que, dadas as circunstâncias específicas do caso, não poderia pura e simplesmente assumir que o comportamento em questão teria o efeito anticoncorrencial por norma atribuído aos *tyings* sendo necessária por isso uma análise atenta dos efeitos concretos da prática[221].

A questão que se coloca é pois a de saber qual o entendimento dos tribunais europeus a propósito deste tema, nomeadamente saber em que medida têm em conta a abordagem centrada no efeito proposta pela Comissão no âmbito da reforma do artigo 102º TFUE e de que esta começou já a lançar mão nos processos que tem instruído.

A resposta só pode ser procurada na jurisprudência mais recente, em particular, na que é posterior ao processo de modernização da aplicação do artigo 102º TFUE. Todavia, o entendimento que daí extraímos não é totalmente claro uma vez que resultam dos acórdãos relevantes elementos que não se mostram inteiramente concordantes.

Por exemplo, no acórdão *Deutsche Telekom*, o TJ negou que a Comissão estivesse dispensada de provar que a compressão de margens dava origem a um efeito anticoncorrencial. O TJ notou contudo que o efeito que a Comissão tem de demonstrar, no que respeita a práticas tarifárias de uma empresa dominante que levem à compressão das margens dos seus concorrentes pelo menos igualmente eficientes, respeita aos eventuais entraves que as práticas tarifárias da empresa em posição dominante possam ter causado ao desenvolvimento da oferta no mercado de retalho dos serviços de acesso aos utilizadores finais e, portanto, ao grau de concorrência nesse mercado[222].

Nesta ocasião, e depois também em *TeliaSonera* (2011), embora reiterando que o efeito que incumbe à Comissão demonstrar não tem necessariamente que ser concreto, bastando a demonstração de um efeito potencial, TJUE considerou que *"não havendo o menor efeito na situação concorrencial dos concorrentes, uma prática tarifária como a que está em causa não pode ser qualificada de prática de expulsão, quando a penetração daqueles no mercado em*

---

[221] Ver acórdão do TG, *Microsoft*, para 868.
[222] Ver acórdão do TJ, *Deutsche Telekom*, paras 250-252.

nada é dificultada por essa prática[223]" (nosso ênfase). Esta posição sugere claramente que os efeitos da prática no mercado não devem ser ignorados na qualificação de um comportamento como abusivo e que ainda que possa bastar a demonstração do efeito potencial, a junção ao processo de elementos que comprovem a total ausência de efeitos concretos impede que o comportamento seja considerado como um comportamento de exclusão.

Também no acórdão *Post Danmark*, o TJ parece sugerir que uma prática de preços seletivos no ano de 2004 a três dos principais clientes de um operador concorrente da empresa postal histórica na Dinamarca não teria dado a origem efeitos anticoncorrenciais, uma vez que a empresa visada "conseguiu manter a sua rede de distribuição não obstante a perda do volume de correio fornecido pelos três clientes em causa e recuperar, ao longo de 2007, o correio do grupo *Coop* e, posteriormente, o do grupo *Spar*[224]".

Todavia, noutras ocasiões, a jurisprudência europeia, na apreciação de casos em que a Comissão lançou mão de uma abordagem centrada no efeito do comportamento e apreciou os efeitos concretos a que este deu origem no mercado, parece menos disposta a dar os passos necessários no sentido da consagração jurisprudencial desta metodologia.

Por exemplo, no âmbito do processo *Telefónica*, a Comissão procurou levar a cabo uma análise dos efeitos da prática embora tenha sublinhado não se encontrar a isso obrigada. Em sede de recurso, e a propósito de tal análise, a empresa alegou que as conclusões alcançadas pela Comissão quanto aos efeitos eram *puramente teóricas* considerando não ter ficado demonstrado o efeito. Porém, e à semelhança do que sucedera já em *Tomra*[225], o TG fez notar que:

"Uma vez que, para efeitos de demonstração de uma violação do artigo [102º TFUE], basta demonstrar que o comportamento abusivo *tende* a restringir a concorrência (...) e que, segundo jurisprudência bem assente, na medida em que determinados fundamentos de uma decisão sejam, só por si, suscetíveis de a justificar suficientemente, os vícios de que possam estar feridos outros

---

[223] Acórdão do TJ, *Deutsche Telekom*, para 254; ver igualmente acórdão do TJ, *TeliaSonera*, para 66.
[224] Acórdão TJ, de 27.3.2012, *Post Danmark*, ainda não publicado, paras 39 e 40.
[225] Acórdão do TG, de 9.9.2010, Proc. T-155/06, *Tomra*/Comissão, ainda não publicado, para 289 e 290.

fundamentos do ato são, de qualquer modo, irrelevantes para a sua parte decisória (acórdão do Tribunal Geral de 21 de setembro de 2005, EDP/Comissão, T87/05, Colet., p. II3745, nº 144; v. igualmente, neste sentido, acórdão do Tribunal de Justiça de 12 de julho de 2001, Comissão e França/TF1, C302/99 P e C308/99 P, Colet., p. I5603, nºs 26 a 29), *as alegações das recorrentes relativas à falta de prova dos efeitos concretos do comportamento da Telefónica no mercado devem ser rejeitadas por serem irrelevantes para a prova da infração alegada*[226]" (nossos ênfases).

Em suma, sendo certo que em casos respeitantes à aplicação do artigo 102º TFUE e do artigo 11º da Lei nº 19/2012 não pode ser ignorado um razoável consenso entre a doutrina no que respeita às vantagens de uma abordagem centrada no efeito da prática, parece-nos difícil afirmar[227] que a jurisprudência recente vai no mesmo sentido, exigindo a análise dos efeitos do comportamento [228].

Não obstante no âmbito do processo de reforma do artigo 102º TFUE a Comissão se vincule a uma abordagem centrada no efeito que a leva a ter em consideração o conjunto de fatores indicados nos pontos 20 e seguintes da Orientação sobre o artigo 102º TFUE[229], e também de em determinadas ocasiões, como os processos *Deutsche Telekom*, *TeliaSonera* ou *Post Danmark*, o TJ sugerir que os efeitos concretos não devem ser ignorados na avaliação do impacto sobre a concorrência, a jurisprudência europeia parece ainda reticente no que respeita à adesão de uma abordagem centrada no efeito da prática que dê maior relevo à demonstração de efeitos concretos ou prováveis.

3.2.2 Prejuízo para o consumidor

Outra interrogação que tem merecido a atenção de muitos autores gira em torno da questão de saber se para que uma prática possa ser vista como

---

[226] Acórdão do TG, de 29.3.2012, Proc T-336/07 *Telefónica e Telefónica de España*/Comissão, ainda não publicado *Telefónica*, para 283.
[227] Como sugerem, por exemplo, Wish, Richard e Bailey, David, *Competition Law*, Seventh Ed., 2012, Oxford, pág 200.
[228] Em alguns tipos de abuso, porém, o TJUE parece ter ido já mais longe no suporte à teoria da abordagem centrada no efeito. Ver, por exemplo, no capítulo 8, vendas ligadas, a posição do TG em *Microsoft*.
[229] Não sendo por isso de esperar que a Comissão ou as autoridades nacionais de concorrência adotem uma metodologia distinta em casos futuros.

violadora do artigo 102º TFUE, e também do artigo 11º da Lei nº 19/2012, é necessária a demonstração de um prejuízo para o consumidor, por exemplo, provando que o comportamento originou a subida dos preços ou a diminuição da qualidade.

Na Orientação sobre o artigo 102º TFUE, a Comissão parece de certa forma sugerir que procurará demonstrar apenas a ocorrência de um prejuízo provável, ainda que afirme que este pode ser identificado mediante o recurso a *provas qualitativas* e, sempre que possível e apropriado, a *provas quantitativas*[230].

A nosso ver, a prova de um prejuízo provável (e não concreto), dificilmente será mais do que um exercício, no essencial, abstrato, na medida em que este é em regra encontrado por dedução a partir do momento em que se prova que uma dada prática é restritiva da concorrência. Ao vincular-se apenas à identificação de um efeito provável no âmbito da Orientação sobre o artigo 102º TFUE, a Comissão não parece pretender ir mais longe. Como observa *Monti*[231], essa conclusão parece reforçada pela circunstância de entre os fatores identificados pela Comissão Europeia para avaliar se um determinado comportamento conduzirá a um encerramento anticoncorrencial, no parágrafo 20 da Orientação sobre o artigo 102º TFUE, nenhum se relacionar diretamente com o prejuízo para o consumidor.

No que se refere à jurisprudência, a posição do TJUE não parece inspirar grandes dúvidas, observando-se, em diversos processos, que o artigo 102º TFUE se refere não só às práticas suscetíveis de causar um prejuízo imediato aos consumidores mas também às que lhes causam prejuízo por prejudicarem o jogo da concorrência, indiciando-se então que basta provar que as práticas prejudicam a concorrência para se provar igualmente o prejuízo ao consumidor.

No acórdão *British Airways*, o Tribunal de Justiça observa, a propósito da noção de abuso de posição dominante, que o Tribunal Geral "pôde, sem cometer qualquer erro de direito, abster-se de examinar se o comportamento da BA tinha causado um prejuízo aos consumidores na aceção do artigo [102º], segundo parágrafo, alínea b), [TFUE], mas verificar (...) se os regimes de prémios em causa *tinham um efeito restritivo sobre a concorrên-*

---

[230] Orientação sobre o artigo 102 TFUE, para 19.
[231] Monti, Giorgio, *Article 82 EC: What Future for the Effects-based Approach?*, Journal of European Competition Law & Practice, 2010, Vol 1, No.1, pág 3.

cia e considerar que a existência de um tal efeito tinha sido demonstrada pela Comissão na decisão controvertida" (nosso ênfase) [232].

No processo *Telefónica*, a Comissão sustentou que o comportamento da operadora espanhola tinha causado um prejuízo provável aos consumidores, uma vez que a concorrência, que foi restringida por meio da compressão tarifária das margens, podia fazer baixar os preços por ela cobrados aos utilizadores finais[233]. Não obstante a prática objeto de condenação ter tido a duração de 5 anos e 2 meses (entre Setembro de 2001 e Dezembro de 2006), na decisão condenatória adotada em Julho de 2007, a Comissão não procurou estabelecer, com base em evidência do mercado, que os preços foram efetivamente mais elevados do que podiam ter sido. A empresa considerou por isso as conclusões da Comissão como sendo essencialmente teóricas e pediu ao tribunal que concluísse que o prejuízo não tinha ficado provado. Chamado a pronunciar-se sobre a questão, o TG concluiu no entanto que a Comissão não cometera qualquer erro de apreciação ao considerar que o "comportamento da Telefónica tinha provavelmente reforçado as barreiras à entrada e à expansão nesse mercado e que, sem as distorções resultantes da compressão tarifária das margens, a concorrência teria sido provavelmente mais viva no mercado de retalho, o que teria beneficiado os consumidores em termos de preços, de escolha e de inovações[234]".

Em suma, tudo indica que uma vez demonstrado o efeito sobre a concorrência, o prejuízo provável para o consumidor poderá facilmente inferir-se, ou mesmo presumir-se, não sendo exigível prova concreta de que ocorreu efetivamente.

3.3 Meios diferentes daqueles que regem uma concorrência normal com base nas prestações das empresas (concorrência pelo mérito)

As instituições da União Europeia recorrem comumente ao conceito de "concorrência pelo mérito" para excluir comportamentos do âmbito

---

[232] Acórdão TJ, de 15.3.2007, Proc. C-95/04, *British Airways*/Comissão, Col 2007 I-02331, paras 106 e 107.

[233] Decisão da Comissão, de 4.7.2007, Proc. COMP/38.784 – *Wanadoo España/Telefónica*, paras 556 a 559.

[234] Acórdão do TG, de 29.3.2012, Proc T-336/07 *Telefónica e Telefónica de España*/Comissão, ainda não publicado, para 276.

do conceito de abuso. Em *AKZO*[235] e em *France Telecom*[236], por exemplo, o TJ afirmou que o artigo 102º TFUE "proíbe que uma empresa em posição dominante elimine um concorrente e reforce desse modo a sua posição, recorrendo a outros meios que não os que resultam de uma *concorrência de méritos*" (nosso ênfase).

Também no acórdão *Microsoft*, o TG sublinhou que "a venda ligada em causa conferiu ao leitor *Windows Media Player* uma presença sem equivalente nos PC clientes no mundo, na medida em que permitiu a esse leitor multimédia obter automaticamente um nível de penetração no mercado correspondente ao do sistema operativo *Windows* para PC clientes, *sem ter de concorrer pelo mérito com os outros produtos*[237]" (nossos ênfases).

É pois muito frequente a afirmação de que comportamentos ilícitos de um ponto de vista do direito da concorrência distinguem-se da concorrência pelo mérito.

Diga-se, porém, que embora as decisões da Comissão Europeia e a jurisprudência do TJUE se mostrem profícuas a esclarecer o que não configura concorrência pelo mérito, são já mais parcas quanto a precisar o exato âmbito do conceito. De facto, a noção de "concorrência pelo mérito" nunca foi concretizada em termos precisos pelos tribunais, nem estes desenharam um teste que permita distinguir de forma inequívoca os comportamentos que se traduzem numa concorrência pelo mérito daqueles que são abusivos, facto que tem criado dificuldades à identificação das condutas que se encontram cobertas e as excluídas do conceito de abuso de exclusão.

A interpretação mais comum da jurisprudência *Hoffman-La Roche* quanto ao conceito de concorrência pelo mérito sugere que este se relaciona essencialmente com critérios de eficiência económica e de concorrência pelo desempenho[238]. Na Orientação sobre o artigo 102º TFUE, a Comissão associou a comportamentos com base no mérito o desempenho superior para os consumidores em termos de preço, gama da oferta, qualidade e inovação. Este tipo de comportamento potencia os benefí-

---

[235] Acórdão do TJ, de 3.7.1991, Proc. C-62/86, *AKZO Chemie BV*/Comissão, Col. 1991, p. I 3359, para 70.
[236] Acórdão do TJ, de 2.4.2009, *France Telecom*/Comissão, Col 2009 I-2369, para 106.
[237] Acórdão do TG, de 17.9.2007, Proc. T-201/04, *Microsoft*/Comissão, Col 2007 II-03601, para 1038.
[238] Ver Rousseva, Ekaterina, cit, pág 68.

cios que a concorrência proporciona aos consumidores, *i.e.* preços mais baixos, melhor qualidade e maior variedade de bens e serviços novos ou melhorados[239].

Um comportamento que encerre o acesso ao mercado aos concorrentes da empresa dominante por razões distintas de um superior desempenho desta, não reflita quaisquer eficiências e que apenas aumente os obstáculos à concorrência residual existente terá uma maior probabilidade de ser visto como abusivo[240].

No relatório da OCDE de 2005, dedicado ao tema da Concorrência pelo Mérito, sintetizaram-se as principais abordagens conhecidas a este respeito, a saber: *(i)* o concorrente igualmente eficiente; *(ii)* o sacrifício de lucros *(iii)* a ausência de outra racionalidade económica; *(iv)* o bem-estar do consumidor e *(v)* a eficiência própria.

(i) **Concorrente igualmente eficiente** – um comportamento só deve ser proibido se for provável que levará à exclusão de concorrentes igualmente eficientes. Se um cliente tão eficiente quanto a empresa dominante puder replicar o comportamento, não sendo excluído, não há abuso. O teste em questão visa distinguir prejuízos aos concorrentes de prejuízos à concorrência. Só no caso de prejuízos à concorrência um comportamento pode ser abusivo. Um conduta baseada no desempenho (*e.g.* melhores preços, melhores produtos) que leve à exclusão de concorrentes menos eficientes, não constitui um abuso. Uma crítica frequente a este teste é a de que pode ser demasiado permissivo na medida em que permite a exclusão de concorrentes novos entrantes que poderiam vir a tornar-se tão ou mais eficientes do que a empresa dominante com o tempo, mas que na altura da entrada eram menos eficientes. A Orientação sobre o artigo 102º TFUE adota o teste do concorrente igualmente eficiente para avaliar abusos de preços[241-242]. De igual modo, também a jurisprudência do TJUE tem crescentemente lançado mão desta abordagem na avaliação de

---

[239] *Discussion Paper*, para 54.
[240] *Discussion Paper*, para 60.
[241] OECD *Competition on the Merits* (2005), pág 29.
[242] Orientação sobre o artigo 102º TFUE, para 23.

abusos relacionados com práticas de preços, como são exemplos os recentes acórdãos *TeliaSonera*[243] ou *Telefónica*[244].

(ii) **Sacrifício de lucros** – um comportamento pode ser abusivo quando origine um sacrifício de lucros que seria irracional se não tivesse uma tendência para reduzir ou eliminar a concorrência. A aplicação mais evidente deste teste é nos casos de preços predatórios, sendo por vezes apontada como uma das suas principais limitações a pouca utilidade fora deste âmbito. A Orientação sobre o artigo 102º TFUE emprega esta abordagem no âmbito dos testes de preços predatórios[245] [246].

(iii) **Ausência de outra racionalidade económica** – um comportamento será proibido se se encontrar desprovido de outra racionalidade económica que não seja a eliminação ou enfraquecimento da concorrência. A principal crítica que é tecida a esta abordagem prende-se com o facto de ser inadequada para lidar com situações que originam efeitos mistos. A jurisprudência *AKZO*, do TJ, reflete esta abordagem ao declarar que a fixação de um preço a um nível inferior ao CVM não tem outro sentido que não seja o de eliminação dos concorrentes[247].

(iv) **Bem-estar do consumidor** – na sua formulação mais genérica, a presente abordagem sustenta que um comportamento será proibido apenas se revelar uma tendência para reduzir o bem-estar do consumidor através do aumento dos preços e redução da produção. Sendo o aumento do bem-estar do consumidor o principal desígnio do ordenamento jurídico da concorrência, a adoção da presente abordagem parece adequada em diversas situações. A Orientação sobre o artigo 102º TFUE refere que o objetivo da aplicação da lei é assegurar que as empresas não reduzem a concorrência efetiva no mercado, afetando assim o bem-estar

---

[243] Acórdão do TJ, de 17.2.2011. Proc. C-52/09 *Konkurrensverket/TeliaSonera*, ainda não publicado, paras 39 e 40.

[244] Acórdão do TG, de 29.3.2012, Proc T-336/07 *Telefónica e Telefónica de España*/Comissão, ainda não publicado Telefónica, para 189.

[245] OECD *Competition on the Merits* (2005), pág 24.

[246] Orientação sobre o artigo 102º TFUE, paras 64 e 65.

[247] Acórdão do TJ, de 3.7.1991, Proc. C-62/86, *AKZO Chemie BV*/Comissão, Col. 1991, p. I 3359, para 71. Rousseva, Ekaterina, cit, pág 331.

do consumidor quer em termos de preços mais elevados ou da limitação da qualidade ou da escolha para os consumidores[248]. A aplicação prática desta abordagem coloca algumas dificuldades e complexidades quando uma conduta tem o potencial de reduzir o bem-estar do consumidor mas ao mesmo tempo aumenta a eficiência da empresa em questão[249].

(v) *Própria Eficiência* – em termos simples, de acordo com esta abordagem a questão a colocar é a de saber em que medida o comportamento investigado permitiu à empresa dominante aumentar o seu poder de mercado *(a)* apenas porque a empresa dominante melhorou a sua eficiência ou *(b)* porque prejudicou a eficiência da empresa concorrente, independentemente de ter melhorado a sua. De acordo com este teste, apenas a conduta referida em *(a)* seria permitida[250-251-252].

3.4 A Responsabilidade especial da empresa dominante
Em *Michelin I*, o TJ referiu que:

"[A] constatação da existência de uma posição dominante não implica em si mesma qualquer censura relativamente à empresa em causa mas significa apenas que lhe incumbe, independentemente das causas de tal posição, uma *responsabilidade especial* de não atentar pelo seu comportamento contra a concorrência efetiva e não falseada no mercado comum[253]" (nosso ênfase).

O termo "responsabilidade especial" da empresa dominante tem, desde então, surgido com frequência em decisões e acórdãos respeitantes ao artigo 102º TFUE e às normas nacionais equivalentes. Embora seja tipicamente associado a uma abordagem mais formalista na aplicação do artigo

---

[248] Orientação sobre o artigo 102º TFUE, para 19.
[249] Ver *OECD Competition on the Merits* (2005), cit, p. 3.2.4, pág 31.
[250] O teste em questão, referido no Relatório da OCDE como o *Elhauge Efficiency Test*, foi proposto pelo Professor Einer Elhauge num artigo publicado em 2004 intitulado "*Defining Better Monopolisation Standards*" (2003-2004) 56 Stan L Rev 253.
[251] Ver *OECD Competition on the Merits* (2005), cit, p. 3.2.4, pág 33.
[252] Para um estudo mais profundo sobre cada uma das abordagens enunciadas ver Rousseva, Ekaterina, cit, pág 330;
[253] Acórdão do TJ, de 9.11.1983, Proc 322/81, *Michelin*/Comissão, Recueil 1983, p. 3461.

102º TFUE, a Comissão não deixou de o fazer constar por duas vezes da Orientação sobre o artigo 102º TFUE, que, como vimos, é o resultado do processo de modernização da aplicação desta disposição.

A interpretação deste conceito nem sempre se tem mostrado consensual. Muitas vezes, quem denuncia o comportamento de empresas dominantes pretende que a dita responsabilidade especial que sobre estas recai seja interpretada no sentido de limitar fortemente o seu raio de ação. No entanto, importa ter presente que a responsabilidade especial das empresas dominantes é perante o processo competitivo e não perante os seus concorrentes, o que significa que não se pode da mesma inferir qualquer obrigação que impeça as empresas dominantes de concorrer com base no desempenho. Na verdade, a jurisprudência do TJUE nunca sugeriu que as empresas detentoras de posição dominante devam abster-se de concorrer. Pelo contrário, sempre o TJUE tem sublinhado que mesmo as empresas em posição dominante têm o direito de defender os seus interesses comerciais e de concorrer até de forma agressiva.

A noção de responsabilidade especial está intimamente ligada à de abuso de posição dominante. Como é sabido, o direito da defesa da concorrência só censura comportamentos unilaterais de empresas detentoras de posição dominante. Um mesmo comportamento pode ser contrário às normas do direito da concorrência se levado a cabo por uma entidade detentora de posição dominante e lícito se adotado por uma empresa que não detém tal posição. Mesmo comportamentos que são "práticas correntes no mercado" podem encontrar-se vedados a empresas que detêm posição dominante. Por exemplo, no acórdão *Masterfoods*, o TG, embora reconhecendo que a colocação à disposição de arcas congeladoras em quiosques sob condição de exclusividade constitui uma "prática corrente no mercado de referência", observou que:

> "Em situação normal de mercado concorrencial, estes acordos são celebrados no interesse de ambas as partes e não podem, por princípio, ser proibidos. Todavia, estas considerações, aplicáveis em situação normal de mercado concorrencial, não podem ser admitidas sem reserva no caso de um mercado em que, precisamente pelo facto da posição dominante detida por um dos operadores, a concorrência é já restrita. Com efeito, atividades comerciais que contribuem para melhorar a produção ou a distribuição dos produtos e que têm um efeito salutar sobre a concorrência num mercado em equilíbrio podem

restringi-la quando são exercidas por uma empresa que dispõe de uma posição dominante no mercado pertinente[254]".

O TG notou que faz parte da especial responsabilidade da empresa em posição dominante não permitir que a sua conduta prejudique a estrutura concorrencial do mercado ainda mais.

O conceito de responsabilidade especial não tem, no entanto, uma relevância autónoma enquanto prática abusiva, *i.e.* não constitui um abuso em si mesmo. Trata-se apenas de uma forma de qualificar o dever especial de cautela que as empresas em posição dominante têm para com o mercado. Na realidade, não é possível que um comportamento seja censurado apenas com base na violação da especial responsabilidade da empresa dominante se ficar por demonstrar que teve um efeito anticoncorrencial. Neste sentido, o que é censurável é a adoção de um comportamento que origine efeitos anticoncorrenciais, sendo a especial responsabilidade (apenas) uma forma de caraterizar melhor a censura que o comportamento merece.

A identificação do efeito anticoncorrencial de um comportamento segue as regras que aprofundamos não só nos restantes pontos do presente capítulo mas também nos capítulos relativos a cada tipo de abuso.

De outro modo o conceito estaria a ser utilizado para ampliar as situações em que um comportamento unilateral pode configurar um abuso de posição dominante e levaria o direito da concorrência a proteger os concorrentes da empresa dominante e não o próprio processo competitivo.

3.5 Nexo de causalidade entre a posição dominante e o abuso?

O termo "abuso de uma posição dominante" sugere que a posição dominante é um instrumento do abuso, *i.e.* que uma prática abusiva pressupõe a utilização do poder de mercado inerente à posição de domínio. No entanto, a questão de saber se uma empresa dominante pode abusar da sua posição dominante sem fazer uso do poder de mercado que esta lhe confere não é pacífica e tem dividido a doutrina europeia. No fundo, trata-se de saber se o comportamento de uma empresa em posição dominante pode ser con-

---

[254] Ver acórdão do TG, de 23.10.2003, Proc T-65/98, *Van den Bergh Foods Ltd*/Comissão Col 2003 II-04653, cons. 158 e 159; ver igualmente acórdão do TG, de 1.4.1993, Proc. T-65/89, *BPB Industries e British Gypsum Ltd*/Comissão, Col 1993 II-00389, para 67.

siderado abusivo ainda que se traduza unicamente numa conduta comercial normal que as empresas não dominantes também podem adotar, *i.e.*, que pode ser praticada mesmo sem necessidade de fazer uso do poder de mercado próprio da posição dominante.

Os acórdãos *Continental Can* e *Hoffman-La Roche* são comummente apontados como os exemplos da posição do TJUE quanto a esta matéria.

No primeiro, o TJ considerou que "o problema invocado pelas recorrentes, do nexo de causalidade que, em sua opinião, deve existir entre a posição dominante e a sua exploração abusiva não tem interesse, uma vez que o reforço da posição detida pela empresa pode ser abusivo e proibido pelo artigo [102º TFUE], quaisquer que sejam os meios ou processos utilizados para esse efeito, desde que tenha os efeitos acima descritos[255]".

No segundo, o acórdão *Hoffman-La Roche*, o TJ observou igualmente não poder aceitar-se a posição da recorrente "segundo a qual a exploração abusiva implica que a utilização do poder económico, conferido através de uma posição dominante, seja o meio graças ao qual se realizou o abuso[256]".

Esta posição, reiterada mais tarde noutros acórdãos, tem levado uma parte da doutrina a considerar que não é exigível um nexo de causalidade entre a posição dominante e o abuso[257].

Outros autores, no entanto, afastam-se deste entendimento e observam que é o poder de mercado da empresa dominante que torna a conduta abusiva, estando em causa comportamentos que não teriam sido levados a cabo, ou não teriam tido um efeito negativo, se não tivessem sido praticados por uma empresa detentora de posição dominante. Um exemplo que surge normalmente para ilustrar estas situações é o caso do abuso por prática de preços excessivos que, só quando praticados por empresas detentoras de posição dominante, tem probabilidade de ter sucesso[258].

---

[255] Acórdão do TJ, de 21.2.1973, Proc. C-6/72 *Continental Can*/Comissão, Col 1973/00109, para 27.
[256] Acórdão do TJ, Hoffman-La Roche, cit, para 91.
[257] Wish, Richard, cit, pág 201.; Ritter, Lennart e outros, *European Competition Law: A practitioner's guide*, Second Edition, Student Edition, Kluwer Law International, 2000, pág 354
[258] Rousseva, Ekaterina, cit, pág 73; O'Donoghue, Robert e Padilla, Jorge, cit., pág 215.

3.6 A relação entre o artigo 102º TFUE e o artigo 11º da Lei nº 19/2012
3.6.1 O regulamento CE nº 1/2003

Apesar de a presente obra se centrar nos aspetos substantivos e não nos aspetos processuais da aplicação do regime jurídico do abuso de posição dominante, cabe efetuar uma referência, ainda que sucinta, ao sistema instituído pelo regulamento CE nº 1/2003 do Conselho, de 16.12.2002, que tem grande importância na aplicação do artigo 102º TFUE.

De acordo com o artigo 3º, nº 1 deste regulamento:

> "Sempre que as autoridades dos Estados-Membros responsáveis em matéria de concorrência ou os tribunais nacionais apliquem a legislação nacional em matéria de concorrência a acordos, decisões de associação ou práticas concertadas na aceção do nº 1 do [artigo 101º TFUE], suscetíveis de afetar o comércio entre os Estados-Membros, na aceção desta disposição, devem aplicar igualmente o [artigo 101º TFUE] a tais acordos, decisões ou práticas concertadas. Sempre que as autoridades dos Estados-Membros responsáveis em matéria de concorrência ou os tribunais nacionais apliquem a legislação nacional em matéria de concorrência a qualquer abuso proibido pelo artigo [102º TFUE], devem aplicar igualmente o artigo [102º TFUE]".

O regulamento CE nº 1/2003 concede às autoridades nacionais de concorrência e aos tribunais nacionais o poder para aplicar o artigo 102º TFUE. As autoridades nacionais de concorrência ficarão assim com a responsabilidade de aplicar em simultâneo as normas nacionais e as da U.E. sempre que o comércio entre os Estados-Membros seja afetado. Em regra, estará em causa uma única infração, aplicando-se-lhes contudo tanto a norma nacional como a da U.E. Os tribunais nacionais, além de serem os órgãos de recurso das decisões das autoridades nacionais de concorrência, podem aplicar estas disposições no âmbito de ações de responsabilidade cível, em que decidem sobre pedidos de indemnização com base na violação destas normas.

3.6.2 A jurisdição do artigo 102º TFUE e do artigo 11º da Lei nº 19/2012

De acordo com o primeiro parágrafo ao artigo 102º TFUE:

> "É incompatível com o mercado interno e proibido, na medida em que tal seja suscetível de afetar o comércio entre os Estados-Membros, o facto de

uma ou mais empresas explorarem de forma abusiva uma posição dominante no mercado interno ou numa parte substancial deste".

Por seu turno, o nº1 do artigo 11º da Lei nº 19/2012 determina que:

"É proibida a exploração abusiva, por uma ou mais empresas, de uma posição dominante no mercado nacional ou numa parte substancial deste".

O artigo 102º TFUE e o artigo 11º da Lei nº 19/2012 são essencialmente idênticos e aplicam-se aos mesmos comportamentos. Ambos proíbem a exploração abusiva de uma posição dominante. O artigo 102º TFUE contém no entanto dois requisitos que se destinam a delimitar o seu âmbito de aplicação face às normas das legislações nacionais.

Assim, o artigo 102º TFUE é aplicável a um determinado comportamento se, além da verificação dos restantes requisitos, *(i)* for suscetível de afetar o comércio entre os Estados-Membros e *(ii)* a posição dominante for detida pelo menos numa parte substancial do mercado interno. Caso algum dos requisitos referidos não se encontre preenchido o artigo 102º TFUE não é aplicável, ainda que seja a legislação nacional.

Vejamos brevemente cada um deles.

3.6.2.1 A afetação do comércio entre os Estados-Membros

A afetação do comércio entre os Estados-Membros é um critério jurisdicional que delimita o âmbito de aplicação do direito da União, nomeadamente do artigo 102º TFUE. Esta disposição só é aplicável a práticas unilaterais que tenham um determinado impacto no comércio entre os Estados-Membros.

A *Comunicação da Comissão Europeia que estabelece as Orientações sobre o conceito de afetação do comércio entre os Estados-Membros previsto nos artigos 81º e 82º do Tratado CE* (agora 101º e 102º do TFUE)[259] é um instrumento com particular utilidade para a aplicação do conceito, uma vez que procura sintetizar a interpretação que o TJUE do mesmo tem feito.

De acordo com este critério, o comportamento em questão deve ser suscetível de originar um mínimo de efeitos transfronteiriços.

---

[259] 2004/C 101/07, JO nº C 101 de 27/04/2004 p. 0081-0096.

As instituições da União Europeia têm feito, ao longo da história da aplicação do (agora) artigo 102º TFUE, uma interpretação muito lata do conceito de afetação do comércio entre os Estados-Membros.

Por um lado, a noção de "comércio" é ampla e abrange não apenas as tradicionais trocas transfronteiriças mas toda a atividade económica transfronteiriça. Incluem-se nesta noção as práticas que afetam a estrutura concorrencial do mercado, sendo que no caso de uma empresa ser eliminada ou correr o risco de ser eliminada, a estrutura de concorrência da União é afetada, tal como as atividades económicas que a empresa desenvolve[260].

Por outro lado, para que se considere que há um efeito "entre os Estados-Membros" deve dar-se um impacto nas atividades económicas transfronteiriças que envolva, no mínimo, dois Estados-Membros. Não é, porém, necessário que o acordo ou prática afete o comércio entre um Estado-Membro e a totalidade de outro Estado-Membro. Pode estar envolvido apenas parte de um Estado-Membro, desde que o efeito no comércio seja "sensível[261]".

O caráter sensível do efeito pode ser apreciado, nomeadamente, por referência à posição e à importância das empresas envolvidas no mercado dos produtos em causa. A avaliação do caráter sensível é função das circunstâncias específicas de cada caso, nomeadamente da natureza do acordo ou prática, da natureza dos produtos abrangidos e da posição de mercado das empresas em causa. Quanto mais forte for a posição de mercado das empresas, maior é a probabilidade de um acordo ou prática vir a afetar o comércio entre os Estados-Membros de forma sensível[262].

Refira-se ainda que o comércio entre os Estados-Membros pode ser afetado mesmo que o mercado seja nacional ou subnacional[263].

Por fim, a "suscetibilidade de afetação" traduz a ideia de um impacto necessário no comércio entre os Estados-Membros. De acordo com o critério de base desenvolvido pela jurisprudência, este conceito implica que deve ser possível prever, com um grau de probabilidade suficiente com base num conjunto de fatores objetivos de direito ou de facto, que a prá-

---

[260] Comunicação da Comissão Europeia – Orientações sobre o conceito de afetação do comércio entre os Estados-Membros previsto nos artigos 81º e 82º do Tratado CE, 2004/C 101/07, JO nº C 101 de 27/04/2004 p. 0081-0096, para 20.
[261] Id, paras 21 e 22.
[262] Id, paras 44 e 45.
[263] Id, paras 21 e 22.

tica pode ter uma influência, direta ou indireta, efetiva ou potencial, no comércio entre os Estados-Membros[264].

Também no que toca à "suscetibilidade de afetar o comércio" as instituições da União utilizam uma bitola bastante ampla. Por um lado, a apreciação da afetação do comércio baseia-se em fatores objetivos. Não é necessária uma intenção subjetiva por parte das empresas em causa[265]. Por outro lado, não é igualmente necessário que a prática em questão tenha ou tenha tido efetivamente um efeito no comércio entre os Estados-Membros. Basta que seja apta a produzir esse efeito[266]. Essa aptidão pode ser direta ou indireta, efetiva ou potencial[267].

3.6.2.2 Uma parte substancial do mercado interno

O segundo requisito que determina a jurisdição do artigo 102º TFUE é o de que a posição dominante seja detida no mercado interno ou numa parte substancial deste. Sendo certo que quando a posição dominante é detida no mercado interno não se suscitam questões de maior, já quando é detida apenas numa parte do território da União, importa saber se está em causa uma parte substancial do mercado interno.

A função deste critério parece ser sobretudo a de selecionar apenas os casos com uma dimensão mínima para determinar a aplicação do artigo 102º TFUE.

O caso de referência é *Suker Unie*, onde o TJ afirmou que:

> "Para determinar se um determinado território reveste uma importância suficiente para constituir «uma parte substancial do mercado comum» nos termos do artigo [102º TFUE], é necessário tomar em consideração, nomeadamente, a estrutura e o volume da produção e do consumo do referido produto, assim como os hábitos e as possibilidades económicas dos vendedores e dos compradores[268]".

---

[264] Id, para 23.
[265] Id, para 25.
[266] Id, para 26.
[267] Id, paras 36 e segs.
[268] Acórdão do TJ, de 16.12.1975, Proc Ap. 40/73 a 48/73, 50/73, 54/73 A 56/73, 111/73, 113/73 E 114/73, *Coöperatieve Vereniging «Suiker Unie» UA e out/Comissão*, Col 1975 00563 (ed portuguesa).

Com base nestes critérios, que dão relevo à importância económica da região e não apenas à sua dimensão geográfica, as instituições da União têm considerado partes substanciais do mercado interno Estado-Membros, mesmo os de pequena dimensão[269], territórios que são apenas partes de Estados-Membros[270] ou até mesmo infraestruturas ou serviços prestados em infraestruturas localizadas em determinados Estados-Membros[271].

3.6.3 A lista do artigo 102º TFUE e do artigo 11º da Lei nº 19/2012

Qualquer comportamento, independentemente da forma de que se revista, pode configurar um abuso de posição dominante desde que se encontrem preenchidas as respetivas condições de aplicação.

Tanto o artigo 102º TFUE como o artigo 11º da Lei nº 19/2012, contêm uma lista de comportamentos que podem ser considerados abusivos.

De acordo com o segundo parágrafo do artigo 102º TFUE, as práticas abusivas podem, nomeadamente, consistir em:

"a) Impor, de forma direta ou indireta, preços de compra ou de venda ou outras condições de transação não equitativas;
b) Limitar a produção, a distribuição ou o desenvolvimento técnico em prejuízo dos consumidores;

---

[269] Ver, por exemplo, acórdão do TG de 7.10.1999, Proc. T-228/99, *Irish Sugar*/Comissão, Col 1999 II-02969, para 99, onde o TG sublinha que não obstante o mercado irlandês do açúcar representar apenas 1,4% do mercado comunitário, "o mercado geográfico em causa constituía uma parte substancial do mercado comum (...) visto que corresponde ao território de um Estado-Membro".

[270] Ver, por exemplo, acórdão do TJ de 25.10.2001, Proc C-475/99, *Ambulanz Glöckner* (reenvio), Col. 2001 I-08089, onde o TJ afirma que "Na hipótese de o órgão jurisdicional de reenvio constatar, efetivamente, a existência de uma posição dominante, pelo menos no Land da Renânia-Palatinado [região do território alemão], então ter-se-ia de considerar que tal posição afeta uma parte substancial do mercado comum, como sublinha o advogado-geral no nº 129 das suas conclusões, tendo em conta a superfície do território deste Land, que é de cerca de 20 000 km2, e o número muito elevado dos seus habitantes, que é de cerca de quatro milhões, superior à população de alguns Estados-Membros".

[271] Ver, por exemplo, o acórdão do TJ, de 17.5.1994, Proc. 18/93, *Corsica Ferries/Corpo dei piloti del porto di Genova*, Col 1994 I-01783, para 41, em que o TJ considerou que o mercado dos serviços de pilotagem no porto de Génova, "tendo designadamente em conta o volume de tráfego nesse porto e a importância que reveste este último em relação ao conjunto das atividades de importação e exportação por via marítima no Estado-membro em questão, esse mercado pode ser considerado como constituindo uma parte substancial do mercado comum".

c) Aplicar, relativamente a parceiros comerciais, condições desiguais no caso de prestações equivalentes, colocando-os, por esse facto, em desvantagem na concorrência;
d) Subordinar a celebração de contratos à aceitação, por parte dos outros contraentes, de prestações suplementares que, pela sua natureza ou de acordo com os usos comerciais, não tenham ligação com o objeto desses contratos;"

O nº 2 do artigo 11º da Lei nº 19/2012 contém uma lista idêntica acrescentando ainda mais um tipo de prática abusiva.

"e) Recusar o acesso a uma rede ou a outras infraestruturas essenciais por si controladas, contra remuneração adequada, a qualquer outra empresa, desde que, sem esse acesso, esta não consiga, por razões de facto ou legais, operar como concorrente da empresa em posição dominante no mercado a montante ou a jusante, a menos que esta última demonstre que, por motivos operacionais ou outros, tal acesso é impossível em condições de razoabilidade".

A circunstância de a lei nacional conter mais um exemplo de comportamento abusivo do que o TFUE – a recusa de acesso a uma infraestrutura essencial – não significa que tenha um âmbito mais abrangente. Ambos os regimes proíbem, em termos idênticos, a recusa de acesso a uma infraestrutura essencial.

A Lei nº 19/2012, que veio substituir a anterior Lei nº 18/2003, de 11 de Junho, procurou alinhar o mais possível o regime nacional da concorrência ao da U.E., incluindo a disposição respeitante a abusos de posição dominante. Esta aproximação foi bem-vinda uma vez que o artigo 6º da Lei nº 18/2003, a disposição relativa a abusos de posição dominante, remetia para a lista exemplificativa de acordos restritivos da concorrência, constante do anterior artigo 4º, o que colocava naturais problemas de aplicação a comportamentos unilaterais de normas destinadas a endereçar práticas multilaterais. O único exemplo de prática abusiva que o artigo 6º se encarregava de prever autonomamente era precisamente o da recusa de acesso a infraestruturas essenciais, porventura por nenhum dos exemplos do antigo artigo 4º se lhe adequar na perfeição.

O legislador nacional, ao revogar a Lei nº 18/2003, de 11 de Junho, terá optado por manter a proibição de recusa de acesso a infraestruturas essenciais de forma expressa, essencialmente para prevenir eventuais equívocos que a supressão desta prática do cardápio de abusos pudesse suscitar. Trata-se a nosso ver de uma opção compreensível.

Em todo o caso, dificilmente a ausência de previsão expressa de uma prática permitiria excluí-la do âmbito de aplicação do regime jurídico dos abusos de posição dominante. Na realidade, quer no caso do artigo 102º TFUE quer igualmente no caso do artigo 11º da Lei nº 19/2012, a lista de comportamentos abusivos é apenas exemplificativa não esgotando o conjunto de práticas que podem configurar abusos de posição dominante. Segundo jurisprudência assente, a enumeração das práticas abusivas contida nesta disposição não é exaustiva, podendo identificar-se outras práticas que configurem formas de exploração abusiva de posição dominante proibidas pelo TFUE[272].

3.7 Consequências da violação do artigo 102º TFUE e do artigo 11º da Lei nº 19/2012[273]

O artigo 68º, nº 1, alínea a) da Lei nº 19/2012 determina que constitui contraordenação punível com coima a violação do artigo 11º, respeitante à proibição de abuso de posição dominante. Por seu turno, a alínea b) do mesmo artigo 68º da Lei nº 19/2012, contém idêntica estatuição a respeito da violação do artigo 102º TFUE.

De acordo com o artigo 69º, nº 2 da mesma Lei, à contraordenação respeitante à violação do artigo 11º e bem assim à respeitante à violação do artigo 102º TFUE, corresponde uma coima que não pode exceder 10% do volume de negócios realizado no exercício imediatamente anterior à decisão final condenatória proferida pela AdC.

Nos termos do nº 2 do artigo 23º do regulamento CE nº 1/2003, de 16.12.2002, também a Comissão pode aplicar coimas por violação do artigo 102º TFUE que não podem exceder 10% do volume de negócios total realizado durante o exercício precedente.

---

[272] Ver, entre outros, acórdão do TJ de 21.2.1973, Proc. 6/72, *Continental Can*/Comissão, Col 1973, p. 215, para 26; acórdão de 14.11.1996, *Tetra Pak*/Comissão, C-333/94 P, Col. p. I 5951, nº 37; acórdão do TJ, de 21.2.1973, Proc 6/72, Europemballage e Continental Can/Comissão, Col, p. 109, nº 26, e de 16.3.2000, Compagnie maritime belge transports e o./Comissão, C 395/96 P e C 396/96 P, Col. p. I 1365, nº 112.

[273] Não pretendemos aqui ser exaustivos quanto ao regime sancionatório nacional ou da UE, mas apenas indicar os seus principais aspetos. Ver Lei nº 19/2012, artigos 67º a 74º (inclusive) e o regulamento CE nº 1/2003, de 16.12.2002, artigos 23º a 27º.

O artigo 24º, nº 1, alínea a) do regulamento CE nº 1/2003, de 16.12.2002 permite ainda à Comissão aplicar sanções pecuniárias compulsórias às empresas em virtude, entre outros, do atraso no cumprimento de decisões que as obriguem a pôr termo à infração.

A Lei nº 19/2012 atribui também à AdC competência para aplicar sanções acessórias e sanções pecuniárias compulsórias (artigos 71º e 72º).

Além disso, também os titulares de órgão de administração das empresas e mesmo os responsáveis pela direção ou fiscalização de áreas de atividade em que seja praticada alguma contraordenação podem incorrer em sanções (artigo 73º, nº 6).

Um outro aspeto digno de nota é a possibilidade que a Comissão e a AdC têm de impor às empresas infratoras medidas tanto de caráter comportamental como de caráter estrutural, com vista a pôr termo à infração (cf. artigo 7º do regulamento 1/2003 e artigo 29º, nº 4 da Lei 19/2012)

Refira-se que a Lei nº 19/2012, veio aparentemente resolver o problema da falta de tipificação da violação do artigo 102º TFUE como contraordenação ao abrigo da lei portuguesa. De facto, nem a antiga Lei nº 18/2003, de 11 de Junho, nem qualquer outra legislação nacional tipificavam uma contraordenação correspondente à violação do disposto no artigo 102º TFUE.

Por este motivo, em alguns dos processos em que a AdC aplicou o artigo 102º TFUE foi suscitada a questão de não se encontrar prevista na lei uma sanção aplicável à violação do artigo 102º TFUE não existindo por isso fundamento legal para a aplicação de uma sanção com base na violação desta norma.

O Tribunal de Comércio de Lisboa ("TCL") não partilhou porém esta visão, por exemplo, no processo *Circuitos*, invocando o princípio do primado do direito da União (artigo 8º, nº 4 da Constituição da República Portuguesa) e considerando que o regulamento CE nº 1/2003, de 16.12.2002, diretamente aplicável na ordem jurídica interna, atribui competência para aplicar os artigos 101º e 102º TFUE às autoridades de concorrência nacionais e aos tribunais nacionais em processos individuais e que quanto às sanções passíveis de serem aplicadas por violação do artigo 101º e 102º TFUE, o mesmo regulamento tipifica as que são aplicáveis pela Comissão (artigos 23º e 24º) e, quanto às autoridades nacionais, determina que estas têm competência para "aplicar coimas, sanções pecuniárias compulsórias ou qualquer outra sanção prevista pelo respetivo direito nacional" (artigo 5º), decorrendo a competência da AdC nesta matéria diretamente do artigo 6º, nº 1, alínea g), dos seus Estatutos[274]. De acordo com o TCL a questão ficaria, por esta via, resolvida[275].

3.8 A relação entre os artigos 101º e 102º TFUE e entre os artigos 9º e 11º da Lei nº 19/2012

O artigo 102º TFUE, à semelhança do artigo 11º da Lei nº 19/2012, respeita a comportamentos de empresas detentoras de posição dominante, que estas adotam de forma unilateral no mercado. Por seu turno, o artigo 101º TFUE, tal como o artigo 9º da Lei nº 19/2012, respeita a acordos, práticas concertadas e decisões de associações de empresas, práticas que envolvem mais do que uma empresa.

Embora tenham ambas a finalidade de salvaguardar a concorrência, estas disposições destinam-se a endereçar realidades distintas. Contudo, determinadas práticas podem ser enquadráveis no âmbito dos dois regimes. Imagine-se por exemplo um acordo restritivo da concorrência celebrado por uma empresa detentora de uma posição dominante, que provoque um efeito anticoncorrencial no mercado.

Em situações em que é aparentemente possível aplicar ambos os regimes, coloca-se a questão de saber como conciliar a aplicação dos artigos 101º TFUE e dos artigos 102º TFUE (ou das normas nacionais equivalentes).

Constitui jurisprudência assente do TJUE que ambas as disposições podem ser aplicadas ao mesmo comportamento. Em *Hoffman-La Roche* o TJ esclareceu que a uma prática que caia no âmbito de ambas as disposições pode ser aplicada qualquer uma delas[276]. Mais tarde, em *Almelo* ou em *Compagnie Maritime Belge*, processos em que as entidades em causa eram detentoras de posição dominante coletiva, o TJ esclareceu que a mesma prática pode levar à aplicação do artigo 101º e do artigo 102º TFUE em simultâneo.

O TJ também já deixou claro que não obstante a possibilidade de aplicação simultânea das duas disposições, estão em causa infrações distintas e é necessário preencher os pressupostos específicos de aplicação de cada uma delas. Por exemplo, não basta provar que uma dada prática infringe

---

[274] Decreto-Lei nº 10/2003, de 18 de Janeiro de 2003.
[275] Ver Sentença do TCL, de 29.2.2012, P.1232/08TYLSB (Circuitos), cit., pág 56.
[276] Acórdão do TJ, de 13.2.1979, Proc. 85/76 *Hoffman-La Roche*/Comissão, Col 1979-I p 217, para 116.

o artigo 101º TFUE para, no caso das empresas dominantes, infringir também o artigo 102º TFUE[277].

Por fim, e dado o funcionamento próprio do artigo 101º TFUE em que, ao abrigo do respetivo nº 3, os comportamentos podem beneficiar de isenções por categoria, pode ainda perguntar-se se acordos que beneficiem destas isenções, se encontram igualmente isentos da aplicação ao artigo 102º TFUE. Em *Tetra Pak*, o TG respondeu negativamente à questão[278].

Em Portugal, na decisão OTOC, a AdC aplicou os artigos 101º TFUE e 102º TFUE (bem como as correspondentes normas nacionais em vigor, os artigos 4º e 6º da Lei nº 18/2003, de 11 de Junho) a diferentes vertentes de uma mesma realidade, mas não ao mesmo comportamento.

4. Justificação Objetiva

O artigo 102º TFUE, e bem assim o artigo 11º da Lei nº 19/2012, proibe a exploração abusiva de uma posição dominante sem prever que o comportamento considerado abusivo possa, afinal, beneficiar de uma justificação objetiva e escapar à proibição. No entanto, as instituições europeias, na aplicação do artigo 102º TFUE, sempre se referiram à possibilidade de que beneficia a empresa dominante de demonstrar que o seu comportamento se encontra justificado, sendo hoje em dia incontroverso que uma empresa dominante a quem seja imputado um comportamento abusivo pode alegar uma justificação objetiva e escapar à proibição[279].

No recente acórdão *Post Danmark*, o TJ afirmou que caso se conclua que o comportamento da empresa dominante produz efeitos anticoncorrenciais,

"há que recordar que uma empresa que detém uma posição dominante pode justificar ações suscetíveis de caírem no âmbito da proibição enunciada no

---

[277] Ver, por exemplo, acórdão do TG, de 23.10.2003, Proc T-65/98, *Van den Bergh Foods*/Comissão, Col 2003 II-04653, para 162.

[278] Acórdão do TG, de 10.7.1990, *Tetra Pak*/Comissão, Proc. T-51/89 Col. 1990 II-00309; ver igualmente para 127 da Comunicação da Comissão – Orientações relativas às restrições verticais, JO 2010/C 130/01.

[279] Ver, por exemplo, acórdão do TJ, de 14.2.1978, *United Brands*/Comissão, Proc 27/76, Col. p. 77, para 184; acórdão do TJ de 6.4.1995, Proc. C-241/91 P e C-242/91 P RTE e ITP/Comissão, Col p. I 743, paras 54 e 55; acórdão do TJ de 17.2.2011, Proc C-52/09, *TeliaSonera Sverige*, ainda não publicado, paras 31 e 75.

artigo [102º TFUE] (...) Em particular, essa empresa pode demonstrar, para esse efeito, que o seu comportamento é objetivamente necessário (v., neste sentido, acórdão de 3 de outubro de 1985, CBEM, 311/84, Recueil, p. 3261, nº 27) ou que o efeito de eliminação que este comporta pode ser compensado, ou mesmo superado, por ganhos de eficiência suscetíveis de beneficiar também o consumidor (acórdãos de 15 de março de 2007, British Airways/Comissão, C 95/04 P, Colet., p. I 2331, nº 86, e TeliaSonera Sverige, já referido, nº 76)[280]".

O conceito de justificação objetiva não foi até hoje definido pela jurisprudência. A aplicação do artigo 102º TFUE e das normas nacionais correspondentes tem, no entanto, sempre envolvido a discussão de justificações objetivas dos comportamentos investigados.

Muitos autores relacionam a ideia da justificação objetiva com a demonstração de que o comportamento em discussão corresponde a um meio proporcional para alcançar um fim legítimo[281].

Quanto ao fim legítimo, o objetivo normal das empresas é a defesa dos seus interesses comerciais, designadamente, o lucro e, também, a apropriação de clientela dos demais concorrentes. Não basta, no entanto, alegar que uma dada prática foi adotada porque a empresa prossegue os seus interesses comerciais normais. Importa avaliar se a prossecução desse objetivo é feita de forma legítima e demonstrar que a conduta adotada faz sentido para a empresa dominante, mesmo desconsiderando a possibilidade de levar ao encerramento do acesso ao mercado aos seus rivais[282].

Por outro lado, o comportamento em questão tem que ser proporcional ao fim (legítimo) que procura atingir. Desde cedo que a jurisprudência atribuiu à ideia de proporcionalidade do comportamento adotado um papel de grande relevo na avaliação da justificação invocada[283]. Na realidade, a prossecução de um objetivo legítimo não pode validar qualquer comportamento, sob pena de se ignorarem os efeitos anticoncorrenciais de determinadas práticas simplesmente porque a empresa procura atingir os seus legítimos interesses comerciais. Nas Conclusões apresen-

---

[280] Acórdão do TJ, de 27.3.2012, Proc. C 209/10, *Post Danmark/Konkurrencerådet*, ainda não publicado, paras 40 a 42
[281] Ver, por exemplo, Rousseva, Ekaterina, cit, pág 260; Osterud, Erik, cit, pág 267; Jones, Alison and Suffrin, Brenda, cit, pág 376; Wish, Richard, *Competition Law*, Sixth Ed., pág 207.
[282] Osterud, Erik, cit, págs 250 e 251; ver, entre outras, Decisão da Comissão, *Intel*, para 1624.
[283] Acórdão do TJ, *United Brands*, para 190.

tadas em *Tetra Pak II*, por exemplo, a Advogada-Geral Kirschner, depois de reconhecer que uma empresa dominante tem todo o direito de prosseguir os seus interesses comerciais, observou que, não obstante, "não pode atuar de modo previsivelmente mais restritivo da concorrência do que aquilo que seria necessário[284]".

Na Orientação sobre o artigo 102º TFUE, a Comissão declara que na avaliação das justificações objetivas apresentadas pelas empresas dominantes, verificará se o comportamento é indispensável e proporcionado ao objetivo alegadamente pretendido pela empresa em posição dominante.

4.1 Ónus da Prova

O ónus da prova quanto à existência das circunstâncias constitutivas de uma violação do artigo 102º TFUE impende sobre a Comissão ou sobre a autoridade nacional da concorrência, consoante o caso. Contudo, é à empresa dominante que incumbe, se for o caso, invocar uma eventual justificação objetiva e apresentar argumentos e elementos de prova a esse respeito. Compete, em seguida, à autoridade nacional ou à Comissão, se pretender concluir pela existência de um abuso de posição dominante, demonstrar que os argumentos e os elementos de prova invocados pela referida empresa não procedem e que, por conseguinte, a justificação apresentada não pode ser acolhida[285].

4.2 Justificações mais frequentes

Uma justificação objetiva de um comportamento tem que ser avaliada perante o caso concreto. Não obstante, e sem prejuízo de outras razões que possam ser invocadas a respeito de cada tipo específico de abuso, é frequente as empresas dominantes chamarem à colação um conjunto de razões típicas que pretendem ver como justificações objetivas, que, de forma não exaustiva, procuraremos abordar em seguida.

---

[284] Conclusões AG Kirschener no Proc. T-51/89, *Tetra Pak*/Comissão, Col 1990 II-00309, para 68.
[285] Acórdão do TG, de 17.9.2007, Porc T-201/04, *Microsoft*/Comissão, Col 2007 II3601, cons. 688; Orientação sobre o artigo 102º TFUE, para 31.

(a) Reação aos comportamentos dos concorrentes (*meeting the competition defense*)

Frequentemente, empresas acusadas de comportamentos abusivos alegam, em sua defesa, estar apenas a reagir a práticas idênticas levadas a cabo por concorrentes. O direito a "contra-atacar" é reconhecido pela jurisprudência a todas as empresas, incluindo às empresas dominantes. Em diversas ocasiões, o TJ afirmou que a existência de uma posição dominante não pode privar a empresa em questão de tomar as medidas adequadas a proteger os seus interesses comerciais quando estes são atacados[286].

No entanto, este direito de resposta deve ser exercido com conta, peso e medida, isto é, deve ser adequado e proporcional ao ataque[287]. A este respeito, em *British Airways*, o TG recordou que a existência de uma posição dominante não priva a empresa nessa posição da faculdade de praticar, em termos razoáveis, os atos que julgue adequados à preservação dos seus próprios interesses comerciais quando estes estiverem ameaçados, precisando depois que "para ser legítima, a proteção da posição concorrencial de uma tal empresa deve assentar em critérios de eficácia económica[288]". Em *France Telecom*, num processo de preços predatórios, a Comissão viu os tribunais confirmarem o seu entendimento de que o direito da empresa dominante em acompanhar os preços dos concorrentes cessa "quando implique uma não cobertura pela empresa dominante dos custos do serviço em causa[289] [290]".

A Comissão Europeia refere-se à *meeting the competition defense* no *Discussion Paper* sublinhando que esta só pode ser invocada quando estão em causa abusos de preços e quando é satisfeito um teste de proporcionalidadade[291].

---

[286] Ver, por exemplo, acórdão *United Brands*, cit, cons. 189; acórdão do TG de 7.10.1999, Proc T-228/97, *Irish Sugar*/Comissão, Col 1999 II-02969, cons. 112 e 189.

[287] Decisão da Comissão, *Telefónica*, para 639

[288] Acórdão do TG, de 17.12.2003, Proc. T-219/99, *British Airways*/Comissão, Col. 2003 II-05917, para 280.

[289] Cfr. Decisão da Comissão, de 16.7.2003, *Wanadoo Interactive*, para 315.

[290] Cfr. acórdão TG, de 30.1.2007, Proc T-340/03, *France Telecom*/Comissão, Col. 2007, p. II 107, paras 176 a 187; acórdão do TJ, de 2.4.2009, Proc. C-202/07 *France Telecom*/Comissão, 2009 I-02369, paras 39 a 49.

[291] *Discussion Paper*, paras 81 a 83.

(b) Realização de eficiências

A empresa dominante pode apresentar a justificação de que a sua conduta aumenta a eficiência. Na Orientação sobre o artigo 102º TFUE, a Comissão reconhece à empresa dominante o direito de demonstrar que o seu comportamento origina "ganhos de eficiência substanciais", que compensam qualquer efeito anticoncorrencial ao nível dos consumidores. Salienta a Comissão que a empresa em posição dominante deve demonstrar, com um grau de probabilidade suficiente e com base em provas verificáveis, que se encontram cumulativamente preenchidas as seguintes condições: *(i)* a eficiência ser consequência do comportamento; *(ii)* o comportamento ser indispensável para a concretização das eficiências; *(iii)* os ganhos de eficiência compensarem o efeito negativo sobre os consumidores; *(iv)* o comportamento não eliminar uma concorrência efetiva através da supressão de todas ou de parte das fontes atuais ou potenciais de concorrência[292].

Na decisão *Intel*, por exemplo, a Comissão observou que "para justificar objetivamente os seus descontos condicionais, a *Intel* teria que ter demonstrado que existe uma eficiência (ou outro objetivo legítimo que não a exclusão de concorrentes), que o comportamento é suscetível de alcançar o fim legítimo, que não tinha uma alternativa igualmente eficaz para atingir o fim legítimo com um efeito menos restritivo ou menos exclusionário e, finalmente, que o comportamento é "proporcional", no sentido de que ao objetivo legítimo prosseguido pela *Intel* não deve ser sobreposto o efeito de exclusão[293]".

No acórdão *Post Danmark*, o TJ parece reconhecer a abordagem consagrada no parágrafo 30 da Orientação sobre o artigo 102º TFUE, ao sublinhar que:

> "compete à empresa que detém uma posição dominante demonstrar que os ganhos de eficiência suscetíveis de resultar do comportamento em causa neutralizam os prováveis efeitos prejudiciais na concorrência e os interesses dos consumidores nos mercados afetados, que estes ganhos de eficiência foram ou são suscetíveis de ser realizados graças ao referido comportamento, que

---

[292] Orientação sobe o artigo 102º TFUE, ponto 30. Ver igualmente *Discussion Paper*, paras 84 a 92.
[293] Decisão da Comissão de 13.5.2009, Proc. COMP/C-3 /37.990 – *Intel* (Decisão C (2009) 3726 final), para 1624 (nossa tradução).

este é indispensável à realização destes e que não elimina uma concorrência efetiva ao suprimir a totalidade ou a maior parte das fontes existentes de concorrência atual ou potencial[294]".

Sublinhe-se contudo, e conforme veremos *infra*, que em algumas categorias de abusos de posição dominante, a Comissão revela grande relutância em aceitar que a criação de eficiências possa ser admitida quando é consequência da própria prática abusiva[295]. Em casos de preços predatórios, por exemplo, a Comissão e os tribunais, parecem menos dispostos a aceitar o argumento da realização de eficiências. No acórdão *France Telecom*, por exemplo, o TG observou que:

> "Os argumentos invocados pela WIN sobre as economias de escala e os efeitos da aprendizagem que justificariam, no caso em apreço, a tarifação abaixo dos custos não são suscetíveis de pôr em causa a conclusão a que chegou o Tribunal. Com efeito, a empresa que pratica preços predatórios pode beneficiar da economia de escala e dos efeitos da aprendizagem devido a uma produção acrescida precisamente graças a essa prática. As economias de escala e os efeitos da aprendizagem obtidos não isentam, pois, a empresa da sua responsabilidade nos termos do artigo [102º TFUE][296]".

(c) Razões de ordem técnica
A adoção de um determinado comportamento por motivos de ordem técnica pode permitir a uma empresa dominante justificar objetivamente o seu comportamento.

Em Portugal, no caso *Condutas*, respeitante a recusas pontuais de pedidos de acesso a condutas de telecomunicações da Portugal Telecom, a empresa invocou como justificação objetiva das recusas pontuais de acesso, a necessidade de manter espaço livre nas condutas para manutenção e expansão da rede básica, justificação que foi admitida pelo Tribunal de Comércio de Lisboa uma vez que a AdC não demonstrou, a seguir, que

---

[294] Acórdão TJ de 27.3.2012, Proc. C-209/10 *Post Danmark/Konkurrenceradet*, ainda não publicado, para 42.
[295] Ver Decisão da Comissão, de 4.7.2007, Proc. COMP/38.784 *Wanadoo España/Telefónica*, para 639 (compressão de margens); Orientação sobre o artigo 102º TFUE, para 74.
[296] Acórdão TG, de 30.1.2007, Proc T-340/03, *France Telecom*/Comissão, Col. 2007, p. II 107, para 217.

não era necessário existir espaço disponível para a expansão ou manutenção da rede ou que era possível conceder acesso a terceiros preservando ainda assim esse espaço[297].

(d) **Razões de saúde ou segurança**
A adoção de um determinado comportamento pode ser considerada objetivamente necessária por razões de ordem externa às partes, em particular, à empresa dominante[298], como, por exemplo, razões de saúde ou de segurança relacionadas com a natureza do produto em questão. No entanto, a prova de que tal comportamento é objetivamente necessário deverá ter em consideração que compete normalmente às autoridades públicas definir e aplicar as normas de saúde e de segurança[299]. Em *Hilti*, o TG considerou que:

> "É ponto assente que em nenhum momento do período em causa a *Hilti* se dirigiu às autoridades competentes do Reino Unido a fim de obter a declaração de que a utilização, em aparelhos por si fabricados, de pregos produzidos pelas intervenientes era perigosa. (...) [E]xistem leis no Reino Unido que permitem punir a venda de produtos perigosos bem como as afirmações enganosas relativas às caraterísticas de determinado produto. Existem igualmente autoridades às quais foi atribuída competência para aplicar essas leis. Nestas circunstâncias, não compete manifestamente a um empresa em posição dominante tomar, por sua própria iniciativa, medidas destinadas a eliminar produtos que considere, bem ou mal, perigosos ou de qualidade inferior aos seus próprios produtos[300]".

(e) **Cumprimento de obrigações regulamentares (*regulated conduct defense*)**
Em mercados sujeitos a regulação setorial, onde a atuação da empresa dominante é monitorizada por um regulador, as empresas acusadas de abusos de posição dominante têm procurado sustentar que a sua atuação

---

[297] Ver Sentença do TCL, de 2.3.2010, Proc. nº 1065/07.0TY.LSB, pág 156.
[298] *Discussion Paper*, paras 78 e 80.
[299] Orientação sobre o artigo 102º TFUE, para 29.
[300] Acórdão do TG, de 12.12.1991, Proc. T-30/89, *Hilti*/Comissão, Col 1991 II-01439, cons. 115 e 118.

foi determinada pela regulação. A nível europeu, os processos *Deutsche Telekom* e *Telefónica* são disso exemplos. A nível nacional, no processo *Circuitos*, a Portugal Telecom invocou também o cumprimento de obrigações regulamentares para justificar a adoção do tarifário objeto de censura.

As instituições europeias têm entendido que, não obstante a regulação setorial, desde que a empresa dominante mantenha margem de manobra para cumprir as regras de concorrência, está obrigada a respeitá-las. O critério-chave parece pois ser o da "margem de manobra" de que gozam as empresas para, não obstante a regulação, evitarem uma violação da lei.

Em conclusão, é hoje em dia ponto assente que a existência de regulação setorial não isenta as empresas a ela sujeita da responsabilidade de observar as regras de concorrência, desde que o quadro regulamentar lhes confira margem de manobra para tal[301].

---

[301] Ver *submission* da Comissão Europeia para a *OECD Policy Roundtable, Regulated Conduct Defence*, 2011, pág 195 e ss. Disponível em www.oecd.org.

Capítulo 5
Recusa em contratar

1. Introdução
1.1 Considerações gerais
Regra geral, o direito da concorrência não obriga as empresas a contratar nem lhes impõe os parceiros comerciais. Por um lado, nas economias de mercado, a propriedade privada e a liberdade contratual são princípios estruturantes do ordenamento jurídico e económico e só em circunstâncias verdadeiramente excecionais se lhes sobrepõem outros interesses. Por outro lado, é no interesse dos consumidores que as empresas reservem para uso próprio as vantagens competitivas que desenvolveram. A intervenção da política de concorrência nesta área exige por isso as maiores cautelas.

A recusa em contratar por parte de empresas sem poder de mercado é, de um modo geral, incapaz de suscitar questões de maior para o direito da concorrência. Já quando estão em causa empresas detentoras de posição dominante, este tipo de comportamento pode, em determinadas circunstâncias, configurar uma exploração abusiva do poder de mercado detido e violar a lei nacional e/ou o TFUE.

É, a este propósito, conveniente distinguir as *recusas em contratar com concorrentes* das *recusas em contratar com não concorrentes*.

No que respeita às primeiras, as preocupações de concorrência surgem quando uma empresa dominante que controla um *input* ou meio de produção necessário para desenvolver uma atividade num determinado mercado relacionado recusa fornecê-lo a empresas que lho solicitam e, ao mesmo tempo, concorre com elas nesse mercado.

A política de concorrência debate-se, neste tipo de casos, com a questão de saber que circunstâncias justificam obrigar uma empresa a fornecer os seus produtos ou serviços aos seus rivais, ou permitir-lhes a utilização das suas infraestruturas, possibilitando-lhes assim exercer-lhe concorrência. Trata-se de uma ponderação que exige sempre grande prudência, uma vez que uma intervenção desajustada pode ter impactos sérios nos incentivos das empresas em investir e inovar e, em última instância, prejudicar os consumidores. O *input* cujo acesso é negado deve ser "essencial" para o desenvolvimento da concorrência noutro mercado.

A *recusa em contratar com não concorrentes* pode igualmente merecer atenção de um ponto de vista do direito da concorrência. É o caso das vendas ligadas ou subordinadas (capítulo 8), da discriminação abusiva (capítulo 9) ou dos acordos de compra exclusiva (capítulo 10) destinados a clientes da empresa dominante. Todos estes comportamentos podem envolver, em alguma medida, uma recusa em contratar. No entanto, nestes casos as questões jusconcorrenciais que se colocam revestem-se de uma natureza distinta da recusa em contratar com concorrentes, sendo na realidade apenas um instrumento de outro tipo de práticas potencialmente abusivas[302]. Como tal, são mais adequadamente avaliadas à luz de um quadro jurídico distinto[303].

Fora destas situações, a recusa de fornecimento a empresas que não concorrem simultaneamente com a empresa dominante, não é, regra geral, suscetível de motivar a aplicação autónoma do regime jurídico dos abusos de posição dominante.

Há no entanto situações que podem revestir-se de particularidades, como a relação de empresas dominantes com os seus distribuidores, *maxime*, quando a recusa de venda tem como pano de fundo a criação de obstáculos ao comércio paralelo ou a limitação da liberdade de atuação do distribuidor. Estes casos justificam comentários específicos, o que faremos na parte final do capítulo.

---

[302] Em bom rigor, estes comportamentos podem igualmente ser instrumentais a recusas de venda a empresas concorrentes e não apenas a meros clientes.
[303] Cf. Orientação sobre o artigo 102º TFUE, para 77. Ver capítulo 8 (venda subordinada) e capítulo 10 (acordos exclusivos e descontos de fidelidade), onde aprofundamos o quadro jurídico deste tipo de comportamentos potencialmente abusivos.

Por fim, cabe notar que embora o termo "recusa em contratar" abarque tanto a recusa em vender como a recusa em comprar, no presente capítulo ocupamo-nos essencialmente da primeira.

1.2 Razão de ordem

Na primeira parte do atual capítulo, centramo-nos no tema da recusa de fornecimento a concorrentes. Após as considerações gerais iniciais (1.1), abordamos sucintamente o tema do dever de fornecer um concorrente (1.3) detendo-nos sobre a necessidade de uma ponderação cuidada do impacto de uma obrigação de fornecimento nos incentivos das empresas (1.3.1) e identificando em seguida as circunstâncias em que a recusa pode ser ilícita (1.3.2). Abordamos depois a recusa de fornecimento construtiva ou implícita (1.4) antes de visitarmos as disposições da antiga Lei nº 18/2003 relativas à recusa de fornecimento (1.5) e fazermos referência ao enquadramento do tema no TFUE e às alterações resultantes da Lei nº 19/2012 (1.6).

Na parte 2 passamos em revista a prática europeia e nacional e na parte 3 identificamos os elementos que, a nosso ver, devem encontrar-se presentes para que uma recusa de fornecimento possa ser estabelecida.

Terminamos, na parte 4, com uma breve referência a situações específicas de aplicação do regime jurídico do abuso de posição dominante a recusas de venda no âmbito de relações com distribuidores (4.1) e com vista a impedir o comércio paralelo (4.2).

1.3 O Dever de fornecer um concorrente

1.3.1 A necessidade de uma ponderação cuidada do impacto nos incentivos das empresas

O investimento e a inovação são pilares fundamentais da concorrência e do processo de rivalidade entre as empresas. O desenvolvimento de vantagens competitivas que se traduzam em melhores produtos e/ou processos produtivos mais eficientes faz parte do processo competitivo, sendo incentivado pela política de concorrência. O investimento que as empresas realizam em ativos que possam vir a representar vantagens competitivas é um elemento essencial no processo competitivo e gera benefícios para os consumidores, que terão assim mais produtos e de melhor qualidade. As intervenções da política de concorrência no mercado devem pois ser de molde a não afetar os incentivos das empresas para investir e inovar, contribuindo desse modo para o aumento do bem-estar do consumidor.

As empresas devem ser capazes de criar as suas próprias vantagens competitivas e, quando o fazem, devem poder usufruir destas como entendem. A concorrência pelo mérito engloba o direito de utilização exclusiva de recursos (*e.g.* fatores de produção, incluindo infraestruturas e direitos de propriedade intelectual) que conferem vantagens concorrenciais às empresas que levaram a cabo o investimento necessário para os desenvolver, correndo os riscos inerentes. Se assim não for, dificilmente as empresas estão dispostas a corrê-los.

A garantia do retorno do investimento nestes ativos, em especial quando comporta riscos ou é avultado, é de grande importância para conferir às empresas os incentivos adequados para tomarem, desde logo, as decisões de investir. Como observam *Bishop* e *Walker*, sem tal retorno, muito do investimento economicamente eficiente nunca teria lugar, podendo a apropriação de parte ou de todo esse retorno pelos rivais, ter um efeito de redução do investimento por parte dos agentes económicos, com um impacto nefasto no processo competitivo e no bem-estar do consumidor[304-305].

Nas Conclusões apresentadas no processo *Bronner*, o Advogado-Geral Jacobs referiu-se ao problema de uma forma que é reiteradamente citada nos manuais de direito da concorrência:

> "A justificação de uma ingerência na liberdade de contratar de uma empresa dominante exige com frequência que se proceda a uma ponderação cuidadosa de considerações divergentes. A longo prazo, é de um modo geral favorável à concorrência e, no interesse dos consumidores, permitir que uma empresa reserve para utilização própria as infraestruturas que desenvolveu para as necessidades da sua atividade. Por exemplo, *se o acesso a uma infraestrutura de produção, de compra ou de distribuição fosse facilmente acordado, um concor-*

---

[304] Cf. Bishop, Simon and Walker, Mike, *The Economics of EC Competition Law, Concepts, Application and Measurement*, University Edition, Thompson, Sweet & Maxwell, 2002, p. 240.

[305] Ver igualmente Motta, Massimo, *Competition Policy, Theory and Practice*, Cambridge, 2004, p. 67-68, onde o Autor expõe um exemplo relacionado com instalações portuárias, observando que tendo tal infraestrutura sido desenvolvida mediante o investimento (presumivelmente elevado) de uma empresa, obrigá-la a partilhá-la seria uma violação dos seus direitos de propriedade, mas, mais importante [em termos de política de concorrência], teria o efeito de desencorajar investimentos semelhantes noutros locais, uma vez que a perspetiva de serem privadas dos retornos dos investimentos efetuados desencoraja as empresas de desenvolverem novos *inputs* e infraestruturas.

rente não seria incitado a criar infraestruturas concorrentes. Assim, a concorrência aumentaria a curto prazo, mas reduzir-se-ia a longo prazo. Além disso, *uma empresa dominante seria menos estimulada a investir em infraestruturas eficazes se os seus concorrentes pudessem, a seu pedido, partilhar os benefícios*. Assim, o simples facto de uma empresa manter uma vantagem sobre um concorrente, reservando para si a utilização de uma infraestrutura, não poderia justificar que se exigisse o acesso a ela[306] (nosso *ênfase*)".

Esta ideia encontra-se hoje bem assimilada na prática das intituições europeias. Na Orientação sobre o artigo 102º TFUE, a Comissão Europeia mostra-se ciente do impacto que uma obrigação de acesso poderá originar nos incentivos das empresas em investir e sublinha que tal obrigação, "mesmo contra uma remuneração justa", pode revelar-se, a longo prazo, pior para o mercado e para o consumidor. Por um lado, poderá dissuadir empresas dominantes (ou que preveem tornar-se dominantes) de investir e de inovar, uma vez que o conhecimento de que poderá existir uma obrigação de fornecimento contra a sua vontade pode levá-las a não investirem ou a investirem menos na atividade em questão. Por outro lado, os concorrentes poderão sentir-se tentados a aproveitar os investimentos feitos pela empresa dominante em vez de investirem eles próprios (um fenómeno conhecido como parasitismo ou *free-riding*). "A longo prazo, nenhuma destas consequências seria benéfica para os consumidores[307]".

Em suma, permitir que as empresas usufruam em exclusivo dos frutos dos seus investimentos é um ponto-chave da política de concorrência e, em princípio, e no longo prazo, é melhor para o processo competitivo e para os consumidores. Mesmo o direito de cobrar uma remuneração justa pela utilização do *input* não legitima nem justifica a imposição de uma obrigação de acesso. Na realidade, apenas em circunstâncias muito limitadas (que aprofundaremos no ponto seguinte), o direito da concorrência intervém sobre a recusa de fornecimento no sentido de a censurar, sobrepondo-se o interesse público da concorrência ao direito de propriedade e ao princípio de liberdade contratual.

---

[306] Cf. Conclusões AG Jacobs no processo *Bronner*, para 57.
[307] Orientação sobre o artigo 102º TFUE, JO C 46 de 24.2.2009, 75. No *Discussion Paper*, a Comissão tinha já efetuado referência à necessidade de proceder a um cuidadoso balanço do impacto que uma obrigação de acesso poderá ter nos incentivos das empresas. Ver 213 e 214.

1.3.2 As circunstâncias em que a recusa pode ser ilícita

O enquadramento do tema do dever jusconcorrencial em contratar tem sido relacionado com a doutrina das infraestruturas essenciais, cuja origem é comummente situada na já centenária jurisprudência norte-americana *Terminal Railroad*[308] (1912). Sucintamente, este caso respeitava à aquisição, por um conjunto de empresas ferroviárias cujas operações passavam na cidade norte-americana de *St. Louis*, de um importante ponto de conexão ferroviário, que era fundamental para entrar e sair da cidade. Este conjunto de empresas passou pois a estar em posição de excluir ou de desfavorecer a atividade de qualquer concorrente que necessitasse de passar nas ditas conexões ferroviárias. O tribunal que apreciou o caso considerou que as empresas que detinham conjuntamente as infraestruturas de conexão ferroviária não podiam recusar o acesso, em condições razoáveis, aos seus concorrentes, dado que tal acesso era "essencial" para que estes pudessem concorrer. Estavam assim lançadas as bases da doutrina das infraestruturas essenciais que o direito da concorrência norte-americano mais tarde desenvolveria (pelo menos até à jurisprudência *Trinko*[309]) e que passaria igualmente a ser utilizada na União Europeia, ainda que em termos ligeiramente distintos.

Na Europa, a influência da doutrina das infraestruturas essenciais começou por se fazer sentir nos anos 70, com o processo *Commercial Solvents*, e constitui ainda hoje a base do enquadramento jurídico da recusa de fornecimento a concorrentes[310].

A ideia-chave do dever de fornecimento encontra-se intimamente ligada à natureza "essencial" do bem em questão. A "essencialidade" (ou "indispensabilidade") tem uma relação com a ideia de irreplicabilidade (por razões materiais, legais ou económicas) de um bem cujo fornecimento é requerido por empresas rivais e cuja recusa tem como consequência a eliminação da concorrência efetiva com o consequente prejuízo para o con-

---

[308] *United States v Terminal Railroad Association of St. Louis*, 22.4.1912, 224 US 383, 32 S. Ct. 507.
[309] Em 2004, no processo *Trinko* do Supremo Tribunal norte-americano parece ter lançado dúvidas sobre a validade desta abordagem, sendo pois incerto que continue a ser um fundamento útil do lado de lá do Atlântico. Ver *Verizon Communications Inc v Law Offices of Curtis V Trinko LLP*, 540 US 398 (2004).
[310] Ver Muller, Ulf e Rodennhausen, Anselm, *The Rise and Fall of the Essential Facilities Doctrine*, 2008, ECLR. Ver igualmente *OECD Bestpractice Roundtable, The Essential Facilities Concept*, 1996, disponível em: www.oecd.org.

sumidor. A indispensabilidade do bem ou serviço é a condição *sine qua non* de qualquer alegação de recusa ilícita de fornecimento a concorrentes[311].

Na prática, que tipo de bem ou serviço pode ser considerado essencial? As instituições europeias e nacionais dão-nos diversos exemplos. Infraestruturas portuárias (*Sea Containers v Sealink*), aeroportuárias (*aeroporto de Frankfurt*) ou ferroviárias (*GVG/FS*), redes de telecomunicações (*Comunicação sobre acordos de acesso*[312]), redes de condutas (PT/condutas), matérias-primas necessárias para o desenvolvimento de medicamentos (*Commercial Solvents*), prestação de serviços primários de liquidação e compensação de valores mobiliários (*Clearstream*), informação protegida por direitos de propriedade intelectual (*IMS Health*) ou "informação proprietária" (*Microsoft*), sistemas informáticos de reservas de passagens aéreas (*London European Sabena*), a rede postal (Comunicação sobre aplicação das regras de concorrência ao setor postal), conteúdos desportivos *premium* (Sonae/PT[313]), entre outros.

A principal objeção do direito da concorrência à recusa de acesso a uma infraestrutura essencial é a possibilidade que esta poderá conferir à empresa que controla tal infraestrutura de monopolizar um mercado relacionado onde o acesso à mesma é essencial para o desenvolvimento da atividade.

Assim, quando uma empresa que controla uma infraestrutura essencial recusa conceder acesso a um concorrente que o solicitou, sem que para isso disponha de uma justificação objetiva para o seu comportamento, as autoridades de concorrência, após uma cuidada ponderação do impacto que uma obrigação de acesso terá nos incentivos dos agentes económicos para continuar a investir e a inovar, avaliam em que medida a recusa configura uma prática abusiva[314].

Os termos "essencial", "indispensável" ou "necessidade objetiva" têm sido utilizados como sinónimos na doutrina e prática europeia.

---

[311] *OECD Bestpractice Roundtable, Refusals to Deal*, 2007, *European Commission submission*, pág 202 disponível em: www.oecd.org; O'Donoghue, Robert e Padilla, Jorge, cit, pág 407.
[312] Comunicação da Comissão sobre a aplicação das regras da concorrência aos acordos de acesso no sector das telecomunicações – Enquadramento, mercados relevantes e princípios, JO nº C 265 de 22.8.1998 p. 2-28.
[313] Decisão da AdC, de 22.12.2006, Proc. Ccent. 8/2006 Sonae/PT.
[314] Ver Conclusões do Advogado-Geral Jacobs de 28.5.1998, Proc C- 7/97, *Oscar Bronner/ Mediaprint*, Col. 1998 I-07791, 34.

1.4 Recusa de venda implícita

Uma empresa dispõe de várias formas de recusar o fornecimento de um bem ou serviço. A mais imediata é assumir diretamente a recusa e rejeitar pura e simplesmente o fornecimento. No entanto, a empresa pode também disponibilizar-se a fornecer mas apenas em condições irrazoáveis ou não económicas. Este tipo de comportamento pode ter, bem vistas as coisas, efeitos idênticos.

Na recente decisão *Telekomunikacja Polska*[315], a Comissão aplicou uma coima de 127 milhões de euros ao operador histórico de telecomunicações da Polónia por abuso de posição dominante, considerando que o padrão de atuação da empresa se traduzia, na prática, numa recusa de fornecimento. Os comportamentos que levaram a esta conclusão consistiam em: *(i)* propor condições irrazoáveis no início das negociações com os operadores concorrentes; *(ii)* atrasar as negociações; *(iii)* limitar o acesso à sua rede; *(iv)* limitar o acesso às linhas dos subscritores; e *(v)* recusar o fornecimento de informação geral credível ou fornecer apenas informação imprecisa.

Na *Comunicação sobre a aplicação das regras de concorrência a acordos de acesso*, a Comissão salienta também que atrasos indevidos e inexplicáveis ou injustificados nas respostas a pedidos de acesso podem constituir um abuso[316]. Outras dificuldades que levem a uma degradação do provimento do produto[317] ou o fornecimento mediante condição de que o comprador revele o destino geográfico dos bens fornecidos e a identidade dos clien-

---

[315] Decisão da Comissão, de 22.6.2011, Proc. COMP/39.525 – *Telekomunikacja Polska*, ainda não publicada.

[316] Cf. Comunicação da Comissão sobre a aplicação das regras da concorrência aos acordos de acesso no setor das telecomunicações – Enquadramento, mercados relevantes e princípios, JO nº C 265 de 22.8.1998 p. 2-28. A Comissão clarifica que procurará comparar a resposta a um pedido de acesso com: *(a)* o prazo habitual e as condições normalmente aplicáveis quando a parte requerida faculta o acesso às suas instalações à sua própria filial ou divisão operacional; *(b)* as respostas a pedidos de acesso a infraestruturas análogas noutros Estados-Membros; *(c)* as explicações apresentadas para qualquer atraso no tratamento dos pedidos de acesso (para 95).

[317] Na Comunicação sobre acordos de acesso (*cit supra*), a Comissão refere-se, por exemplo, a questões associadas à configuração técnica de redes de telecomunicações, em particular quando o ponto de acesso à rede não seja o que mais favoreça o operador que o solicitou (cfr. para 97). Ver igualmente Orientação sobre o artigo 102º TFUE, para 79.

tes finais podem, em determinadas circunstâncias, ter o mesmo efeito que uma recusa de venda explícita[318-319].

O preço solicitado pelo acesso pode igualmente traduzir-se numa recusa de venda implícita. Por exemplo, a fixação de preços excessivos, além de poder configurar uma prática abusiva em si mesma, pode corresponder a uma recusa de acesso construtiva ou implícita[320]. O abuso de posição dominante por compressão de margens, que desenvolvemos no capítulo 6, pode igualmente traduzir-se numa recusa de venda construtiva[321].

1.5 As disposições da Lei nº 18/2003 relativas à recusa de venda
A antiga Lei nº 18/2003, revogada pela Lei nº 19/2012, consagrava a proibição de abuso de posição dominante por recusa de venda em duas disposições distintas:

(i) no artigo 4º, nº 1, alínea f) por remissão do artigo 6º, nº 3, alínea a) (práticas proibidas); e
(ii) no artigo 6º, nº3, alínea b) (abuso de posição dominante)[322].

A inclusão de ambas as disposições no cardápio de possíveis abusos de posição dominante, levantava naturais problemas de interpretação e dava razão às críticas dirigidas à técnica legislativa que consiste em tipificar por

---

[318] Orientação sobre o artigo 102º TFUE, para 79.
[319] No 13º Relatório sobre Política de Concorrência da Comissão Europeia (1983) é referido o caso *Polaroid/SSI Europe*, em que a SSI colocou um pedido de uma quantidade elevada de filme instantâneo, a que a Polaroid se recusou a aceder sem que esta revelasse o destino da encomenda e a identidade do cliente. A SSI apresentou queixa à Comissão Europeia, alegando estar dependente do filme instantâneo Polaroid para desenvolver as suas atividades comerciais. Paras 155 a 157 (cit. *OECD BestPractices Roundtables, Refusals to Deal*, pág 203).
[320] Comunicação sobre a aplicação das regras de concorrência a acordos de acesso, cit., para 97.
[321] Sem prejuízo, o TJ qualificou-o como um tipo de abuso de posição dominante autónomo da recusa de venda, no processo *TeliaSonera*, ver *infra* Capítulo 6, pág 204.
[322] Não nos referimos aqui à poibição de abuso de dependência económica, consagrada no artigo 7º da mesma Lei nº 18/2003 (e no artigo 12º da Lei nº 19/2012), que inclui igualmente a proibição da recusa de venda, mas com um enquadramento jurídico distinto do do abuso de posição dominante. Ver, quanto a este tema, Moura e Silva, Miguel, *Direito da Concorrência – uma introdução jurisprudencial*, Almedina, 2008, pág 641.

remissão para uma prática proibida em sede de acordos restritivos, um abuso de posição dominante.

Importa no entanto deixar claro que, a nosso ver, o âmbito de aplicação de cada uma das normas era distinto. Comecemos por recordar a redação de cada uma. De acordo com o artigo 6º nº 3 alínea b) da Lei nº 18/2003, pode ser considerada abusiva:

> "A recusa de facultar, contra remuneração adequada, a qualquer outra pessoa o acesso a uma rede ou a outras infraestruturas essenciais que a primeira controla, desde que, sem esse acesso, esta última empresa não consiga, por razões factuais ou legais, operar como concorrente da empresa em posição dominante no mercado a montante ou a jusante, a menos que a empresa dominante demonstre que, por motivos operacionais ou outros, tal acesso é impossível em condições de razoabilidade."

Já o artigo 4º, nº 1 alínea f) refere-se a comportamentos que se traduzam em:

> "[R]ecusar, direta ou indiretamente, a compra ou a venda de bens e a prestação de serviços".

O artigo 6º, nº 3, alínea b) é expressamente aplicável à recusa em contratar com concorrentes. Na medida em que apresenta uma formulação genérica, uma primeira leitura do artigo 4º, nº 1, alínea f) sugere que este é aplicável a todo e qualquer comportamento que consista em recusar a venda ou a compra de bens ou serviços.

Note-se que o artigo 6º, nº 3 alínea b), aplicável à recusa de venda com concorrentes, pressupõe a verificação de um conjunto de elementos, como a essencialidade da infraestrutura à qual o acesso é recusado, a impossibilidade de concorrer num mercado ou a ausência de uma justificação objetiva para a recusa, que não resultam do artigo 4º, nº 1, alínea f), supostamente com um campo de aplicação mais genérico.

Sendo certo que o artigo 4º, nº 1 alínea f) é uma norma com um âmbito literalmente mais amplo, o seu elemento literal poderá permitir afirmar que recusas de venda a concorrentes encontram-se igualmente incluídas no âmbito da proibição.

No entanto, não faria sentido que o mesmo diploma estebelecesse, no artigo 6º, nº 3, alínea b), elementos de verificação muito exigente para a recusa de venda a um concorrente e, no artigo 4º, nº 1 alínea f), estabelecesse ao mesmo tempo uma proibição *per se* do mesmo comportamento, com elementos do tipo não coincidentes e de verificação bastante mais facilitada.

À primeira vista, e sob pena de inutilidade do artigo 6º, nº 3, alínea b), a forma mais razoável de conciliar ambas as disposições é entender que a norma do artigo 4º, nº 1, alínea f), aplicável a abusos de posição dominante por remissão da alínea a), do nº 3 da Lei 18/2003, não é aplicável a recusas em contratar com concorrentes.

Além da unidade do próprio sistema jurídico, concorrem para esta conclusão também o princípio da interpretação conforme com o direito da União Europeia, que censura a recusa em contratar com concorrentes apenas quando se encontrem reunidos os elementos do artigo 6º, nº 3 alínea b) e a relação de especialidade entre o artigo 6º, nº 3, alínea b) e o artigo 4º, nº 1 alínea f). A própria AdC, na decisão *Condutas*, reconheceu a inaplicabilidade da proibição de recusa constante do artigo 4º, nº 1, alínea f) a recusas em contratar com concorrentes[323].

Cabe então legitimamente questionar a que tipo de recusa de venda levada a cabo por empresas em posição dominante era aplicável o artigo 4º, nº 1 alínea f) da Lei 18/2003.

A nosso ver, o elemento teleológico da norma, por um lado, e o princípio da interpretação conforme com o direito da União Europeia –, que apenas censura a recusa de venda a concorrentes em circunstâncias muito limitadas, e não condena, em si mesmas, e fora de situações específicas, a recusa de venda a não concorrentes –, por outro, não permite outra conclusão que não seja a de que a norma em questão tinha aplicação essencialmente na censura de abusos de posição dominante em que a recusa em contratar é meramente instrumental a outro tipo de abuso (*e.g.* acordos de compra exclusiva, discriminação abusiva ou vendas subordinadas) ou porventura em situações como as descritas *infra* da parte 3 do presente capítulo.

1.6 A proibição da recusa de venda na Lei nº 19/2012 e no artigo 102º TFUE

A Lei nº 19/2012 pôs fim à situação *supra* descrita, na medida em que não prevê qualquer disposição equivalente ao artigo 4º, nº 1 alínea f) da Lei nº 18/2003, de 11 de Junho que seja aplicável ao comportamento de empresas

---

[323] Cfr. Decisão da AdC, de 1.8.2007, PRC 02/03, Condutas, artigo 653º.

detentoras de posição dominante. O artigo 11º concentra o regime substantivo dos abusos de posição dominante deste diploma.

Tendo um dos principais propósitos da reforma do quadro legislativo anterior sido o de alcançar um maior alinhamento com o regime europeu, regista-se contudo que nenhuma das quatro alíneas do artigo 102º TFUE se refere à recusa de fornecimento, o que coloca a questão de saber que significado deve atribuir-se ao facto de a legislação nacional prever expressamente a proibição da recusa de acesso a uma infraestrutura essencial (cfr. artigo 11º, nº 2, alínea e)).

A nosso ver, à semelhança do que sucede com o artigo 102º TFUE, o regime nacional de abusos de posição dominante não necessitava contemplar expressamente a proibição da recusa de acesso a uma infraestrutura essencial. No entanto, tendo o legislador optado por fazer incluir expressamente este tipo de comportamento na anterior Lei nº 18/2003, a razão que terá levado o legislador a mantê-la na Lei nº 19/2012, poderá ter sido, como observámos já anteriormente, a de não dar lugar a eventuais dúvidas que a sua eliminação do rol dos comportamentos proibidos na Lei nº 18/2003 pudesse originar.

2. Recusa de venda a concorrentes
2.1 A prática das instituições europeias
2.1.1 Commercial Solvents[324]

A *Instituto Chemioterapico Italiano*, subsidiária italiana da empresa *Commercial Solvents*, produtora e única fornecedora de nitropropano e de aminobutanol no E.E.E., fornecia estes produtos à empresa *Zoja*, que os utilizava no desenvolvimento de produtos farmacêuticos, em particular de etambutol, medicamento usado no tratamento da tuberculose. Decidida, a certa altura, a entrar ela própria no mercado dos produtos derivados de nitropropano e de aminobutanol, como o etambutol, interrompeu o fornecimento à *Zoja*, que se viu assim privada de uma matéria-prima de que necessitava para continuar presente no mercado. A *Zoja* denunciou o comportamento à Comissão que investigou o caso e considerou-o contrário ao artigo 102º TFUE[325].

---

[324] Decisão da Comissão, de 14.12.1972, Zoja/CSC – ICI (Commercial Solvents), JO L 299, de 31.12.1972, p. 51; acórdão do TJ, de 6.3.1974, Proc. Ap. C-6/73 e 7/73, *ICI e Commercial Solvents/ Comissão*, Col. 1074, p. 119.

[325] Decisão da Comissão, de 14.12.1972, JO L 299 de 3.12.1972, p. 51.

Em sede de recurso, o TJ confirmou a decisão da Comissão, exibindo uma linha de pensamento próxima da doutrina das infraestruturas essenciais. De acordo com o TJ, "o detentor de uma posição dominante no mercado das matérias-primas que, com o fim de as reservar para a sua própria produção de derivados, recusa o seu fornecimento a um cliente que também é produtor desses derivados, *com o risco de eliminar toda e qualquer concorrência da parte desse cliente*, explora a sua posição dominante de forma abusiva, na aceção do artigo [102º]" (nosso ênfase)[326].

Após constatar que a empresa *Commercial Solvents* detinha um monopólio no mercado da matéria-prima em questão a nível mundial e que não existiam alternativas para a produção de etambutol, o TJ considerou que uma cessação do fornecimento levaria, neste caso, à eliminação da *Zoja* do mercado a jusante. O caráter abusivo do comportamento ficou assim ligado à inexistência de alternativas de abastecimento para a produção de etambutol, que teria como efeito a eliminação da concorrência por parte da *Zoja* do mercado a jusante.

2.1.2 Telemarketing[327]

Em 1984, o TJ apreciou o processo *Telemarketing* em que uma empresa de teledifusão Luxemburguesa, a *Compagnie Luxembourgeoise de Telediffusion* (CLT), que operava a televisão nacional, a RTL, era acusada de explorar abusivamente a sua posição dominante no mercado da teledifusão ao recusar vender espaço publicitário em antena aos anunciantes que não utilizassem os serviços da sua filial especializada em *telemarketing*. Os serviços prestados pelas empresas de *telemarketing* consistiam em colocar à disposição dos anunciantes linhas telefónicas e uma equipa de telefonistas que responderiam às chamadas telefónicas e encaminhariam comercialmente os clientes que ligassem para o número de telefone constante dos *spots* comerciais. A recusa em vender espaço publicitário a quem não contratasse a empresa de *telemarketing* do grupo empresarial CLT, eliminaria assim as possibilidades de fazer negócio às restantes empresas de *telemarketing*.

---

[326] Acórdão do TJ de 6.3.1974, Proc. Ap. C-6/73 e 7/73, *ICI e Commercial Solvents/ Comissão*, Col. 1074, p. 119, 25.
[327] Acórdão do TJ, de 3.10.1985, Proc C-311/84 – *Centre belge d'études de marché – Télémarketing (CBEM) v SA Compagnie luxembourgeoise de télédiffusion (CLT) and Information publicité Benelux (IPB)*, Col 1985 3261.

O TJ referiu-se à jurisprudência *Commercial Solvents* assinalando que esta é igualmente aplicável a uma empresa detentora de posição dominante no mercado de um serviço que é indispensável para as atividades noutro mercado. O TJ observou depois que tendo presente que a atividade das empresas de *telemarketing* consiste principalmente em colocar à disposição de anunciantes linhas telefónicas e uma equipa de telefonistas, a sujeição da venda de espaço publicitário em antena à condição de as linhas telefónicas e o agente de *telemarketing* utilizados serem os da própria estação equivale a uma recusa de fornecimento dos serviços da empresa a qualquer outra empresa de *telemarketing*, o que terá a consequência provável de eliminar toda a concorrência no mercado das empresas de *telemarketing*[328].

2.1.3 Volvo/Veng[329]

Em 1998, o TJ analisou, em sede de reenvio prejudicial, a questão de saber se o facto de um produtor de automóveis, titular de modelos industriais de painéis de carroçaria, recusar conceder uma licença a terceiros para o fornecimento de peças que incorporavam o modelo protegido devia ser considerado um abuso de posição dominante na aceção do (agora) artigo 102º TFUE.

Salientou o TJ que a faculdade concedida ao titular de um modelo industrial protegido de impedir terceiros de fabricarem, venderem ou importarem, sem o seu consentimento, produtos integrantes do modelo industrial constitui a própria essência do seu direito exclusivo, concluindo que impor-lhe "a obrigação de conceder a terceiros, mesmo com *royalties* razoáveis a título de compensação, uma licença para o fornecimento de produtos integrantes do modelo industrial, teria por consequência privar aquele titular de parte essencial do seu direito exclusivo, e que, por isso, a recusa de concessão de semelhante licença não pode constituir, sem mais, um abuso de posição dominante[330]".

Acrescentou, porém, o tribunal que, não obstante, o titular deste direito tem responsabilidades especiais quanto ao mercado relacionado, devendo, no exercício do direito exclusivo, abster-se de adotar comportamentos que possam configurar abusos de posição dominante como, por exemplo,

---

[328] Acórdão *Télémarketing*, para 26.
[329] Acórdão do TJ, de 5.10.1988, Proc. C-238/87, *Volvo v Erik Veng*, Col. p. 6211.
[330] Acórdão *Volvo/Veng*, para 8.

a recusa arbitrária em fornecer peças sobresselentes a garagens independentes, a fixação dos preços para estas peças a um nível não equitativo, ou a decisão de deixar de as produzir para um determinado modelo, apesar de muitos veículos desse modelo ainda continuarem a circular.

2.1.4 Magill[331]

Em 1995, a Comissão condenou as companhias televisivas irlandesas e do Reino Unido, RTE, BBC e ITP por abuso de posição dominante que se traduziu na recusa em fornecer à editora *Magill*, interessada em lançar um catálogo semanal com as programações televisivas de todas as estações (existiam apenas guias individuais da programação de cada estação), as suas listas semanais de programação. A recusa em fornecer as grelhas de programação assentava no argumento de sobre estas incidirem direitos de propriedade intelectual. Esta recusa impedia a emergência de um novo produto, os guias de televisão gerais, o que levou a Comissão a ordenar o fornecimento das ditas grelhas, tendo as empresas recorrido para o TG e mais tarde para o TJ.

O TJ salientou neste caso que, apesar de existir uma proteção conferida por direitos de autor sobre a programação, nem por isso fica afastada a aplicação do artigo 102º TFUE. De acordo com o TJ, "em circunstâncias excecionais", a recusa de licenciamento de um direito de propriedade intelectual pode configurar um abuso de posição dominante e, no caso em apreço, estas encontravam-se reunidas, uma vez que[332]:

(i) A recusa imputada às companhias televisivas dizia respeito a um produto, a lista da programação semanal dos canais de televisão, cujo fornecimento era indispensável ao exercício da atividade em causa, a edição de um guia semanal completo dos programas de televisão[333].

(ii) Tal recusa constituía um entrave ao lançamento de um produto novo, um guia semanal completo dos programas de televisão, que

---

[331] Decisão da Comissão, de 21.12.1998 (89/205/CEE), Proc IV/31851 *Magill* e outros JO L 78, p 43. Acórdão do TJ, de 6.4.1995, Proc. Ap. C-241/91 P e C-242/91 P – *Radio Telefís Eireann* (RTE) e *Independent Television Publications ltd* (ITP) / Comissão, Col. 1995, p. I 747 (Magill).
[332] Acórdão *Magill*, paras 50-54.
[333] Acórdão *Magill*, para 53.

as referidas sociedades de radiodifusão televisiva não ofereciam, e para o qual existia uma procura potencial por parte dos consumidores[334].

(iii) A recusa em questão não era justificada[335].

(iv) Pelo seu comportamento, as companhias televisivas reservaram para si um mercado derivado, o dos guias semanais de televisão, excluindo toda a concorrência neste mercado[336].

O caso *Magill* representou um marco importante no desenvolvimento do enquadramento do tema da recusa de acesso, na medida em que estavam em causa, não direitos de propriedade normais, mas antes direitos de propriedade intelectual. O tribunal pareceu acrescentar aos requisitos exigidos noutros casos de limitação dos direitos de propriedade, o designado teste das "circunstâncias excepcionais" que se traduz na condição de que a recusa impeça o surgimento de um "produto novo" para o qual exista uma "procura potencial".

O acórdão *Magill* foi alvo de críticas por alguma doutrina por parecer facilitar os termos em que podem ter lugar as incursões aos poderes inerentes aos direitos de propriedade, em particular aos direitos de propriedade intelectual. Todavia, na linha do que observam outros autores, a nosso ver, a posição do TJ neste caso parece não ter sido indiferente ao facto de, no caso concreto dos direitos de propriedade intelectual que protegem os guias de programação televisiva, o esforço de inovação que se protege não parecia compensar a eliminação da concorrência a que davam origem, *i.e.* não ficava verdadeiramente prejudicado o estímulo criativo[337].

2.1.5 Ladbroke[338]

Em 1997, o TG deu mais um passo na consolidação do enquadramento jurídico da recusa de fornecimento ao considerar legítima a recusa num caso em que um *broker* belga de apostas em corridas de cavalos pretendia

---

[334] Acórdão *Magill*, para 54.
[335] Acórdão *Magill*, para 55.
[336] Acórdão *Magill*, para 56.
[337] Cf. neste sentido, Motta, Massimo, *Competition Policy, Theory and Practice*, Cambridge, 2004, pág 68 e igualmente a posição do Advogado-Geral Jacobs sobre o caso Magill, exposta nas Conclusões ao Processo C-7/97, *Oscar Bronner/Mediaprint*, Col. I-7791, para 63.
[338] Acórdão do TG de 12.6.1997, Proc. T-504/93, *Tierce Ladbroke/ Comissão*, Col 1997 II-923.

ter direito a retransmitir imagens e comentários das competições francesas nos seus estabelecimentos de corretagem. No caso concreto, os titulares dos direitos de exploração de tais imagens não os tinham licenciado a ninguém para o território belga, não exerciam atividade concorrente com a do *broker* e, por último, este não apenas não ficara impedido de concorrer no mercado de corretagem belga, como tinha, além disso, uma posição dominante nesse mesmo mercado.

O TJ não foi sensível às considerações do requerente de acesso, sublinhando que "a recusa oposta à recorrente só pode ser atingida pela proibição do artigo [102º TFUE] se disser respeito a um produto ou a um serviço que se apresenta como *essencial para o exercício da actividade em causa*, no sentido de que *não existe qualquer sucedâneo real ou potencial*, ou como um produto novo cujo aparecimento seria entravado, apesar de uma procura potencial específica constante e regular por parte dos consumidores (v., a este propósito, o acórdão do Tribunal de Justiça de 6 de Abril de 1995, RTE e ITP/Comissão, C-241/91 P, e C-242/91 P, Colect., p. I-743, n.ºs 52, 53 e 54)[339]" (nosso ênfase)[340] [341].

2.1.6 Oscar Bronner[342]

Em finais de 1998, o TJ pronunciou-se, em sede de reenvio prejudicial, sobre uma disputa entre duas empresas austríacas ativas no setor da

---

[339] Acórdão *Ladbroke*, para 131.

[340] Não foi aliás esta a única vez em que o TG recusou aceitar o que parecia poder traduzir uma utilização inadequada da doutrina das infraestruturas essenciais. Já em 1995, no caso *European Night Services*, o tribunal anulara parcialmente a decisão da Comissão, na parte em que esta fazia depender uma isenção individual da condição de as empresas ferroviárias, parte no acordo ENS, prestarem, se necessário, a qualquer agrupamento internacional de empresas ferroviárias ou a qualquer operador de transporte, certos serviços ferroviários considerados indispensáveis, incluindo a disponibilização da locomotiva, da sua tripulação e dos itinerários em cada rede ferroviária nacional e no túnel do Canal da Mancha. O TG entendeu que as locomotivas e a respetiva tripulação não deviam ser qualificadas como infraestruturas essenciais. Cf. Acórdão do TG de 15.9.1998, Proc. Ap. T-374/94, T-375/94, T-384/94, T-388/94, *European Night Servs. Ltd/Comissão*, Col. I-3141.

[341] Em bom rigor, este não é um caso de recusa em fornecer um concorrente, na medida em que os titulares dos direitos de exploração de imagens não concorriam com o requerente de de acesso aos direitos. No entanto, na medida em que o TJ lançou mão da abordagem das infraestruturas essenciais, parece-nos útil referi-lo também.

[342] Acórdão do TJ, de 26.11.1998, Proc. C-7/97, *Oscar Bronner/ Mediaprint*, Colect, 1998, p. I 7791.

imprensa escrita. O acórdão nesta ocasião proferido, e bem assim as Conclusões apresentadas pelo Advogado-Geral Jacobs ao processo, revestem-se, ainda hoje, de uma importância decisiva no enquadramento do tema da recusa em fornecer um concorrente.

A *Mediaprint*, empresa que editava e distribuía os dois maiores jornais diários daquele país, desenvolvera um sistema de distribuição domiciliária à escala nacional que assegurava a distribuição dos seus jornais diretamente aos assinantes às primeiras horas da manhã. A *Oscar Bronner*, editora e distribuidora de um jornal diário de pequena circulação, o *Der Standard*, com apenas 3,6% de quota de mercado, pediu acesso à rede de distribuição domiciliária da *Mediaprint*, que, no entanto, não acedeu ao seu pedido. A *Bronner* considerou que tal recusa configurava um abuso de posição dominante, por entender que não existiam alternativas ao sistema da *Mediaprint*, dado que a distribuição postal, que só era entregue ao final da manhã, não constituía uma alternativa equivalente para a distribuição de um jornal diário e por, dado o seu reduzido número de assinantes, não ser para si viável montar um sistema de distribuição domiciliária alternativo a nível nacional.

O TJ considerou que para que as pretensões da *Bronner* fossem atendidas teria que ter ficado demonstrado que:

(i) A recusa do serviço que constituia a distribuição domiciliária era de natureza a eliminar toda e qualquer concorrência no mercado dos jornais diários da parte de quem procura o serviço;
(ii) Não podia ser objetivamente justificada; e que
(iii) O serviço é em si mesmo "indispensável" para o exercício da atividade da requerente do acesso, no sentido de que não existia qualquer "substituto real ou potencial" para o sistema de distribuição domiciliária[343].

O TJ entendeu que nenhuma das condições se encontrava reunida. Por um lado, deu por assente existirem meios de distribuição alternativa de jornais diários (via postal, venda nas lojas e quiosques), ainda que eventualmente menos vantajosos, que são utilizados pelos editores desses jornais. Por outro lado, considerou que não se verificam obstáculos técnicos, regulamentares ou mesmo económicos que sejam de modo a tornar impos-

---

[343] Acórdão *Bronner*, 41.

sível ou mesmo desrazoavelmente difícil para outro editor de jornais diários criar, sozinho ou em colaboração com outros editores, o seu próprio sistema de distribuição domiciliária à escala nacional e de o utilizar para a distribuição dos seus jornais diários[344].

Esclareceu ainda o TJ que o teste da indispensabilidade reveste-se de uma natureza objetiva e não subjetiva, na medida em que envolve os concorrentes em geral, não podendo um concorrente específico invocar a sua vulnerabilidade especial[345]. A criação de um sistema de distribuição domiciliária seria pois indispensável, apenas se fosse irreplicável, nos termos descritos, por uma empresa com uma tiragem comparável à da Mediaprint.

2.1.7 IMS Health[346]

Em 2004, o TJ teve oportunidade para consolidar o enquadramento das recusas de fornecimento a concorrentes, desta vez num caso que envolvia um produto protegido por direitos de propriedade intelectual. A *IMS Health*, empresa líder mundial no fornecimento de informações à indústria farmacêutica e de cuidados de saúde, presente no mercado alemão, desenvolveu, com o apoio das empresas do setor farmacêutico, uma estrutura de análise de dados, designada "estrutura 1860 módulos" que segmentava o território alemão em 1860 zonas geográficas. Esta estrutura tornou-se num padrão comum seguido pela indústria para a recolha e análise de dados e para o tratamento de informação do setor. Quando uma empresa concorrente, criada por um antigo gestor da IMS, se deparou com a resistência da indústria em utilizar outras estruturas diferentes da "1860 módulos" e pretendeu utilizar o padrão dos 1860 módulos, a *IMS Health* recusou conceder autorização, dando origem a um litígio entre ambas.

O TJ pronunciou-se, em sede de reenvio, sobre os termos em que o artigo 102º TFUE pode aplicar-se à situação, tendo confirmado e precisado a jurisprudência *Bronner*. Recordou, em especial, que para determinar se um produto ou um serviço é indispensável para permitir a uma empresa exercer a sua atividade num determinado mercado, há que averiguar se existem produtos ou serviços que constituam soluções alternativas, mesmo

---

[344] Acórdão *Bronner*, 43 e 44.
[345] Acórdão *Bronner*, 45 e 46.
[346] Acórdão do TJ de 24.4.2004, Proc. C-418/01, *IMS Health GmbH & Co. OHG e NDC Health GmbH & Co. KG*, Col. 2004, p. I-5039.

que menos vantajosas, e se existem obstáculos técnicos, regulamentares ou económicos suscetíveis de tornar impossível, ou pelo menos desrazoavelmente difícil, a qualquer outra empresa que pretenda operar no referido mercado criar, eventualmente em colaboração com outros operadores, produtos ou serviços alternativos, salientando que "para admitir a existência de obstáculos de natureza económica, deve, pelo menos, provar-se que a criação desses produtos ou serviços não é economicamente rentável para uma produção a uma escala comparável à da empresa que controla o produto ou o serviço existente[347]".

Encontrando-se a estrutura 1860 módulos protegida por direitos de propriedade intelectual, o TJ revisitou o tema das "circunstâncias excecionais" em que os titulares destes direitos podem ser obrigados a licenciá-los, tendo reafirmado a jurisprudência *Magill*, nomeadamente que para que exista um abuso a recusa deve impedir o surgimento de um "produto novo" para o qual existe uma procura potencial não satisfeita e ter ainda um caráter injustificado[348]. O TJ especificou, em relação ao requisito do "produto novo", que a recusa de uma empresa dominante em permitir o acesso a um produto protegido por um direito de propriedade intelectual, quando este seja indispensável para atuar num mercado derivado, "só pode ser considerada abusiva no caso de a empresa que pede a licença não pretender limitar-se, essencialmente, a reproduzir produtos ou serviços que já são oferecidos no mercado derivado pelo titular do direito de propriedade intelectual, antes tendo a intenção de oferecer produtos ou serviços novos que o titular não oferece e para os quais exista uma procura potencial por parte dos consumidores[349]".

2.1.8 Microsoft[350-351]

Em 2007, o TG confirmou a decisão da Comissão que condenou a *Microsoft* por abuso de posição dominante por recusar fornecer a informação respeitante às especificações técnicas do seu sistema operativo *Windows* (mercado onde detinha uma posição quase monopolista) aos fabricantes

---

[347] Acórdão *IMS Health*, para 28.
[348] Acórdão *IMS Health*, paras 48 e segs.
[349] Acórdão *IMS Health*, para 49.
[350] Decisão da Comissão, de 24.3.2004, COMP/C-3/37.792 *Microsoft*; acórdão do TG de 17.9.2007, Proc. T-201/04 *Microsoft*/Comissão, Col. II-3601.
[351] O presente processo é igualmente analisado no capítulo 8 (venda ligada).

de servidores de grupos de trabalho (*i.e.* os sistemas que ligam diversos computadores pessoais (PCs) uns aos outros permitindo-lhes ter acesso partilhado a ficheiros, impressões, e serviços próprios de utilizações por grupos de utilizadores).

Em concreto, a *Microsoft* foi condenada por recusar fornecer aos concorrentes "informações relativas à interoperabilidade" e recursar autorizar a sua utilização para o desenvolvimento e distribuição de produtos concorrentes com os seus no mercado dos sistemas operativos para servidores de grupos de trabalho. O processo remonta a 1998, altura em que a *Sun MicroSystems* solicitou à *Microsoft* um acesso muito amplo a informação e especificações técnicas do *Windows*, tendo esta remetido para a informação geral divulgada regularmente à indústria, destinada a viabilizar o surgimento de produtos compatíveis com o *Windows*. A *Sun* considerou tal informação insuficiente e denunciou o caso à Comissão Europeia.

Em linha com o alegado pela *Sun*, a Comissão entendeu que para que os concorrentes da *Microsoft* pudessem desenvolver sistemas operativos para servidores de grupos de trabalho capazes de atingir um grau de interoperabilidade suficiente para garantir o bom funcionamento em ambiente *Windows*, é indispensável que obtenham acesso às informações relativas à interoperabilidade com a arquitetura de domínio *Windows*, informação essa que a *Microsoft* não disponibilizava.

A Comissão considerou que o caso apresentava várias "circunstâncias excecionais" que justificavam que a recusa em conceder acesso a informação protegida por direitos de propriedade intelectual pudesse ser considerada abusiva, em linha com a jurisprudência *Magill* e *IMS Health*. No entanto, a Comissão sublinhou entender ser legítimo levar em conta "outras circunstâncias excecionais", para além das identificadas pela jurisprudência referida. Em particular, sublinhou a Comissão que para determinar se uma recusa tem caráter abusivo, incumbe-lhe levar em conta todas as circunstâncias específicas no contexto da mesma, não tendo estas que ser necessariamente idênticas às identificadas nos acórdãos *Magill* e *IMS Health*[352].

Segundo a Comissão, o comportamento imputado à *Microsoft* apresentava três caraterísticas que permitiam qualificá-lo como abusivo: *(i)* as informações que a *Microsoft* recusava divulgar aos seus concorrentes diziam

---

[352] Acórdão *Microsoft*, para 316.

respeito à interoperabilidade no setor do *software*, um tema a que o legislador comunitário dá especial importância; *(ii)* a *Microsoft* utilizava o extraordinário poder de mercado detido no mercado dos sistemas operativos para PC para eliminar a concorrência no mercado vizinho dos sistemas operativos para servidores de grupos de trabalho; e *(iii)* o comportamento em causa implicava uma rutura com os níveis de fornecimento anteriores[353].

Em sede de recurso, o TG sublinhou que se encontram reunidas as "circunstâncias excecionais" que justificam a obrigação de licenciar direitos de propriedade intelectual quando a recusa:

(i) Diz respeito a um produto ou a um serviço indispensável para o exercício de determinada atividade num mercado relacionado;
(ii) É suscetível de excluir toda e qualquer concorrência efetiva nesse mercado relacionado;
(iii) Constitui um entrave ao lançamento de um produto novo para o qual existe uma procura potencial por parte dos consumidores; e
(iv) Não apresenta uma justificação objetiva[354].

O TG não afastou, todavia, a flexibilização proposta pela Comissão (determinar *outras* circunstâncias excecionais atendendo às circunstâncias específicas do caso), notando, porém, que lhe incumbe começar por verificar se estão reunidas, no caso, as circunstâncias identificadas na jurisprudência *Magill* e *IMS Health* e, apenas no caso de não estarem, passaria então a verificar as circunstâncias específicas invocadas pela Comissão[355].

O TG considerou contudo verificadas as circunstâncias identificadas na jurisprudência *Magill* e *IMS Health*, nomeadamente, e de forma menos incontroversa, o preenchimento do requisito de a recusa constituir um entrave ao lançamento de um "produto novo", sendo que em causa estavam apenas simples atualizações ou desenvolvimentos de produtos já existentes.

Em suma, a principal inovação do acórdão *Microsoft* resulta, por um lado, da circunstância de o TG admitir que o teste das circunstâncias excecionais pode ser satisfeito com outras circunstâncias diferentes das identificadas na anterior jurisprudência *Magill* e *IMS Health*, e do facto de o requisito de a recusa constituir um entrave ao lançamento de um "produto novo",

---

[353] Acórdão *Microsoft*, para 317.
[354] Cfr. Acórdão *Microsoft*, paras 332 e 333.
[355] Cfr. Acórdão *Microsoft*, para 336.

originário da jurisprudência *Magill* para casos em que estão em causa direitos de propriedade intelectual, ter sido objeto de uma interpretação bastante mais ampla de acordo com a qual o requisito poderá ser preenchido no caso de se tratar de simples "atualizações" ou "desenvolvimentos" de produtos já existentes[356].

2.1.9 Clearstream[357-358]

A Comissão Europeia condenou a empresa *Clearstream Banking AG* e a *Clearstream International SA* ("Clearstream") por aplicação de preços discriminatórios na prestação de serviços de liquidação e compensação de valores mobiliários e por recusa de fornecimento. Interessa-nos aqui o tema da recusa de fornecimento.

Sucintamente, a *Clearstream* era a única entidade autorizada a prestar serviços de custódia segura coletiva na Alemanha, detendo um "monopólio de facto", com elevadas barreiras à entrada, na prestação de serviços primários de liquidação e compensação de valores mobiliários[359]. De acordo

---

[356] A *Microsoft* optou por não recorrer. Para uma exposição mais desenvolvida do impacto do caso *Microsoft* ver, entre outros, Anderman, Steven, *The Epithet That Dares Not Speak its Name: The Essential Facilities Concept in Article 82 EC and IPRs after the Microsoft case* in *Article 82 EC and its recent developments*, Hart Publishing, Ed. Ariel Ezrachi, 2009, pág 92 ss.

[357] Decisão da Comissão, de 2.6.2004, Proc. COMP/38.096, e acórdão do TG, de 9.9.2009, Proc. T-T301/04 Clearstream/Comissão, Col 2009 II-3155.

[358] O processo *Clearstream* é igualmente analisado na perspetiva da discriminação abusiva no capítulo 9.

[359] A comercialização de valores mobiliários distingue-se do processo da compra e venda de dinheiro uma vez que existe a necessidade de monitorizar a propriedade de um valor mobiliário. Tal monitorização garante uma situação jurídica clara a respeito da transferência da propriedade no caso de compra e venda. Independentemente de ter lugar ou não uma transacção, a mera propriedade de valores mobiliários obriga a que estes se encontrem física ou electronicamente depositados em custódia segura e que sejam geridos mesmo na ausência de transacções. A legislação alemã relativa a valores mobiliários admite a existência de dois tipos de serviços de custódia: *custódia segura colectiva* e a *custódia individual*. A grande maioria dos valores mobiliários (mais de 90%) era depositada na primeira modalidade, uma vez que era vista pelos participantes no mercado como mais eficaz, menos dispendiosa e tão eficiente como a custódia individual. Na Alemanha, todos os valores mobiliários guardados em custódia segura colectiva têm que se encontrar depositados num *Wertpapiersammelbank*, isto é, um banco com uma autorização bancária limitada e designado pelo Estado Federal Alemão, devendo ter a sua sede neste território. Os serviços de liquidação e compensação de valores mobiliários podem ser primários ou secundários. Os primários são prestados pela entidade

com a Comissão, a *Clearstream*, enquanto monopolista de facto na prestação dos serviços em questão, era um "parceiro comercial incontornável" e, além disso, os serviços por si prestados não podiam ser replicados por outros concorrentes[360].

A Comissão censurou a *Clearstream* por recusar prestar serviços primários de compensação e de liquidação à *Euroclear*, seu principal concorrente, que, juntamente com outra subsidiária do grupo *Clearstream*, eram as únicas centrais internacionais de depóstios de títulos (CIDTs) na União Europeia.

Em sede de recurso, o TG considerou que a Comissão concluiu justificadamente que a *Clearstream* detinha um monopólio de facto e era um "parceiro comercial incontornável" em matéria de prestação de serviços primários de compensação e de liquidação no mercado relevante, não podendo a *Euroclear* substituir nem replicar os serviços que solicitava à *Clearstream*. O acesso aos serviços da *Clearstream* era pois indispensável à *Euroclear* para poder prestar serviços secundários transfronteiriços de compensação e de liquidação, e a recusa em lhos prestar constituiu um entrave à capacidade da *Euroclear* para prestar serviços completos, paneuropeus e inovadores. O TG concluiu ainda não existir uma justificação objetiva para a recusa[361].

2.1.10 Conclusões quanto à jurisprudência europeia

A análise da jurisprudência do TJUE permite-nos identificar um conjunto de requisitos muito exigentes para que uma empresa possa estar investida de um dever de contratar com os seus concorrentes. O mais importante será o da indispensabilidade do *input* para a concorrência num mercado relacionado. Na verdade, é devido a esta indispensabilidade que uma recusa poderá resultar na eliminação da concorrência efetiva no mercado relacionado e dar origem a um prejuízo para o consumidor. Se o *input* controlado conhecer alternativas, muito dificilmente poderão encontrar-se preenchidas as restantes condições identificadas nestes casos.

A correta interpretação da jurisprudência aponta também para a necessidade de se distinguir entre os casos em que a recusa incide sobre *inputs*

---

onde os valores mobiliários foram depositados sempre que tem lugar uma alteração de posição nas contas de valores mobiliários detidas por esta entidade. Os secundários são prestados por intermediários, *i.e.*, bancos, Centrais de Valores Mobiliários (CVM) e Centrais Internacionais de Valores Mobiliários (CIVM). Ver Decisão *Clearstream*.

[360] Decisão *Clearstream*, paras 205 a 215.
[361] Acórdão TG, *Clearstream* para 149.

protegidos por direitos de propriedade intelectual dos restantes. O TJ parece ser ainda mais cauteloso em relação aos primeiros e a jurisprudência determina que apenas em "circunstâncias excecionais" pode o titular de um direito de propriedade intelectual ser censurado por recusar licenciar a sua utilização a concorrentes. Até ao acórdão *Microsoft*, poucas dúvidas havia de que tais circunstâncias excecionais se reconduziam essencialmente a que a recusa configurasse um entrave ao lançamento de um *produto novo* para o qual exitia uma *procura potencial* por parte dos consumidores[362]. Esta condição era normalmente apontada pela jurisprudência e pela doutrina como necessária nos casos de direitos de propriedade intelectual, mas já não nos restantes.

No entanto, o acórdão *Microsoft* dá indicações de que as coisas poderão não ser exatamente assim. Na verdade, além de interpretar o conceito de "produto novo" de forma bastante ampla (incluindo as meras atualizações ou desenvolvimentos de produtos já existentes) – o que é já em si um alargamento do âmbito da infração –, parece acabar por concordar com a posição da Comissão ao afirmar que a condição "obstáculos criados ao lançamento de um *produto novo*" resultante da anterior jurisprudência, constitui apenas um dos parâmetros que podem causar prejuízo ao consumidor, existindo outros (*outras circunstâncias*), tal como a limitação da produção ou da distribuição e do desenvolvimento técnico, que podem igualmente provocar o dano concorrencial e permitir preencher as condições do abuso[363].

2.2 A recusa de fornecimento e a reforma do artigo 102º TFUE

Na Orientação sobre o artigo 102º TFUE, a Comissão começa por recordar que problemas concorrenciais resultantes da recusa de fornecimento surgem sobretudo em cenários de integração vertical, quando as empresas dominantes concorrem com o comprador a quem se recusam a fornecer num mercado "a jusante". Esclarece pois que é sobre este tipo de cenários que se detém a propósito da recusa de fornecimento, e não sobre comportamentos em que a recusa de venda é instrumental a outro tipo de abusos (*e.g.* vendas subordinadas)[364].

---

[362] O próprio TG, no Acórdão *Microsoft*, sintetiza dessa forma a jurisprudência. Ver paras 319 a 336 do Acórdão *Microsoft*.
[363] Ver Acórdão *Microsoft*, para 647.
[364] Orientação sobre o artigo 102º TFUE, paras 76 e 77.

A Orientação sobre o artigo 102º TFUE identifica três requisitos cumulativos do tipo de abuso "recusa de fornecimento", que essencialmente refletem a jurisprudência *Bronner*[365]:

(i) A recusa deve incidir sobre um produto ou serviço "objetivamente necessário" para uma concorrência efetiva no mercado a jusante;
(ii) A recusa pode ter como resultado a eliminação da concorrência efetiva no mercado a jusante;
(iii) A recusa deve ser suscetível de originar um prejuízo para o consumidor.

A Comissão refere-se em seguida a casos em que poderá ter lugar uma condenação por recusa de fornecimento à luz do artigo 102º TFUE, ainda que os requisitos enunciados não se encontrem preenchidos. Segundo a Comissão, há casos em que a imposição de uma obrigação de fornecimento não produzirá efeitos negativos sobre os incentivos do proprietário ao investimento e à inovação, não havendo por isso necessidade de tão grande cautela na aplicação do artigo 102º TFUE. Estão em causa essencialmente as situações em que:

(i) Uma regulamentação compatível com o direito da União Europeia já impõe à empresa dominante a obrigação de fornecimento e quando é evidente, a partir das considerações subjacentes a essa regulamentação, que o necessário equilíbrio em matéria de incentivos já foi atingido pela autoridade pública aquando a imposição da obrigação de fornecimento;
(ii) A posição dominante da empresa em causa foi construída ao abrigo de direitos especiais ou exclusivos ou financiada por recursos públicos[366].

A origem desta exceção – que até ao momento não foi ainda confirmada pelo TJ – parece estar relacionada com o processo *Telefónica*, onde a empresa, acusada de práticas de compressão de margens, alegou que o teste legal da recusa de venda, em particular a demonstração da essen-

---

[365] Orientação sobre o artigo 102º TFUE, para 81.
[366] Orientação sobre o artigo 102º TFUE, para 82.

cialidade do *input*, não se encontrava satisfeito³⁶⁷. A Comissão respondeu sublinhando que, naquele caso, o teste legal era diferente já que os incentivos da empresa para investir não seriam alterados pela obrigação de fornecimento, uma vez que a maior parte do investimento realizado na rede teve lugar numa altura em que a empresa beneficiava de direitos especiais³⁶⁸.

A exceção prevista na Orientação sobre a aplicação do artigo 102º TFUE coincide com a posição da Comissão no caso *Telefónica* – que lhe é contemporâneo – o que levou alguns autores a sugerir que foi aquele processo que levou a Comissão a incluí-la na Orientação, apelidando-a de "exceção Telefónica³⁶⁹". Na verdade, estes "casos específicos" não constavam da mesma forma do *Discussion Paper*³⁷⁰.

Mas a questão que cabe colocar é a de saber se isto significa na realidade que nos referidos casos o teste legal é verdadeiramente distinto? Inclinamo-nos a pensar que não. Na realidade, não tendo que aplicar o teste legal do abuso de posição dominante por recusa de fornecimento, a Comissão estaria supostamente dispensada de provar que: *(i)* o *input* é indispensável, *(ii)* a recusa é suscetível de eliminar a concorrência no mercado a jusante e que *(iii)* pode conduzir a um prejuízo para o consumidor. Bastaria então demonstrar que a recusa é suscetível de originar um efeito sobre a concorrência³⁷¹. No entanto, não se encontrando preenchidas as

---

³⁶⁷ Refira-se que a defesa da empresa foi apresentada antes do acórdão do TJ no processo *TeliaSonera*, sendo entendimento comum (veja-se inclusivamente o efetuado pela Comissão na Orientação sobre o artigo 102º TFUE, para 75 e segs) que a recusa de venda e a compressão de margens seguiam um regime equivalente. Em *TeliaSonera*, o TJ veio autonomizar o segundo tipo de abuso. Ver *infra* Capítulo 6, pág 183.
³⁶⁸ Ver decisão da Comissão Europeia, de 4.7.2007, Proc. COMP/38.784 – *Wanadoo España/Telefónica*, para 302.
³⁶⁹ Ver F. Enrique González Dias & Jorge Padilla, *The linkLine Judgment – A European perspective*, em GCP, *The online magazine for competition policy*. Disponível em www.globalcompetitionpolicy.org. Sem prejuízo da pertinência do comentário, refira-se, a título informativo, que os autores em questão representaram a *Telefónica* no procedimento perante a Comissão e perante o Tribunal Geral; ver igualmente Geradin, Damien, *Refusal to Supply and Margin Squeeze: A Discussion of Why the "Telefónica Exceptions" are wrong*, 29.1.2011. Disponível em: www.ssrn.com.
³⁷⁰ Não obstante, já no para 236 do *Discussion Paper*, a Comissão fazia uma alusão a situações desta natureza.
³⁷¹ Ver capítulo 4 quanto ao conceito de efeito sobre a concorrência, integrante do conceito de abuso de posição dominante.

condições enunciadas é difícil vislumbrar uma verdadeira questão de concorrência no mercado relacionado que tenha sido originada pela recusa. Na verdade, se o *input* não for indispensável, encontrar-se-ão disponíveis alternativas e, nesse caso, a recusa dificilmente poderá ter um efeito anticoncorrencial[372], e por conseguinte, dificilmente poderá também dar origem a um prejuízo para o consumidor[373].

Isso mesmo é o que sugere a análise das duas decisões em que a Comissão condenou empresas por uma recusa de venda implícita (processos de compressão de margens) e em que ambas se enquadrariam nas exceções enunciadas: o processo *Telefónica* e o processo *Deutsche Telekom*. Na verdade, em nenhum dos casos, – e no processo *Telefónica* a Comissão invocou expressamente as exceções – a Comissão Europeia se dispensou de levar a cabo uma detalhada análise às alternativas existentes às infraestruturas dos operadores, tendo concluído, em ambos, que não existiam alternativas válidas às redes em causa[374].

2.3 A experiência nacional – o processo *Condutas*[375]

Desde a criação da AdC, em 2003, e até à presente data, foi adotada uma única decisão condenatória por abuso de posição dominante por recusa de acesso a uma infraestrutura essencial. Trata-se da decisão da AdC de 1.8.2007, no PRC nº 02/03, em que a Autoridade aplicou à empresa PT Comunicações, S.A. ("PTC"), do Grupo Portugal Telecom, uma coima de €38.000.000 por um alegado abuso de posição dominante por recusa de cedência de espaço nas suas condutas a operadores seus concorrentes. A empresa interpôs recurso junto do Tribunal de Comércio de Lisboa

---

[372] Veja-se, por exemplo, a Sentença do TCL no processo *Condutas*, onde o Tribunal, após constatar a existência de alternativas às condutas da PTC nos troços onde supostamente teria sido recusado o acesso, sublinha que, assim sendo, "não se pode afirmar que as recusas da PTC tenham provocado um dano concorrencial nas empresas Tvtel e Cabovisão ou na estrutura de mercado ou sequer que fossem aptas a provocar tal dano, ou seja, não se pode afirmar que tenha havido um abuso de posição dominante" Cfr. Sentença, pág 155.

[373] Ver, por exemplo, *Discussion Paper*, paras 222 e 223 e 231 e 232.

[374] O Advogado-Geral *Mazat*, nas conclusões apresentadas ao processo *TeliaSonera*, considera mesmo que, apesar da exceção, em ambos os casos "a Comissão examinou os factos relevantes utilizando uma análise do tipo Bronner" – ver Conclusões do Advogado-Geral Mazat de 2.9.2010, Proc C-59/02 *TeliaSonera*, para 16.

[375] O autor esclarece, para os devidos efeitos, que integrou a equipa que representou a Portugal Telecom neste processo.

("TCL"), que apreciou o mérito do caso, e anulou a decisão condenatória da AdC. Mais tarde, o Tribunal da Relação de Lisboa ("TRL") viria a confirmar a Sentença do TCL.

2.3.1 A Decisão da AdC[376]

Os factos essenciais do caso são os seguintes: a PTC é proprietária da rede básica de telecomunicações – que inclui as condutas por onde passam os cabos da rede telefónica – e concessionária do serviço público de telecomunicações. Nos termos do contrato de concessão, a PTC encontra-se obrigada a conceder acesso à rede básica a outros operadores. Neste contexto, a PTC oferece espaço em condutas aos novos operadores de telecomunicações para estes construirem as suas redes. Sucede que, entre 2001 e 2005, não obstante ter concedido acesso a condutas centenas de vezes em diversos pontos da rede, a PTC recusou 49 pedidos de acesso sem que, no entender da AdC, tivesse apresentado uma justificação objetiva e os operadores concorrentes dispusessem de uma alternativa para construir a sua rede.

A AdC identificou como mercado a montante o do "acesso a infraestuturas para efeitos da passagem de cabos das redes de comunicações eletrónicas". Este mercado era constituído pelo espaço em redes de condutas, postes ou outros meios, subterrâneos ou aéreos, suscetível de ser utilizado para a passagem de cabos e instalação de infraestruturas de redes de comunicações eletrónicas (nomeadamente cabos de redes de televisão por subscrição[377]). A AdC delimitou o mercado geográfico como correspondendo ao traçado relativo a cada conduta onde tinha sido pedido acesso (e alegadamente recusado, sem uma justificação objetiva, pela PTC) e relativamente aos quais se teria, no entender da AdC, verificado não existir uma alternativa que permitisse a construção da rede dos operadores concorrentes. A PT teria assim 100% de quota de cada um destes mercados geográficos, detendo uma posição dominante[378].

Os mercados a jusante identificados pela AdC foram os mercados da Internet em banda larga, da televisão por subscrição e da telefonia de voz fixa.

---

[376] Decisão da AdC, de 1.8.2007, PRC 02/03 – Condutas.
[377] Cf. para 607 decisão da AdC, Condutas.
[378] Cf. paras 608 e 619 decisão da AdC, Condutas.

A AdC considerou que as condutas da PTC eram uma infraestrutura essencial sem o acesso à qual os novos operadores teriam dificuldades em concorrer. Observou a AdC que "o caráter essencial da rede depende da não suscetibilidade de replicação em termos economicamente razoáveis da mesma e, concretamente, das condutas, para efeitos da instalação de cabos". Clarificou ainda a AdC que "por termos economicamente razoáveis deve entender-se o conjunto de condições que permitam aos operadores não pertencentes ao Grupo PT oferecer aos utilizadores finais serviços de televisão por subscrição, Internet e telefonia fixa de forma concorrente com os mesmos serviços prestados pelas empresas do Grupo PT, sem que exista uma imposição de um determinado modelo de oferta por parte do Grupo PT[379]".

A AdC apresentou ainda um estudo que supostamente demonstraria a irreplicabilidade económica da rede de condutas da PTC. Com base, sobretudo, neste estudo a AdC concluiu que "a rede de condutas não tem alternativas e é insuscetível de replicação em termos economicamente razoáveis, para efeitos da instalação de cabos para prestação de serviços com base numa rede cabo[380]".

Por fim, a AdC sublinhou que os operadores de televisão por subscrição necessitam de ter uma rede cabo para prestarem os respetivos serviços e os cabos têm que passar em condutas ou em outros meios[381]. De acordo com a AdC, o comportamento da PTC teve como efeito o impedimento da expansão das redes dos concorrentes nas áreas geográficas correspondentes aos troços objeto da recusa, falseando e restringindo, de forma sensível, a concorrência nos mercados nacionais de televisão por subscrição, Internet de banda larga e telefonia fixa[382].

2.3.2 A Sentença do TCL[383]

Tendo a Portugal Telecom recorrido da decisão da AdC, veio o TCL, em 2.3.2010, dar-lhe razão e anular a decisão condenatória. O processo decidiu-se em torno da questão de saber se as condutas eram afinal uma infraestrutura essencial.

---

[379] Cf. para 480 decisão da AdC, Condutas.
[380] Cf. para 588 decisão da AdC, Condutas.
[381] Cf. para 481 decisão da AdC, Condutas.
[382] Cf. para 700 decisão da AdC, Condutas.
[383] Sentença do TCL, de 2.3.2010, Proc. nº 1065/07.0TY.LSB.

O TCL distinguiu, desde logo, duas questões relativas à essencialidade da infraestrutura. Por um lado, referiu que importava saber se a infraestrutura era essencial para quem pretendia prestar serviços nos mercados a jusante (os mercados da televisão por subscrição, internet em banda larga e telefonia fixa) através de uma rede cabo. Por outro, caberia depois apurar "se os referidos serviços só podem ser prestados através de uma rede fixa (cabo) ou se há modos alternativos de os prestar, sempre de um ponto de vista economicamente razoável, caso em que a infraestrutura poderá ser essencial para a passagem dos cabos mas não ser para a prestação dos serviços aqui em causa". Esclareceu então o TCL que só provando-se as duas é que o elemento da essencialidade da infraestrutura poderia ficar demonstrado.

No que respeita à primeira questão, a essencialidade das condutas para a construção de uma rede de cabo, o TCL entendeu ter esta ficado por demonstrar.

De acordo com este tribunal, não obstante a AdC ter considerado que só houve violação das regras de concorrência nos casos dos troços em que supostamente só era possível construir a rede mediante o acesso às mesmas, quando se tratou de analisar a viabilidade económica da replicação, a AdC procedeu a uma análise de replicabilidade da rede à escala global, concluindo que não era viável replicar a toda a rede da PTC.

O tribunal assinalou não ser esse o caso relevante para provar a alegada infração. Relevante era apurar se nos concretos troços a que a PTC não deu acesso era ou não viável, economicamente, a replicação das condutas (ou seja, se o pedido respeitava a uma célula e a recusa era parcial, o que havia que apurar era se na parte em que havia recusa era viável a construção de rede própria e não se essa viabilidade existia em relação a toda a célula). "O que tinha que ser estudado era o preço da construção da infraestrutura correspondente aos troços recusados e não o preço de construção de toda a célula[384]". Essa prova, entendeu o TCL, não foi feita, ficando por demonstrar um elemento fundamental para aferir da essencialidade das condutas da PTC nos casos concretos em discussão no processo.

A respeito da essencialidade da rede fixa (cabo) para prestar os serviços em causa nos mercados a jusante – televisão por subscrição, Internet em banda larga e telefonia fixa –, o TCL começou por recordar que mesmo

[384] Cfr. Sentença do TCL, Condutas, pág 152.

que a AdC tivesse logrado fazer prova da irreplicabilidade relativa aos troços concretos para os quais a PTC não terá concedido acesso, seria ainda necessário provar que não havia outra alternativa para as operadoras construírem a sua rede cabo. Essa prova, notou o Tribunal, ficou também por fazer.

O TCL observou que "não só é possível como é efetivamente usado por todos os operadores, em algumas zonas em que não é possível passar cabo em condutas ou postes por qualquer razão, um sistema misto em que parte da rede é suportada em cabos e parte em satélite, sendo neste caso o serviço de televisão prestado via satélite e os de Internet de banda larga e de telefonia fixa sob ADSL, podendo ainda ser utilizada outra tecnologia de transporte de sinal via rádio", sistema que é utilizado por todos os operadores por cabo[385].

Concluiu, por fim, o TCL que "não tendo ficado demonstrado que as operadoras que pretendiam prestar os serviços *triple play* só o poderiam fazer se construíssem a sua rede na infraestrutura da PTC, também não ficou demonstrado que as concretas recusas da PTC limitaram o desenvolvimento e a expansão das redes dos operadores alternativos requerentes do acesso[386]".

2.3.3 O Acórdão do TRL[387]

Em 20.12.2010, o Tribunal da Relação de Lisboa proferiu acórdão onde apreciou o recurso que a AdC havia interposto da sentença do TCL, confirmando o entendimento deste tribunal em toda a sua extensão, sublinhando os juízes da Relação que "não pode[riam] senão subscrever as razões aduzidas na sentença recorrida em desabono da tese perfilhada pela Recorrente".

3. Os elementos do abuso de posição dominante por recusa de venda a um concorrente

A análise da prática das instituições europeias e nacionais permite-nos identificar os seguintes elementos que devem encontrar-se reunidos para que tenha lugar um abuso de uma posição dominante por recusa de venda a um concorrente:

---

[385] Cfr. Sentença do TCL, Condutas, pág 154.
[386] Cfr. Sentença do TCL, Condutas, pág 155.
[387] Acórdão do TRL, de 20.12.2010, Proc. nº 1065/07.0TY.LSB.L1.

(i) A detenção de uma posição dominante;
(ii) A existência de dois mercados;
(iii) Recusa em contratar;
(iv) A indispensabilidade do *input*;
(v) A suscetibilidade de eliminação da concorrência efetiva no mercado relacionado;
(vi) Prejuízo para o consumidor;
(vii) Inexistência de justificação objetiva;
(viii) A verificação de circunstâncias excecionais, aplicável apenas aos casos em que estão em causa direitos de propriedade intelectual.

3.1 Posição dominante

O primeiro elemento que tem que se encontrar preenchido é o de que a empresa em causa seja detentora de uma posição dominante. É no mercado onde é controlado o *input* essencial que é exigida a detenção de uma posição dominante. Não se suscitam a este respeito grandes questões, na medida em que, por definição, o controlo de um *input* essencial dará sempre um substancial poder de mercado à empresa em causa.

Pode todavia colocar-se a questão de saber se é igualmente necessária da detenção de posição dominante no mercado relacionado onde o *input* essencial é necessário para concorrer.

A nosso ver, a resposta é negativa. Nos mercados dos produtos relacionados ou derivados não é necessária a detenção de poder de mercado substancial. É, no entanto, natural que, na medida em que controla o acesso ao mercado (por via do controlo de um *input* essencial), na maior parte dos casos, a empresa dominante no mercado do *input* será igualmente dominante no mercado relacionado.

3.1.1 Dois mercados

Os casos de recusa de venda a concorrentes implicam, como vimos, o controlo, por parte da empresa dominante, de um *input* indispensável para a concorrência num mercado relacionado. A existência de dois mercados[388] parece pois ser condição necessária ao tipo de abuso que aqui nos ocupa.

---

[388] Tipicamente, a relação entre os mercados é vertical. No entanto, o Advogado-Geral Jacobs, nas Conclusões apresentadas no processo *Bronner*, chama a atenção para a possibilidade de a relação entre os mercados poder igualmente ser horizontal, assumindo a forma de uma união

Todavia, nem sempre a identificação de dois mercados é tarefa fácil. Basta pensar nas situações em que a empresa dominante nunca cedeu a terceiros o *input* que utiliza para concorrer no mercado a jusante. Nesses casos, em boa verdade, não há qualquer mercado efetivo da disponibilização do *input*.

Talvez por isso, no processo *IMS Health*, a Comissão Europeia defendeu não ser necessário que a infraestrutura em causa se encontre num mercado separado, bastando que se encontre num estádio de produção a montante. O TJ discordou deste ponto de vista. No entanto, não exigiu também a existência de um mercado real. Ao estabelecer a necessidade de identificação de dois mercados relevantes, clarificou que basta que possa ser identificado um mercado "potencial" ou mesmo "hipotético" para que o requisito se encontre preenchido. Isto sucederá "quando os produtos ou serviços sejam indispensáveis para exercer uma determinada atividade e [sempre] que exista, para estes, uma procura efetiva pelas empresas que decidem exercer a atividade para a qual aqueles são indispensáveis[389]".

Adiantou ainda o TJ que é determinante que possam ser identificados dois estádios de produção diferentes, ligados pelo facto de o produto num deles ser um elemento "indispensável" para o fornecimento do produto no outro[390].

A posição do tribunal pode, a nosso ver, levar a interpretações demasiado amplas e tem sido alvo de críticas por parte de alguns autores. Na verdade, em vez da identificação de dois mercados distintos, parece bastar, como sugeriu a Comissão, a identificação de "dois estádios de produção diferentes". *Geradin* observa que, posto nestes termos, e dada a ausência de indicações adicionais do TJ a propósito da interpretação que deve ser feita do elemento em discussão, este teste comporta elevados riscos, em espe-

---

de vendas respeitantes a produtos conexos mas distintos. Ver Conclusões Advogado-Geral Bronner, para 50; No *Discussion Paper*, a Comissão Europeia refere-se igualmente à possibilidade de a relação ser horizontal e, igualmente de, apesar de a relação ser vertical, o *input* indispensável encontrar-se no mercado a jusante, como poderá ser o caso de uma empresa que controla o nível da distribuição que é indispensável para aceder aos clientes (ver *Discussion Paper*, para 212, nota de rodapé 131)

[389] Acórdão do TJ de 29.4.2004 Proc. C-418/01 *IMS Health* e NDC Health, Col. 2004 I-5039, para 44.

[390] Acórdão do TJ de 29.4.2004, Proc. C-418/01, *IMS Health* GmbH & Co OHG/NDC Health GmbH, Col. 2004 I-5039, para 45.

cial, para titulares de direitos de propriedade intelectual. Em boa verdade, qualquer direito de propriedade intelectual poderia "hipoteticamente" ser comercializado como um *item* isolado e, logo, sujeito a que um concorrente demonstrasse que o seu licenciamento é necessário para poder concorrer no mercado a jusante. A verificação deste requisito por parte dos tribunais e autoridades da concorrência deve pois ser levada a cabo com grande cautela, uma vez que, de outro modo, poderá desincentivar os investimentos em novos processos de produção que concedam vantagens sobre os concorrentes por parte de empresas dominantes, já que os frutos de tais investimentos podem vir a ter que ser partilhados com os seus concorrentes, com o fundamento de que necessitam deles para poderem concorrer com a empresa dominante no mercado a jusante[391][392].

3.1.2 Presença da empresa dominante em ambos os mercados?

O abuso de posição dominante por recusa em contratar com um concorrente pressupõe uma relação de concorrência entre a empresa em posição dominante e uma empresa que necessita aceder a um *input* para desenvol-

---

[391] Ver Geradin, Damien, *Limiting the scope of Article 82 EC: What Can The EU Learn From the US Supreme Court's Judgment in Trinko, in the Wake of Microsoft, IMS and Deutsche Telekom?*, 2004, 41, *Common Market Law Review* 1519, 1530; Ver igualmente Humpe, Christophe e Ritter, Cyril, *Refusal to Deal*, GCLC Research Papers on Article 82 EC – July 2005, pág 151; Rousseva, Ekaterina, *Rethinking Exclusionary Abuses in EU Competition Law*, Hart Publishing, 2010, pág 96.

[392] Bastarmo-nos com a identificação de "dois estádios de produção distintos" (e não dois mercados) pode dar origem a resultados incorrectos na perspetiva da política de concorrência. Ainda antes do acórdão *IMS Health* ser proferido, John Temple Lang notava, a propósito da necessidade de se identificarem dois mercados, que "[a] *company has a duty to provide access to competitors only if it is in the business of providing services they need. A vertically integrated company is not necessarily obliged to provide access to a facility that other companies wish to use if it is not providing them to any independent users. The key test seems to be whether its upstream and downstream operations are merely part of the same business, or separate in nature. For example, a mining company that had built a harbor for its own use to ship ore would not necessarily be obliged to make the harbor available for a car ferry, or even for another mining company. The harbor services it provides are merely part of the process of moving ore from mine to processing facility. An electricity generating company, however, which also owned an electricity grid might be obliged to give access to the grid to other generators or distributors, because generation and distribution of electricity are separate activities, and it is normal practice in the industry to use a grid for electricity produced by other generators.*" Em *Defining Legitimate Competition: Companies' Duties to Supply competitors and Access to Essential Facilities*, 1994, Fordham International Law Journal 437-488

ver as suas atividades. Se assim não fosse não estaríamos a falar de recusa a um "concorrente".

De facto, o paradigma deste tipo de abuso refere-se, a mais das vezes, a casos em que as empresas em posição dominante se encontram verticalmente integradas e presentes em ambos os mercados ou então estão presentes no mercado a montante e preparam a entrada no mercado a jusante[393].

Todavia, como sublinham alguns autores, existe sempre a possibilidade de, em determinados casos muito específicos, a empresa dominante não se encontrar necessariamente presente no mercado a jusante, onde o *input* é indispensável para concorrer. Tal seria o caso de, com recurso ao *input* essencial, a empresa requerente desenvolver um produto de tal forma inovador ou diferenciado que se inclui num mercado relevante autónomo[394]. Esta situação pode não ser rara em casos em que estão em causa direitos de propriedade intelectual (e.g. processo *Magill*).

3.2 Recusa em contratar

Como vimos *supra* no ponto 1.4 do presente capítulo, uma empresa em posição dominante pode abster-se de contratar com um concorrente recusando, pura e simplesmente, o fornecimento. Mas pode igualmente dispor-se a fornecer o bem ou serviço, mas apenas em condições não razoáveis e/ou não económicas. Trata-se de uma recusa de venda construtiva ou implícita. A recusa de venda construtiva pode assumir várias formas, como atrasos indevidos ou outras práticas que levem a uma degradação do fornecimento do produto e igualmente a imposição de condições de preço não razoáveis[395].

3.3 Indispensabilidade do *input* para a concorrência num mercado relacionado

A prática consolidada das instituições europeias e nacionais, que passámos em revista em 2.1 e em 2.3 *supra*, é inequívoca ao requerer a indispensabili-

---

[393] Ver Orientação sobre ao artigo 102º TFUE, para 76.
[394] Ver Humpe, Christophe e Ritter, Cyril, *Refusal to Deal, GCLC Research Papers on Article 82 EC – July 2005*, pág 152.
[395] Cfr. Orientação sobre o artigo 102º TFUE, para 79; ver por exemplo, Decisão da Comissão, de 22.6.2011, Proc. COMP/39.525 – *Telekomunikacja Polska*, ainda não publicada.

dade de um meio de produção para uma concorrência efetiva no mercado relacionado. Sem tal indispensabilidade, uma recusa em fornecer um concorrente não pode ser censurada.

Este requisito foi expressamente reconhecido pela AdC na decisão *Condutas*, onde sublinha que "tendo em atenção uma interpretação conforme ao Direito Comunitário, a correta aplicação do artigo 6º da Lei nº 18/2003, no que concerne ao tipo de abuso de posição dominante por recusa de oferta a um concorrente, *impõe que o caráter indispensável do bem seja considerado elemento do tipo legal* e que em consequência, *recusas de oferta a concorrente de bens não essenciais, ou em relação aos quais exista alternativa, não constituem abuso de posição dominante*[396]" (nosso ênfase).

O conceito de indispensabilidade, que, recorde-se, tem sido utilizado com o mesmo alcance do de "essencialidade" e de "necessidade objetiva" do meio de produção, é um conceito a cujo esclarecimento tem sido dedicada bastante atenção pela prática das instituições europeias.

Tal como resulta da jurisprudência *Bronner*, que analisámos *supra*, a essencialidade de um *input* resultará da inexistência de substitutos *reais* ou *potenciais* para a prestação do serviço.

Não existem substitutos *reais*, quando a situação é de total indisponibilidade de alternativas, ainda que menos vantajosas, para prestar o serviço no mercado a jusante. Só assim o *input* pode ser visto como indispensável[397].

No que se refere aos substitutos *potenciais*, para que uma recusa de acesso seja abusiva, é necessário que existam obstáculos técnicos, regulamentares ou económicos suscetíveis de tornar impossível, ou pelo menos desrazoavelmente difícil, a qualquer outra empresa que pretenda operar no referido mercado criar, eventualmente em colaboração com outros operadores, produtos ou serviços alternativos[398].

Importa ter ainda presente que o conceito de essencialidade reveste-se de natureza objetiva. A concorrência deve ser muito difícil, não apenas para a empresa que o requer, mas para qualquer outra empresa. Assim, não basta alegar que o acesso é indispensável por não ser economicamente rentável devido à reduzida dimensão do requerente. O conceito de (ir)replicabilidade económica deve ser aferido em relação a uma empresa que

---

[396] Cfr. Decisão da AdC – Condutas, paras 653 e 654.
[397] Ver acórdão *Bronner*, para 43.
[398] Ver acórdão *Bronner*, para 44.

tenha pelo menos a dimensão e a eficiência da empresa dominante que controla o meio de produção. Um *input* só é irreplicável se, para uma empresa de idêntica dimensão à empresa dominante, com idênticas economias de escala, não for economicamente razoável duplicar o meio em questão[399-400].

3.4 Eliminação da concorrência no mercado a jusante

O requisito da eliminação da concorrência encontra-se intimamente ligado ao da indispensabilidade do *input*. Não se tratando de um *input* indispensável, os concorrentes a quem o acesso é recusado disporão de alternativas para permanecer no mercado, sendo então difícil afirmar que uma recusa é suscetível de conduzir à eliminação da concorrência.

Uma questão que muitas vezes se coloca em relação a este elemento prende-se com saber que "concorrência" deve ser suscetível de ser eliminada para que o requisito em análise se encontre preenchido: *(i)* a concorrência por parte da entidade que requer acesso ao *input (ii)* toda a concorrência no mercado a jusante (permanecendo apenas a empresa dominante) ou *(iii)* a concorrência efetiva no mercado?

Compreende-se a razão de ser da questão, na medida em que o TJUE nem sempre utilizou a mesma terminologia. Nos processos *Commercial Solvents*[401] e *Bronner*[402] o TJ referiu-se à eliminação da concorrência *por parte do cliente requerente do acesso ao input*, ao passo que em *Magill*, sugeriu um critério de eliminação de *toda a concorrência* no mercado a jusante[403] e, ao mesmo tempo, o critério da eliminação da concorrência *por parte do cliente requerente do acesso ao input*. Já em *IMS Health*, o TJ referiu-se sempre à *eliminação de toda a concorrência*[404].

No processo *Microsoft*, o Tribunal Geral veio dar um importante contributo para o esclarecimento deste tema ao notar que "não é necessário demonstrar a eliminação de toda a concorrência no mercado". Importa, isso sim, é que a recusa em causa crie o risco, ou seja suscetível, de eliminar toda e qualquer "concorrência efetiva" no mercado. Esclareceu ainda o Tribunal Geral que o facto de os concorrentes da empresa em posição

---

[399] Ver acórdão *Bronner*, paras 45 e 46 e Conclusões Advogado-Geral Jacobs, para 68.
[400] Ver Orientação sobre o artigo 102º TFUE, para 83.
[401] Acórdão *Commercial Solvents*, para 25.
[402] Acórdão *Bronner*, para 41.
[403] Acórdão *Magill*, paras 56 e 57.
[404] Acórdão *IMS Health*, para 47.

dominante permanecerem de forma marginal em certos *nichos de mercado* não é suficiente para concluir pela existência de tal concorrência[405].

Na Orientação sobre o artigo 102º TFUE, a Comissão reflete já o acórdão *Microsoft* e indica a "eliminação da concorrência efetiva" como o *standard* a adotar nos casos de recusa de fornecimento[406].

3.5 Prejuízo para o consumidor

O requisito do prejuízo para o consumidor encontra-se estreitamente ligado com os dois anteriores, *i.e.* a indispensabildade do meio de produção e a eliminação da concorrência. Se estes se encontrarem preenchidos, pode considerar-se que o prejuízo para o consumidor fica igualmente demonstrado[407].

Na realidade, embora o prejuízo para o consumidor possa resultar de prova direta e concreta resultante do comportamento em causa (*e.g.* preços mais elevados, piores produtos, menos escolha), na verdade, ainda que estes elementos não se encontrem demonstrados em concreto, os entraves que a conduta coloca à concorrência permitem concluir que, mediatamente, prejudicam também o consumidor.

No acórdão *British Airways*, o TJ, ao referir-se à definição de abuso de posição dominante clarificou que "o artigo [102º TFUE] não visa apenas as práticas suscetíveis de causar um prejuízo imediato aos consumidores *mas também aquelas que lhes causam prejuízo por impedirem uma estrutura de concorrência efetiva*[408] (nosso ênfase)".

3.6 Inexistência de uma justificação objetiva

É à Comissão Europeia ou à AdC, consoante o caso, que compete demonstrar a verificação dos elementos constitutivos do abuso a que nos referimos nos pontos anteriores. No entanto, como vimos no capítulo anterior, é a empresa dominante acusada de ter explorado a sua posição de modo abusivo que tem o ónus da prova relativamente à existência de razões que possam configurar uma justificação objetiva da prática. Uma vez invocada

---

[405] Ver Acórdão do TG de 17.9.2007, Proc. T-201/04, *Microsoft*/Comissão, Col. 2007 II-3601, para 563.
[406] Orientação sobre o artigo 102º TFUE, para 85.
[407] Ver capítulo 4, pág 93.
[408] Acórdão TJ *British Airways*, paras 106 e 107.

uma justificação objetiva pela empresa em causa, compete novamente à Comissão Europeia ou à AdC, demonstrar que a justificação invocada não pode ser acolhida[409].

As justificações apresentadas e aceites podem variar consoante os factos subjacentes a cada caso[410].

Em determinadas circunstâncias, razões relacionadas com a segurança da infraestrutura, a fiabilidade da empresa requerente do acesso para cumprir as suas obrigações ou com a sua incapacidade técnica para utilizar a infraestrutura de forma adequada ou a indisponibilidade da requerente para pagar um preço razoável pelo acesso à infraestrutura podem justificar a recusa[411]. A demonstração de que uma obrigação em contratar com concorrentes poderá ter um impacto negativo nos incentivos ou na capacidade das empresas presentes no mercado, incluindo a própria empresa dominante, para inovar, pode igualmente ser vista como uma justificação objetiva. Nesta situação podem estar os casos em que a recusa de fornecimento é necessária para obter um retorno adequado do investimento que é essencial para desenvolver a atividade de fornecimento dos meios de produção, gerando, assim, incentivos para continuar a investir no futuro, tendo também em conta o risco de projetos falhados. De igual modo, alegações da empresa dominante de que a sua própria capacidade de inovação será comprometida pela obrigação de fornecimento ou pelas alterações estruturais nas condições de mercado, que poderão surgir como consequência desta obrigação, incluindo o prosseguimento da inovação no futuro por parte dos concorrentes, poderão igualmente constituir justificações objetivas[412-413].

Eventuais limitações de capacidade da infraestrutura essencial, uma conjuntura de escassez da matéria-prima ou a hipótese de a concessão de acesso originar um aumento significativo dos custos, suscetível de colocar em causa a viabilidade económica da empresa detentora da

---

[409] Acórdão *Microsoft*, para 688.
[410] Ver capítulo 4, quanto ao conceito de justificação objetiva, pág 118.
[411] *Discussion Paper*, para 234.
[412] Ver Orientação sobre o artigo 102º TFUE, para 89; ver igualmente *Discussion Paper*, 234 a 242; ver contributo da Comissão Europeia à *OECD Roundtable on Refusal to Deal*, págs 201 e ss.
[413] Acórdão *Microsoft*, onde a empresa alegou que os seus incentivos em continuar a inovar seriam afetados por uma obrigação em contratar.

infraestrutura podem constituir justificações objetivas de uma recusa de fornecimento[414-415].

No processo *Condutas*, por exemplo, a Portugal Telecom invocou como justificação objetiva das recusas pontuais de acesso à sua rede de condutas, limitações de capacidade da infraestrutura decorrentes da necessidade de reservar espaço livre para manutenção e expansão da rede básica. A AdC não aceitou o fundamento, notando que o facto de, na sequência do deferimento de uma providência cautelar intentada pela Tvtel, os cabos desta empresa terem acabado por ser passados em parte substancial das condutas inicialmente recusadas provava que, afinal, existia espaço disponível para passar os ditos cabos. No entanto, o TCL veio considerar que o facto de haver espaço disponível nas condutas não significava que este não era necessário para manutenção e/ou expansão, não tendo pois a AdC feito a prova que lhe competia de que as razões invocadas pela empresa não eram atendíveis. De acordo com o TCL, competia na realidade à AdC provar que não era necessário existir espaço disponível para a expansão ou manutenção da rede ou que era possível conceder acesso a terceiros preservando ainda assim esse espaço. Só assim, assumindo que se encontravam presentes os restantes elementos do tipo (que, o TCL considerou não encontrarem), o comportamento da Portugal Telecom seria injustificado e poderia levar a uma censura[416].

3.7 O requisito das "circunstâncias excecionais" nos casos de direitos de propriedade intelectual

Quando estão em causa direitos de propriedade intelectual, aos elementos de verificação cumulativa que devem encontrar-se reunidos nos casos de recusa de fornecimento, deve ainda adicionar-se o da presença de "circunstâncias excecionais" que justifiquem a quebra da exclusividade que constitui a essência destes direitos.

Esta proteção acrescida aos titulares de direitos de propriedade intelectual está relacionada com o facto de, em circunstâncias normais, o titular

---

[414] *Discussion Paper*, para 234.
[415] Acórdão do TJ de 29.6.1978, Proc. 77/77 BP/ Comissão Europeia, Col. 1978, p. 25, em que o Tribunal considerou não ser abusivo, em tempos de escassez de petróleo, a empresa dar preferência aos seus clientes mais regulares, recusando assim fornecer os outros.
[416] Ver Sentença TCL, pág 156.

de um direito de propriedade intelectual ter a faculdade de recusar o seu licenciamento a terceiros. Estes direitos existem precisamente para premiar a criatividade, qualidade e inovação e, nessa medida, garantirem aos seus titulares um exclusivo de utilização de uma criação intelectual, de uma marca registada ou de uma patente por um determinado período de tempo.

A jurisprudência *Magill* pareceu reconduzir as "circunstâncias excecionais" aos casos em que a recusa impede o lançamento de um "produto novo" que tem uma "procura potencial" por parte "dos consumidores". Está em causa um produto novo, clarificou o TJ em *IMS Health*, quando a empresa requerente não se limita a reproduzir produtos ou serviços que já são oferecidos no mercado derivado pelo titular do direito de propriedade intelectual. No entanto, em *Microsoft*, o TG esclareceu que o surgimento de "desenvolvimentos técnicos" e melhoramentos de produtos já existentes satisfaz o critério do "produto novo".

O processo *Microsoft* lançou ainda o debate de saber em que medida o critério do "produto novo" se mantém e com que âmbito. Na origem do debate está o facto de o TG parecer admitir a posição da Comissão de que as circunstâncias excecionais não têm que ser necessariamente as mesmas que foram identificadas nos acórdãos *Magill* e *IMS Health*, admitindo pois a interpretação de que podem relacionar-se com outros aspetos, não necessariamente respeitantes aos entraves colocados ao surgimento de um produto novo.

Na verdade, no § 647 do acórdão *Microsoft*, o TG considera que impedir o surgimento de um produto novo "é apenas um dos parâmetros" para avaliar em que medida a prática causa prejuízo ao consumidor. Outras consequências que poderiam levar ao mesmo resultado (*i.e.* ao prejuízo do consumidor) poderão ser limitações à produção, distribuição ou ao desenvolvimento técnico. Tudo indica por isso que, a partir de *Microsoft*, poderá fazer mais sentido falar no "teste das circunstâncias excecionais", que poderá ser satisfeito com um entrave ao surgimento de um produto novo, mas igualmente com limitações à produção, distribuição ou ao desenvolvimento técnico, tal como resulta do artigo 102º, segundo parágrafo, alínea b) TFUE[417-418].

---

[417] Ver também *Discussion Paper*, para 240.
[418] Para um estudo mais aprofundado do presente tema em língua portuguesa, ver Pinto Monteiro, Luís, A Recusa de Venda em Licenciar Direitos de Propriedade Intelectual no Direito da Concorrência, Almedina, 2010.

4. Recusa de fornecimento a não concorrentes

A par da recusa de fornecimento a concorrentes, em determinadas situações, a recusa em fornecer empresas que não concorrem com a empresa dominante pode igualmente levar à aplicação do regime jurídico do abuso de posição dominante.

A recusa em fornecer entidades que se abasteçam igualmente junto de concorrentes da empresa dominante pode levar à aplicação do regime jurídico dos abusos de posição dominante, se estiverem reunidas as condições em que os *acordos de compra exclusiva* podem ser considerados abusivos. Debruçamo-nos sobre o tema no capítulo 10.

A recusa em fornecer clientes que pretendam adquirir isoladamente um produto, forçando-os (por razões técnicas ou contratuais) a adquirir igualmente outro ou outros produtos, também pode conduzir à aplicação do regime jurídico dos abusos de posição dominante, sempre que se encontrem preenchidas as condições em que *a venda ligada* pode ser considerada abusiva. Desenvolvemos o tema no capítulo 8.

De igual modo, a recusa em fornecer um cliente, ao mesmo tempo que se fornece um outro com quem o primeiro concorre, não estando a empresa dominante presente neste mercado, pode levar à aplicação do regime jurídico dos abusos de posição dominante nas condições em que a *discriminação* pode ser considerada abusiva, tema que aprofundamos no capítulo 9.

Fora destas situações, a recusa de fornecimento não é, por norma, censurada ao abrigo do regime jurídico dos abusos de posição dominante. Vale, no entanto, a pena chamar a atenção para algumas particularidades que podem ter lugar ao nível da relação das empresas dominantes com os distribuidores dos seus produtos e, em especial, quando a recusa de fornecimento visa impedir o comércio paralelo.

4.1 Recusa de fornecimento nas relações com distribuidores ou revendedores

Uma empresa em posição dominante pode, como qualquer outra empresa, ter diferentes canais de distribuição dos seus produtos. Pode encontrar-se verticalmente integrada, distribuindo-os ela própria. Mas pode também celebrar contratos de distribuição dos seus produtos com distribuidores independentes, que os revendem no mercado.

Coloca-se neste contexto a questão de saber se uma empresa que opte por distribuir os seus produtos por intermédio de distribuidores independentes fica de algum modo limitada, caso, a determinada altura, decida terminar estas relações e assegurar ela própria a distribuição, ou, prescindir de parte dos distribuidores e centrar a distribuição apenas noutros. Por outras palavras, uma empresa dominante que decida prescindir de distribuidores a que anteriormente recorria estará, por esse facto, a cometer um abuso de posição dominante?

Embora o TJUE não o tenha ainda dito de forma expressa, a nosso ver, e na linha do que sublinham outros autores, no âmbito de uma relação de distribuição ou de revenda, uma empresa dominante goza de uma ampla liberdade de atuação. Na verdade, as circunstâncias, já de si limitadas, que podem determinar a uma empresa dominante a obrigação de fornecer um concorrente não parecem aplicar-se às relações de distribuição ou de revenda dos seus produtos. Como observa Temple Lang, o mercado a jusante deve consistir num mercado real onde tenha sido acrescentado valor ao *input* da empresa dominante. Se o acesso ao produto da empresa dominante é pretendido unicamente para distribuição ou revenda, não existe verdadeiramente uma concorrência digna de proteção e é legítimo à empresa dominante integrar-se verticalmente e cessar o fornecimento aos distribuidores, dentro dos limites do direito civil[419].

Seria também um ónus injustificado sobre uma empresa em posição dominante, impor-lhe modelos de distribuição a que os seus rivais não se encontram sujeitos ou impedi-la de racionalizar a sua rede de distribuição lidando apenas com os distribuidores que considera mais eficientes.

Importa contudo notar que as considerações anteriores não significam que a empresa dominante que tenha uma rede de distribuição esteja imune às regras de concorrência. Tal como qualquer outra empresa, a empresa dominante continuará sujeita às regras relativas às restrições verticais que se aplicam na sua articulação com a distribuição[420].

---

[419] Cfr. Temple Lang, John, *The principle of essential facilities in European Community Competition Law – The Position since Bronner*, 2000, 1, Journal of Network Industries 395, 397: "[T]*here is another pre-requisite for applying the essential facilities principle, which has not been brought out by the case-law so far. To justify imposing a duty to contract, there must be substantial scope for added-value competition in the market for which access is required (the downstream market). If this is correct, it is extremely important: it means that access to a product for mere distribution or re-sale, without substantial added-value services, can never be an essential facility*", citado em O'Donoghue, Robert e Padilla, Jorge, cit, pág 467, que igualmente subscrevem esta posição.

[420] Ver Regulamento (UE) nº 330/2010, de 20.4.2010, JO L 102, 23.4.2010, p. 1-7.

Nessa medida, se uma empresa dominante ameaçar cessar o fornecimento a um distribuidor com vista a disciplinar o seu preço no mercado (*e.g.* proibir descontos) é provável que estejamos perante uma violação das regras de concorrência. No entanto, o caso parece ser de desrespeito do artigo 101º TFUE, por fixação do preço de revenda e não necessariamente do artigo 102º TFUE por recusa de venda.

Dito isto, e não obstante, é conveniente ter presente que as instituições europeias aplicaram já o artigo 102º TFUE à cessação de fornecimentos a distribuidores ou revendedores de produtos de empresas dominantes. Os processos *United Brands*[421] e *Boosey & Hawkes*[422] são disso exemplos. Contudo, em ambos os casos, o que a Comissão procurou censurar foi a política da empresa dominante de, por via das cessações de relações comerciais com distribuidores importantes, pretender dificultar a entrada no mercado de concorrentes diretos. Em *United Brands*, o distribuidor Oelsen envolvera-se numa campanha promocional de um fabricante de bananas concorrente, ao passo que em *Boosey & Hawkes* dois dos seus revendedores constituiram, em parceria, uma empresa concorrente de fabrico de instrumentos musicais.

Em conclusão, não é de excluir que práticas com natureza contratual sejam qualificadas como abusos de posição dominante dada a circunstância de serem implementadas com a vantagem da detenção de poder de mercado e com o fim de impedir o acesso dos concorrentes à rede de distribuição[423].

Assim, a nosso ver, – e sem prejuízo do que no ponto seguinte se observa a respeito da recusa de venda com vista a impedir o comércio paralelo –, exceto nas situações em que o verdadeiro propósito da cessação das relações comerciais seja o de eliminar (a nível horizontal) os seus concorrentes, uma empresa não deve ser censurada, ao abrigo do regime jurídico dos abusos de posição dominante pelas opções adotadas ao nível da organização da sua rede de distribuição.

---

[421] Acórdão do TJ de 14.2.1978, Proc. 27/78, United Brands/ Comissão, Col 1978, p 77.
[422] Decisão da Comissão de 29.7.1987 (87/500/CEE) (IV/32.279 – *BBI/Boosey & Hawkes*: Medidas temporárias), JO L 286 de 09.10.1987 p. 36-43.
[423] O'Donoghue, Robert e Padilla, Jorge, cit, pág 470.

4.2 Recusa de fornecimento para prevenir o comércio paralelo

Como vimos no ponto anterior, do regime jurídico dos abusos de posição dominante não parece emanar qualquer princípio que determine que as empresas dominantes devem adotar determinados modelos de distribuição dos seus produtos. A escolha dos seus distribuidores e bem assim do modo como é gerida a relação comercial com estes não deve motivar intervenções da parte da política da concorrência.

A jurisprudência europeia fornece porém exemplos, como aqueles em que a recusa de fornecimento tem por objetivo impedir o comércio paralelo, em que, embora esteja unicamente em causa a revenda de produtos, a liberdade de recusar a venda pode encontrar-se limitada.

Quando produtos idênticos são comercializados a preços distintos em países diferentes colocam-se, não raras vezes, questões de comércio paralelo. O comércio paralelo traduz-se na revenda de produtos em países onde são comercializados a um preço mais elevado por grossistas que os adquiriram em países onde são comercializados a um preço mais reduzido. Esta prática designa-se por "arbitragem", é frequentemente indesejada por quem originariamente coloca os produtos no mercado, e tem suscitado a atenção do direito da concorrência da União Europeia, quer ao nível da sua compatibilidade com o regime dos acordos entre empresas (artigo 101º TFUE) quer também com o regime jurídico das práticas unilaterais (artigo 102º TFUE).

O comércio paralelo é entendido, regra geral, como pró-competitivo, na medida em que aumenta a concorrência dentro da mesma marca e é suscetível de reduzir os preços no país de importação, em benefício dos consumidores. O seu contributo para a construção e consolidação do mercado interno foi também sempre visto com apreço pelo TJUE.

Assim, de acordo com a jurisprudência, um acordo entre empresas que tenha como objeto ou por efeito limitar o comércio paralelo de produtos entre Estados-Membros da União Europeia configura uma restrição da concorrência. No que toca aos comportamentos unilaterais de empresas em posição dominante, coloca-se a questão de saber se constitui um abuso de posição dominante uma recusa de fornecimento com vista a impedir o comércio paralelo. A potencial restrição da concorrência daqui decorrente respeita à circunstância de o comportamento em causa ter normalmente por objetivo a eliminação de uma fonte de concorrência pela empresa em posição dominante no mercado do EstadoMembro de importação, a que é representada pelos importadores paralelos[424].

A questão da legitimidade das empresas dominantes para impedir o comércio paralelo tem-se colocado com particular acuidade no setor farmacêutico, onde os fabricantes de medicamentos procuram por vezes adotar medidas para impedir os intermediários grossistas dos Estados-Membros onde os medicamentos são vendidos a menor preço de os adquirirem em maiores quantidades com vista a exportarem para os países onde o preço é mais elevado.

A questão foi colocada ao TJ no âmbito do processo *Glaxo Grécia*, onde a filial grega da empresa farmacêutica *GlaxoSmithKline* suspendeu as vendas dos seus medicamentos para a enxaqueca, a epilepsia e a asma, sujeitos a receita médica, aos grossistas locais com vista a impedi-los de exportar para outros Estados-Membros onde o preço era mais elevado. Mais tarde, quando retomou os fornecimentos, as quantidades que estava disposta a disponibilizar eram de molde a não deixar margem para as exportações.

O TJ sublinhou que uma recusa em "continuar a satisfazer" as encomendas de um cliente anterior quando esse comportamento é "suscetível de eliminar a concorrência de um parceiro comercial" pode configurar um abuso de posição dominante, a menos que se encontre objetivamente justificado. Tal será o caso quando a recusa de uma empresa em posição dominante em fornecer os grossistas que exportam para outros Estados--Membros tem o efeito de eliminar a concorrência desses grossistas no Estado-Membro de exportação ou no Estado-Membro de importação[425].

A Glaxo considerou que o comportamento adotado era suscetível de beneficiar de uma justificação objetiva, centrando-se em três ordens de razões. *Primeiro*, a forte regulamentação do setor, em particular o facto de os preços serem fixados pelas autoridades públicas de cada Estado--Membro (ainda que em negociação com as empresas farmacêuticas) e o facto de as empresas farmacêuticas serem legalmente obrigadas a fornecer os seus produtos em todos os Estados-Membros em que estão autorizadas a fazê-lo. *Segundo*, o comércio paralelo dos medicamentos reduz os lucros que as empresas farmacêuticas podem investir nas atividades de investigação e desenvolvimento de que dependem para se manterem competi-

---

[424] O'Donoghue, Robert e Padilla, Jorge, cit, pág 472.
[425] Ver acórdão do TJ de 16.9.2008, Proc C-468/06 a C-478/06, Col. 2008 I-07139, para 35.

tivas e atrativas para os investidores. Em contrapartida, os distribuidores que beneficiam do comércio paralelo não contribuem de modo nenhum para a inovação farmacêutica. *Por fim*, o comércio paralelo não beneficia realmente os consumidores finais. Uma vez que a maior parte da diferença de preço que torna o comércio lucrativo é açambarcada pelos grossistas intermediários, o comércio paralelo não chega a exercer uma pressão real sobre os preços dos medicamentos nos Estados-Membros em que esses preços são mais elevados[426].

O tribunal não se mostrou, contudo, particularmente sensível às alegadas justificações, acabando por rejeitar a sua validade. Depois de identificar algumas vantagens do comércio paralelo para os compradores nos Estados-Membros de importação, para as seguradoras de saúde e para os pacientes para quem o preço dos medicamentos de que necessitam será menos elevado e para as entidades que se abastecem de medicamentos mediante processos concursais, o TJ sublinhou que uma empresa em posição dominante não pode basear-se na premissa segundo a qual as exportações paralelas que pretende limitar apenas têm uma utilidade mínima para os consumidores finais. De igual modo, a influência das farmacêuticas na formação dos preços (e não apenas dos Estados-Membros) também foi sublinhada[427].

O TJ recordou ainda que um medicamento protegido por patente confere já um monopólio temporário ao seu titular e que a única forma de concorrência é a concorrência pelo preço entre o titular e os seus distribuidores ou entre os comerciantes paralelos e os distribuidores nacionais. Não obstante, o TJ reafirmou o princípio – bem consolidado na jurisprudência – de que uma empresa dominante pode tomar as medidas adequadas e proporcionadas à necessidade de preservar os seus próprios interesses comerciais[428]. Com este pano de fundo, o TJ recorreu à jurisprudência *United Brands*[429] (uma empresa dominante "não pode cessar os seus fornecimentos a um cliente antigo e respeitador dos usos comerciais caso as encomendas desse cliente não tenham qualquer caráter anormal"), sublinhando que a adequação e proporcionalidade das medidas adotadas pela

---

[426] Ver acórdão Glaxo Grécia, paras 42 a 45.
[427] Cfr Acórdão, paras 57 e 63.
[428] Cfr acórdão Glaxo Grécia, para 69.
[429] Cfr. *United Brands*, para 182.

empresa dominante para proteger os seus interesses devem aferir-se à luz da normalidade das encomendas do grossista[430].

A questão decisiva é pois a de saber se a encomenda colocada é normal.

Uma empresa farmacêutica deve poder defender os seus interesses comerciais (e portanto recusar o fornecimento) quando confrontada com encomendas "anormais" por parte dos intermediários grossistas, sendo que o caráter normal da encomenda afere-se em função de dois critérios: *(i)* relações comerciais anteriores da empresa farmacêutica detentora da posição dominante com os grossistas em causa; e *(ii)* o volume das encomendas relativamente às necessidades do mercado do Estado-Membro em questão[431].

O TJ esclareceu que poderemos estar perante uma encomenda anormal, num dado Estado-Membro, se alguns grossistas encomendarem a uma empresa farmacêutica medicamentos em quantidades não proporcionais às vendidas anteriormente por esses mesmos grossistas para satisfazer as necessidades do mercado do referido Estado-Membro.

Em suma, embora o TJ não reconheça a uma empresa farmacêutica em posição dominante num Estado-Membro em que os preços são relativamente baixos, a faculdade de "deixar de satisfazer" as encomendas normais de um cliente pelo simples facto de este último, além de abastecer o mercado do referido Estado-Membro, exportar algumas das quantidades encomendadas para outros Estados-Membros onde se praticam preços superiores, confere-lhes no entanto o poder de recusar fornecimentos fora do normal, à luz dos critérios *supra* enunciados.

O acórdão *Glaxo Grécia* parece pois dar uma importância muito significativa à liberdade que uma empresa dominante deve manter para proteger os seus interesses comerciais. O TJ reconhece que a empresa dominante poderá adotar medidas razoáveis e proporcionadas a essa proteção. E reconhece que o comércio paralelo é suscetível de ameaçar os interesses comerciais da empresa dominante[432]. A intervenção da empresa deve pois pautar-se pelo equilíbrio. Por um lado, a proteção dos seus interesses comerciais próprios não deve ir ao ponto de "romper" um historial de fornecimentos em quantidades até aí consideradas normais e que

---

[430] Cfr acórdão Glaxo Grécia, para 70.
[431] Cfr. acórdão Glaxo Grécia, para 73.
[432] Cfr. acórdão Glaxo Grécia, para 71.

permitam aos grossistas abastecer o mercado nacional e, eventualmente, exportar para países onde os medicamentos são vendidos a um preço superior. Todavia, a alteração do historial de encomendas por parte do grossista, passando a exceder as necessidades consideradas normais para o Estado-Membro, a empresa dominante parece manter total liberdade para recusar o fornecimento[433].

---

[433] Para o aprofundamento do tema quanto à indústria farmacêutica ver O'Donoghue, Robert & Macnab, Louise, *Dominant Firm's Duties to deal with Pharmaceutical Parallel Traders Following Glaxo Greece*, Competition Policy International, Volume 5, Number 1, Spring 2009; Schnichels, Dominik, *The Application of European Competition Law to the Pharmaceutical Sector – Some Personal Thoughts*, in *International Antitrust Law & Policy*, 2009 Competition Law Institute.

Capítulo 6
Compressão de Margens

1. Introdução
1.1 Considerações gerais

Os casos de compressão de margens são relativamente comuns entre os países da OCDE. Os setores recentemente liberalizados, em especial as telecomunicações, mas também o setor da água, o ferroviário, o postal, a indústria farmacêutica e a televisão por subscrição, têm sido aqueles onde o tema mais tem sido suscitado[434]. A nível da União Europeia, registam-se cerca de uma dezena de casos de compressão de margens e, em Portugal, até à data, a AdC adotou uma decisão cujo mérito não foi, contudo, confirmado judicialmente.

Os casos de compressão de margens apresentam como pano de fundo o seguinte denominador comum:

(i) Uma "empresa verticalmente integrada" produz ou controla um *input*[435] para o qual não existem alternativas efetivas e de que os seus concorrentes necessitam para desenvolver a sua atividade num mercado de um produto derivado;

---

[434] Cfr. *OCDE Policy Roundtables – Margin Squeeze*, 2009, *Executive Summary*, pág 8.
[435] Ao longo do presente capítulo utilizamos o termo *input* grossista por facilidade de exposição. Em boa verdade, num caso de compressão de margens pode estar em causa não apenas um *input*, mas igualmente um meio de produção, uma infraestrutura, um direito de propriedade intelectual, um *interface*, entre outros.

(ii) A empresa verticalmente integrada em causa fornece o seu *input* a uma ou mais empresas, que o utilizam para desenvolver um produto ou para prestar um serviço num mercado (normalmente) a jusante, em concorrência com a sua divisão nesse mesmo mercado;

(iii) O preço que a empresa verticalmente integrada cobra pelo *input* aos seus clientes-concorrentes, quando confrontado com o preço que pratica no mercado a jusante, não permite uma margem suficiente para fazer face aos seus próprios custos de produção.

Nos casos de compressão de margens existe sempre uma relação vertical de fornecimento entre uma empresa dominante (no mercado do fornecimento do produto) e a(s) empresa(s) sua(s) cliente(s) que com ela também concorre(m) no mercado de um produto derivado.

Num exemplo simples, o produto **X** necessita da matéria-prima **Y** no seu processo produtivo. A empresa **A** é a única fabricante da matéria-prima **Y** e concorre igualmente no mercado onde se vende **X**. A vende a matéria-prima **Y** a € 11 e **X**, o produto derivado, a €10. A empresa **B**, que concorre com **A** no mercado do produto **X** e é também sua cliente da matéria-prima **Y**, incorre necessariamente em perdas para se manter no mercado. Uma vez que não pode obter **Y** de uma fonte alternativa, **B** tem como única hipótese aumentar o preço de **X** (*e.g.* para € 12). No entanto, como sucede na generalidade dos casos, comercializar o produto **X** a um preço superior ao do da empresa **A**, levará os consumidores a recorrer a **A** e não a **B**. Tipicamente, nestes casos, o *pricing* da empresa **A** pode assim dar origem a um efeito anticoncorrencial e provocar a saída de **B** do mercado.

O principal problema concorrencial subjacente a uma compressão de margens é a eliminação da concorrência no mercado do produto derivado. Se o preço cobrado pelo *input* não permitir aos clientes da empresa verticalmente integrada concorrer no mercado do produto derivado, poderemos, em determinadas circunstâncias, estar perante uma compressão de margens abusiva.

Não é preciso muito para identificar um forte paralelismo entre o possível efeito de uma compressão de margens e o de uma recusa de venda. Na realidade, uma forma de recusar o fornecimento de um *input* a um concorrente será disponibilizá-lo apenas em termos de tal modo desinteressantes de um ponto de vista económico, que, na prática, equivalem a uma recusa em fornecer.

Como vimos no capítulo respeitante à recusa de fornecimento, em termos gerais, só quando o *input* relativamente ao qual é requerido acesso é indispensável[436] é que a política da concorrência impõe à empresa que o detém uma obrigação de fornecer acesso aos concorrentes.

Dado o aludido paralelismo de dano concorrencial em causa na recusa de venda e na compressão de margens, o pensamento jurídico e económico do final do século XX e início do século XXI tem vindo a apelar a uma aproximação do enquadramento jurídico de ambas as questões.

A resposta a este apelo não parece, todavia, ter sido exatamente a mesma dos dois lados do Atlântico.

Nos Estados Unidos da América, o Supremo Tribunal proferiu o acórdão *linkLine*[437], que consagrou o entendimento de que uma acusação de compressão de margens não tem acolhimento à luz do regime jurídico da defesa da concorrência se não for demonstrado que a empresa verticalmente integrada tinha um claro dever jusconcorrencial de contratar com os seus clientes-concorrentes e que, ao mesmo tempo, praticou preços abaixo de custo a nível retalhista.

Na União Europeia, depois de a Comissão Europeia ter caminhado no sentido da consagração de um regime jurídico semelhante para os dois comportamentos, primeiro no *Discussion Paper* e depois na Orientação sobre o artigo 102º TFUE, o TJ proferiu o acórdão *TeliaSonera*[438], onde declarou expressamente que a compressão de margens configura um tipo de abuso autónomo, distinto da recusa de fornecimento.

O TJ esclareceu ainda, de forma expressa, que, mesmo que um produto grossista não se revista de carácter indispensável, não pode excluir-se que uma compressão de margens produza um efeito anticoncorrencial e, nesta medida, seja contrária ao artigo 102º TFUE. Descartou, por isso, também a possibilidade de que uma obrigação jusconcorrencial de conceder acesso seja um pressuposto do tipo de abuso (autónomo) da compressão de margens.

---

[436] No sentido de que é irreplicável, mesmo em termos menos vantajosos, pelos concorrentes.

[437] *Pacific Bell Telephone Co DBA AT&T California v linkLine Communications Inc.*, 29 Sct. 1109 (25.2.2009).

[438] Acórdão do TJ, de 17.2.2011. Proc. C-52/09 Konkurrensverket/*TeliaSonera*, ainda não publicado.

Não obstante, a nosso ver, ainda que após o acórdão *TeliaSonera* não possa continuar a dizer-se que só depois de demonstrada a indispensabilidade do *input* pode ter lugar uma compressão de margens abusiva, em termos práticos, será muito difícil demonstrar que uma prática de compressão de margens origina um efeito anticoncorrencial, mesmo que só potencial, quando os concorrentes dispõem de alternativas efetivas ao *input* em questão.

1.2 Razão de ordem

O presente capítulo divide-se em três partes. Na primeira, a Introdução, tecemos umas breves considerações gerais sobre o tema da compressão de margens, prosseguindo depois para a sua caraterização como um tipo de abuso de posição dominante autónomo (1.3). Em seguida, analisamos os custos tidos em conta nos casos de compressão de margens (1.4) e discutimos brevemente o impacto que a existência de regulação pode ter na defesa das empresas (1.5), terminando depois com a referência ao enquadramento legal deste tipo de abuso no artigo 102º TFUE e na Lei nº 19/2012 (1.6).

Na segunda parte, analisamos a prática europeia, e, na terceira, a prática nacional relativa a abusos de posição dominante por compressão de margens.

Na parte final, a quarta, identificamos aqueles que, a nosso ver, constituem os elementos do abuso de posição dominante por compressão de margens.

1.3 A compressão de margens como um tipo de abuso de posição dominante autónomo

1.3.1 A compressão de margens como uma recusa de fornecimento implícita

Desde a década de setenta, com o processo *National Carbonising*[439], que os casos de compressão de margens na União Europeia seguiram sempre muito de perto a abordagem dos processos de recusa de fornecimento.

Na realidade, as práticas de compressão de margens só motivaram a intervenção das instituições europeias quando se mostraram suscetíveis de levar à eliminação da concorrência no mercado de um produto derivado.

---

[439] Decisão da Comissão 76/185/ECSC de 29.10.1975, JO L35 de 10.2.1976, pág 6 (medidas provisórias).

De igual modo, as recusas de fornecimento só motivaram a censura à luz das regras de concorrência quando se revelaram suscetíveis de originar a eliminação de concorrentes[440].

A ideia de que a compressão de margens não origina um dano concorrencial independente do dano que resultaria do incumprimento de uma obrigação de negociar a nível grossista foi por isso ganhando força e sendo consolidada ao longo da prática decisória das instituições europeias sempre que se debruçaram sobre processos em que o tema era suscitado.

Por um lado, é possível identificar nas decisões da Comissão Europeia em casos de compressão de margens uma linguagem muito próxima da utilizada em situações de recusa de fornecimento puro. Por outro lado, nos casos de compressão de margens os *inputs* em causa não conhecem, regra geral, alternativas. São *inputs* ou meios de produção indispensáveis à concorrência.

Tendo presente que apenas a natureza indispensável do *input* determina a imposição de uma obrigação em contratar, o *rationale* subjacente à exigência de igual requisito para que uma compressão de margens tenha caráter abusivo foi sempre relativamente linear: se não há obrigação jusconcorrencial em contratar é porque existem alternativas efetivas ao *input* em questão e, se assim é, não é fácil descortinar um efeito de encerramento anticoncorrencial, como a eliminação da concorrência no mercado a jusante, uma vez que os clientes-concorrentes porventura descontentes com o preço de acesso podem procurar o *input* noutro lado.

A aproximação dos regimes jurídicos da recusa de venda e da compressão de margens foi, por isso, fazendo o seu caminho no ordenamento jurídico da U.E.

Em 2005, no *Discussion Paper*, a Comissão afirmou que a prática de compressão de margens pode configurar uma "recusa de fornecimento construtiva[441]", e, em 2007, no processo *Telefónica*[442], em que esta empresa foi condenada por violação do artigo 102º TFUE por compressão de margens,

---

[440] Ver capítulo 5, relativo à recusa em contratar.
[441] Ver *Discussion Paper*, paras 219 e 220.
[442] Decisão da Comissão Europeia, de 4.7.2007, Proc. COMP/38.784 – *Wanadoo España/Telefónica*; acórdão do TG de 29.3.2012, Proc T-336/07 *Telefónica e Telefónica de España*/Comissão, ainda não publicado.

a análise dos factos levou igualmente a Comissão a considerar que não existiam alternativas à rede do incumbente.

Neste caso, porém, tendo a empresa alegado a necessidade de preenchimento dos pressupostos identificados na jurisprudência *Bronner*[443], relativa à recusa de fornecimento, para que pudesse ser condenada por compressão de margens, a Comissão observou que "as circunstâncias particulares deste caso são fundamentalmente diferentes das do processo Oscar Bronner", rejeitando por isso o argumento invocado.

No entanto, as diferenças a que aludiu a Comissão não resultavam do facto de estar em causa uma compressão de margens (e não uma recusa de venda pura), mas antes de, ao contrário da empresa *Mediaprint*, do processo *Bronner*, no presente caso, a Telefónica encontrar-se sujeita a um obrigação regulamentar de fornecimento de acesso aos seus concorrentes, e de os seus incentivos prévios para investir na infraestrutura não estarem em causa, porque esta teria resultado, em larga medida, de investimentos realizados no tempo em que a empresa beneficiava de direitos especiais ou exclusivos que a protegiam da concorrência[444].

Mais tarde, em 2008, na Orientação sobre o artigo 102º TFUE, a Comissão deu mais um passo na aproximação do enquadramento jurídico destes dois comportamentos, referindo-se à compressão de margens como uma variante do abuso de recusa de fornecimento. A Comissão chama, nesta ocasião, a atenção para a circunstância de que "em vez de recusar o fornecimento, uma empresa dominante pode cobrar um preço pelo produto no mercado "a montante" que, em comparação com o preço cobrado no mercado "a jusante", não permite que mesmo um concorrente com o mesmo grau de eficiência exerça de uma forma rentável e duradoura atividades no mercado a jusante (denominado por "compressão das margens")[445]".

---

[443] Acórdão do TJ, de 26.11.1998, Proc 7/97 *Oscar Bronner c Mediaprint*, Col 1998, p. I 7791.
[444] Em 2009, na Orientação sobre o artigo 102º TFUE, a Comissão fez refletir a evolução da prática decisória, notando que quando se verificam "circunstâncias particulares", o requisito da obrigação jusconcorrencial de fornecimento, necessário quer aos casos de recusa de fornecimento quer aos casos de compressão de margens, não tem que se encontrar preenchido para que o artigo 102º TFUE seja aplicável. Ver para 82.
[445] Ver Orientação sobre o artigo 102º TFUE, para 80.

Em 2010, o Advogado-Geral Mazak, nas Conclusões apresentadas ao processo *TeliaSonera*[446], recomendou mesmo ao TJ a consagração da identidade dos regimes na jurisprudência, apontando a compressão de margens como uma forma de recusar o fornecimento, e defendendo que só perante pressupostos idênticos devia ser censurada. De acordo com o Advogado-Geral:

> "[U]ma manifestação particular da recusa de negociar ocorre no caso de uma compressão de margens abusiva (ou «recusa construtiva de negociar») quando, em vez de recusar terminantemente fornecer o input essencial/indispensável em questão, a empresa dominante fornece o input aos seus concorrentes no mercado a jusante a um preço que não lhes permite competir de maneira efetiva no mercado a jusante. A jurisprudência do Tribunal de Justiça e do Tribunal Geral tem afirmado que o efeito de uma recusa abusiva de fornecimento é a eliminação da concorrência no mercado a jusante e, em minha opinião, o problema é exatamente o mesmo nos casos de compressão de margens. A compressão de margens não causa um dano concorrencial independente para além do dano que resultaria do incumprimento de uma obrigação de negociar a nível grossista. Considero que impor uma obrigação de negociar a uma empresa dominante não é diferente de impor uma obrigação de negociar a determinados preços grossistas e retalhistas (compressão de margens). Por conseguinte, a cobrança de um preço (compressão de margens) que impede um concorrente igualmente eficiente de competir a jusante funciona, na prática, como uma recusa de negociar e implica a aplicação do mesmo quadro de análise e das mesmas considerações gerais relativas aos incentivos de investimento para as empresas dominantes[447]".

1.3.2 A autonomização da compressão de margens como abuso de posição dominante

Todavia, em 17.2.2011, no âmbito do processo *TeliaSonera*, e de forma algo surpreendente, o TJ não seguiu as Conclusões do Advogado-Geral Mazak, optando antes por considerar que a compressão de margens pode, por si mesma, constituir uma forma autónoma de abuso, diferente da recusa de

---

[446] Conclusões do AdvogadoGeral Ján Mazák, 2.9.2010, Proc C52/09 *Konkurrensverket/TeliaSonera* AB, Col 2011 00000.
[447] Cf. Conclusões Advogado-Geral Mazak, para 16.

fornecimento. O tribunal deixou claro que as condições necessárias para determinar a existência de uma recusa de venda e de uma compressão de margens *não* são necessariamente as mesmas[448].

A nosso ver, o TJ não fundamenta convenientemente esta posição, não endereçando diretamente o motivo que justificará uma diferença de regime entre a compressão de margens e a recusa de venda[449].

Por um lado, afirma o TJ que não pode deduzir-se do acórdão *Bronner* que as condições para determinar uma recusa abusiva de fornecimento devem necessariamente aplicar-se para apreciar o caráter abusivo de um comportamento que consiste em apresentar condições de venda em termos tão desfavoráveis que o adquirente possa não estar interessado[450]. O argumento não parece decisivo uma vez que, como observam outros autores, não pode também deduzir-se o contrário. Pura e simplesmente, o TJ não teve, nessa sede, que pronunciar-se sobre a matéria[451].

O TJ sustenta, por outro lado, que se fosse exigível que, para ser abusivo, o comportamento de uma empresa relativamente às suas condições comerciais tivesse sempre que preencher os requisitos necessários para determinar a existência de uma recusa de fornecimento abusiva (que, como vimos no capítulo 5, são muito exigentes), reduzir-se-ia indevidamente o efeito útil do artigo 102º TFUE[452].

O argumento do tribunal não parece inteiramente convincente. Tem sido observado, a este respeito, que o TJ descartou a unificação dos regimes da compressão de margens e da recusa de fornecimento, com uma declaração de alcance muito amplo, aplicável a todas as práticas suscetíveis de configurar violações do artigo 102º TFUE, muitas das quais não se referem a condições de fornecimento a clientes-concorrentes, o que significa que a questão não se coloca verdadeiramente. Não faria sentido (nem se reclamava) uma aproximação do regime da recusa de venda à de outras práticas (*e.g.* preços predatórios ou descontos condicionais) em que o acesso ao mercado dos concorrentes não depende das condições que lhe são oferecidas pela empresa dominante. A explicação do TJ não

---

[448] Cf Acórdão *TeliaSonera*, para 56.
[449] Partilhamos, a respeito deste tema, a posição de Graf, Thomas, *How indispensable is indispensability*, 18.4.2011, in www.kluwercompetitionlawblog.com.
[450] Acórdão *TeliaSonera*, para 55.
[451] Ver Graf, Thomas, cit.
[452] Acórdão *TeliaSonera*, para 58.

parece pois ter endereçado a questão a que importava responder: quais as razões para não unificar o regime jurídico da recusa de venda e da compressão de margens[453-454].

Não parece, nesta medida, descabido sublinhar que, não obstante a posição do TJ em *TeliaSonera*, o regime jurídico da compressão de margens e da recusa de venda continuará a seguir um enquadramento próximo.

Na verdade, em *TeliaSonera*, o TJ estabeleceu que para que exista uma compressão de margens abusiva, esta deve dar origem a um efeito anticoncorrencial, pelo menos potencial. No entanto, ao mesmo tempo, reconhece à indispensabilidade do *input* uma particular relevância na demonstração deste efeito. Se o *input* é indispensável, o efeito anticoncorrencial é plausível e presumível.

O TJ não fecha, contudo, a porta a que mesmo em casos em que um *input* não é indispensável, a compressão de margens possa dar lugar a um efeito anticoncorrencial.

Nestes casos – que, em termos práticos, não é fácil antecipar de que caraterísticas se revistirão –, terá que ficar demonstrado que, não obstante o caráter não indispensável do *input*, o comportamento pode ainda assim provocar um efeito anticoncorrencial.

Na prática, e como observa Graf[455], a indispensabilidade do *input* continuará, provavelmente, a desempenhar um papel de grande relevo na generalidade dos casos de compressão de margens. Conforme notámos já anteriormente, não será fácil demonstrar a existência de um efeito de encerramento anticoncorrencial quando existem alternativas efetivas ao *input*.

1.4 Os custos a ter em conta

De acordo com a Comissão Europeia, a existência de uma compressão de margens pode ser demonstrada, reunidos os restantes requisitos, se ficar demonstrado que:

(i) As operações a jusante de uma empresa em posição dominante não seriam rentáveis com base no preço a montante cobrado aos seus

---

[453] Acórdão *TeliaSonera*, para 58.
[454] Ver Graf, Thomas, cit.
[455] Ver Thomas Graf, *How indispensable is indispensability*, 18.4.2011, in www.kluwercompetitionlawblog.com

concorrentes por uma divisão de serviços da empresa em posição dominante (*operador igualmente eficiente* ("OIE"))[456]; ou
(ii) A margem entre o preço cobrado aos concorrentes presentes no mercado a jusante (incluindo as eventuais operações a jusante do próprio operador dominante) em matéria de acesso e o preço imputado pelo operador da rede [ou detentor do *input* ou matéria-prima] no mercado a jusante é insuficiente para permitir a um prestador de serviços razoavelmente eficiente no mercado a jusante registar um nível de lucros normal (exceto se a empresa em posição dominante puder demonstrar que as suas operações a jusante são excecionalmente eficientes) (*operador razoavelmente eficiente* ("ORE"))[457].

O primeiro método toma por base o preço cobrado pela empresa dominante aos seus concorrentes e avalia se, tendo que suportar tal preço, as operações retalhistas da empresa dominante seriam rentáveis. Se a resposta for positiva, mesmo que um operador concorrente não tenha rentabilidade, não há qualquer violação do artigo 102º TFUE. O teste em causa procura distinguir os prejuízos aos concorrentes dos prejuízos à concorrência e assume que uma conduta que leve à exclusão de concorrentes menos eficientes, não prejudicará a concorrência, que, regra geral, não se preocupa com a posição destes no mercado.

O segundo método procura tornar possível a entrada e permanência no mercado de operadores com um nível de eficiência razoável, ainda que não seja tão elevado como o da empresa dominante. Foi referido pela primeira vez pela Comissão Europeia na década de 70, no processo *National Carbonising*, e é por vezes apontado como um teste adequado em indústrias com um nível muito elevado de economias de escala e de gama, e onde as empresas recém-entradas precisarão ainda de tempo até terem dimensão suficiente para operar de forma eficiente.

---

[456] Cfr. Comunicação da Comissão sobre a aplicação das regras da concorrência aos acordos de acesso no setor das telecomunicações – Enquadramento, mercados relevantes e princípios, JO nº C 265 de 22.8.1998 p. 2, para 117; ver igualmente Decisão *Telefónica*, para 311.
[457] Cfr. Comunicação da Comissão sobre a aplicação das regras da concorrência aos acordos de acesso no setor das telecomunicações – Enquadramento, mercados relevantes e princípios, JO nº C 265 de 22.8.1998 p. 2, para 118; ver igualmente Decisão *Telefónica*, para 311.

A prática da União Europeia dá clara prevalência ao teste do OIE como critério de avaliação de comportamentos de preços em geral, e de compressão de margens em particular, deixando a consideração dos custos dos operadores concorrentes apenas para quando não for possível, atendendo às circunstâncias, utilizar os custos da empresa dominante verticalmente integrada[458] [459].

Assim, na Orientação sobre o artigo 102º TFUE, a Comissão define a compressão de margens como a prática de um preço no fornecimento de um *input* que não permite que um concorrente com "o mesmo grau de eficiência" exerça de uma forma rentável e duradoura atividades no mercado a jusante[460]. De igual modo, nos recentes processos *Deutsche Telekom*[461], *TeliaSonera* ou *Telefónica*, o TG e o TJ esclareceram que o artigo 102º TFUE proíbe que uma empresa dominante "utilize práticas tarifárias que eliminem os seus concorrentes com o mesmo grau de eficiência[462]".

1.5 Compressão de margens e regulação
1.5.1 O critério da margem de manobra
Os dois casos de compressão de margens retalhistas em que a Comissão Europeia adotou decisões condenatórias nos últimos 10 anos, os processos *Deutsche Telekom*[463] e *Telefónica*[464], reportam-se ao setor das telecomunicações, uma área sujeita a regulação setorial.

---

[458] Cfr. Orientação sobre o artigo 102º TFUE, para 80, nota de rodapé 9; ver também acórdão *TeliaSonera*, para 46.

[459] Ver 2.1 *infra*, onde analisamos a prática das instituições europeias relativa a compressão de margens, pág 192.

[460] Cfr. Orientação sobre o artigo 102º TFUE, para 80.

[461] Decisão da Comissão de 1.5.2003, Proc. COMP/C-1/37.578, 37.579 – *Deutsche Telekom AG*, 2003/707/CE, JO 2003 L 263 p 9; acórdão do TG de 10.4.2008, Proc. T-271/03 – *Deutsche Telekom*/Comissão Europeia, Col p II-477; acórdão do TJ de 14.10.2010, Proc. C-280/08 – *Deutsche Telekom*/Comissão Europeia.

[462] Cfr. Acórdão TJ *Deutsche Telekom*, paras 177 e 199 e Acórdão TJ *TeliaSonera*, paras 39 e 40; acórdão TG Telefónica, para 201.

[463] Decisão da Comissão, de 1.5.2003, Proc. COMP/C-1/37.578, 37.579 – *Deutsche Telekom AG*, 2003/707/CE, JO 2003 L 263 p 9.

[464] Decisão da Comissão Europeia, de 4.7.2007, Proc. COMP/38.784 – *Wanadoo España/Telefónica*. O processo *TeliaSonera* resulta de um reenvio a título prejudicial e não de uma decisão condenatória da Comissão Europeia.

Em ambos os casos, a Comissão considerou existir uma compressão de margens não obstante as condições comerciais em causa serem objeto de regulação e controlo de preços. As empresas arguidas mostraram, de ambas as vezes, a sua incompreensão pela aplicação de sanções que respeitavam a tarifas em que o regulador setorial nacional havia intervindo.

O critério-chave parece ter sido o da margem de manobra mantida pelas empresas em causa para, não obstante a regulação, evitarem uma compressão de margens.

No caso *Deutsche Telekom*, o regulador alemão para as telecomunicações, o RegTP, havia fixado o preço das tarifas grossistas da banda larga e, no que toca ao retalho, fixou um limite máximo (*price cap*) para um cabaz de serviços, incluindo a banda larga. A Comissão entendeu, numa posição mais tarde confirmada pelo TG e pelo TJ, que a DT manteve ainda assim margem para ajustar os seus preços retalhistas no cabaz (*e.g.* reduzindo o preço para a banda larga e aumentando o preço de outros serviços incluídos no cabaz, por exemplo, o da telefonia fixa), podendo dessa forma evitar a compressão de margens. A DT podia também, segundo a Comissão, ter solicitado ao RegTP autorização para praticar preços retalhistas mais elevados, eliminando assim a compressão de margens[465].

A circunstância de os preços serem regulados, e, em particular, de o regulador alemão ter constatado a existência de uma compressão de margens (que na sua opinião não impedia os outros operadores de entrar no mercado e de se manter nele) foi considerada pela Comissão como uma circunstância atenuante, o que justificou uma redução da coima em 10%.

No caso *Telefónica*, em que a Comissão impôs a maior coima até à data aplicada num caso de compressão de margens, os preços grossistas de acesso em banda larga da Telefónica encontravam-se sujeitos a limites máximos (*price caps*). A Comissão Europeia considerou que a Telefónica manteve a liberdade para evitar uma compressão de margens quer oferecendo preços grossistas mais baixos aos seus concorrentes, quer solicitando ao regulador espanhol, a CMT, que autorizasse um preço grossista mais baixo[466]. A Comissão observou ainda que mesmo que um tribunal nacional tivesse reconhecido a competência do regulador nacional para, nos termos do artigo 5º da Diretiva Quadro 2002/21/UE, salvaguardar a

---

[465] Cfr. decisão *Deutsche Telekom*, para 163.
[466] Cfr. decisão *Telefónica*, paras 673 a 675.

concorrência, tal facto não afastaria a aplicação das regras de concorrência do TFUE[467]. Em todo o caso a Comissão sublinhou que a CMT não tem competência em relação ao artigo 102º TFUE pelo que esta norma pode ser aplicada às empresas.

Em sede de recurso, o TG recordou que o artigo 102º TFUE pode ser aplicado se se verificar que a lei nacional deixa subsistir a possibilidade de a concorrência vir a ser prejudicada por comportamentos autónomos das empresas[468]. O TG confirmou a posição da Comissão, notando que, não obstante a regulação, se uma empresa em posição dominante verticalmente integrada dispuser de margem de manobra para modificar, ainda que apenas os seus preços de retalho, a compressão de margens pode, só por isso, ser-lhe imputada[469].

Neste processo, o TG colocou a questão em termos particularmente claros, observando que:

> "Antes de mais, importa recordar que *o facto de a decisão impugnada dizer respeito a produtos e serviços regulamentados não é relevante. Com efeito, não existindo uma exceção expressa nesse sentido, o direito da concorrência é aplicável aos setores regulamentados* (...). Assim, a aplicabilidade das regras da concorrência não está excluída, uma vez que *as disposições setoriais em causa deixam subsistir a possibilidade de uma concorrência que possa ser impedida, restringida ou falseada por comportamentos autónomos das empresas* (...), o que sucede no caso em apreço. (...) [A] *Telefónica* não podia, por conseguinte, ignorar que o respeito da regulamentação espanhola em matéria de telecomunicações não a protegia de uma intervenção da Comissão nos termos do artigo [102º TFUE][470]" (nosso ênfase).

A intervenção do regulador foi, no entanto, também neste caso, considerada como uma circunstância atenuante, levando a uma redução de 10% da coima[471-472].

---

[467] Cfr. decisão *Telefónica*, paras 677 a 680.
[468] Acórdão TG *Telefónica*, para 328 e 329.
[469] Acórdão TG *Telefónica*, para 330.
[470] Acórdão TG *Telefónica*, paras 339 e 340.
[471] Ver o contributo da Comissão Europeia para a *OECD Policy Roundtable, Regulated Conduct Defence*, 2011, pág 195 e ss. Disponível em www.oecd.org.
[472] Refira-se que o Estado Espanhol recorreu da mesma decisão condenatória da Comissão Europeia pedindo a sua anulação, invocando *(i)* a aplicação *ultra vires* do artigo 102º TFUE,

Em Portugal, o único processo até à data respeitante ao tema da compressão de margens, a decisão *Banda Larga*[473], teve lugar igualmente num mercado sujeito regulação setorial, tendo a AdC considerado que a intervenção do regulador setorial, o ICP-ANACOM, na oferta grossista Rede ADSL PT não isentava a Portugal Telecom de responsabilidades no cumprimento das regras de direito da concorrência[474].

Em suma, pode afirmar-se que na perspetiva da prática quer das instituições da União Europeia quer das autoridades nacionais, a existência de regulação setorial, e até mesmo a intervenção do regulador ao nível das tarifas, não isenta as empresas a ela sujeita da responsabilidade ao nível do cumprimento das regras de concorrência, desde que para isso mantenham margem de manobra.

1.5.2 A existência prévia de uma obrigação regulamentar que impõe a obrigação de fornecimento

Em *Telefónica* e na Orientação sobre o artigo 102º TFUE, a Comissão Europeia parece atribuir à existência de certas obrigações regulamentares de

---

já que a decisão impugnada incide sobre o quadro normativo das comunicações eletrónicas vigente em Espanha, quebrando o equilíbrio entre a regulamentação *ex ante* e as regras em matéria de concorrência; *(ii)* a violação do princípio da especialidade; *(iii)* a violação do princípio da segurança jurídica *(iv)* a violação do princípio da confiança legítima relativamente ao operador punido e ao resto dos operadores nesse mercado, uma vez que o regulador espanhol das comunicações eletrónicas, já tinha intervindo no mercado. O TG negou contudo as pretensões do Reino de Espanha. Ver acórdão do TG de 29.3.2012, Proc. T-398/07, Reino de Espanha/ Comissão, ainda não publicado (sumário publicado no JO 2008/C 8/32).

[473] Decisão da AdC, de 28.8.2009, PRC 05/03.

[474] Note-se contudo que a intervenção do ICP-ANACOM no tarifário da PT Comunicações que veio a ser sancionado no âmbito deste procedimento não versou sobre os termos concretos da oferta, que foram definidos por iniciativa da PT Comunicações, mas apenas sobre o respeito do prazo de pré-aviso de 30 dias que terá supostamente sido desrespeitado pela empresa no lançamento da oferta grossista. A cessação da vigência do tarifário foi, no entanto, determinada por intervenção do regulador (cfr. decisões do ICP-ANACOM de Junho de 2002 e de 25.6.2003). Refira-se, porém que num processo em que não estava em causa uma prática de compressão de margens mas sim de discriminação abusiva– decisão da AdC no PRC 01/04, processo *Circuitos* –, a decisão da AdC incidiu sobre um tarifário da PT Comunicações que havia sido aprovado pelo ICP-ANACOM. A diferença no montante das coimas aplicadas (cerca de 45 Milhões de euros num processo e cerca de 2 milhões de euros no outro), estará porventura relacionada com a natureza da intervenção do regulador, que no segundo processo foi encarada como uma atenuante.

fornecimento, o efeito de flexibilizar a aplicação do regime dos abusos de posição dominante por compressão de margens.

De facto, depois de enunciar os requisitos para a satisfação do teste legal da recusa de venda e da compressão de margens e de tecer considerações sobre possíveis impactos negativos que uma obrigação jusconcorrencial de fornecimento poderá originar nos incentivos ao investimento das empresas, a Comissão observa que tais requisitos não terão que ser demonstrados quando "uma regulamentação compatível com o direito comunitário já impõe à empresa dominante a obrigação de fornecimento e quando é evidente, a partir das considerações subjacentes a essa regulamentação, que o necessário equilíbrio em matéria de incentivos já foi atingido pela autoridade pública aquando da imposição da obrigação".

A obrigação regulamentar de fornecimento, desde que imposta com respeito pelos pressupostos a que a Comissão faz referência, dispensaria pois a demonstração da existência de uma "obrigação jusconcorrencial de fornecimento" (*i.e.* do caráter indispensável do *input*).

A nosso ver, após o acórdão *TeliaSonera*, em que TJ esclareceu que nos casos de compressão de margens não tem que ficar necessariamente demonstrada a existência de uma *obrigação jusconcorrencial de fornecimento* (*i.e.* o caráter indispensável do *input*), esta flexibilização do regime poderá perder algum alcance prático, ainda que possa porventura mantê-lo nos casos de recusa de venda[475].

1.6 A compressão de margens no artigo 102º TFUE e na Lei nº 19/2012

A proibição de uma empresa dominante praticar uma compressão de margens não se encontra prevista de forma expressa nos comportamentos enunciados, a título não exaustivo, no segundo parágrafo do artigo 102º TFUE. De igual modo, a Lei nº 19/2012 não prevê expressamente a proibição da compressão de margens.

Não obstante, a alínea a) do segundo parágrafo do artigo 102º TFUE, que indica como exemplo de comportamento que pode ser abusivo "impor, de forma direta ou indireta, preços de compra ou de venda ou outras condições de transação não equitativas", tem sido a base jurídica utilizada para este tipo de prática pela Comissão Europeia e pelo TJUE. O artigo 11º,

---

[475] O acórdão do TG em *Telefónica*, que reflete já a jurisprudência *TeliaSonera*, é já disso um exemplo. Ver para 178 do acórdão TG, *Telefónica*.

nº 2, alínea a) da Lei nº 19/2012 apresenta uma redação idêntica, sendo a disposição aplicável a nível nacional.

Refira-se porém que, tal como notamos a propósito dos restantes abusos, ainda que não coubesse expressamente na alínea referida, uma compressão de margens que origine um encerramento anticoncorrencial do mercado pode, preenchidos os demais elementos, ser punido pela proibição geral destas normas.

2. A prática das instituições europeias
2.1. National Carbonising[476]

O primeiro caso de esmagamento de margens a nível comunitário remonta à década de 70, ao processo *National Carbonising*. A *National Carbonising* ("NCC") adquiria todas as suas necessidades de carvão à empresa *National Coal Board* ("NCB"), monopolista na produção desta matéria-prima no Reino Unido. A NCB, além de fornecer a matéria-prima, operava também nos mercados a jusante do carvão de uso industrial e do carvão de uso doméstico, em concorrência com a NCC, através de uma empresa subsidiária por ela totalmente detida, a *National Smokeless Fuels Limited* ("NSF"). A NSF detinha quotas de mercado na ordem dos 84% e 88% nos mercados retalhistas de uso industrial e de uso doméstico de carvão, respetivamente.

A NCC solicitou a intervenção da Comissão Europeia, alegando que a NSF era a empresa líder do mercado e também a referência em matéria de preço (*price leader*), o que queria dizer que o preço do carvão de uso doméstico praticado no mercado era aquele que a NSF fixava. Não era possível vender produtos idênticos a um preço superior. Alegava então a NCC que tendo em conta o preço do carvão praticado pela NCB a nível grossista e os preços praticados pela NSF no retalho, não conseguia cobrir os seus custos de produção para o carvão de uso doméstico.

A Comissão rejeitou a alegação da NCC mas, não obstante, deixou claro que, em determinadas circunstâncias, uma empresa podia cometer um abuso de posição dominante por compressão de margens. Sublinhou então a Comissão que:

---

[476] Decisão da Comissão 76/185/ECSC, de 29.10.1975, JO L35 de 10.2.1976, p 6 (medidas provisórias).

"uma empresa em posição dominante na produção de uma matéria-prima e que se encontra em posição de controlar os preços a que os fabricantes independentes de derivados dessa matéria-prima a adquirem e que se encontra em concorrência com esses mesmos fabricantes, pode abusar da posição dominante se agir de modo a eliminar a concorrência destes fabricantes no mercado dos derivados da matéria-prima".

O teste de que lançou mão a Comissão Europeia – é comum observar-se – segue de muito perto a abordagem do processo *Commercial Solvents*, relativa a uma recusa de venda[477], concretizando ainda que uma empresa em posição dominante pode ter uma obrigação de praticar preços que possibilitem a um fabricante "razoavelmente eficiente" no mercado relacionado realizar uma margem que lhe permita sobreviver no longo-prazo[478].

No que respeita ao comportamento da NCB, a Comissão considerou que os preços praticados *não* eram de molde a eliminar um fabricante de carvão do mercado, uma vez que a margem permitida era insuficiente apenas quanto ao carvão de uso doméstico, mas, relativamente ao carvão de uso industrial era suficiente para realizar lucros. Nesta medida, atendendo ao facto de nenhum fabricante de carvão se dedicar apenas ao fabrico do carvão de uso doméstico, o comportamento em análise não era, segundo a Comissão, suscetível de eliminar um concorrente do mercado[479].

2.2. Napier Brown/ British Sugar[480]

O primeiro caso em que a Comissão considerou existir efetivamente um abuso de posição dominante por compressão de margens (e também por

---

[477] Ver capítulo 5, onde analisamos esta processo, pág.138. De facto o paralelismo de linguagem é evidente. No processo *Comercial Solvents*, é dito que "uma empresa que se encontre numa posição dominante no que se refere à produção de uma matéria-prima e deste modo se encontra em posição de controlar a oferta dessa matéria-prima aos fabricantes independentes de derivados dessa matéria-prima, não pode, apenas porque decide começar a fabricar esses derivados (em concorrência com esses fabricantes), agir de modo a eliminar a sua concorrência".
[478] Ver *supra* ponto 1.4 do presente capítulo sobre o conceito de *operador razoavelmente eficiente*.
[479] Informação constante do V Relatório Anual sobre a política de concorrência, pág 60, e do VII Relatório Anual sobre a política de concorrência, pág 114.
[480] Decisão da Comissão. de 18.7.1988, Proc. IV/30.178 *Napier Brown – British Sugar*, JO 1988, L284 P 41, de 19.10.1988.

um conjunto de outros comportamentos[481]) foi *Napier Brown/British Sugar*, que teve lugar no final da década de 80.

A *British Sugar* ("BS") era o único produtor britânico de açúcar de beterraba por via de um monopólio legal no Reino Unido que lhe fora concedido pelo *Sugar Act* de 1956. A beterraba e a cana do açúcar eram as duas fontes donde é possível extrair açúcar granulado. O açúcar granulado obtido a partir de qualquer uma destas fontes apresentava caraterísticas semelhantes. Este produto era vendido para fins industriais (mercado a montante) e para venda a retalho (mercado a jusante). A BS encontrava-se presente em ambos. Tendo a *Napier Brown* ("NB"), em 1983, iniciado a comercialização de açúcar granulado no retalho, não tardou em denunciar à Comissão, entre outras práticas, que a BS praticava preços inferiores aos da NB para o açúcar granulado para venda a retalho, de tal modo que nenhum reempacotador de açúcar no Reino Unido poderia sobreviver a longo prazo sem uma fonte interna de açúcar industrial. A BS, alegava a NB, mantinha uma margem ficticiamente reduzida entre os seus preços para o açúcar industrial e para o açúcar para venda a retalho com o objetivo de forçar a NB a abandonar o mercado[482].

A BS detinha 60% de quota de mercado. Todavia, as possíveis pressões concorrenciais provenientes, por um lado, da outra empresa presente no mesmo mercado, a *Tale & Lyle* (TL) – que produzia açúcar granulado com origem na cana do açúcar – e, por outro lado, das importações, eram insuficientes para perturbar a independência da BS na fixação dos preços.

A Comissão reconheceu que a TL, refinadora de açúcar de cana, encontrava-se numa posição bastante desfavorável em relação à BS, uma vez que a sua estrutura de custos, devido à estrutura de preços da CEE, era bastante mais pesada do que a dos produtores de açúcar de beterraba. Assim, enquanto a margem da BS rondava as 13 libras esterlinas por tonelada, a margem da TL era de cerca de 2 libras esterlinas por tonelada. A TL não tinha pois possibilidade para pressionar a BS em termos de preço e era apenas uma seguidora do preço da BS. Quem determinava o preço do açúcar no mercado era a BS.

---

[481] Ver Capítulo 8 – Venda Ligada, pág 285.
[482] Cfr. decisão da Comissão, de 18.7.1988, Proc. IV/30.178 *Napier Brown – British Sugar*, para 24.

Quanto ao açúcar importado, que incorria em substanciais custos de transporte para chegar ao Reino Unido, funcionava apenas como um limite superior dos preços que a BS podia praticar no mercado, não representando uma pressão competitiva efetiva. Neste contexto, a Comissão sublinhou que:

> "[A] manutenção, por uma empresa em posição dominante simultaneamente no mercado das matérias-primas e no do correspondente produto derivado, de uma margem entre o preço cobrado pela matéria-prima às empresas que com ela competem no fabrico do produto derivado, insuficiente para refletir os próprios custos de transformação da empresa dominante (no caso presente, a margem mantida pela BS entre os seus preços para o açúcar para fins industriais e o açúcar para venda a retalho comparada com os seus custos de reempacotamento) e que produz o resultado de restringir a concorrência relativamente ao produto derivado, constitui um abuso de posição dominante[483]".

Tendo concluído que a margem em causa era de tal forma baixa que o preço de venda do açúcar de retalho deixou de refletir os próprios custos de transformação da BS, entendeu a Comissão ser "evidente que se a British Sugar tivesse mantido a referida margem a longo prazo, a Napier Brown, ou qualquer outra empresa tão eficiente quanto a British Sugar nas operações de reempacotamento, e que não dispusesse de uma fonte própria de abastecimento de açúcar industrial, teria sido obrigada a retirar-se do mercado retalhista[484]".

A Comissão considerou, pois, que não existiam alternativas ao açúcar da BS, uma vez que as fontes existentes não tinham capacidade para a constranger em termos de preço. Este facto levava a que os concorrentes no mercado derivado não pudessem procurar outra fonte de abastecimento mais barata[485], caso as condições de preço da BS lhes fossem manifestamente desfavoráveis.

---

[483] Cfr. decisão da Comissão, de 18.7.1988, Proc. IV/30.178 *Napier Brown – British Sugar*, para 66.
[484] Cfr. decisão da Comissão de, 18.7.1988, Proc. IV/30.178 *Napier Brown – British Sugar*, para 66.
[485] Cfr. *OCDE Policy Roundtables – Margin Squeeze*, 2009, *European Commission submission*, pág 256.

Neste caso, o teste empregue foi estabilizado e clarificado em relação ao processo *National Carbonising*. Um dos aspetos mais relevantes reside na evolução do teste do "operador razoavelmente eficiente", referido pela Comissão em *National Carbonising*, para o teste do "operador igualmente eficiente", consagrado neste processo[486]. O conceito viria a ser aprofundado no processo *Industrie des Poudres Sphériques*.

2.3. Industrie des Poudres Sphériques[487]

Anos depois, no caso *Industrie des Poudres Sphériques*, tanto a Comissão Europeia como o TG rejeitaram a denúncia efetuada contra a sociedade *Péchiney Électrométallurgie* ("PEM"), por uma suposta prática de compressão de margens.

A PEM era o único produtor comunitário de cálcio-metal primário de baixo teor de oxigénio, ou cloreto de cálcio (matéria-prima necessária para a produção de cálcio-metal dividido) e operava igualmente no mercado do produto derivado, o cálcio-metal dividido. A IPS, sua concorrente no mercado do produto derivado, alegava que o preço cobrado pela PEM pela matéria-prima era "anormalmente alto", e por isso abusivo, e que, conjugado com o preço muito baixo a que a PEM oferece o cálcio-metal dividido, obriga os seus concorrentes a vender com prejuízo para se manterem no mercado. Segundo a IPS, os preços praticados pela PEM equivaliam a "preços esmagados"[488].

O TG começou por notar que um preço é "esmagado" quando uma empresa que goza de uma posição dominante no mercado de uma matéria-prima e utiliza ela própria uma parte da sua produção para o fabrico de um produto mais elaborado vende o excedente da matéria-prima no mercado, e fixa os preços de venda da matéria-prima a terceiros a um nível tal "que estes últimos não dispõem de uma margem de transformação suficiente para continuarem a ser competitivos no mercado do produto transformado[489]".

---

[486] Ver ponto 1.4 do presente capítulo, quanto aos conceitos de operador igualmente eficiente e de operador razoavelmente eficiente.

[487] Decisão da Comissão, de 7.11.1996, Proc. nº IV/35.151/E-1 *IPS/Péchiney électrométallurgie*; acórdão do TG, de 30.11.2000, Proc. T-5/97, *Industrie des poudres sphériques SA*/Comissão, Col. 2000 p. II-03755.

[488] Cfr. acórdão do TG, IPS, para 177.

[489] Cfr. acórdão do TG, IPS, para 178.

Entre as razões que fundamentaram a conclusão de que não teria ocorrido uma compressão de margens cabe salientar: *(i)* o facto de se encontrarem disponíveis fontes alternativas de abastecimento da matéria-prima em questão (cloreto de cálcio) na China e na Rússia; *(ii)* não ter ficado demonstrado que os preços da matéria-prima fossem anormalmente altos nem que os preços do produto derivado fossem predatórios; *(iii)* a denunciante não ser tão eficiente quanto a PEM, por ter custos de transformação mais elevados; *(iv)* não ter sido feita prova de que os preços praticados pela PEM fossem suscetíveis de excluir do mercado os seus concorrentes.

A abordagem do TG neste processo suscitou legítimas dúvidas quanto à autonomia da compressão de margens enquanto abuso de posição dominante independente. Na verdade, não obstante o reconhecimento do conceito, o tribunal parece fazer depender a verificação do abuso da demonstração da existência de preços excessivos no mercado a montante ou de preços predatórios no mercado a jusante. Alguma ambiguidade daqui resultante só viria a ser clarificada no âmbito dos processos subsequentes.

Um contributo importante deste processo respeita à clarificação de que apenas tem lugar um abuso de posição dominante por compressão de margens quando a prática é suscetível de levar à eliminação de um concorrente tão eficiente quanto a empresa dominante. O TG abandonava assim o teste do "operador razoavelmente eficiente", a que a Comissão Europeia se havia referido em *National Carbonising*. Ao aprofundar o conceito de "concorrente igualmente eficiente" o tribunal colocou o ênfase no nível dos custos de transformação, sublinhando que:

> "o facto de os clientes da IPS não estarem dispostos a suportar o preço acrescido que resulta dos custos de transformação mais elevados da IPS decorre ou do facto de que, sendo o seu produto equivalente ao dos seus concorrentes, é demasiado caro para o mercado e, portanto, não é suficientemente eficaz na sua produção para sobreviver no mercado ou de que, sendo o seu produto melhor do que o dos seus concorrentes e fabricado eficazmente, não é, todavia, suficientemente apreciado pelos seus clientes para justificar a sua oferta no mercado[490]".

---

[490] Cfr. acórdão do TG IPS, para 185.

Esta passagem do acórdão deixa claro que a política de concorrência não visa proteger concorrentes com um nível de eficiência menor do que o da empresa em posição dominante. Sendo os custos de transformação do *input* que lhe é fornecido pela empresa verticalmente integrada superiores aos desta, o direito da concorrência não intervém, restando ao concorrente, para não ser excluído do mercado, a hipótese de os clientes apreciarem mais o seu produto e estarem dispostos a suportar um preço superior.

2.4. Deutsche Telekom[491]

Em 2003, a Comissão Europeia adotou a decisão *Deutsche Telekom* ("DT"), onde condenou o operador histórico alemão de telecomunicações por abuso de posição dominante devido à margem insuficiente entre as tarifas cobradas aos operadores concorrentes pela oferta de acesso desagregado ao lacete local e as tarifas cobradas aos utilizadores finais pelo acesso à sua rede.

O processo tem origem com o início da liberalização do mercado alemão das telecomunicações. Desde 1998, que a DT era obrigada a conceder acesso à sua rede local aos operadores concorrentes. De acordo com a Comissão Europeia, a rede local da DT era *indispensável* para que os operadores concorrentes pudessem prestar serviços em banda estreita (*e.g.* oferta de linhas analógicas e de linhas RDIS convencionais, que permitiam aos operadores prestar serviços de voz e de acesso à Internet em banda estreita) e em banda larga (*e.g.* transmissão de dados de elevado débito, adequados à prestação de serviços como o acesso à Internet em banda larga, *video-on--demand*, entre outros, aos utilizadores finais, particulares ou empresas)[492]. A DT era uma empresa verticalmente integrada com presença nos dois níveis de mercado em causa: o mercado grossista do acesso à rede local,

---

[491] Decisão da Comissão, de 1.5.2003, Proc. COMP/C-1/37.578, 37.579 – *Deutsche Telekom AG*, 2003/707/CE, JO 2003 L 263 p 9; acórdão do TG de 10.4.2008, Proc. T-271/03 – *Deutsche Telekom*/Comissão Europeia, Col p II-477; acórdão do TJ, de 14.10.2010, Proc. C-280/08 – *Deutsche Telekom*/Comissão Europeia.

[492] A Comissão sublinhou nesta decisão que ainda que existissem outras infraestruturas que, em teoria, poderiam constituir alternativas à rede local da DT, na prática, nenhuma delas se encontrava, à data dos factos, suficientemente desenvolvida para permitir uma substituibilidade efetiva. Nesta medida, foi dado como assente que não existiam infraestruturas alternativas à rede da DT. Cfr. decisão Comissão DT, paras 83 a 91.

onde era monopolista, e no mercado retalhista dos serviços de acesso aos utilizadores finais, que inclui dois segmentos, o da prestação de serviços de acesso às linhas de banda estreita e os serviços de acesso às linhas de banda larga. A DT foi considerada detentora de posição dominante em todos os mercados identificados.

O processo DT introduziu um conjunto de clarificações de relevo relativas ao regime das compressões de margens, cumprindo destacar as seguintes:

(i) A consagração do princípio do OIE;
(ii) A necessidade de os serviços a nível grossista e retalhista serem comparáveis;
(iii) A compressão de margens poder resultar de uma margem positiva, mas ainda assim insuficiente para cobrir os custos específicos do produto;
(iv) A compressão de margens resultar de uma margem insuficiente e não de um preço grossista excessivo ou de um preço retalhista predatório;
(v) A necessidade de demonstração de um efeito anticoncorrencial; e
(vi) A aplicação das regras de concorrência, não obstante, a existência de regulação, desde que a empresa mantenha margem de manobra para as cumprir.

Vejamos sucintamente cada uma delas.

(i) OIE, comparabilidade dos serviços a montante e a jusante e nível da margem

Ao analisar a política tarifária da DT, esclareceu a Comissão que terá lugar "uma compressão das margens, se a diferença entre as tarifas cobradas aos utilizadores finais e as tarifas cobradas aos operadores da concorrência pela prestação de serviços equivalentes for negativa ou insuficiente para cobrir os custos específicos dos produtos do operador que detém uma posição dominante no mercado para prestar serviços aos seus próprios clientes finais no mercado a jusante[493]".

---
[493] Cfr. decisão da Comissão DT, para 107.

A Comissão sublinhava assim o relevo de três elementos:

Em primeiro lugar, devem estar em causa "serviços equivalentes" ou serviços comparáveis, a montante e a jusante. A Comissão chamava a atenção para o facto de ser importante avaliar "até que ponto é possível comparar os serviços prestados aos utilizadores finais com os serviços de acesso grossista ao lacete local prestados pelo operador histórico, ou seja, até que ponto as caraterísticas técnicas destes dois tipos de serviços são idênticas ou equiparáveis e em que medida permitem a prestação dos mesmos serviços ou de serviços semelhantes[494]".

Por outro lado, mesmo uma margem positiva pode traduzir-se numa compressão de margens. O importante é que a margem seja, não apenas positiva, mas *suficiente* para possibilitar a cobertura dos custos específicos em que o operador dominante verticalmente integrado incorre para prestar os seus próprios serviços aos utilizadores finais[495].

Por fim, e relativamente ao nível da margem, ao referir-se aos "custos específicos do operador dominante", a Comissão reafirmou, uma vez mais, a relevância do padrão de eficiência do operador dominante, e não de qualquer outro operador, o que equivale a reiterar o princípio do OIE.

Este ponto de vista foi subscrito tanto pelo TG como mais tarde pelo TJ, que pareceram afastar definitivamente o teste do "operador razoavelmente eficiente" discutido no processo *National Carbonising*.

De acordo com o TJ, o critério do OIE tem um papel duplamente importante. Por um lado, permite à empresa dominante verificar se tem condições para, por si própria, propor os seus serviços retalhistas aos utilizadores finais sem ser com prejuízo, caso tivesse sido previamente obrigada a pagar as suas próprias tarifas pelos serviços de acesso grossista ao lacete local. Por outro lado, este critério está ainda em conformidade com o princípio geral da segurança jurídica, uma vez que tomar em conta os seus próprios custos permite à empresa dominante, atendendo à responsabilidade particular que lhe cabe nos termos do artigo 102º TFUE, avaliar ela própria a legalidade dos seus comportamentos já que, embora conheça os seus próprios custos e tarifas, não conhecerá, em princípio, os dos seus concorrentes[496].

---

[494] Cfr. para 109.
[495] Cfr. decisão da Comissão DT, para 138.
[496] Cfr. acórdão do TJ, DT paras 201 e 202.

(ii) Preço grossista não tem que ser excessivo nem o retalhista predatório

O processo DT permitiu também uma evolução e clarificação relevantes da jurisprudência *Industrie des Poudres Sphériques*, ao esclarecer que, num caso de compressão de margens, importante não é analisar em si mesmo o preço grossista ou o preço retalhista, mas sim a margem entre estes[497].

Afirmou o TJ que "[o] Tribunal [Geral] não tinha, portanto, de demonstrar ainda que os preços pelos serviços de acesso grossista ao lacete local ou os preços de retalho pelos serviços de acesso aos utilizadores finais eram, em si mesmos, abusivos devido ao seu caráter excessivo ou predatório, consoante o caso[498]".

Assim, se a margem entre os preços grossista e retalhista for insuficiente para que operadores pelo menos tão eficientes quanto a empresa dominante verticalmente integrada se mantenham no mercado – e desde que se reúnam os restantes elementos –, poderemos estar perante uma violação do artigo 102º TFUE.

(iii) Necessidade de demonstração de efeito anticoncorrencial

O processo DT permitiu ainda clarificar a necessidade de, num caso de compressão de margens, ter sempre que ficar demonstrado o efeito anticoncorrencial da prática[499].

A este propósito, o TJ esclareceu que o facto de uma prática de compressão de margens não ter efetivamente levado os concorrentes a sair do mercado, ainda que fosse esse o objectivo da empresa dominante, não afasta a sua qualificação como um abuso de posição dominante. Sublinhou, porém, que não havendo o menor efeito na situação concorrencial dos concorrentes, uma prática tarifária como a que está em causa não pode ser qualificada de prática de exclusão, quando a penetração daqueles no mercado em nada é dificultada por essa prática[500].

No caso concreto, o Tribunal entendeu que as reduzidas quotas de mercado obtidas pelos concorrentes, em virtude das práticas da DT,

---

[497] Cfr. acórdão do TJ de 14.10.2010, Proc. C-280/08 P *Deutsche Telekom*/Comissão Europeia, para 159.
[498] Cfr. acórdão do TJ DT, para 183.
[499] Cfr acórdão do TJ DT, para 251.
[500] Cfr. acórdão do TJ DT, para 254.

demonstraram o obstáculo colocado ao desenvolvimento da concorrência no mercado.

Refira-se que a posição do TJ a este respeito não é inteiramente clara. Na verdade, embora repita a posição da jurisprudência clássica (*e.g* *Michelin II*[501]) nos termos da qual o efeito a demonstrar deve ser apenas potencial, atribui depois relevo aos efeitos concretos verificados no mercado (nomeadamente à ausência de efeitos concretos) que poderão ser suficientemente fortes para, não obstante a demonstração de um efeito potencial, este elemento não se encontrar preenchido[502].

Refira-se ainda que o facto de o aludido efeito potencial se referir ao OIE representa também uma evolução quanto à jurisprudência clássica, parecendo tornar o *standard* mais exigente[503].

(iv) Aplicação concomitante do artigo 102º TFUE não obstante a regulação setorial

Vimos *supra* no ponto 1.5.1. do presente capítulo, que a DT foi condenada não obstante os preços praticados se encontrarem sujeitos a regulação setorial. As instituições europeias deixaram claro que o artigo 102º TFUE se aplica a comportamentos autónomos das empresas e que desde que a regulação lhes deixe margem de manobra para evitar a infração ao artigo 102º TFUE, esta disposição será aplicável.

É interessante chamar agora a atenção para a circunstância de o TG e de o TJ, em sede de recurso, não terem analisado o tema da margem detida pela DT para alterar as tarifas grossistas, assumindo, como pressuposto de análise, que ainda que essa margem não existisse a nível grossista, a empresa teria sempre margem de manobra para alterar os preços retalhistas[504].

A posição dos Tribunais da União, assumida logo pelo TG, não é incontroversa. Na realidade, a DT observou que a margem de manobra em questão permitir-lhe-ia apenas *aumentar* os preços retalhistas cobrados aos consumidores, o que, em boa verdade, poderia corresponder a um resultado questionável da política de concorrência. Seriam assim os consumidores a ter que pagar um preço mais elevado para viabilizar a concorrência.

---

[501] Acórdão do TG de 30.9.2003, Proc. T-203/01 *Michelin*/Comissão, Col p. II 4071.
[502] Ver *supra* capítulo 4, pág. 88.
[503] Acórdão do TJ, para 259.
[504] Cfr. acórdão do TJ, DT, paras 80 a 96.

O TJ esclareceu contudo que num caso como este o aumento de preços retalhistas seria efetivamente uma obrigação da empresa dominante e, na realidade, seria melhor para o funcionamento do mercado, uma vez que, se assim não fosse, os consumidores sofreriam um dano ainda maior devido à redução das suas possibilidades de escolha e, à diminuição das possibilidades de os preços de retalho virem a reduzir-se, a longo prazo, em virtude da eliminação da concorrência[505].

2.5. Telefónica[506]

Em 2007, a Comissão Europeia aplicou uma coima de cerca de 152 milhões de euros ao operador histórico de telecomunicações em Espanha, a Telefónica, por abuso de posição dominante por compressão de margens. O processo tem origem numa denúncia da *France Telecom España*, que alegou que a margem existente entre os preços cobrados pelo acesso à banda larga da Telefónica a nível grossista e o preço por esta cobrado no retalho aos clientes finais era insuficiente para permitir aos operadores seus concorrentes manterem-se no mercado.

Nesta decisão, a Comissão identificou dois mercados grossistas, o do acesso grossista em banda larga a nível regional e o do acesso grossista a nível nacional, e identificou também um mercado relevante retalhista que compreende todos os produtos *standard* de banda larga, quer prestados sobre ADSL quer sobre outras tecnologias. A Comissão considerou a Telefónica detentora de posição dominante em todos os mercados relevantes identificados.

A Comissão aplicou o teste do OIE, considerando que, entre 2001 e 2006, a diferença de preços entre as ofertas grossistas regional e nacional e os preços praticados no retalho não permitiam a um OIE uma margem suficiente para cobrir o seu custo. A oferta de acesso desagregado ao lacete local, que, embora exigindo investimentos mais elevados, permitia a prestação dos mesmos serviços nos mercados retalhistas, foi descartada pela Comissão enquanto alternativa viável às ofertas grossistas de acesso em banda larga.

---

[505] Cfr. Acórdão do TJ, DT, para 182.
[506] Decisão da Comissão, de 4.7.2007, Proc. COMP/38.784 *Wanadoo España/Telefónica*; acórdão do TG de 29.3.2012, Proc. T 336/07, *Telefónica*/Comissão, ainda não publicado.

A Telefónica contestou a abordagem da Comissão, tendo apontado, por um lado, a incompatibilidade da mesma com a jurisprudência *Industrie des Poudres Sphériques*, que exigiria a demonstração de um preço grossista excessivo ou de um preço retalhista predatório e, por outro lado, a inconformidade do teste seguido com a jurisprudência *Bronner*, que exigia a demonstração da essencialidade do *input*.

Quanto à jurisprudência *Industrie des Poudres Sphériques*, a Comissão observou que a leitura correta da mesma, em linha com a anterior decisão *Napier Brown/British Sugar*, permite concluir que "uma compressão de margens é uma desproporção entre um preço grossista e um preço retalhista" e que "não é necessário demonstrar que o preço grossista é excessivo em si mesmo ou que o preço retalhista é predatório em si mesmo[507]". Por outro lado, a aplicabilidade da jurisprudência *Bronner* foi igualmente rejeitada, alegando que as *circunstâncias particulares* do caso –, nomeadamente o facto de, ao contrário da empresa *Mediaprint* do processo *Bronner*, a Telefónica estar sujeita a uma obrigação regulamentar de fornecer acesso –, eram distintas em cada um dos casos.

À semelhança do que sucedeu no processo *Deutsche Telekom*, a Comissão entendeu que o facto de as ofertas grossistas da Telefónica serem reguladas não lhe retirava margem de manobra para promover a revisão dos seus preços de forma a terminar a prática de esmagamento de margens.

A Comissão entendeu igualmente que a prática em questão era suscetível de eliminar a concorrência no mercado retalhista e prejudicou os consumidores, em particular porque os preços retalhistas para o acesso ADSL praticados em Espanha eram os mais altos da UE-15.

A Telefónica interpôs recurso, tendo o TG, em 29.3.2012, confirmado a decisão da Comissão[508].

2.6. TeliaSonera[509]

A *TeliaSonera* ("TS"), operador histórico de telecomunicações da Suécia, oferecia acesso em banda larga no mercado retalhista. Ao mesmo tempo, disponibilizava, a nível grossista, uma oferta de acesso desagregado ao

---

[507] Cfr. decisão *Telefónica*, para 283.
[508] Acórdão do TG, de 29.3.2012, Proc. T 336/07, *Telefónica*/Comissão, ainda não publicado.
[509] Acórdão do TJ, de 17.2.2011, Proc. C-52/09, *Konkurrensverket/Teliasonera Sverige Ab*, ainda não publicado.

lacete local, por imposição legal e, por outro lado, uma oferta grossista de acesso ADSL, que lançou voluntariamente no mercado. Os seus concorrentes no mercado retalhista podiam recorrer a ambas as ofertas grossistas para prestarem serviços de acesso em banda larga no retalho.

A autoridade de concorrência Sueca, a *Konkurrensverket*, considerou que a TS abusou da sua posição dominante no mercado grossista em virtude de o tarifário da oferta de acesso grossista ADSL não permitir à própria TS realizar uma margem que cobrisse os custos incrementais no mercado retalhista.

A TS impugnou a decisão junto do *Stockholms tingsrätt*, tribunal de primeira instância sueco, tendo este colocado ao TJ um conjunto de questões prejudiciais respeitantes às circunstâncias em que pode ter lugar um abuso de posição dominante por compressão de margens.

Na resposta, o TJ consolidou princípios anteriormente estabelecidos pela jurisprudência, e, desviando-se das recomendações do Advogado-Geral Mazak[510], consagrou a compressão de margens como tipo de abuso de posição dominante autónomo.

Nas respostas às questões do órgão nacional de reenvio, o TJ começou por sublinhar que, para avaliar se estamos perante uma prática abusiva tem que analisar-se a "globalidade das circunstâncias" e apurar se o comportamento em questão tende a suprimir ou a restringir a possibilidade de o comprador escolher as suas fontes de abastecimento, impedir o acesso de concorrentes ao mercado, aplicar a parceiros comerciais condições desi-

---

[510] A grande divergência entre as Conclusões do AG Mazak e o acórdão do TJ reside na autonomização da compressão de margens como um tipo de abuso diferente da recusa de venda. Para o AG Mazak, o esmagamento de margens é uma manifestação do abuso "recusa de acesso". No fundo é uma "recusa de acesso construtiva". O âmbito do prejuízo para a concorrência causado pelo esmagamento de margens não é diferente daquele que é causado pelo da recusa de acesso. Um esmagamento de margens só é abusivo quando existe uma *obrigação regulamentar* para fornecer o *input* em questão ou este é *indispensável*, no sentido da jurisprudência *Bronner*. Na opinião do AG Mazak, nas duas decisões da Comissão relativas a esmagamento de margens (*Deutsche Telekom* e *Telefónica*) esta analisou os factos lançando mão de uma abordagem inspirada na jurisprudência *Bronner*, apesar de, no caso Telefónica, ter dito que essa jurisprudência não era aplicável por as circunstâncias do caso serem diferentes (existência de obrigação regulatória e questão do investimento público e dos direitos exclusivos). Em ambos os casos houve condenações mas existia uma obrigação regulamentar e a Comissão considerou que não existiam alternativas à rede do incumbente. Ver Conclusões AG Mazak de 2.9.2010, Proc. C52/09 *Konkurrensverket* contra *TeliaSonera AB*.

guais por prestações equivalentes ou reforçar a posição dominante através de uma concorrência falseada.

O TJ endereçou depois as questões colocadas, justificando-se, a nosso ver, salientar as seguintes:

a) A compressão de margens como um tipo de abuso autónomo

O TJ pôs definitivamente termo ao tema da falta de autonomia da compressão de margens enquanto tipo de abuso de posição dominante.

Depois de, em *Deutsche Telekom*, se ter deixado claro que a compressão de margens se distingue do abuso por preços excessivos e do abuso por preços predatórios, o TJ afirmou agora que a compressão de margens se distingue também do abuso por recusa de venda, declarando que as condições que devem encontrar-se preenchidas num e noutro *não* são necessariamente as mesmas[511-512].

b) O teste do OIE

No que respeita ao teste do OIE, relativamente ao qual o processo *Deutsche Telekom* havia dado já um contributo de grande relevo, o TJ reafirmou o princípio de que há que ter em conta os custos e os preços da empresa dominante verticalmente integrada[513].

Clarificou, no entanto, que em determinadas circunstâncias, pode ser adequado ter em consideração os custos dos concorrentes, o que pode suceder, designadamente, quando:

(i) Não for possível identificar a estrutura de custos da empresa dominante de modo preciso por razões objetivas;

(ii) A empresa dominante se limitar a utilizar uma infraestrutura cujo custo já foi amortizado, pelo que o acesso à mesma já não representa um custo para a empresa dominante que seja economicamente comparável ao custo que os concorrentes devem suportar para aceder a ela;

(iii) As condições de concorrência específicas do mercado o exijam por, por exemplo, o nível de custos da empresa dominante depender

---

[511] Cf acórdão *TeliaSonera*, para 56.
[512] Ver *supra* ponto 1.3.2. do presente capítulo, pág 183.
[513] Cfr. acórdão *TeliaSonera*, paras 41 a 44.

precisamente da situação de vantagem competitiva decorrente de tal posição[514].

O TJ deixa, no entanto, claro que "só quando não for possível fazer referência aos preços e custos da empresa dominante é que devem ser examinados os dos concorrentes que operam nesse mercado[515]". A análise dos custos dos concorrentes ocorrerá, por isso, apenas em situações excecionais, em que não terá sido possível atender aos custos da empresa dominante verticalmente integrada.

c) Inexistência de uma obrigação regulamentar de fornecimento

O *Stockholms tingsrätt* perguntou igualmente ao TJ se o facto de inexistir uma obrigação regulamentar que imponha o fornecimento da oferta grossista objeto da discussão tem alguma influência na aplicabilidade do artigo 102º TFUE.

Esta situação era a inversa da apreciada no âmbito do processo *Deutsche Telekom*, em que o operador histórico alemão se encontrava sujeito a uma obrigação regulamentar de fornecimento e ao controlo de preços por parte da autoridade reguladora nacional. O TJ recordou que naquele processo teve oportunidade de esclarecer que o artigo 102º TFUE é aplicável a comportamentos concorrenciais das empresas adotados "por sua própria iniciativa", e que este conceito era suficientemente abrangente para incluir o comportamento da DT que, ainda que não fixasse as suas tarifas retalhistas, dispunha contudo de margem de manobra para solicitar ao regulador a sua alteração. Por maioria de razão, recordou o TJ que, a um comportamento sobre o qual não impende qualquer obrigação regulamentar, não deixa igualmente de ser aplicável o artigo 102º TFUE.

A inexistência de uma obrigação regulamentar de fornecimento sobre a empresa dominante não tem assim qualquer impacto no que respeita ao caráter abusivo da prática[516].

d) A necessidade de demonstração de um efeito anticoncorrencial

Outra das questões colocadas pelo *Stockholms tingsrätt* prendia-se com saber se é necessário demonstrar efeitos restritivos "concretos". O TJ começou

---

[514] Cfr. acórdão *TeliaSonera*, para 45.
[515] Cfr. acórdão *TeliaSonera*, para 46.
[516] Cfr. acórdão *TeliaSonera*, para 52.

por recordar que, tal como resulta da jurisprudência *Deutsche Telekom*, a compressão de margens não constitui um abuso *per se* sendo necessário demonstrar um efeito restritivo da concorrência. Para que uma prática seja abusiva deve assim ficar demonstrado o efeito anticoncorrencial da mesma. O TJ disse ainda que não tem porém que demonstrar-se um efeito concreto, bastando demonstrar um efeito anticoncorrencial potencial, suscetível de eliminar os concorrentes pelo menos tão eficientes quanto a empresa dominante[517].

O TJ recordou contudo o seu entendimento em *Deutsche Telekom*, nos termos do qual, "não se registando qualquer efeito na situação concorrencial dos concorrentes, uma prática tarifária como a que está em causa no processo principal não pode ser qualificada de prática eliminatória quando a penetração destes últimos no mercado em nada é dificultada por essa prática[518]".

e) O *input não* tem que ser indispensável (mas a prática tem que ser dar origem a um efeito anticoncorrencial)

O TJ descartou que tenha, necessariamente, que ficar demonstrada a indispensabilidade do *input* para ter lugar um abuso de posição dominante por compressão de margens, sublinhando que "basta a demonstração de um efeito anticoncorrencial, ainda que apenas potencial[519]".

Este efeito pode ter lugar, mesmo que o produto *não* seja indispensável, mas a indispensabilidade é um fator que terá um "peso muito particular" na avaliação a desenvolver.

Na verdade, estando em causa um produto grossista indispensável, o efeito anticoncorrencial da prática tarifária é provável[520]. Cria-se uma espécie de presunção quanto à verificação do efeito. O TJ explica que existindo uma compressão de margens e sendo o produto indispensável para os concorrentes no mercado retalhista, os concorrentes pelo menos tão eficientes quanto a empresa dominante, como não têm alternativa a operar no mercado a não ser com prejuízo ou com uma rentabilidade reduzida, sofrem

---

[517] Cfr. acórdão *TeliaSonera*, para 64.
[518] Cfr. acórdão *TeliaSonera*, para 66.
[519] Cfr. acórdão *TeliaSonera*, para 64.
[520] Cfr. acórdão *TeliaSonera*, paras 69 e 70.

uma desvantagem competitiva suscetível de impedir ou restringir o seu acesso ao mercado[521].

O TJ não exclui contudo que, mesmo num caso em que o produto grossista não seja considerado indispensável, uma prática de compressão de margens possa dar origem a um efeito anticoncorrencial. Nestes casos, o efeito anticoncorrencial da prática terá que ser demonstrado, ainda que de forma apenas potencial, não se aplicando qualquer "presunção"[522].

O TJ não indica porém em que tipo de situações a compressão de margens de um bem não indispensável, *i.e.* para o qual estão disponíveis alternativas efetivas no mercado, poderá dar origem a efeitos anticoncorrenciais. Conforme anteriormente referido, não é fácil imaginar os casos em que tal poderá suceder.

f) O nível da margem como indício de efeito anticoncorrencial

Um outro aspeto que, para o TJ, pode indicar um efeito anticoncorrencial provável é o nível da compressão de margens. Se a margem for negativa, isto é, se o preço grossista for mais elevado do que o preço retalhista, o efeito anticoncorrencial é provável, uma vez que os OIE estarão obrigados a vender com prejuízo.

Mantendo-se a margem positiva, a questão que se coloca é a de ver se é, ainda assim, suficiente para a cobertura dos custos específicos em que a empresa dominante incorrerá para disponibilizar o seu produto. O tribunal sugere que poderá ter lugar um efeito concorrencial caso os OIE tenham que operar com taxas de rentabilidade artificialmente reduzidas comprometendo assim a sua atividade no mercado[523].

Sublinhe-se, contudo, que, como assinala o TJ, o exame de uma compressão de margens deve ter em consideração todas as circunstâncias específicas do processo, nomeadamente, o preenchimento dos restantes elementos de verificação necessária para estarmos perante um abuso de posição dominante.

Assim, ainda que a margem fosse negativa ou insuficiente, caso os concorrentes dispusessem de alternativas efetivas no mercado, não sendo o

---

[521] Cfr. acórdão *TeliaSonera*, para 70.
[522] Cfr. acórdão *TeliaSonera*, para 72.
[523] Cfr. acórdão *TeliaSonera*, paras 32 e 33 e 73 e 74.

desenvolvimento da concorrência entravado pela compressão em causa, dificilmente estaríamos perante um abuso de posição dominante.

g) Fatores que não são determinantes para um abuso por compressão de margens
Respondendo às restantes questões colocadas pelo órgão nacional de reenvio, o TJ esclareceu, por fim, que os seguintes fatores não se revestem de relevo na verificação de um abuso de posição dominante por compressão de margens:

(i) O grau de domínio do mercado da empresa em posição dominante (*i.e.* não é relevante saber se a empresa em questão é superdominante ou ocupa uma posição quase monopolista). No entanto, o grau de poder de mercado tem, em princípio, consequências no alcance dos efeitos do comportamento em questão[524].
(ii) A detenção de posição dominante no mercado retalhista.
(iii) A circunstância de a compressão de margens ser aplicada a clientes novos ou a clientes já existentes[525].
(iv) Saber se a empresa dominante tem a possibilidade de recuperar prejuízos[526].
(v) O grau de maturação dos mercados em questão e a presença nestes de uma nova tecnologia, que exige elevados investimentos[527].

---

[524] Compreende-se a posição do TJ ao afirmar que o artigo 102º TFUE requer apenas que uma empresa detenha uma posição dominante para considerar preenchido o tipo. Na realidade, o artigo 102º TFUE não se refere a graus de posição dominante. Todavia, ao ligar o grau de poder de mercado aos efeitos do comportamento em questão, e na medida em que apenas teremos uma compressão de margens proibida pelo artigo 102º TFUE se der origem a um efeito anticoncorrencial, no caso concreto do abuso de posição dominante por compressão de margens, admitimos que tipicamente a empresa dominante verticalmente integrada será detentora de uma posição de dimensão ou grau substancial, muitas vezes mesmo uma posição superdominante.

[525] A este propósito, notou o Tribunal que releva a possibilidade de essa prática vir a eliminar do mercado relevante operadores com o mesmo grau de eficiência já nele ativos mas igualmente aos eventuais entraves que ela possa criar a operadores potenciais com o mesmo grau de eficiência, que ainda não estão presentes no mercado. Cfr Acórdão *TeliaSonera*, para 94.

[526] Cfr. Acórdão *TeliaSonera*, paras 98 e 99.

[527] Acórdão *TeliaSonera*, paras 104 a 111.

h) A inexistência de uma justificação objetiva
Tal como nos restantes casos de abuso de posição dominante, também uma compressão de margens suscetível de produzir um efeito eliminatório pode escapar a proibição do artigo 102º TFUE quando beneficiar de uma justificação objetiva e for compensada ou superada por ganhos de eficiência suscetíveis de beneficiar também o consumidor[528].

2.7 Conclusões quanto à prática das instituições europeias
Ao longo de quase 40 anos, as instituições europeias consolidaram a sua prática decisória no que respeita ao tema da compressão de margens. Os principais contornos da aplicação deste regime jurídico encontram-se hoje bem definidos. Trata-se de um tipo de abuso autónomo, distinto tanto dos preços excessivos, como dos preços predatórios, como ainda da recusa de fornecimento. O acórdão *TeliaSonera* veio dar um importante contributo ao debate em torno das práticas de compressão de margens e do respetivo enquadramento jurídico, procedendo a uma clarificação decisiva quanto à generalidade das "pontas soltas" relativas ao tema.

Conforme *supra* referido[529], a autonomização do regime jurídico da compressão de margens do da recusa de venda não era esperada, mas, bem vistas as coisas, o afastamento acaba por não parecer ter consequências sérias quanto ao âmbito da proibição.

No fundo, o TJ não quis excluir de todo a hipótese de que, mesmo em casos em que não é fornecido um *input* indispensável no sentido da jurisprudência *Bronner*, possa existir uma prática abusiva. O que importa, segundo o TJ, não é tanto a qualificação do *input* como *indispensável*, mas antes a demonstração de um efeito de encerramento anticoncorrencial do mercado, *i.e.*, que a prática em causa seja suscetível de conduzir à eliminação de concorrentes igualmente eficientes do mercado. No fundo, o TJ afirmou que já sabemos que esse é o efeito provável com um *input* indispensável. Se for igualmente possível tal efeito não obstante a natureza não indispensável de um dado *input*, terá que ser demonstrado. O TJ limitou--se a não excluir esta hipótese.

Posto isto, em nosso entender, e tal como já referido, não será fácil que uma prática de compressão de margens conduza à eliminação do mercado

---

[528] Acórdão *TeliaSonera*, para 76.
[529] Ver *supra* ponto 1.3.2., pág 183.

de operadores igualmente eficientes[530], quando há alternativas efetivas ao *input* em questão, o que quererá dizer que, na prática, a maior parte dos casos de compressão de margens continuará a dizer respeito a *inputs* indispensáveis à concorrência no mercado do produto derivado[531].

2.8 A compressão de margens e a reforma do artigo 102º TFUE

No âmbito da reforma da aplicação do artigo 102º TFUE, a Comissão Europeia equiparou a recusa de venda e a compressão de margens, considerando que esta configura uma "recusa implícita". Na Orientação sobre o artigo 102º TFUE, a Comissão sublinha que "a recusa implícita pode, por exemplo, revestir a forma de atrasos indevidos ou outras práticas que levem a uma degradação do fornecimento do produto, *bem como envolver a imposição de condições não razoáveis em troca do fornecimento*" (nosso ênfase). Tais condições não razoáveis podem ter que ver com o nível da margem, recordando a Comissão que, "[e]m vez de recusar o fornecimento, uma empresa dominante pode cobrar um preço pelo produto no mercado «a montante» que, em comparação com preço cobrado no mercado «a jusante», não permite que mesmo um concorrente com o mesmo grau de eficiência exerça de uma forma rentável e duradoura atividades no mercado a jusante (denominado por «compressão das margens»)"[532].

A Comissão revela depois que levará em conta o custo marginal médio de longo prazo ("CMMLP") do departamento a jusante da empresa verticalmente integrada como indicador comparativo para determinar os custos de um concorrente com o mesmo grau de eficiência. O CMMLP, de acordo com a Orientação, é igual ao custo total médio ("CTM") no caso de empresas com um só produto. Se empresas com vários produtos realizarem economias de gama, o CMMLP será inferior ao CTM para cada um dos produtos, visto os verdadeiros custos comuns não serem tidos em consideração no CMMLP[533].

A equiparação dos regimes da recusa de venda e da compressão de margens significava, por exemplo, que a indispensabilidade do bem era também vista como um requisito de verificação necessária nos casos de compres-

---

[530] Cfr. acórdão *TeliaSonera*, para 64.
[531] Ver, em igual sentido, Thomas Graf, *How indispensabible is indispensability*, 18.4.2011, in www.kluwercompetitionlawblog.com
[532] Orientação sobre o artigo 102º TFUE, para 80.
[533] Ver Orientação sobre o artigo 102º TFUE, para 26, nota de rodapé 2 e para 80.

são de margens. No entanto, e como vimos já, em *TeliaSonera*, o TJ tomou posição diversa, admitindo que uma compressão de margens pode violar o artigo 102º TFUE, ainda que o *input* não seja indispensável à concorrência.

A adoção da metodologia proposta pela Comissão sofre pois limitações, atendendo à evolução da jurisprudência. A indispensabilidade do input deixa de ser um "requisito formal" nos casos de compressão de margens. Não vemos, contudo, motivos para que as medidas de custos propostas na Orientação sobre o artigo 102º TFUE, nomeadamente as indicações dadas pela não cobertura do CMMLP, não possam continuar a constituir elementos úteis na apreciação dos casos em que se avaliam compressões de margens.

3. Ptática nacional – o caso Banda Larga[534]

Até à presente data, a AdC adotou uma única decisão condenatória por um suposto abuso de posição dominante por compressão de margens. A decisão, de 28.8.2009, foi objeto de recurso de impugnação, não tendo, contudo, o processo chegado a ser apreciado pelo Tribunal de Comércio de Lisboa, por ter decorrido entretanto o prazo legal de prescrição.

Sucintamente, as empresas envolvidas foram a Portugal Telecom S.G.P.S., S.A. ("PT SGPS"), a PT Comunicações, S.A. ("PTC"), a ZON – Multimédia, Serviços de Telecomunicações e Multimédia, S.G.P.S, S.A. ("ZON") e a ZON – TV CABO Portugal, S.A. ("TV CABO") tendo as alegadas práticas abusivas tido lugar nos mercados grossista e retalhista de acesso em banda larga.

À data dos factos, entre 22.5.2002 e 30.6.2003, todas as empresas em questão integravam o Grupo PT[535], que, segundo a decisão da AdC, detinha posição dominante nos mercados grossista e retalhista de acesso em banda larga.

No mercado grossista, o Grupo PT era o único fornecedor a terceiros de serviços de acesso em banda larga, disponibilizando a oferta "Rede ADSL PT", com base na qual os novos operadores podiam entrar no mercado

---

[534] O autor esclarece, para os devidos efeitos, que integrou a equipa que representou a Portugal Telecom neste processo.

[535] Em finais de 2007, as empresas ZON-Multimédia, Serviços de Telecomunicações e Multimédia, S.G.P.S, S.A. e ZON-TV CABO Portugal, S.A. deixaram de pertencer ao grupo PT em virtude da atribuição gratuita pela PT aos respetivos acionistas das ações detidas na ZON--Multimédia, operação que ficou conhecida por *spin-off*.

retalhista da prestação de serviços de acesso à Internet em banda larga. No mercado retalhista de acesso em banda larga à Internet, as empresas do Grupo PT (TELEPAC II e TV CABO) detinham conjuntamente uma quota de mercado de 70,7% em 2002 e de 77,7% em 2003.

No final de 2003, na sequência de denúncias apresentadas por alguns concorrentes do Grupo PT no mercado retalhista da banda larga (Clixgest Internet e Conteúdos, S.A.; Novis Telecom, S.A.; Onitelecom – Infocomunicações, S.A.; e Media Capital Telecomunicações, S.A.), a AdC deu início a uma investigação.

As principais conclusões da AdC foram as seguintes:

(i) A Portugal Telecom fixou artificialmente e, por isso, não equitativamente, os preços para os serviços grossista e retalhista de acesso em banda larga, tendo induzido artificialmente a alta do preço grossista (por comparação com o preço retalhista) e a baixa do preço retalhista (por comparação com o preço grossista) impedindo, deste modo, um operador alternativo, ainda que igualmente eficiente, de obter lucro económico positivo (*compressão de margens*);

(ii) A Portugal Telecom, através do sistema de descontos da oferta Rede ADSL PT, definiu e aplicou sistematicamente, relativamente a prestações equivalentes, condições discriminatórias (*discriminação*); e

(iii) Em resultado daqueles comportamentos, as arguidas limitaram a produção, a distribuição, o desenvolvimento técnico e o investimento relativos aos serviços em causa, em prejuízo da concorrência e dos consumidores.

A AdC identificou os seguintes requisitos para ter lugar um abuso de posição dominante por compressão de margens:

(i) A integração vertical da empresa;
(ii) A detenção de posição dominante no mercado a montante;
(iii) A margem entre os preços grossistas que as empresas concorrentes terão que pagar e os preços retalhistas praticados pela empresa verticalmente integrada ser insuficiente para cobrir os custos de retalho de um OIE ao operador retalhista da empresa verticalmente integrada.

Não cabendo no objeto do presente trabalho entrar no detalhe da decisão, nem tão pouco questionar-lhe o mérito, podem contudo enumerar-

-se duas das principais questões substantivas suscitadas e discutidas no âmbito deste processo.

Em primeiro lugar, a questão da indispensabilidade da oferta grossista Rede ADSL PT foi um dos temas mais debatidos no âmbito do processo.

A AdC, ao contrário da PT, considerou que a indispensabilidade não era um requisito que tivesse que se encontrar preenchido. Na perspetiva da PT, à data da prática dos factos, para além do cabo, existiam duas alternativas reguladas para um operador suportar a sua oferta retalhista de acesso à Internet em banda larga, ambas com cobertura nacional: a oferta Rede ADSL PT e a ORALL ("Oferta de Referência de Acesso ao Lacete Local"). Sustentou a empresa que mesmo que tivesse tido lugar uma compressão de margens na oferta Rede ADSL PT (que, em todo o caso, considerou ter ficado por provar) restaria sempre, além do desenvolvimento de rede própria (*e.g.* cabo coaxial), a alternativa ORALL, para os novos operadores entrarem no mercado. A AdC pelo contrário, entendeu que a ORALL não era uma alternativa efetiva à oferta Rede ADSL PT, à data da prática dos factos, e que, em todo o caso, a oferta Rede ADSL PT não necessitava ser indispensável para ter lugar um abuso[536].

Após o acórdão *TeliaSonera*, que é posterior à decisão da AdC, o enquadramento jurídico deste tema clarificou-se. A AdC deveria demonstrar que a compressão de margens nas condições de acesso era suscetível de originar um efeito de eliminação de concorrentes pelo menos tão eficientes quanto a divisão retalhista da PT (a Telepac II) do mercado. A nosso ver, e na medida em que seria difícil a demonstração de um efeito anticoncorrencial se ficasse provada a existência de alternativas no mercado, a AdC teria, ainda assim, que demonstrar o caráter indispensável da oferta Rede ADSL PT. O acórdão *TeliaSonera* não veio, salvo melhor opinião, alterar de forma significativa o enquadramento da discussão entre a AdC e a PT a respeito da questão.

O segundo grande tema do processo era a da aplicação do teste do OIE ao caso concreto. A AdC utilizou como referência os preços pagos a nível grossista pelo operador ONI, aquele que dos operadores concorrentes do Grupo PT tinha, à altura dos factos, maior dimensão. Confrontou-os com os preços retalhistas da Telepac II (Grupo PT) e concluiu que se a Telepac II tivesse que suportar os preços grossistas que a ONI supor-

---

[536] Cfr. decisão Banda Larga, para 1398.

tava, a margem seria insuficiente para fazer face aos seus próprios custos específicos. O Grupo PT sutentou que, na verdade, o tarifário aplicável à Oni era o mesmo que era aplicável à empresa retalhista do Grupo PT, a Telepac II. No entanto, consistindo tal tarifário num sistema de escalões em função da quantidade, a Telepac II, em virtude do maior volume de clientes que registava, era elegível para um escalão de desconto superior. Assim, com base no preço que pagava em virtude do escalão de desconto para que era elegível, a Telepac II cobria os seus custos. Todavia, de acordo com a simulação da AdC, se a Telepac tivesse que suportar os preços pagos pela Oni (resultantes de ser elegível para um escalão inferior, com o preço final de acesso mais elevado) a margem realizada seria insuficiente. Para a PT, o facto de a Telepac II ser elegível para um escalão de descontos superior em função da sua maior dimensão refletia a sua maior eficiência e, nessa medida, a correta aplicação do teste do OIE teria que ter este aspeto em linha de conta. A questão acabou por não ser apreciada pelo Tribunal do Comércio de Lisboa.

4. Os elementos do abuso de posição dominante por compressão de margens
Resulta da análise precedente que, para que seja possível identificar um abuso de posição dominante por compressão de margens, devem encontrar-se reunidos os seguintes elementos:

(i) Integração vertical da empresa
(ii) Posição dominante no mercado a montante
(iii) Efeito anticoncorrencial
(iv) Inexistência de justificação objetiva.

Vejamos, de forma sucinta, cada um destes.

4.1 Integração vertical
Um abuso de posição dominante por compressão de margens pressupõe que a empresa que o leva a cabo se encontre verticalmente integrada, *i.e.*, que esteja simultaneamente presente no mercado grossista – do produto a que os seus clientes/concorrentes recorrem para desenvolver a sua atividade – e igualmente no mercado do produto derivado, em concorrência com estes.

Sem integração vertical, ainda que possa ter lugar uma outra prática abusiva (*e.g.* discriminação abusiva), não há compressão de margens.

4.2 Posição dominante no mercado a montante

A empresa verticalmente integrada tem que deter posição dominante no mercado grossista, onde fornece o *input*, não sendo exigível que domine também o mercado do produto derivado.

O TJ não deixou margem para dúvidas quanto a esta questão em *TeliaSonera*[537].

Vale, no entanto, a pena notar que, até à presente data, não conhecemos, no âmbito da prática decisória da Comissão Europeia, casos em que a compressão de margens tenha sido qualificada como abusiva relativamente a empresas que não eram também dominantes no mercado do produto derivado.

Este facto não é estranho, uma vez que será mais fácil a uma empresa igualmente dominante no mercado retalhista implementar com sucesso uma estratégia de compressão de margens. Tipicamente as empresas dominantes têm controlo sobre o preço, determinando o preço a que se vende o bem nos mercados onde atuam. São *price setters* no mercado onde estão presentes.

Se a estrutura do mercado do produto derivado for concorrencial, sendo a divisão retalhista da empresa verticalmente integrada um mero seguidor do preço, sem poder para o determinar, além de ser legítima a interrogação sobre a essencialidade do input, será mais difícil ter lugar uma compressão de margens, ou pelo menos, um tal comportamento dar origem a um efeito anticoncorrencial.

Se, na realidade, foram os seus concorrentes que fixaram o preço a um nível que não permite a um OIE realizar uma margem, poderá ser mais difícil demonstrar que um eventual efeito anticoncorrencial resulta do comportamento da empresa verticalmente integrada. Além disso, a empresa verticalmente integrada poderá sempre sustentar que ainda que não tivesse seguido o preço, o efeito se mantinha, e, ao praticar um preço mais elevado, acabaria por deteriorar a sua posição no mercado.

Assim, ainda que a existência de uma posição dominante no mercado retalhista não faça parte dos elementos do tipo de abuso, apurar se esta existe, ou não, configura um elemento muito importante para a análise da prática, na medida em que pode dar indicações quanto à real capacidade da empresa em questão de implementar uma estratégia de exclusão[538].

---

[537] Cfr. acórdão do TJ, *TeliaSonera*, para 89.
[538] Diversos autores sustentam a necessidade de a empresa verticalmente integrada deter posição dominante em ambos os mercados. Ver, entre outros, Veljanovski, Cento, *Presenta-*

4.3 Efeito anticoncorrencial

Para que uma prática tarifária de compressão de margens configure um abuso de posição dominante tem que dar origem a um efeito de encerramento anticoncorrencial do mercado, *i.e.*, tem que ser suscetível de eliminar do mercado operadores igualmente eficientes.

A jurisprudência do TJ em *TeliaSonera* diz-nos que esse efeito é provável quando o *input* em causa é indispensável para a concorrência no mercado a jusante, mas não exclui a hipótese de se verificarem igualmente efeitos anticoncorrenciais mesmo que o *input* conheça alternativas.

O TJ não indicou em que situações tal efeito anticoncorrencial poderá ter lugar fora do contexto de um produto indispensável. Referiu, contudo que o importante é que, nestes casos, o efeito anticoncorrencial, ainda que potencial, seja demonstrado.

A jurisprudência do TJ considera igualmente que uma margem negativa torna provável o efeito anticoncorrencial, ao passo que perante uma margem positiva, o efeito terá que ser demonstrado[539].

Por norma, nos casos de compressão das margens, a Comissão Europeia utiliza o CMMLP do departamento a jusante da empresa dominante verticalmente integrada como indicador comparativo para determinar os custos de um concorrente com o mesmo grau de eficiência[540].

4.4 Inexistência de justificação objetiva.

Ainda que os restantes elementos se encontrem reunidos, a prática em causa poderá, em determinadas circunstâncias, escapar à proibição do artigo 10º TFUE, se for objetivamente necessária ou se se der origem a ganhos de eficiência que tornem pouco prováveis efeitos negativos sobre o consumidor, nos termos do ponto 30 da Orientação sobre o artigo 102º TFUE[541].

---

tion to C5 Advanced Forum on Telecommunications Law & Regulation, 26 May, London; Geradin, Damien e O'Donoghue, Robert, *The Concurrent Application of Competition Law and Regulation: the Case of Margin Squeeze Abuses in the Telecommunications Sector,* GCLC Working Paper 04/05, p. 50.

[539] Acórdão do TJ, *TeliaSonera*, paras 73 e 74.
[540] Cf. Orientação sobre o artigo 102º TFUE, para 80.
[541] Ver capítulo 4, quanto à justificação objetiva, pág 118.

Capítulo 7
Preços Predatórios

1. Introdução
1.1 Considerações gerais

A ideia subjacente à prática de preços predatórios traduz-se em uma empresa dominante oferecer os seus bens ou serviços a preços muito baixos, incorrendo em perdas durante um determinado período de tempo, com vista a forçar a saída do mercado de empresas rivais, disciplinar o seu comportamento ou dissuadir a entrada de potenciais concorrentes. Afastado o concorrente do mercado, disciplinado o seu comportamento e/ou dissuadida a entrada de concorrentes potenciais, a empresa vê reforçado o seu poder de mercado e eleva os preços para níveis supra-competitivos, refazendo-se assim das perdas sofridas.

A principal objeção do direito da concorrência à prática de preços predatórios resulta do facto de os consumidores beneficiarem de preços mais baixos apenas durante o período da predação e de, no médio ou longo prazo, saírem prejudicados pela ausência de concorrência, uma vez que passam a ter menos escolha e preços mais elevados[542].

O sucesso de uma prática desta natureza pressupõe ainda que a empresa (dominante) disponha de recursos financeiros ("*deep pocket*") que as suas

---

[542] OECD *Roundtable on Predatory Foreclosure*, 2004, p. 17: "[W]*hen a predatory pricing scheme is successful, even though consumers benefit from unrealistically low prices in the short run, they ultimately suffer due to the loss of competition*".

vítimas, os restantes concorrentes de menor dimensão presentes no mercado, não dispõem. Por essa razão a empresa dominante tem outra capacidade para suportar o dano provocado pela guerra de preços que enceta com os seus concorrentes, enquanto estes, sem idêntica robustez, são forçados a abandonar do mercado.

A prática de preços predatórios é um comportamento racional que corresponde a uma espécie de "investimento" em perdas imediatas com vista à obtenção de lucros de monopólio no futuro. Em teoria, uma empresa "investe" em perdas se tiver a expectativa de, no médio/longo prazo, o poder de mercado que logrou alcançar, manter ou reforçar por intermédio da aludida política de preços, lhe permitir usufruir de lucros de monopólio, compensando assim o investimento realizado.

Como sublinha Bork, "qualquer teoria realista da predação reconhece que o predador e também as suas vítimas incorrerão em perdas durante a luta, mas tal teoria supõe que poderá ser um cálculo racional para o predador encarar as perdas como um investimento em lucros de monopólio futuros (quando os rivais já estão eliminados) ou em lucros futuros não perturbados (quando os rivais se encontram disciplinados)[543]".

A prática de preços predatórios é proibida pelo artigo 102º TFUE e pelo artigo 11º Lei nº 19/2012. Tanto o ordenamento jurídico de concorrência europeu como o nacional condenam os preços predatórios quando praticados por empresas detentoras de posição dominante. Políticas de preços abaixo dos custos levadas a cabo por empresas sem posição dominante não são vistas como uma ameaça para o funcionamento do mercado[544].

1.2 Razão de ordem

O presente capítulo divide-se em cinco partes.

Na primeira parte, após as considerações gerais do ponto anterior, onde introduzimos a ideia subjacente ao conceito de preço predatório (1.1), começamos por abordar o tema da deteção de um preço predatório (1.3), as classes de custos mais relevantes (1.4), a recuperação das perdas (1.5), o direito de acompanhar os preços dos concorrentes (1.6), o conceito de

---

[543] Cfr. Bork, Robert H., *The Antitrust Paradox – A policy at war with itself*, The Free Press, 1978, pág 145 (nossa tradução).

[544] O ordenamento jurídico norte-americano, por exemplo, proibe este tipo de prática igualmente a empresas que não detêm uma posição de domínio.

PREÇOS PREDATÓRIOS

operador hipoteticamente tão eficiente quanto a empresa dominante (1.7), as razões pró-competitivas para preços abaixo dos custos (1.8), os preços predatórios aplicados a grupos-alvo de consumidores (1.9), as reduções seletivas de preços (1.10) e, por fim, a proibição de preços predatórios no TFUE e na Lei nº 19/2012.

Na segunda parte, passamos em revista a prática europeia quanto a preços predatórios incluindo a abordagem defendida pela Comissão Europeia no âmbito da modernização do artigo 102º TFUE. Na terceira parte, analisamos a prática nacional e na quarta identificamos aqueles que a nosso ver constituem os elementos do abuso de posição dominante por prática de preços predatórios. Terminamos, na quinta parte, com uma breve referência ao tema dos subsídios cruzados.

1.3 A deteção de um preço predatório

É frequente a observação de que não é fácil distinguir um preço predatório de um preço competitivo. A concorrência pelo preço é um parâmetro essencial do processo de rivalidade entre as empresas, e, por norma, beneficia os consumidores. Nessa medida, a política de concorrência vê com bons olhos que as empresas se envolvam numa concorrência agressiva pelo preço. Em mercados onde se encontram presentes empresas detentoras de posição dominante não é diferente. Tal como observou o Advogado-Geral Fenelly, em *Cewal*:

> "A concorrência sobre os preços é uma componente essencial da concorrência livre e aberta, que a política comunitária tem em vista instaurar no mercado interno. Ela favorece as empresas mais eficazes e é benéfica para os consumidores, tanto a curto como a longo prazo. *As empresas dominantes não apenas podem, mas devem ser encorajadas para a concorrência sobre os preços*[545]" (nosso ênfase).

No entanto, tanto no ordenamento jurídico da U.E. como no nacional, a concorrência pelo preço por parte de empresas dominantes deve respeitar determinados limites e preços que sejam tão baixos que a única racionalidade económica que lhes está subjacente se prende com a saída

---

[545] Conclusões do Advogado-Geral Fenelly, de 29.10.1998, Proc. Ap. C-395/96 P e C-396/96 P, *Compagnie Maritime Belge Transports e outros/Comissão*, Col 2000 página I-01365, para 117.

do mercado ou com a alteração do padrão competitivo das empresas rivais constituem preços predatórios e são proibidos[546].

Distinguir correta e rigorosamente entre um preço que se traduz num ato normal de concorrência e um preço predatório está longe de ser uma tarefa fácil.

Um preço não é predatório simplesmente porque é baixo ou porque as empresas rivais não conseguem igualá-lo. Do mesmo modo, um preço não é predatório apenas porque numa fase inicial não é suficiente para cobrir os custos de produção da empresa que o pratica. Em determinados casos, a prática de preços abaixo do custo pode ser necessária para conseguir entrar no mercado ou para familiarizar os clientes com um determinado produto, e as perdas iniciais podem fazer parte de uma estratégia pró-competitiva de conquista de clientes[547].

A identificação daquilo a que corresponde um preço predatório tem merecido a atenção da doutrina desde a década de 70.

O debate doutrinal sobre a temática dos preços predatórios foi iniciado por um estudo publicado por dois professores da Universidade de Harvard, Phillip Areeda e Donald Turner, em 1975[548]. De acordo com estes autores, um preço inferior ao custo marginal (custo de produzir a última unidade de produção) é presumivelmente predatório, uma vez que a empresa não terá uma razão comercial legítima para sofrer um prejuízo imediato que poderia ser evitado caso a empresa não tivesse produzido o produto em causa. Inversamente, preços superiores a esta unidade de custo não são predatórios. Conscientes de que é muito difícil determinar o custo marginal, os autores propuseram a utilização do custo variável médio como substituto. Assim, a abordagem Areeda e Turner sugere que preços inferiores aos custos variáveis médios são predatórios.

Uma outra abordagem da mesma matéria foi defendida pelos seguidores da Escola de Chicago que sustentaram não valer a pena dispensar demasiada atenção à prática de preços predatórios, uma vez que se trata

---

[546] Em bom rigor, toda a descida de preços visa a evicção dos concorrentes. No entanto, a empresa dominante está proibida de procurar a evicção em condições que se presumam economicamente insustentáveis para ela própria, se acaso não fosse dominante. Veremos mais à frente os limites aplicáveis aos preços praticados por empresas dominantes.

[547] Cfr. *Discussion Paper*, paras 94 e 95.

[548] Philip Areeda and Donald Turner, *Predatory Pricing and Related Practices under Section 2 of the Sherman Act*, Harvard Law Review, vol 88, 4, 1975, pág 637.

de uma conduta irracional e que raramente é prosseguida pelas empresas para prejudicar concorrentes. De acordo com esta corrente, se uma empresa é incapaz de recuperar as perdas incorridas durante o período de preços baixos, estes preços não prejudicaram os consumidores. Acresce que a recuperação de perdas é difícil, uma vez que, após a saída de concorrentes do mercado, quando a empresa sobe novamente os seus preços, novos entrantes poderão impedir a recuperação, se não existirem barreiras muito elevadas à entrada[549].

A corrente de pensamento pós-Chicago, que surgiu no final do século XX e início do século XXI, procurou pôr em crise as teses quer de Harvard quer de Chicago demonstrando que a prática de preços predatórios é por vezes racional e que o custo marginal não é um indicador adequado para os preços predatórios[550-551].

O acolhimento que as diversas correntes doutrinárias tiveram na jurisprudência norte-americana e europeia foi distinto.

Por um lado, o Supremo Tribunal Norte Americano aderiu ao pensamento da Escola de Chicago e desde cedo esclareceu, no acórdão *Matsushita*, e, mais tarde, no acórdão *Brooke Group*, que, para estarmos perante um preço predatório teria que ficar demonstrada a probabilidade de a empresa recuperar as suas perdas[552]. Era sobretudo importante determinar se as perdas originadas por uma prática de preços abaixo dos custos prejudicava efetivamente os consumidores, o que só sucederia caso a sua recuperação fosse possível. O custo adequado à demonstração do preço predatório é pois desvalorizado pela jurisprudência norte-americana, uma vez que sem possibilidade de recuperação não haverá violação da lei.

---

[549] Ver Rousseva, Ekaterina, *Rethinking Exclusionary Abuses in EU Competition Law*, Hart Publishing, 2010, Cap. 4, em especial págs 136 e seguintes; ver igualmente Bork, Robert H., *The Antitrust Paradox – A Policy at War With Itself*, The Free Press, 1978.

[550] P Milgrom and J Roberts *"New Theories of Predatory Pricing"*, in G Bonanno and D brandolini (editors), *Industrial Structure in the New Industrial Economics* (Clarendon Press, 1990), 112 (citado em Rousseva, Ekaterina, cit, pág 133).

[551] Para uma exposição crítica aprofundada, em língua portuguesa, sobre as diversas escolas de pensamento que influenciaram o enquadramento legal aplicável aos preços predatórios nos Estados Unidos da América e na União Europeia, ver Moura e Silva, Miguel, *O Abuso de Posição Dominante na Nova Economia*, Almedina, Capítulo 4, págs 203 a 238.

[552] Cfr. *Matsushita Electric Industrial Co v Zenith Radio Corp* 475 US 574, 106 S Ct 1348; *Brooke Group Ltd. v. Brown & Williamson Tobacco Corp.*, 509 U.S. 209 (1993).

O TJUE, por seu turno, na primeira oportunidade que teve para se pronunciar sobre o assunto, no acórdão *AKZO*[553], aproximou-se mais das regras de custo propostas por Areeda e Turner, admitindo ainda um elemento adicional de prova de intenção predatória e, esclarecendo, nos acórdãos posteriores, que não tem que ser demonstrada a probabilidade de recuperação das perdas incorridas.

Tendo os Tribunais da União Europeia adotado uma abordagem influenciada pelo pensamento de Harvard, as classes de custos assumem um papel determinante.

1.4 Classes de custos

A ideia de sacifício é central ao conceito de preço predatório. Regra geral, um preço predatório implica a verificação de preços inferiores a uma determinada referência de custo. A análise da temática dos preços predatórios exige pois a familiarização com classes de custos que desempenham um papel importante na avaliação dos níveis dos preços praticados pelas empresas dominantes[554].

Assim:

Custo Marginal (CM) – custo de produzir a última unidade de produção da empresa. Dito de outro modo, o aumento nos custos totais resultante da produção de uma unidade extra.

Custo Fixo (CF) – custo que não varia em função da quantidade produzida pela empresa. Uma empresa incorre em custos fixos ainda que não produza nada, como sejam os custos com a renda das instalações imobiliárias em que opera.

Custo Variável (CV) – custo que varia diretamente em função da quantidade produzida. Quando a empresa altera a quantidade produzida os custos variáveis também se alteram. Os custos incorridos com matérias-primas usadas na produção, que variam em função da quantidade produzida, são custos variáveis. Numa fábrica de pipocas, os custos com o milho correspondem a custos variáveis.

---

[553] Acórdão do TJ de 3.7.1991, Proc. C-62/86, *AKZO Chemie BV*/Comissão, Col. 1991, p. I 3359.
[554] As indicações que damos quanto às classes de custos baseiam-se na Orientação sobre o artigo 102º TFUE, para 26, nota de rodapé 2; no OECD *Policy Roundtable, Predatory Foreclosure*, 2004, *European Commission submission*, pág 232; e nas explicações da obra de Mankin, N. Gregory, *Principles of Economics, Second Ed.*, pág 276 a 285, para onde remetemos para uma explicação detalhada dos conceitos.

Custo Variável Médio (CVM) – a média dos custos que variam diretamente em função da produção da empresa. Os custos variáveis divididos pelo total da quantidade produzida.

Custo Evitável Médio (CEM) – a média dos custos que poderiam ter sido evitados se a empresa não tivesse produzido uma determinada quantidade (extra) de produto. Inclui os custos específicos (fixos e variáveis) incorridos pela empresa para levar a cabo a prática predatória. Por norma, os CEM serão equivalentes aos CVM, uma vez que apenas os custos variáveis podem ser evitados. Contudo, por vezes a empresa dominante incorre também em custos fixos (*e.g.* expansão da capacidade, custos afundados adicionais) para poder levar a cabo a prática predatória. Nestes casos, os CEM incluem também estes custos.

Custo Marginal Médio de Longo-Prazo (CMMLP) – a média de todos os custos (fixos e variáveis) em que uma empresa incorre para produzir um determinado produto. Inclui todos os custos específicos incorridos para produzir o produto, mesmo antes do período em que foram praticados preços predatórios. Não inclui custos comuns não atribuíveis ao produto em causa. O CMMLP equivale ao CTM das empresas que produzem apenas um produto.

Custo Total Médio (CTM) – a média de todos os custos fixos e variáveis, incluindo os custos comuns.

1.5 A Recuperação das perdas

Como ficou dito anteriormente, a prática de preços predatórios tem como racionalidade económica subjacente a saída do mercado ou a alteração do padrão competitivo dos concorrentes, com vista à obtenção de lucros de monopólio futuros. Um preço predatório é assim uma espécie de "investimento" que se traduz na aceitação de perdas imediatas com vista à obtenção de lucros futuros proporcionados por uma posição de "monopólio".

Não existindo a possibilidade de recuperar, no futuro, as perdas sofridas durante a prática de preços predatórios, a racionalidade económica subjacente à fixação dos preços em níveis tão baixos não é evidente e é mesmo legítimo questionar se poderá assumir-se que alguma empresa incorrerá deliberadamente em perdas sem ter a expectativa de recuperá-las no futuro após o "dano" que essas perdas provocarão nos seus concorrentes, atuais ou potenciais.

ABUSOS DE POSIÇÃO DOMINANTE

Como vimos, os tribunais dos dois lados do Atlântico respondem de forma distinta a esta questão.

O Supremo Tribunal dos Estados Unidos, no acórdão *Brooke Group*, entendeu que uma acusação de prática de preços predatórios exige a demonstração da probabilidade de recuperação das perdas no futuro[555].

Inversamente, o TJ esclareceu, no processo *France Telecom*, que a ausência da possibilidade de recuperação dos prejuízos não basta para excluir a existência de um abuso de posição dominante, deixando por isso claro que a possibilidade de recuperação de prejuízos não constitui um pressuposto necessário da verificação de uma prática de preços predatórios[556-557].

O processo *France Telecom* permitiu ainda ao TJ clarificar que, não obstante, tal interpretação não exclui que a Comissão possa considerar a pos-

---

[555] No acórdão *Brooke Group*, o Supremo Tribunal dos EUA sublinhou que "[r]*ecoupment is the ultimate object of an unlawful predatory pricing scheme: it is the means by which a predator profits from predation. Without it, predatory pricing produces lower aggregate prices in the market, and consumer welfare is enhanced*". Brooke Group Ltd. v. Brown & Williamson Tobacco Corp., 509 U.S. 209 (1993).

[556] Cfr. acórdão do TJ, de 2.4.2009, Proc. C-202/07 *France Telecom*/Comissão, Col. 2009 I-02369, paras 112 e 113.

[557] Importa ter presente que, ao contrário do que sucede no direito da concorrência da União Europeia, no direito norte-americano uma empresa não dominante pode ser condenada por prática de preços predatórios. No processo *France Telecom*, a Comissão e o TG atribuíram a esta diferença de regime, a posição da jurisprudência dos Estados Unidos quanto à necessidade de recuperação de perdas. De acordo com a Comissão, a existência de posição dominante é suficiente, em si mesma, para determinar que a recuperação dos prejuízos é possível. A tese não é nova e assenta na premissa de que consistindo uma posição dominante numa posição de força económica que permite a uma empresa impedir a concorrência efetiva, a existência de posição dominante poderá, em princípio, permitir a uma empresa recuperar as perdas sofridas durante o período da predação. Note-se, contudo que, como observa Erik Osterud, as barreiras à entrada no mercado desempenham aqui um papel preponderante. Se uma empresa é considerada dominante sobretudo devido a quotas de mercado elevadas, num mercado em que as barreiras à entrada são baixas, a possibilidade de recuperação das perdas pode encontrar-se desde logo comprometida devido à probabilidade de novas entradas no mercado em reação a preços altos. É certo que a existência de uma posição dominante leva já em devida consideração as barreiras à entrada no mercado, mas, não se ignora também que as quotas de mercado têm tido um peso determinante e não é raro verem-se constatações de posições dominantes fundamentadas, sobretudo, em quotas de mercado elevadas. Ver Erik Osterud, *Identifying Exclusionary Abuses by Dominant Undertakings under EU Competition Law – The Spectrum of Tests*, International Competition Law Series, 2010, Wolters Kluwer, pág 97.

sibilidade de recuperação dos prejuízos como um elemento pertinente na apreciação do caráter abusivo da prática em questão, nomeadamente:

a) Na medida em que possa contribuir, por exemplo, para excluir, em caso de aplicação de preços inferiores à média dos custos variáveis, justificações económicas que não sejam a eliminação de um concorrente; ou
b) Para demonstrar, em caso de aplicação de preços inferiores à média dos custos totais, mas superiores à média dos custos variáveis, a existência de um plano que tenha por objetivo eliminar um concorrente[558].

A nosso ver, a posição do TJ compreende-se. Na verdade, frequentemente pode ser difícil no plano da prova demonstrar que as perdas incorridas são recuperáveis e ser, ainda assim, notório que ao provocar a eliminação de concorrentes igualmente eficientes a estrutura de concorrência do mercado ficaria enfraquecida, para prejuízo do consumidor. Fazer depender da demonstração da possibilidade de recuperação de perdas a censura de uma prática que, à luz dos restantes elementos do processo dá, comprovadamente, origem a efeitos restritivos da concorrência, poderia traduzir-se num ónus da prova demasiado elevado para as autoridades responsáveis pela aplicação das regras de concorrência e em prejuízos para o processo competitivo e para os consumidores.

1.6 O direito de acompanhar os preços dos concorrentes (*"meeting the competition defense"*)

Não raras vezes as empresas dominantes acusadas da prática de preços predatórios alegam estar apenas a defender os seus interesses comerciais e ter o direito de acompanhar o preço praticado por um concorrente que ameaça a sua posição. Esta alegação é conhecida como a *meeting the competition defense*.

Naturalmente que o direito e a política da concorrência não podem coartar a capacidade de ação das empresas dominantes ao ponto de não lhes permitir dar uma resposta comercial a preços agressivos dos seus con-

---

[558] Cfr. Acórdão do TJ, de 2.4.2009, Proc. C-202/07, *France Telecom*/Comissão, Col 2009 I-02369, para 111.

correntes. A jurisprudência do TJUE deixou já claro que a existência de uma posição dominante não pode privar uma empresa de tomar as medidas adequadas a proteger os seus interesses comerciais quando atacados[559].

Todavia, as empresas dominantes encontram-se sujeitas a limites de atuação não aplicáveis a empresas não dominantes, facto que condiciona a sua liberdade de ação comercial de um modo a que as restantes empresas não dominantes não se encontram sujeitas.

Um desses limites reside precisamente no nível do preço praticado.

Assim, as empresas dominantes devem poder ajustar os seus preços aos dos concorrentes até ao limite em que deixem de cobrir os seus custos de produção, isto é, enquanto se mantiverem fora dos parâmetros legais dos preços predatórios[560].

No processo *France Telecom*, em que a empresa dominante justificou os seus preços baixos no mercado retalhista do acesso à Internet em banda larga com a circunstância de estar apenas a acompanhar os preços dos concorrentes, a Comissão não deixou de reconhecer tal direito, mas esclareceu que "embora seja verdade que não é absolutamente proibido ao operador dominante acompanhar os preços dos seus concorrentes, não é menos verdade que *essa faculdade lhe deve ser recusada quando implique uma não cobertura pela empresa dominante dos custos do serviço em causa*[561]" (nosso ênfase).

O Tribunal Geral e o Tribunal de Justiça confirmaram o entendimento da Comissão a este respeito[562].

---

[559] Ver, por exemplo, acórdão do TJ em *United Brands*, cit, para 189; acórdão do TG, de 7.10.1999, Proc. T-228/97, *Irish Sugar*/Comissão, Col 1999 II-02969, paras 112 e 189.

[560] De acordo com a Comissão Europeia, enquanto preços insuficientes para cobrir os CEM não podem ser justificados no âmbito da *meeting the competition defense*, já no caso de preços que cobrem os CEM, mas que ainda assim se situam aquém dos CTM, a *meeting the competition defense* poderá aplicar-se desde que se demonstre que se trata de uma resposta adequada, indispensável e proporcionada. Cfr. *Discussion Paper*, para 132.

[561] Cfr. decisão da Comissão Europeia, de 16.7.2003, Proc. *COMP/38.233 – Wanadoo Interactive*, para 315.

[562] Cfr. acórdão TG de 30.1.2007, Proc T-340/03, *France Telecom*/Comissão, Col. 2007, p. II 107, paras 176 a 187; acórdão do TJ, de 2.4.2009, Proc. C-202/07 *France Telecom*/Comissão, Col. 2009 I-02369, paras 39 a 49.

1.7 O operador hipoteticamente tão eficiente como a empresa dominante ("OIE")

As instituições da União Europeia seguem a abordagem do "operador igualmente eficiente" ("OIE") para avaliar abusos relacionados com o nível dos preços, em particular os preços predatórios, as compressões de margens e os chamados descontos condicionais. A ideia base é a de que um determinado preço só deve ser proibido se for suscetível de levar à exclusão de concorrentes tão eficientes quanto a empresa dominante que o pratica. O teste em questão visa distinguir prejuízos aos concorrentes de prejuízos à concorrência e assenta na premissa de que apenas um preço anticoncorrencial pode eliminar concorrentes tão eficientes quanto a empresa dominante, uma vez que a conduta baseada no desempenho não é suscetível de eliminar concorrentes com idêntico grau de eficiência[563].

A abordagem do OIE hipotético foi consagrada pelo TJ no acórdão *AKZO*[564] e assumida expressamente pela Comissão Europeia na sua prática decisória e bem assim no âmbito da reforma do artigo 102º TFUE, nomeadamente, no *Discussion Paper* e na Orientação sobre o artigo 102º TFUE, onde declara que, em regra, só intervirá para evitar o encerramento anticoncorrencial do mercado quando o comportamento em causa tenha já impedido ou seja suscetível de impedir a concorrência desenvolvida por concorrentes que são considerados tão eficientes como a empresa em posição dominante[565].

Assim, a política das instituições europeias no que respeita à análise de preços predatórios tem sido a de apenas qualificar como tal preços que não permitam a um operador tão eficiente quanto a empresa dominante cobrir os seus próprios custos. No fundo, um OIE é um operador hipotético que tem *os mesmos custos do que a empresa dominante*, o que significa que o encerramento anticoncorrencial de um OIE só poderá ter lugar se a empresa dominante fixar os preços abaixo dos seus próprios custos.

---

[563] Ver *OECD Bestpractice Roundtable, Competition on the Merits* (2005), pág 29. Disponível em www.oecd.org

[564] Cfr. acórdão do TJ de 3.7.1991, Proc. C-62/86, *AKZO Chemie BV*/Comissão, Col. 1991, p. I 3359, ponto 72.

[565] Ver *Discussion Paper*, para 63 e Orientação artigo 102º TFUE, para 23 ss. No entanto, no para 24 da Orientação, a Comissão admite que, em circunstâncias particulares, a concorrência exercida por concorrentes menos eficientes pode igualmente merecer tutela.

ABUSOS DE POSIÇÃO DOMINANTE

Empresas que sejam menos eficientes do que a empresa dominante não merecem a tutela do direito da concorrência e é normal que o processo competitivo acabe por determinar a sua saída do mercado. No recente acórdão *Post Danmark*, o TJ recordou, a propósito, que "a concorrência pelos méritos pode conduzir ao desaparecimento do mercado ou à marginalização dos concorrentes menos eficazes e, portanto, menos interessantes para os consumidores do ponto de vista, nomeadamente, dos preços, das escolhas, da qualidade ou da inovação[566]".

1.8 Razões pró-competitivas para preços abaixo dos custos

Em determinadas circunstâncias, as empresas, mesmo as detentoras de posição dominante, incorrem em perdas temporárias por razões legítimas e pró-competitivas que, embora de um ponto de vista da forma possam ter uma aparência próxima de uma prática de preços predatórios, devem ser distinguidas dos cenários de exclusão anticoncorrencial de concorrentes.

Não sendo possível ser exaustivo, identificamos em seguida alguns casos que tipicamente correspondem a preços pró-competitivos, não obstante poderem implicar perdas.

1.8.1 Perdas inevitáveis no lançamento de novos produtos

Em certas indústrias, a introdução de produtos novos no mercado requer a realização de avultados investimentos iniciais que não podem ser logo recuperados. Isso não significa necessariamente que a empresa esteja a levar por diante um comportamento predatório. Na realidade, em determinadas situações, as empresas procuram o retorno do investimento realizado dentro de um período de tempo razoável, e não de forma imediata. Isto pode significar que nos primeiros tempos após o lançamento de um produto, os preços praticados são insuficientes para recuperar a totalidade dos custos de produção, mas que num período de tempo razoável, poderão originar lucros, sem que isso se deva à exclusão do mercado de concorrentes com menor capacidade financeira.

Por exemplo, no processo *France Telecom*, em que a WIN tinha lançado no mercado o seu serviço de acesso à Internet ADSL, a Comissão Europeia ajustou a metodologia de avaliação dos custos da empresa em função

---

[566] Cfr. acórdão TJ, de 27.3.2012, Proc. C-209/10 *Post Danmark/Konkurrenceradet*, ainda não publicado, para 22.

da natureza do mercado e do facto de a WIN ter incorrido em substanciais investimentos de lançamento do produto, em particular, custos de aquisição de clientela, que não poderiam ser recuperados de forma instantânea[567]. A Comissão notou que a WIN tinha incorrido em três categorias distintas de custos para disponibilizar o seu serviço: *(i)* custos de rede[568]; *(ii)* custos de aquisição de clientes[569]; e *(iii)* outros custos de produção[570]. A primeira e a terceira categorias correspondem essencialmente a custos recorrentes – *i.e.*, custos em que a empresa incorre periodicamente – enquanto a segunda, corresponde a custos não recorrentes – custos em que a empresa incorreu apenas uma vez, com cada subscritor[571].

A Comissão reconheceu não ser adequado fazer uso de uma metodologia que olhasse para os custos numa lógica de recuperação imediata, uma vez que a empresa não procurava um lucro imediato, mas antes atingir um nível de recuperação de custos recorrentes (custos de rede e custos de produção) que lhe permitisse, num espaço de tempo razoável, cobrir igualmente os custos variáveis não recorrentes investidos no desenvolvimento comercial do produto, como por exemplo publicidade, promoção, *marketing*, etc[572]. Assim, a Comissão diluiu os custos de aquisição de clientes (custos não recorrrentes) por um período de 48 meses, assumindo que se tratava de um período de permanência provável dos clientes[573].

---

[567] Em mercados emergentes, que ainda não se desenvolveram suficientemente, pode não fazer sentido levar a cabo um teste de preços predatórios, mesmo que seja já possível identificar um operador dominante (que, em boa verdade, é pouco provável que suceda num mercado na sua fase muito inicial). No processo *France Telecom* (inicialmente processo *Wanadoo*; durante o processo, a *France Telecom* substituiu a *Wanadoo* enquanto parte), a Comissão excluiu o período entre Dezembro de 1999 (data do lançamento do serviço) e Março de 2001, por considerar que "nessa altura o mercado de Internet de alta velocidade ainda não se tinha desenvolvido o suficiente para um teste de predação ter significado" (para 71).
[568] Nesta categoria incluiam-se, neste caso, custos (recorrentes) de acesso, custos de *routing*, custos de conetividade internacional. Ver pontos 42 a 59 decisão *Wanadoo*.
[569] Nesta categoria incluiam-se, neste caso, custos (não recorrentes) como custos específicos do *marketing* relacionado com os produtos ADSL, ofertas especiais com vista a adquirir clientes, pagamentos à força de vendas, custos de acesso ao serviço. Ver pontos 60 a 68 decisão *Wanadoo*.
[570] Nesta categoria incluiam-se, neste caso, custos (recorrentes) de plataforma, custos de serviço e de gestão do cliente, custos de fidelidade do cliente. Ver ponto 69 decisão *Wanadoo*.
[571] Cfr. decisão *Wanadoo*, para 38.
[572] Cfr. decisão *Wanadoo*, para 76.
[573] Cfr. decisão *Wanadoo*, para 77.

1.8.2 Campanhas Promocionais

Campanhas promocionais destinadas a introduzir no mercado um novo produto, ou um novo modelo de um produto já existente, e que consistem em ofertas aos clientes de condições especiais de preço durante um período de tempo limitado, não são necessariamente contrárias ao artigo 102º TFUE, nem ao artigo 11º da Lei nº 19/2012.

Na realidade, muitas vezes, estão em causa campanhas pró-competitivas que têm por finalidade permitir aos clientes ultrapassar os obstáculos financeiros da adesão e proporcionar-lhes a familiarização com o produto até que o valorizem o suficiente para estarem dispostos a pagar o preço de mercado. É uma lógica de *try and buy*. Campanhas de isenção da taxa de adesão ou campanhas onde se oferecem os primeiros meses de utilização de um produto, na expectativa de que o utilizador esteja depois disposto a pagá-lo ao preço normal de mercado, são muitas vezes iniciativas que procuram promover o aumento das vendas e cuja racionalidade económica não tem que ver com a exclusão de concorrentes do mercado.

A adoção de medidas idênticas envolvendo produtos já presentes no mercado e relativamente aos quais a empresa pretende adotar uma estratégia de estímulo das vendas não será necessariamente em si mesma contrária aos objetivos da política da concorrência. A razão de ser por detrás do lançamento da campanha – permitir a novos clientes que se familiarizem com o produto – parece sobretudo pró-competitiva. Naturalmente que também aqui a racionalidade económica que lhe está subjacente deve encontrar-se relacionada com o aumento das vendas daí resultante e não com a saída de concorrentes do mercado.

Contudo, a lógica económica associada a este tipo de iniciativas não se presume e, na eventualidade de uma investigação por parte de uma autoridade responsável pela aplicação das normas de concorrência, deve poder ser justificada pela empresa dominante.

A nosso ver, se a empresa puder demonstrar que as perdas incorridas inicialmente para adquirir o cliente (custos da campanha promocional) são recuperáveis durante um período de tempo inferior ao período de permanência médio do cliente existirão indícios de que a campanha é pró--competitiva[574-575].

---

[574] Cfr. decisão *Wanadoo*, para 76.
[575] Relativamente a este ponto é importante não confundir o período de permanência médio do cliente, com o período de permanência obrigatório, muitas vezes contratualmente con-

Importa contudo ter presente que as empresas dominantes devem ter cautelas quando lançam mão de campanhas promocionais, já que a natureza promocional da iniciativa deve mantê-la com: *(i)* uma duração limitada no tempo e *(ii)* um âmbito restrito. Durações e âmbitos excessivos de campanhas supostamente promocionais, e, bem assim, o recurso sistemático e frequente a este tipo de campanhas para promover e estimular vendas de produtos pode tornar bastante mais ténue a fronteira com a prática de preços predatórios e importar maiores riscos de censura[576-577].

1.8.3 Outras razões pró-competitivas para fixar os preços abaixo dos custos

Algumas estratégias comerciais podem implicar vendas abaixo dos custos de produção sem que se traduzam num comportamento predatório. Sem prejuízo de só uma avaliação casuística do comportamento poder permitir determinar a respetiva natureza, as estratégias seguidamente identificadas revestem-se, muitas vezes, de um caráter pró-competitivo[578].

Produtos chamariz – uma estratégia não raras vezes adotada por retalhistas (*e.g.* distribuição alimentar) é a de vender um produto a um preço muito baixo de forma a aumentar as vendas de outros produtos. Será o caso de uma grande superfície que fixa o preço de um produto particularmente interessante para os seus clientes a um nível muito baixo, adquirindo assim a correspondente reputação. Embora incorra em prejuízos na venda deste produto específico, a verdade é que este tipo de prática atrai, ao mesmo tempo, mais clientes ao seu ponto de venda, aumentando as vendas dos outros produtos como um todo. A nosso ver, este

---

vencionado na altura de adesão. É, na realidade, frequente – sobretudo em mercados residenciais – que ainda que os clientes apenas se vinculem a uma permanência obrigatória de um determinado período (*e.g.* 12 meses) acabem por permanecer mais tempo.

[576] Ver OFT414a Assessment of Conduct: Draft Competition Law Guideline for Consultation *"A dominant undertaking which adopts a one-off short term promotion of this type is unlikely to be found to have engaged in predation. However, a series of short term promotions could, taken together, amount to a predatory strategy. The time period which may be regarded as short term will inevitably vary from case to case, and it is not possible to provide general guidance as to what may and may not be abusive"*, citado em O'Donoghue, Robert e Padilla, Jorge, cit, pág 290.

[577] Cfr. O'Donoghue, Robert e Padilla, Jorge, cit, pág 290.

[578] Utilizamos seguidamente, entre outros, alguns dos exemplos constantes da OFT414a *Assessment of Conduct: Draft Competition Law Guideline for Consultation*, para 4.12.

tipo de plano não é em si mesmo e necessariamente contrário às regras de defesa da concorrência (ainda que possa porventura violar outro tipo de legislação) mesmo quando adotado por uma empresa em posição dominante.

Efeitos de rede – em determinados mercados, por norma designados "mercados com dois lados" ("*two-sided markets*"), o aumento do número de clientes existentes na rede aumenta o valor do serviço prestado aos clientes atuais e o nível de interesse para os clientes futuros. Entre os exemplos mais frequentes encontram-se a televisão, que presta serviços a anunciantes e a telespetadores, clubes noturnos e empresas de *online dating*, que prestam serviços a homens e mulheres que pretendem conhecer-se, motores de busca de Internet que prestam serviços a utilizadores que realizam pesquisas e a sites/anunciantes que pretendem ser encontrados por utilizadores, diretórios de páginas amarelas que prestam serviços a anunciantes e a utilizadores que procuram informação sobre prestadores dos mais variados serviços. Muitas vezes, os modelos de negócio das empresas que atuam neste tipo de mercados têm que ter em consideração ambos os lados da plataforma. O objetivo de maximização do lucro pode levar a que seja oportuno beneficiar um dos lados da plataforma para assegurar que esta tem uma dimensão suficientemente interessante para ambos. Nestes casos, a empresa pode não cobrar o serviço a clientes de um dos lados da plataforma (ou cobrá-lo a um preço que não supera o custo da prestação), recuperando essas perdas no outro lado da plataforma[579], sem que tal estratégia se enquadre no âmbito de um comportamento predatório.

Economias de escala – em determinados casos pode ser racional para uma empresa que introduz um produto no mercado cobrar preços muito baixos (*e.g.* inferiores ao CVM) para lhe permitir construir uma base de clientes com dimensão suficiente para originar economias de escala, altura em que o custo desce e o preço de introdução no mercado passa a originar lucros. Este tipo de argumento pode, no entanto, ser difícil de aceitar em mercados onde a empresa já detém uma posição dominante – uma vez que nestes casos a dimensão da empresa (que é dominante) poderá já

---

[579] Ver OECD Policy Roundtables, *Two-sided markets*, 2009, pág 11; Ver igualmente David Evans and M Noel "*Analysing Market Definition and Power in Multi-sided Markets*", 2005, disponível em www.ssrn.org.

ser considerável em comparação com a dimensão do mercado –, mas fazer sentido em mercados estreitamente relacionados[580].

Variações não previstas dos custos e da procura – por vezes, devido a variações inesperadas do preço de matérias-primas ou da procura, uma empresa pode deixar de cobrir temporariamente os seus custos de produção. Será o caso de situações em que o mercado revela ter excesso de capacidade e em que o preço máximo de mercado pode não ser suficiente para cobrir os CVM de qualquer das empresas, incluindo da empresa dominante. Nestes casos, sobretudo quando estão em causa mercados com elevados custos de saída, custos afundados e/ou custos elevados de reentrada, a expectativa de que a procura volte a subir/normalizar pode levar a empresa dominante a optar por suportar perdas temporariamente, esperando recuperá-las mais tarde[581].

Produtos perecíveis, descontinuados ou obsoletos – a venda abaixo do custo de produtos perecíveis (*e.g.* fruta) ou que foram descontinuados ou se tornaram obsoletos, pode muitas vezes constituir uma estratégia racional para minimizar perdas[582].

1.9 Preços predatórios aplicados a grupos-alvo de consumidores

A aplicação de preços predatórios é mais provável quando se destina a grupos alvo de consumidores específicos e durante um curto período de tempo do que de uma forma generalizada no mercado. A razão é simples. Como qualquer investimento empresarial, um "investimento em prejuízos" é tanto mais arriscado quanto maior for. Assim, uma empresa dominante tomará mais facilmente uma decisão deste tipo se o risco em que incorre for mais limitado[583]. A Comissão Europeia reconhece que a probabilidade de a empresa dominante adotar um comportamento predatório é

---

[580] Importa ter presente que um argumento desta natureza para justificar preços insuficientes para cobrir os custos exige sempre as maiores cautelas. Na verdade, quando os ganhos de eficiência são consequência direta do comportamento abusivo, dificilmente serão tidos em conta. De facto, se a eficiência é aportada pelo próprio comportamento investigado, a Comissão mostra grande ceticismo em poder vir a aceitá-la como justificação. Cfr *Discussion Paper* para 133 e Orientação sobre o artigo 102º TFUE, para 74. Ver também acórdão do TG de 30.1.2007, Proc. T-340/03, France Telecom/Comissão, Col. 2007, p. II 107, para 217.
[581] Cfr. *Discussion Paper*, para 131.
[582] Cfr. *Discussion Paper*, para 131.
[583] Cfr. Orientação sobre o artigo 102º TFUE, para 73.

menor se o preço baixo for aplicado de uma forma generalizada e durante um longo período de tempo[584].

1.10 Reduções seletivas de preços

A jurisprudência do TJUE, ainda que de forma limitada, já condenou empresas dominantes por reduções seletivas de preços não obstante estes se situarem acima dos custos. Os comportamentos censurados consistiram essencialmente em reduções dos preços a clientes que eram importantes para a entrada ou manutenção no mercado de empresas concorrentes, permanecendo os preços para a restante clientela a níveis mais elevados. A jurisprudência *Cewal*, a que nos referiremos *infra* no ponto 2.3 do presente capítulo, tal como a *Hilti*[585], são disso exemplos.

É todavia difícil encontrar na jurisprudência um enquadramento jurídico totalmente claro para condenar empresas por práticas seletivas de preços superiores aos custos. No passado, as instituições europeias lançaram mão de formulações que pareceram dar importância à intenção e sobretudo ao facto de as condições praticadas serem seletivas e discriminatórias para os restantes clientes que pagavam mais por uma prestação idêntica.

Em *Hilti*, por exemplo, a Comissão afirmou que:

> "Uma rivalidade de preços agressiva é um instrumento competitivo essencial. (...) Neste caso, não se trata de saber se o abuso provinha de os preços se situarem abaixo do custo (como quer que se definam – e de qualquer modo certos produtos até foram gratuitos). Trata-se antes do facto de a Hilti, graças ao seu domínio, ter podido oferecer preços discriminatórios especiais aos clientes dos seus concorrentes no intuito de prejudicar a sua atividade, enquanto mantinha preços mais elevados aos seus próprios clientes da mesma craveira[586]".

Formulada nestes termos, e tendo presente que a rivalidade entre as empresas é uma manifestação normal (e desejável) do próprio do processo competitivo, o cerne da censura parece ser o da seletividade da prática –

---

[584] Cfr. Orientação sobre o artigo 102º TFUE, para 73.
[585] Decisão da Comissão, de 29.7.1987, Proc. IV/30.787 e 31.488, *Eurofix-Bauco/Hilti*, JO L65/19; acórdão do TG, de 12.12.1991, Proc. T-30/89, *Hilti*/Comissão, Col. 1991 II-01439.
[586] Neste caso terá sido determinante o facto de os preços praticados serem apenas uma de diversas medidas adotadas com vista a prejudicar o acesso ao mercado dos concorrentes. *Eurofix-Bauco/Hilti*, JO 1988 L 65/19.

quando não há, à partida, razões para considerar que preços seletivos são em si mesmos anticoncorrenciais – e a natureza discriminatória dos preços – quando, na realidade, também a discriminação não é por si só suscetível de dar origem a efeitos anticoncorrenciais.

Com a reforma e modernização do artigo 102º TFUE parece contudo estar a encontrar-se um quadro mais previsível para este tipo de comportamentos.

No *Discussion Paper*, a Comissão refere que preços acima dos CTM são em regra legítimos na medida em que apenas poderão excluir do mercado concorrentes menos eficientes. No entanto, não exclui que em "circunstâncias excecionais", possa ter lugar um abuso de posição dominante por prática de reduções seletivas de preços que cobrem os CTM[587].

Na Orientação sobre o artigo 102º TFUE, a Comissão declara que apenas se preocupará com comportamentos capazes de excluir empresas igualmente eficientes, e não se refere expressamente ao tema das condições em que preços superiores aos CTM podem ser considerados anticoncorrenciais. No entanto, como observam Jones e Suffrin[588], no parágrafo 24, a Comissão reconhece que em determinadas circunstâncias um concorrente menos eficiente poderá igualmente exercer uma pressão que deverá ser tida em consideração quando se avalia se determinado comportamento baseado no preço leva ao encerramento anticoncorrencial do mercado, e, no parágrafo 63, no conceito de "sacrifício" é incluído o comportamento que se traduz em "suportar deliberadamente perdas mas também em *prescindir deliberadamente de ganhos a curto prazo*". A Comissão parece pois não fechar a porta a intervir em comportamentos desta natureza, ainda que estas circunstâncias possam ser verdadeiramente limitadas.

Não obstante, o tema dos preços seletivos parece ter sido recentemente abordado pelo TJ, no acórdão *Post Danmark*[589] (ver *infra*), onde a *Post Danmark* apresentou a três cadeias de supermercados clientes do seu principal concorrente, preços para distribuição do seu correio não endereçado inferiores aos cobrados à sua restante clientela. O TJ deixou claro que os

---

[587] Ver exemplos do *Discussion Paper*, paras 128 e 129.
[588] Jones, Alison and Suffrin, Brenda, *EU Competition Law – Text, Cases and Materials, Fourth Edition*, 2011, pág 413.
[589] Acórdão do TJ, de 27.3.2012, Proc. C-209/10 *Post Danmark/Konkurrenceradet*, ainda não publicado.

preços apresentados a duas das cadeias não eram suscetíveis de dar origem a efeitos anticoncorrenciais, uma vez que cobriam os CTM de prestação do serviço[590].

Além disso, o TJ parece ter igualmente dado um contributo muito importante para esclarecer que não é a seletividade ou natureza discriminatória da prática que, por si só, conferem um caráter abusivo ao comportamento. Referiu o TJ que:

> "[O] facto de uma prática de uma empresa que detém uma posição dominante, como a política de preços em causa no processo principal, poder ser qualificada de «discriminação de preços», ou seja, a aplicação de preços diferentes a clientes diferentes ou a categorias diferentes de clientes para produtos ou serviços cujos custos são os mesmos, ou, inversamente, a aplicação de um preço único a clientes para os quais os custos da oferta variam, *não basta, por si só, para sugerir a presença de uma prática de eliminação abusiva*[591]" (nosso ênfase).

Em suma, tanto o TJ, no acórdão *Post Danmark*, como a Comissão Europeia, no âmbito reforma e da aplicação do artigo 102º TFUE, admitem que preços superiores aos CTM não serão suscetíveis de dar origem a efeitos anticoncorrenciais. A Comissão recorda contudo que em circunstâncias excecionais (como as do caso Cewal, que veremos adiante) poderão ter lugar reduções seletivas de preços acima do custo que originam efeitos indesejáveis, podendo por isso violar o artigo 102º TFUE.

1.11 A proibição de preços predatórios no artigo 102º TFUE e no artigo 11º da Lei nº 19/2012

Tanto o artigo 102º TFUE como o artigo 11º da Lei nº 19/2012 proíbem a prática de preços predatórios em termos idênticos, notando que pode constituir uma prática abusiva: "impor, de forma direta ou indireta, preços de compra ou de venda ou outras condições de transação não equitativas".

O termo preço "não equitativo" tem sido interpretado de forma ampla de modo a incluir preços com natureza predatória.

---

[590] Cfr. acórdão do TJ, *Post Danmark*, para 36.
[591] Cfr. acórdão do TJ, *Post Danmark*, para 30.

2. A prática das instituições Europeias
2.1 AKZO[592]

Em 14.12.1985, a Comissão Europeia condenou a empresa *AKZO Chemie* por abuso de posição dominante por prática de preços predatórios, impondo-lhe uma coima de 10 milhões de ECUs e ordenando a cessação imediata das práticas objeto da decisão.

A *AKZO* produzia, no Reino Unido, peróxido de bexoílo, um dos principais peróxidos orgânicos utilizados no fabrico de plástico, e também na indústria moageira, como aditivo para farinha (agente branqueador da farinha).

No mercado dos aditivos para farinha, a *AKZO*, juntamente com a *ECS* e a *Diaflex* representavam praticamente a totalidade da oferta no Reino Unido e Irlanda. A procura, por seu turno, distinguia-se em três grupos de clientes: *(i)* os grandes grupos industriais de moagem, que eram essencialmente três empresas de dimensões análogas, a *RHM*, a *Spillers* e a *Allied Mills*, e que representavam, no seu conjunto, cerca de 85% da procura; *(ii)* os industriais de moagem independentes dos grandes grupos, conhecidos como os "grandes independentes", que representavam cerca de 10% da procura; e *(iii)* os industriais de menor dimensão e importância, conhecidos como os "pequenos independentes", constituindo os restantes 5% da procura.

A *RHM* recorria à *AKZO* e à *Diaflex*. A *Spillers* era abastecida principalmente pela *AKZO*, e, em parte, pela *Diaflex*. A *Allied* comprava à *ECS*. No entanto, uma filial da *Allied*, a *Coxes Lock*, abastecia-se junto da *AKZO*. A *ECS* fornecia cerca de dois terços dos grandes independentes e a *AKZO* o outro terço.

O conflito surgiu quando, em 1979, a *ECS*, que se dedicava exclusivamente ao mercado dos aditivos para farinha, decidiu entrar no mercado dos plásticos. A *AKZO*, que realizava a principal fatia do seu volume de negócios no setor dos plásticos, sendo o da farinha muito menos significativo, ameaçou que a eliminaria do mercado dos aditivos para farinha caso a *ECS* não abandonasse os seus planos quanto ao mercado dos plásticos.

---

[592] Decisão da Comissão, de 14.12.1985, IV/30.698 – *ECS/AKZO Chemie*, JO L374, de 31.12. 1985, p 1; acórdão do TJ de 3.7.1991, Proc. C-62/86, *AKZO Chemie BV/Comissão*, Col. 1991, p. I 3359.

A Comissão investigou o caso e concluiu que a *AKZO* detinha uma posição dominante no mercado dos peróxidos orgânicos, onde representava mais de 50% do mercado, tendo explorado abusivamente a mesma com vista a eliminar a *ECS* deste mercado, através de reduções de preços, maciças e prolongadas, no mercado dos aditivos para farinhas[593].

Ao apreciar o recurso de impugação, o TJ recorreu ao confronto dos custos de produção da *AKZO* com os respetivos preços, estabelecendo os seguintes critérios para avaliar a prática tarifária em causa:

"Preços inferiores à média dos custos variáveis (quer dizer, dos custos que variam em função das quantidades produzidas) de que uma empresa dominante se serve para tentar eliminar um concorrente devem ser considerados abusivos. Uma empresa dominante não tem, efetivamente, nenhum outro interesse em praticar tais preços, que não seja o de eliminar os seus concorrentes para poder, a seguir, aumentar os preços utilizando a situação de monopólio, uma vez que cada venda implica para ela uma perda, ou seja, a totalidade dos custos fixos (quer dizer, dos que permanecem constantes, qualquer que seja a quantidade produzida), e uma parte, pelo menos, dos custos variáveis atribuíveis à unidade produzida[594]".

"Por outro lado, preços inferiores à média dos custos totais, incluindo os custos fixos e os variáveis, mas superiores à média dos custos variáveis, devem considerar-se abusivos, quando são fixados no quadro de um plano que tem como finalidade eliminar um concorrente. Estes preços podem, de facto, afastar empresas do mercado que podem ser tão eficazes como a empresa dominante mas que, pela sua menor capacidade financeira, são incapazes de resistir à concorrência que lhes é movida[595]".

O teste de que lançou mão o TJ, inspirado na metodologia proposta por *Areeda* e *Turner*, estabelecia assim três presunções. Duas de forma expressa e uma terceira de forma implícita.

---

[593] Cfr. decisão da Comissão, *AKZO*, para 75.
[594] Cfr. acórdão do TJ, de 3.7.1991, Proc C-62/86, *AKZO Chemie*/Comissão, Col 1991, p. 3359, para 71.
[595] Cfr. acórdão do TJ, de 3.7.1991, Proc C-62/86, *AKZO Chemie*/Comissão, Col 1991, p. 3359, para 72.

A primeira presunção expressa é a de que preços inferiores aos CVM são predatórios. Para o TJ, na medida em que cada venda a este nível de preço representa uma perda, uma empresa dominante não tem nenhum outro interesse em praticá-lo que não seja o de eliminar concorrentes.

A segunda, a de que preços superiores aos CVM mas inferiores aos CTM são predatórios se ficar igualmente demonstrada uma intenção de eliminar um concorrente.

No que respeita à terceira presunção, não referida de forma expressa, é a de que preços superiores aos CTM presumem-se competitivos.

O TJ não exigiu qualquer demonstração de efeitos concretos da prática em causa, tendo-se bastado com a verificação das presunções relativas aos custos.

Estas presunções viriam a ser acolhidas na jurisprudência seguinte relativa a preços predatórios, com a exceção do acórdão *Compagnie Maritime Belge*, em que, num caso com assinaláveis particularidades, a Comissão e os Tribunais consideraram predatório um preço superior aos custos médios totais[596].

Por fim, o tema da necessidade de demonstração da possibilidade de recuperação das perdas incorridas durante a prática não foi abordado pelo TJ de forma direta. No entanto, o tribunal apoiou-se nos pressupostos básicos da teoria dos preços predatórios sublinhando, no ponto 71, que a racionalidade dos preços da *AKZO* se encontra relacionada com a eliminação dos concorrentes do mercado permitindo-lhe assim, após a saída, aumentar os preços utilizando a sua situação de monopólio.

A jurisprudência *AKZO* deu um contributo muito significativo para a identificação de um critério, baseado no confronto dos preços com os custos de produção, para determinar a existência de preços predatórios, deixando contudo em aberto a eventual necessidade de demonstrar a possibilidade de recuperação das perdas, como parte do teste.

---

[596] Ver *infra* ponto 2.3., pág 244.

2.2 Tetra Pak II[597]

O grupo *Tetra Pak*, uma empresa multinacional especializada em equipamentos utilizados para o acondicionamento em embalagens de cartão de produtos alimentares líquidos ou semilíquidos, desenvolvia a sua atividade nos setores do acondicionamento assético e não assético. Essas atividades reconduziam-se à produção de embalagens de cartão e de máquinas de enchimento. As embalagens produzidas serviam, na sua maioria, para acondicionar leite e outros produtos láteos, depois para sumos de frutos, e, numa pequena parte, para acondicionar outros produtos (vinhos, águas minerais, produtos à base de tomate, sopas, molhos e alimentos para bebés).

A *Tetra Pak* detinha, à data da dos factos, entre 90% a 95%" do mercado do acondicionamento assético, detendo a *PKL*, seu principal concorrente, os restantes 5% a 10%. Já o mercado não assético apresentava uma estrutura oligopolista, detendo a *Tetra Pak* entre 50% a 55% de quota, seguida da *Elopak*, com 27% e da *PKL* com 11%. A *Elopak* estava presente apenas no sector não assético.

A Comissão condenou a *Tetra Pak* por exploração abusiva de uma posição dominante no mercado assético, que consistiu em diversos comportamentos distintos, entre os quais a venda de embalagens subordinada à aquisição de máquinas de enchimento e práticas discriminatórias de preços entre utilizadores situados em diferentes Estados-Membros. Condenou-a igualmente por prática de preços predatórios no mercado não assético. Interessa-nos aqui apenas este comportamento.

Uma primeira questão suscitada neste processo prendeu-se com a circunstância de a *Tetra Pak* não deter posição dominante no mercado onde teria praticado os preços predatórios (o mercado não assético), mas apenas no do acondicionamento assético.

O TJ considerou tratar-se de posições "distintas mas estreitamente conexas, [que] colocavam esta empresa numa situação equiparável à detenção de uma posição dominante no conjunto dos mercados em causa[598]",

---

[597] Decisão da Comissão, de 24.7.1991, IV/31.043, Tetra Pak II (92/163/CEE), JO L 72 de 18.3.1992, p 1; acórdão do TG, de 6.10.1994, Proc T-83/91 *Tetra Pak*/Comissão, Col. 1994, p II 755; acórdão do TJ, de 14.11.1996, Proc. 333/94 P *Tetra Pak International SA*/Comissão Europeia, Col 1996, p. I-5951. O presente caso é também analisado na perspetiva das vendas ligadas, ver pág 290.

[598] Acórdão do TJ, de 14.11.1996, Proc C-333/94 P *Tetra Pak International*/Comissão, Col 1996 I-5951, para 31.

podendo por isso ser responsabilizada por violação do artigo 102º TFUE em qualquer um deles[599].

No que respeita à prática de preços predatórios, o TJ confirmou o acórdão proferido pelo TG, constatando que este havia aplicado corretamente o teste *AKZO*. Sublinhou o TJ, em especial, que:

> "[p]ara as vendas de embalagens de cartão não asséticas em Itália entre 1976 e 1981, [o TG] constatou que os preços eram largamente inferiores à média dos custos variáveis. A prova da intenção de eliminar os concorrentes não era, portanto, necessária. Em 1982 os preços dessas embalagens de cartão situavam-se entre a média dos custos variáveis e a média dos custos totais. Foi por esta razão que, no nº 151 do acórdão impugnado, o Tribunal de Primeira Instância, aliás sem ser criticado pela recorrente, tentou demonstrar que a Tetra Pak tinha a intenção de eliminar um concorrente[600]".

Nas suas alegações, a *Tetra Pak* suscitou a questão da recuperação das perdas incorridas, salientando que o teste estabelecido pelo TJ em *AZKO*, em particular o ponto 71 do acórdão, exigia que as perdas fossem recuperáveis.

O TJ fez notar que, nas circunstâncias do presente caso, não era necessário fazer prova de que existia uma possibilidade real de recuperação das perdas. Segundo o Tribunal "uma prática de preços predatórios deve poder ser penalizada quando exista o risco de eliminação dos concorrentes", não sendo exigível, a título de prova adicional, que fique demonstrada a possibilidade de recuperação das perdas sofridas[601].

---

[599] Ver Capítulo 3, pág 82.
[600] Cfr. Acórdão do TJ, de 14.11.1996, Proc. 333/94 P, Col 1996, *Tetra Pak International SA/Comissão*, p. I-5951, para 42.
[601] Cfr. acórdão do TJ, de 14.11.1996, Proc. 333/94 P, Col 1996, *Tetra Pak International SA/Comissão*, p. I-5951, para 44.

2.3 Compagnie Maritime Belge[602]

A *Cewal* era uma conferência marítima (grupo de transportadores-exploradores de navios[603]) que operava entre o antigo Zaire (atual República Democrática do Congo) e Angola e os portos do norte da Europa, com exceção do Reino Unido. Em 23.12.1992, a Comissão Europeia condenou as empresas pertencentes a esta conferência por violações dos (agora) artigos 101º e 102º TFUE (na altura artigos 85º e 86º do Tratado CE), aplicando coimas a quatro membros da *Cewal*, a saber, a *Compagnie Maritime Belge* ("CMB"), a *Dafra-Lines*, a *Deutsche Afrika-Linien* e *Nedlloyd Lijnen*. As empresas recorreram para o TG que, não obstante ter negado provimento aos recursos, reduziu o montante das coimas em 10%. A *CMB* e a *Dafra* recorreram novamente para o TJ, limitando contudo o âmbito dos seus recursos aos temas relacionados com a violação do artigo 102º TFUE.

A prática que a Comissão considerou abusiva referia-se a um conjunto de comportamentos com vista a eliminar do mercado a empresa *G&C*, um novo operador presente na mesma rota. Entre outros, os comportamentos adotados pela *Cewal* envolveram *(i)* a modificação das tarifas, em derrogação das que se encontravam em vigor, a fim de oferecer tarifas idênticas ou inferiores às da *G&C*, para navios partindo na mesma data ou em datas próximas (uma prática designada por "navios de combate" ou "*fighting ships*") e, *(ii)* a celebração de acordos de fidelidade a 100% com os carregadores, e a elaboração de "listas negras" de carregadores que não fossem fiéis à *Cewal*.

Interessam-nos aqui essencialmente os "navios de combate", utilizados para eliminar a *G&C*.

A conferência reunia periodicamente o designado *Fighting Committee* onde se decidia quais dos membros apresentariam "tarifas de combate" para o período seguinte. Estas tarifas eram fixadas em conjunto, em fun-

---

[602] Decisão da Comissão Europeia de 22.12.1992, IV/31.043, IV/32.448 e IV/32.450, Cewal e outros JO L 34 de 10.2.1993, p 20; acórdão do TJ, de 16.3.2000, Proc. Ap. C-395/96 P e C-396/96 P, Col. p. I-1365.

[603] De acordo com o artigo 1º, nº 3, alínea b) do Regulamento CE nº 4056/86 do Conselho de 22.12.1986, uma conferência marítima consiste num grupo de, pelo menos, dois transportadores-exploradores de navios que assegure serviços internacionais regulares para o transporte de mercadorias numa linha ou linhas particulares dentro de determinados limites geográficos e que tenha celebrado um acordo ou convénio, seja de que natureza for, no âmbito do qual esses transportadores operem aplicando fretes uniformes ou comuns e quaisquer outras condições de transporte concertadas para o fornecimento de serviços regulares.

ção dos preços da *G&C*. As perdas eram suportadas por todos os membros, também em conjunto.

Na decisão condenatória, a Comissão procurou distinguir este comportamento dos cenários de preços predatórios normais, começando por sublinhar que o caso em análise, em que uma decisão concertada de várias empresas reunidas em conferência marítima, que fixaram, no âmbito de um plano, um preço especial com vista a eliminar um concorrente, deve distinguir-se da sua anterior decisão no âmbito do processo *AKZO*, mais tarde confirmada pelos tribunais, em que estavam em causa preços abusivamente baixos estabelecidos por uma única empresa de forma unilateral e onde "havia que distinguir entre preços predatórios e uma concorrência agressiva[604]". Segundo a Comissão, enquanto no processo *AKZO*, o TJ atendeu a critérios com base nos custos de produção da empresa, no presente caso, o carácter multilateral e intencional da prática demonstrava a natureza abusiva de um preço excepcional, concertado com vista a eliminar um concorrente. A comparação dos custos de produção com os preços não parecia, por isso, determinante para qualificar o comportamento como abusivo.

Uma diferença substancial relativamente aos casos anteriores é a de que, aparentemente, os preços da *Cewal* não eram inferiores aos custos. A conferência alegou, aliás, que os seus membros não teriam prejuízos, apenas ganhos inferiores do que os que teriam se houvessem praticado os "preços normais". A Comissão notou contudo que o facto de subsidiar o custo dos "preços de combate" com os "preços normais" da conferência obtidos nas outras viagens em que não recorre a navios de combate constitui, por si só, uma "conduta abusiva destruidora da concorrência" que poderá afastar do mercado uma empresa que é provavelmente tão eficaz como a empresa dominante mas que, devido à sua menor capacidade financeira, é incapaz de resistir à concorrência que lhe é movida de um modo concertado e abusivo por parte de um grupo poderoso de armadores reunidos numa conferência marítima[605].

A Cewal insistiu neste ponto junto do TJ alegando que "no acórdão *AKZO*/Comissão, já referido, [o TG] fixou critérios rigorosos por força dos quais os preços ditos «predatórios» podiam ser considerados um abuso de posição dominante nos termos do artigo [agora 102º TFUE]. Estes crité-

---

[604] Cfr. decisão da Comissão, CMB, para 80.
[605] Cfr. decisão da Comissão, CMB, para 82.

rios exigem a fixação de preços inferiores aos custos de produção. No caso vertente, dado que os preços praticados pelos membros da *Cewal* não eram inferiores aos custos, estes últimos não podiam ser acusados de ter aplicado preços predatórios. O simples facto de essa concorrência pelos preços ser conduzida com o objetivo de afastar um concorrente do mercado não pode tornar uma concorrência legítima ilegal[606]".

O TJ, por omissão, pareceu não dar relevo ao facto apontado pela Comissão de se tratar de uma decisão concertada e multilateral – parecendo pois estar mais em linha com o Advogado-Geral Fennelly, que observara que a multilateralidade do comportamento é relevante sobretudo para a qualificação da posição dominante coletiva e não tanto para caraterizar o abuso – e, ao analisar a prática de navios de combate, preferiu analisá-los ao abrigo da "responsabilidade particular" das empresas em posição dominante recordando o dever de considerar as circunstâncias específicas de cada caso. Na avaliação destas circunstâncias, o TJ deteve-se sobre a elevada especialização do setor do transporte marítimo (facto que levou a que o Conselho tivesse instituído um regime de concorrência diferente dos restantes setores económicos, permitindo acordos de preços) e sobre a particularidade da posição dominante ocupada por uma conferência marítima. O TJ sublinhou que atendendo às caraterísticas do mercado, quando uma conferência marítima detém uma posição dominante num mercado específico, é, por norma, pouco vantajoso para o utilizador desses serviços recorrer a um concorrente independente, salvo se este último puder oferecer preços mais interessantes do que os da conferência marítima. Nesta medida, a prática de preços seletivos por parte da conferência marítima – que se traduz em alinhá-los de forma bem precisa sobre os de um concorrente – levava à eliminação provável do único meio de concorrência aberto à empresa rival e, por outro lado, continuava ao mesmo tempo a cobrar aos restantes utilizadores dos serviços noutros horários e datas, preços superiores pelos serviços que não se encontravam ameaçados por essa concorrência[607].

O TJ preferiu pois centrar-se na natureza ou no objetivo eliminatório da prática – cuja intenção não foi, aliás, escondida pelas recorrentes – dispensando-se de fazer uso das regras estabelecidas na jurisprudência *AKZO*.

---

[606] Cfr. Acórdão do TJ, CMB, para 97.
[607] Cfr. Acórdão do TJ, CMB, para 117.

O TJ não alargou expressamente o enquadramento da temática dos preços predatórios a preços acima dos custos de produção, mas não deixou de confirmar que, em circunstâncias particulares, como as do caso analisado, preços seletivos destinados a eliminar um concorrente, mesmo que se situem acima dos CTM, podem ser considerados contrários ao artigo 102º TFUE.

2.4 France Telecom (Wanadoo)[608]

Em 16.7.2003, a Comissão condenou a *Wanadoo Interactive, S.A.* ("WIN") por abuso de posição dominante no mercado dos serviços de acesso à Internet em França, devido à prática de preços predatórios.

De acordo com a Comissão, a *WIN* terá violado o artigo 102º TFUE ao praticar, relativamente aos seus serviços *eXtense* e *Wanadoo ADSL*, preços que não lhe permitiram cobrir os custos variáveis até Agosto de 2001 nem os custos totais a partir de Agosto de 2001, no âmbito de uma estratégia destinada à apropriação do mercado de acesso à Internet de alta velocidade numa fase importante do seu desenvolvimento[609]. A *WIN* foi condenada ao pagamento de uma coima de 10,35 milhões de Euros, tendo-lhe sido ordenada cessação imediata da prática.

A Comissão procurou demonstrar a prática de preços predatórios recorrendo ao método da cobertura efetiva dos custos ajustados[610]. Na realidade, tendo a empresa sob investigação realizado significativos investimentos de angariação de clientela, o que é próprio de um mercado em fase de crescimento, como era o caso do mercado retalhista da banda larga em França naquele período, não seria adequada uma análise efetuada numa base contabilística simples, que integrasse de modo instantâneo as receitas e os custos incorridos. Naturalmente que, numa fase inicial, os custos incorridos para angariar clientela seriam sempre muito superiores às receitas, o que levaria a que uma aplicação sem ajustamentos dos testes de preços predatórios resultantes da jurisprudência conduzisse a resultados desfavoráveis à empresa[611].

---

[608] Decisão da Comissão Europeia de 16.7.2003, Wanadoo Interactive; acórdão TG de 30.1.2007, Proc T-340/03, *France Telecom*/Comissão, Col. 2007, p. II 107; acórdão do TJ, de 2.4.2009, Proc. C-202/07 *France Telecom*/Comissão, Col. 2009 I-02369.
[609] Cfr. decisão da Comissão, *Wanadoo*, artigo 1º.
[610] Cfr. decisão da Comissão, *Wanadoo*, paras 76 a 86.
[611] Cfr. acórdão do TG, *Wanadoo*, para 131.

A abordagem empreendida pela Comissão consistiu pois em determinar o período de permanência médio dos clientes e em permitir assim, segundo o princípio da amortização das imobilizações, que os custos de angariação de clientela fossem escalonados ao longo de tal período. No caso concreto, a Comissão apurou um período de 48 meses. Assim, num contexto de escalonamento dos custos de angariação de clientela em 48 meses, a Comissão examinou separadamente a cobertura dos custos variáveis ajustados e a dos custos totais ajustados, na medida em que o TJ prevê os dois testes referidos de cobertura de custos, consoante as atuações da empresa dominante se inscrevam ou não no âmbito de um plano destinado a afastar concorrentes.

A Comissão considerou que, no contexto do caso, o objetivo da empresa não era o de realizar imediatamente um resultado contabilístico positivo instantâneo, mas sim o de "atingir um nível de cobertura dos custos recorrentes (custos de rede e custos de produção) suficiente para que a margem liberta desses custos recorrentes cobrisse num prazo de tempo razoável os custos variáveis não recorrentes investidos no desenvolvimento comercial dos produtos em causa". A Comissão decidiu, pois, ajustar os custos variáveis não recorrentes escalonando-os num determinado período, segundo o princípio da amortização[612]. A *WIN* discordou da duração de tal período que, na sua perspetiva, devia ser mais longo (5 anos).

Um outro aspeto com particular interesse foi o modo como a Comissão demonstrou a intenção predatória para os preços que se situavam entre os CVM e os CTM. Em relação a estes reuniu um conjunto de elementos que considerou constituirem "provas diretas" de um plano de eliminação da concorrência, a saber[613]: "*(i)* um documento de Julho de 2000, que expressa o seguinte objetivo para o segundo semestre de 2000 e para 2001: «apropriação do mercado ADSL com oferta integral [mais] pack e acelerar os investimentos de 2001, mas balanço financeiro negativo»; *(ii)* uma mensagem de correio electrónico de Julho de 2000, relativa a uma discussão sobre o nível adequado de preços, que referia: «teremos dificuldades em nos apropriarmos desse mercado com preços muito elevados»; *(iii)* a carta de enquadramento para 2001, com as seguintes indicações: «a apropriação do mercado ADSL é uma necessidade»; *(iv)* uma apresen-

---

[612] Cfr decisão da Comissão, *Wanadoo*, para 76; acórdão do TG, Wanadoo, para 136.
[613] Ver decisão da Comissão, *Wanadoo*, para 100.

tação de 28 de Fevereiro de 2001, que evoca uma «campanha de apropriação do domínio da alta velocidade pela [WIN]»; *(v)* o plano estratégico para 2002-2004, que recorda relativamente ao período de 2001-2003 o grande desenvolvimento da alta velocidade e o objetivo de «apropriação de um mercado considerado gerador de valor». Em sede de recurso, o TG confirmou que estes documentos eram suficientes para atestar a existência de uma estratégia de apropriação do mercado[614].

Entre estas, o TG considerou particularmente reveladora uma nota da direção estratégica da *WIN*, onde se dizia o seguinte:

> "A alta velocidade e o mercado ADSL reger-se-ão ainda durante alguns anos por uma lógica de conquista, sendo o objetivo estratégico adquirir uma posição dominante em quotas de mercado, iniciando-se a fase de rentabilidade mais tarde[615]".

A *WIN* contestou a decisão da Comissão a diversos níveis, em particular no que toca à demonstração de que foram praticados preços predatórios. Porém, o TG confirmou a abordagem da Comissão, recordando que em matérias que envolvem uma análise económica complexa, a Comissão Europeia goza de um amplo poder de apreciação, limitando-se a fiscalização do tribunal à verificação da observância das regras processuais e de fundamentação, bem como da exatidão material dos factos e da inexistência de erros manifestos de apreciação e de desvios de poder[616].

A questão da demonstração da possibilidade de recuperação das perdas incorridas foi também suscitada. Já na fase de recurso perante o TJ, a *France Telecom* (que entretanto sucedera à *WIN* enquanto parte) alegou que o TG aplicou erradamente o artigo 102º TFUE ao considerar que a demonstração da possibilidade de recuperar os prejuízos não constitui um pressuposto necessário da verificação de uma prática de preços predatórios.

No entanto, este tribunal discordou de tal perspetiva, tendo sublinhado que a inexistência de qualquer possibilidade de recuperação dos prejuízos não basta para excluir a existência de um abuso de posição dominante[617], e

---

[614] Acórdão do TG, *Wanadoo*, para 199.
[615] Acórdão do TG, *Wanadoo*, para 215.
[616] Acórdão do TG, *Wanadoo*, para 129.
[617] Acórdão do TJ, *France Telecom*, para 112.

clarificando que não resulta da jurisprudência que a prova da possibilidade de recuperação dos prejuízos sofridos em consequência da aplicação, por uma empresa em posição dominante, de preços inferiores a um determinado nível de custos constitua uma condição necessária para demonstrar o caráter abusivo dessa política de preços[618-619].

De todo o modo, o TJ sublinhou que, no presente caso, a situação de crescimento exponencial do mercado em causa tornava provável esta recuperação[620].

2.5 Post Danmark[621]

A *Post Danmark* ("*PD*"), operador postal histórico da Dinamarca, detinha, em 2003 e 2004, um monopólio no mercado da distribuição de cartas e de encomendas postais endereçadas que não excedessem um determinado peso. Detinha também uma obrigação de serviço universal de distribuição do correio endereçado inferior a esse peso, resultante do direito exclusivo de distribuição. Já no mercado da distribuição de correio não endereçado (prospetos, listas telefónicas, guias, jornais locais e regionais, etc.), que se encontrava totalmente liberalizado, a *PD* era detentora de posição dominante mas enfrentava a concorrência da empresa *Forbruger Kontakt a s* ("*FK*").

O litígio referiu-se aos preços que, em finais de 2003, a *PD* apresentou a três dos principais clientes da *FK*, as cadeias de supermercados *SuperBest*, *Spar* e *Coop*, para a entrega do seu correio não endereçado.

Os preços oferecidos pela *PD* a estes três clientes eram inferiores aos oferecidos aos restantes. No entanto, enquanto os preços apresentados à *SuperBest* e à *Spar* se mantinham a um nível superior aos CTM, já os preços apresentados à *Coop* situavam-se a um nível superior aos custos incrementais mas inferior ao dos CTM.

---

[618] Cfr. acórdão do TJ, *France Telecom*, para 110.
[619] O TJ atribuiu, contudo, relevo à demonstração da possibilidade de recuperação de perdas para *(i)* afastar outras explicações para preços inferiores aos custos médios variáveis ou *(ii)* para demonstrar, em caso de aplicação de preços inferiores à média dos custos totais, mas superiores à média dos custos variáveis, a existência de um plano que tenha por objetivo eliminar um concorrente (cfr. para 111). Ver *supra* pág 225.
[620] Acórdão do TJ, *France Telecom*, para 103.
[621] Acórdão TJ, de 27.3.2012, Proc. C-209/10 *Post Danmark/Konkurrenceradet*, ainda não publicado.

A *PD* foi condenada por abuso de posição dominante por adoção de uma política de "discriminação de preços acessória" que consistia na prática de preços baixos e seletivos a determinados grupos de clientes – a *SuperBest, Spar* e *Coop* –, enquanto para os restantes os preços permaneciam mais elevados, sem que pudesse justificar as significativas diferenças nos preços ao nível dos custos[622]. A autoridade de concorrência dinamarquesa considerou contudo que não tinha ficado provada a prática de preços predatórios. A questão colocava-se apenas a propósito dos preços propostos à *Coop*, que ficavam entre os CTM e os custos incrementais, mas não resultava do processo que a *PD* tivesse uma intenção predatória, requisito exigido pela jurisprudência europeia.

Em sede de recurso, que visava apenas os preços seletivos e discriminatórios – e não os preços predatórios, relativamente aos quais não tinha havido uma condenação –, o supremo tribunal dinamarquês decidiu suspender a instância e submeter ao TJ duas questões prejudiciais, a saber:

(i) Deve o artigo 102º TFUE ser interpretado no sentido de que o facto de uma empresa de correios em posição dominante, à qual incumbe uma obrigação de serviço universal, praticar uma baixa seletiva dos seus preços para níveis inferiores aos dos seus custos totais médios, mas superiores aos dos seus custos incrementais médios, ser considerado constitutivo de um abuso que visa a eliminação de um concorrente, *quando já tenha sido apurado que os preços não foram fixados nesse nível com a finalidade de proceder a tal eliminação*?

(ii) Em caso afirmativo, que circunstâncias deve o tribunal nacional tomar em consideração?

A nosso ver, o relevo deste acórdão para o regime dos preços predatórios é o de que, no fundo, o TJ pronuncia-se sobre a questão de saber se num caso em que os preços da empresa dominante cobrem os custos incrementais mas não os CTM, e não tenha ficado provada a intenção ou a finalidade eliminatória, pode haver outras circunstâncias que justifiquem, ainda assim, a condenação da empresa dominante.

---

[622] Cf. acórdão TJ, *Post Danmark*, paras 8 e 14.

Depois de ter descartado que os preços apresentados à *SuperBest* e à *Spar* pudessem configurar práticas abusivas, o TJ deteve-se sobre os preços propostos ao grupo *Coop*, fazendo notar que:

> "[U]ma política de preços como a que está em causa no processo principal não pode ser qualificada de prática de eliminação abusiva somente pelo facto de o preço aplicado pela empresa que detém uma posição dominante a um único cliente se situar num nível inferior aos custos totais médios imputados à atividade em causa, mas superior aos custos incrementais médios relativos a esta, conforme foram, respetivamente, avaliados no processo principal[623]".

Recordou o TJ, a este propósito, que o nível de preços praticado pela PD permitia, em princípio, a um OIE manter-se no mercado sem incorrer em perdas incomportáveis a longo prazo[624], devendo o tribunal nacional analisar as circunstâncias específicas do caso a esta luz.

Observou em seguida o TJ que, de acordo com os elementos constantes do processo, a FK conseguiu manter a sua rede de distribuição não obstante a perda do volume de correio fornecido pelos três clientes em causa e recuperar, no ano de 2007, o correio do grupo *Coop*, e posteriormente o do grupo *Star*[625], o que – sem que o TJ o diga expressamente –, parece sugerir assim que a prática em questão não terá tido um concreto efeito eliminatório.

O TJ recorda, por fim, que caso o tribunal nacional, com base nas circunstâncias específicas do caso, entenda que apesar de tudo se verificaram efeitos anticoncorrenciais, a empresa dominante disporá ainda da possibilidade de demonstrar que a prática em causa é compensada, ou mesmo superada, por ganhos de eficiência suscetíveis de beneficiar também o consumidor[626].

Em suma, o TJ parece descartar que os efeitos observáveis do comportamento da *PD* apontassem para um encerramento do mercado, mas a abordagem adotada sugere que a avaliação deve centrar-se na identificação de um eventual efeito anticoncorrencial que a prática pudesse ter originado. Encontrando-se tal efeito, o preço poderá então ser visto como

---

[623] Cf. acórdão do TJ, *Post Danmark*, para 37.
[624] Cf. acórdão do TJ, *Post Danmark*, para 38.
[625] Cf. acórdão do TJ, *Post Danmark*, para 39.
[626] Cf. acórdão do TJ, *Post Danmark*, para 40.

abusivo não obstante situar-se entre os custos incrementais e os CTM e não ter ficado provada a intenção.

2.6 Conclusões quanto à prática europeia

O processo *France Telecom* veio esclarecer aquela que era porventura uma das últimas questões de fundo ainda em aberto nos casos de preços predatórios: a da (des)necessidade de demonstração da possibilidade de recuperação das perdas.

Após o acórdão *AKZO* ter introduzido um teste de comparação de preços e custos para aferir o caráter predatório de um preço, em *Tetra Pak*, o TJ aplicou-o de forma coerente com a posição anterior, mas, quanto ao tema da recuperação das perdas, parece ter tomado posição unicamente a respeito do caso concreto, deixando dúvidas sobre se valeria como regra geral. Na jurisprudência *Cewal*, as circunstâncias particulares do caso levaram o TJ a condenar um comportamento pelo seu fim eliminatório (*i.e.* pelo objetivo), não obstante os preços se encontrarem acima dos CTM. Parece existir algum consenso entre a doutrina que se tratou de uma situação excecional, dadas as particularidades subjacentes ao caso, não tendo o teste da jurisprudência *AKZO* sido, na verdade, posto em causa. Em *France Telecom*, um caso onde já não se verificavam as particularidades de *Cewal*, o TJ aplicou uma vez mais o teste de preços introduzido pela jurisprudência *AKZO*, mas ajustando-o às caraterísticas especiais do mercado em questão, que se caraterizava por elevados custos afundados e custos não recorrentes de aquisição de clientela.

Conforme veremos mais à frente, a Comissão Europeia, no documento de Orientação sobre o artigo 102º TFUE, introduziu alguns ajustamentos ao nível da abordagem aos preços predatórios. Mantendo os princípios da jurisprudência *AKZO*, propôs novas medidas de custos (o CEM e o CMMLP) que, em determinados casos, poderão porventura mostrar-se mais adequadas à realização do teste de preços predatórios. Por outro lado, parece retirar relevo ao papel da intenção (ou plano para eliminar um concorrente), e privilegiar a análise do efeito anticoncorrencial da prática. Em *Post Danmark*, que representa um dos primeiros passos firmes do TJ no sentido do reconhecimento da abordagem centrada no efeito defendida pela Comissão no âmbito da reforma da aplicação do artigo 102º TFUE, o TJ parece reconhecer que um preço superior ao CVM mas insuficiente para cobrir o CTM e que não se enquadra no âmbito de um plano para eliminar um concorrente, poderia ainda assim violar o artigo 102º TFUE se originasse um efeito anticoncorrencial, algo que deveria ser avaliado à luz das circunstâncias do caso concreto. Nesta ponderação, o TJ parece dar particular atenção à ausência de efeitos concretos da prática. Quanto aos ajustamentos às medidas de custos da jurisprudência *AKZO*, o processo *Post Danmark* não trouxe nenhuma grande evolução, uma vez que o TJ não terá pretendido ir além de mostrar acordo com a adequação da utilização do custo incremental no caso concreto, sem fazer no entanto qualquer declaração mais genérica.

2.7 Preços predatórios e a reforma do artigo 102º TFUE

A Orientação sobre o artigo 102º TFUE, publicada pela Comissão Europeia, em 2009, no âmbito da modernização do artigo 102º TFUE, contém um teste de preços predatórios que, inspirando-se na prática do TJUE, não é inteiramente coincidente com esta.

A Comissão considera que uma empresa dominante adota um comportamento predatório quando suporta deliberadamente perdas ou prescinde deliberadamente de ganhos a curto prazo, por forma a excluir ou poder vir a excluir um ou mais dos seus concorrentes, atuais ou potenciais, com o objetivo de reforçar ou manter o seu poder de mercado, prejudicando desta forma o consumidor[627].

Para a Comissão, para além dos restantes elementos presentes nos abusos de posição dominante, o comportamento predatório exige o preenchimento de dois requisitos: *(i)* o sacrifício e *(ii)* o efeito anticoncorrencial.

À primeira vista, a Comissão procurou alinhar o teste de deteção de preços predatórios com elementos objetivos e dar menor preponderância a elementos subjetivos, como a intenção predatória, resultante da jurisprudência do TJUE.

Sacrifício

A Orientação considera existir um sacrifício quando a empresa dominante tiver registado ou estiver a registar "perdas que poderiam ter sido evitadas".

Preços abaixo dos CEM constituem, inequivocamente, perdas que poderiam ter sido evitadas, e, portanto, um sacrifício.

Preços superiores aos CEM podem configurar perdas que poderiam ter sido evitadas, quando o alegado comportamento predatório tiver con-

---

[627] Orientação sobre o artigo 102º TFUE, para 63.

duzido, no curto prazo, à "obtenção de receitas líquidas inferiores às que poderia obter se a empresa tivesse adotado um comportamento diferente razoável".

O preenchimento deste requisito suscita, de imediato, alguma apreensão, na medida em que parece abrir a porta a que a Comissão (ou a autoridade de concorrência nacional) venha dizer à empresa qual a estratégia comercial que deveria ter seguido para obter melhores resultados, e utilizar esse juízo para a censurar. A Comissão afirma contudo que apenas serão analisados os comportamentos "racionais e exequíveis" do ponto de vista económico que, tendo em conta as condições do mercado e as realidades comerciais com que se depara a empresa dominante, podem, de forma realista, ser consideradas como mais rentáveis[628].

A Comissão procura substituir a demonstração da existência de uma intenção predatória pela demonstração económica de que um comportamento envolveu um sacrifício, na medida em que existiam outros comportamentos mais racionais que poderiam ter sido adotados pela empresa dominante. Trata-se, a nosso ver, de uma solução com riscos significativos ao nível da previsibilidade e segurança jurídica. Tanto mais que o ónus da prova parece ficar invertido. Na realidade, a Orientação sugere que bastará à Comissão identificar um comportamento alternativo "racional" e "exequível" que seria mais rentável do que o efetivamente adotado pela empresa dominante e será então a empresa dominante que terá que "apresentar provas determinantes de que seria razoável esperar que a atividade fosse rentável" e que a decisão de a adotar foi tomada de boa fé[629].

A Comissão não elimina, contudo, o papel da intenção. Na realidade, admite também a possibilidade de reunir evidência mediante a obtenção de "provas diretas", como documentos da empresa dominante que demonstrem, de forma inequívoca, a existência de uma estratégia predatória (*e.g.* um plano promenorizado que preveja um sacrifício, com objetivos anticoncorrenciais).

Efeito anticoncorrencial
O segundo elemento da abordagem da Comissão na Orientação sobre o artigo 102º TFUE é o do encerramento anticoncorrencial.

---
[628] Orientação sobre o artigo 102º TFUE, para 66.
[629] Orientação sobre o artigo 102º TFUE, para 65, nota de rodapé 3.

A Comissão começa, a este propósito, por afirmar que só a fixação de preços abaixo do CMMLP é suscetível de excluir do mercado concorrentes com o mesmo grau de eficiência. A incapacidade de cobrir o CMMLP indica que a empresa em posição dominante não está a cobrir todos os custos fixos (imputáveis) à produção do bem ou serviço em causa[630]. Sendo certo que, como explica no ponto 26 da Orientação, o CMMLP é normalmente superior ao CEM[631], podem retirar-se daqui as seguintes conclusões:

(i) Preços insuficientes para cobrir os CEM originam um sacrifício e dão origem a um efeito anticoncorrencial;
(ii) Preços que cobrem os CMMLP não são, à partida, suscetíveis de originar nem um sacrifício, nem tão pouco um efeito anticoncorrencial;
(iii) Preços superiores aos CEM mas inferiores aos CTM (ou aos CMMLP) indicam que a empresa dominante não está a cobrir todos os custos fixos (imputáveis) à produção do bem ou serviço em causa e que, em determinadas circunstâncias – mas, não necessariamente –, podem excluir um concorrente tão eficiente quanto a empresa dominante.

Nestes casos, a Comissão deverá demonstrar o efeito anticoncorrencial da prática tomando em consideração um conjunto amplo de fatores (os enunciados nos pontos 20 e 68 a 73 da Orientação).

Sinteticamente, estes fatores incluem, entre outros, a consideração da posição da empresa dominante (situações de superdomínio aumentam a probabilidade de efeito anticoncorrencial); as condições particulares do mercado relevante, como as condições de entrada e de expansão, tais como a existência de economias de escala ou de gama e efeitos de rede; a importância relativa dos concorrentes da empresa em posição dominante; a amplitude do alegado comportamento abusivo (em termos de percentagem de vendas totais afetadas pelo comportamento e duração), provas diretas da estratégia de exclusão (documentos internos, etc.); a assimetria

---

[630] Orientação sobre o artigo 102º TFUE, ponto 26 *in fine*.
[631] Porque, ao contrário deste último (que só inclui os custos fixos se estes tiverem ocorrido durante o período em análise), inclui os custos fixos específicos do produto ocorridos antes do período durante o qual se registou o comportamento alegadamente abusivo (cfr. ponto 26 Orientação sobre o artigo 102º TFUE).

de informação que permite à empresa dominante distorcer sinais relativos à rentabilidade, dissuadindo assim potenciais entradas; etc.

Um fator importante, a ter em conta, prende-se com o facto de, nesta avaliação, a Comissão considerar "não ser necessário demonstrar que os concorrentes foram excluídos do mercado para poder demonstrar que existiu um encerramento anticoncorrencial[632]". Sucede que as razões para que isto assim seja não parecem ser exatamente as mesmas que levaram o TJUE, ao longo da jurisprudência, a dispensar a prova de efeitos anticoncorrenciais concretos, nos casos em que investigou a existência de preços predatórios. A Comissão dispensa tal prova, não por presumir os efeitos, mas por considerar que não pode afastar-se a possibilidade de a empresa dominante poder preferir impedir os seus concorrentes de lhe moverem uma concorrência agressiva e fazer com que estes alinhem os preços com os seus em vez de os excluir totalmente do mercado (efeito disciplinador). Tal comportamento evita o risco inerente ao desaparecimento de concorrentes, sobretudo o risco de que os seus ativos sejam vendidos a baixo preço e acabem por permanecer no mercado, tendo permitido o aparecimento de um novo concorrente com custos de entrada baixos.

Se tivermos em consideração que, entre os fatores enunciados no ponto 20 da Orientação, constam "eventuais provas do encerramento efetivo do mercado", tudo indica que a abordagem propugnada pela Comissão inclui a demonstração de efeitos anticoncorrenciais efetivos ou concretos, quando a prática já dure há tempo suficiente para os ter provocado[633]. Aliás, a enumeração detalhada de fatores a ter em conta na avaliação da prática dificilmente se coadunaria com a mera demonstração da suscetibilidade de um efeito anticoncorrencial. Conforme referido *supra* no capítulo respeitante ao conceito de abuso de posição dominante, admitimos, contudo, que uma vez que a prova de efeitos anticoncorrenciais concretos não é um requisito resultante da jurisprudência do TJUE, o seu não preenchimento por parte da Comissão, não tenha, para já, consequências de maior em termos processuais[634].

---

[632] Orientação sobre o artigo 102º TFUE, para 69.
[633] Orientação sobre o artigo 102º TFUE, para 69.
[634] Ver, por exemplo, acórdão do TG, de 9.9.2010, Proc. T-155/06, *Tomra Systems* e o./Comissão, ainda não publicado, paras 289 e 290; ou acórdão do TG, de 29.3.2012, Proc. T-336/07, *Telefónica e Telefónica de España*, ainda não publicado, para 283.

Em suma, a abordagem expressa pela Comissão Europeia introduz algumas novidades importantes relativas à jurisprudência. As de maior destaque são, por um lado, a circunstância de ajustar as medidas de custo, abandonando o CVM e o CTM, substituindo-os, respetivamente, pelo CEM e pelo CMMLP. Por outro lado, enquanto a jurisprudência se baseia na prova da intenção predatória para censurar preços entre os CVM e os CTM, a Comissão retira relevo a este elemento subjetivo (embora não o elimine, uma vez que continua a referi-lo tanto entre os fatores do ponto 20, como no próprio ponto 66) e substitui-o pela demonstração de um efeito anticoncorrencial, preferencialmente concreto, que levará em consideração um conjunto amplo, e complexo, de fatores.

3. Prática nacional – o caso MyZoncard[635]

Em dezembro de 2008, a ZON Multimédia – Serviços de Telecomunicações e Multimédia, SGPS, S.A., que integra a ZON TV Cabo Portugal, S.A. e a ZON Lusomundo Cinemas S.A. lançou a campanha *myZONcard* nos termos da qual os clientes da ZON TV CABO detentores de um cartão denominado *myZONcard* poderiam, a partir de 2.1.2009, ir ao cinema de forma gratuita nas salas da ZON Lusomundo. A campanha era válida para 1 sessão de cinema por dia, 8 por mês e 52 por ano[636]. Para obter o cartão *myZONcard*, era necessário ser cliente da ZON TV Cabo (televisão por subscrição) com mais de 1 ano de antiguidade e subscrever os pacotes *Funtastic*, Clássico ou o pacote Selecção com mais um serviço.

A Medeia Filmes – Sociedade de Distribuição e Exibição Cinematográfica, Lda, concorrente da ZON Lusomundo no mercado da exibição cinematográfica, denunciou de imediato a campanha à AdC, solicitando uma intervenção urgente que a suspendesse.

A denunciante alertou para o impacto estrutural que a campanha produziria no mercado uma vez que, de acordo com as suas estimativas, dos mais de 1,5 milhões de clientes da ZON TV Cabo, cerca de 382 mil seriam elegíveis para receber o cartão *myZONcard* o que, de acordo com os seus cálculos, levaria à atribuição de mais de 9 milhões de bilhetes. Atendendo a que o mercado nacional registava cerca de 16 milhões de bilhetes anuais, a própria ZON Lusomundo, a líder do mercado, vendia menos de

---

[635] Decisão da AdC, de 5.1.2009, Proc. 12/2008 – adoção de medidas cautelares; decisão da AdC, de 12,11,2012, Proc. 12/2008 – arquivamento do processo.

[636] Ver pontos 18 e seguintes da decisão da AdC de adoção de medidas cautelares PRC-12/2008.

8 milhões de bilhetes anualmente, e as concorrentes diretas muito menos do que isso, a AdC concluiu que a campanha teria efeitos na estrutura do mercado da exibição cinematográfica.

Assim, depois de caraterizar a posição da arguida no mercado da distribuição e exibição cinematográfica como dominante[637], a AdC considerou que a campanha *myZONcard* configurava uma prática abusiva por se alicerçar na exploração abusiva da posição dominante detida naqueles mercados, identificando depois como principal impacto o "efeito anticoncorrencial [d]a promoção da exclusão de concorrentes diretas da Lusomundo Cinemas, S.A., deste mercado e a fidelização dos clientes reforçando as barreiras à entrada e à expansão neste setor, reforçando a sua posição dominante neste mercado e potencialmente o poder de negociação que já detém no mercado da distribuição[638]".

A AdC referiu-se ainda à capacidade única da ZON para absorver mais de 9 milhões de espetadores (gratuitamente) e que a implementação desta prática resultaria na exclusão de concorrentes pela captura dos seus clientes, que se esperava mais relevante do que a criação de mercado novo. A AdC aludiu à intervenção da ZON TV Cabo, cujos clientes eram os destinatários da campanha, como "uma via de acesso e fidelização de espetadores, com impacto e facilidade de disseminação imediata, cujo efeito de curto prazo dificilmente poderia ser replicado com a mesma eficiência por vias alternativas[639]".

Algum tempo depois, a AdC procedeu ao arquivamento do processo após o desenvolvimento de uma análise económica que a levou a concluir que a campanha *não* configurava uma prática de preços predatórios e não era suscetível de encerrar o acesso dos concorrentes da ZON Lusomundo aos mercados da exibição cinematográfica. Entre os aspetos tomados em consideração na análise económica da prática encontram-se o aumento da venda de bilhetes, resultantes do padrão de ida ao cinema em pares (*e.g.* mais de 85% dos espetadores são casais), tendo a arguida ainda apresentado dados relativos ao impacto da campanha no aumento das receitas de restauração nos recintos de cinema e nas receitas da publicidade nesses mesmos recintos[640].

---

[637] Cfr. ponto 162 da decisão da AdC de adoção de medidas cautelares.
[638] Cfr. ponto 164, decisão de medidas cautelares.
[639] Cfr. ponto 168, decisão de medidas cautelares.
[640] Cfr. ponto 241 e segs e 252, decisão de arquivamento.

Mesmo nos cinemas onde a rentabilidade média era negativa a AdC concluiu – não pode deixar de dizer-se que de forma, no mínimo, insólita –, que tal facto não afetaria a possibilidade de entrada de novos concorrentes nos mercados da exibição cinematográfica, nem a contestabilidade dos mesmos por, respetivamente, nesses mercados o número de exibidores de equilíbrio ser superior ao número de exibidores já existente e por não apresentarem caraterísticas atrativas para outros exibidores cinematográficos para além dos já existentes[641].

De acordo com a AdC "a medida cautelar em foco vigorou de 09.01.2009 a 9.04.2009, não tendo sido objeto de prorrogação por parte da AdC, por a mesma ter considerado, após uma análise exaustiva de diversos dados que, entretanto, recolheu, que os indícios que existiam à data da Decisão que a decretou, e que lhe serviram de fundamento, deixaram de verificar-se – pelo menos parcialmente –, ou foram atenuados em face das próprias caraterísticas do mercado em causa, o que a levou a arquivar o processo[642]".

A decisão de arquivamento da AdC, que avalia o caráter predatório da campanha, não é clara quanto ao teste de preços predatórios utilizado, centrando-se antes na ausência de efeitos restritivos a que a mesma terá, de acordo com a sua análise, dado lugar.

A AdC sublinhou então que uma empresa pode violar o artigo 6º da Lei nº 18/2003 (antiga Lei da Concorrência, entretanto revogada pela Lei nº 19/2012), adotando uma prática que tenha por objeto *ou* por efeito impedir, falsear ou restringir a concorrência. Não se identificando, no caso, efeitos sobre a concorrência, a AdC avaliou em que termos poderia censurar a prática apenas pelo objeto.

Quanto a este aspeto, entendeu a AdC que um comportamento só poderá ser censurado pelo objeto se ficar demonstrado que foi praticado a título de dolo (direto ou necessário), o que, no caso, não tinha ficado provado, razão pela qual arquivou os autos[643].

Embora não se encontrem disponíveis todos os elementos necessários para avaliar a decisão, tudo indica que a AdC terá seguido uma metodologia de análise mais próxima de uma abordagem centrada no efeito da prática.

---

[641] Cfr. ponto 253, decisão de arquivamento.
[642] Cfr. ponto 271 e 300 da decisão de arquivamento.
[643] Cfr. pontos 295 e 296, decisão de arquivamento.

Não tendo detetado efeitos concretos do comportamento no mercado, optou por arquivar o processo. A decisão não é clara quanto à conclusão relativamente à comparação entre custos e preços. Diga-se, contudo, que se estes fossem inferiores aos CEM (facto que desconhecemos) a AdC podia, ainda assim, ter instruído o processo, uma vez que a tal nível de preços, presume-se o dolo e o efeito[644].

Até à presente data, e tanto quanto é do conhecimento público, a AdC não adotou qualquer decisão condenatória por prática de preços predatórios.

4. Os elementos do abuso de posição dominante por prática de preços predatórios

Os elementos do abuso de posição dominante por prática de preços predatórios resultam da jurisprudência do TJUE, desempenhando a abordagem defendida pela Comissão Europeia na Orientação sobre o artigo 102º TFUE, um importante papel na sua interpretação.

Os elementos que devem encontrar-se preenchidos são os seguintes:

(i) A detenção de uma posição dominante no mercado onde é levada a cabo a prática ou num mercado adjacente;
(ii) A demonstração da existência de um sacrifício e de um efeito anticoncorrencial;
(iii) Inexistência de uma justificação objetiva.

4.1 Posição dominante no mercado onde é levada a cabo a prática ou num mercado adjacente

A prática de preços predatórios é levada a cabo por uma empresa detentora de posição dominante para proteger ou reforçar a sua posição no mercado. Por norma, o mercado onde a empresa pratica preços predatórios é também o mercado onde detém posição dominante.

Todavia, em determinados casos, o artigo 102º TFUE e o artigo 11º da Lei nº 19/2012 são aplicáveis à prática de preços predatórios em mercados adjacentes, se e quando tal prática tiver por efeito a proteção ou o reforço da posição dominante no mercado dominado[645].

---

[644] A questão da possibilidade de se presumir a culpa não é pacífica no direito nacional. No entanto, o TJ, em *AKZO*, assume que um preço a um nível inferior ao CVM, não terá outra finalidade (intenção), que não seja a de eliminar os concorrentes da empresa dominante.
[645] Cfr. *Discussion Paper*, para 101.

Como sublinha a Comissão Europeia, para que tal suceda há normalmente algum grau de interdependência económica entre os dois mercados (*e.g.* porque são produtos complementares) ou porque a procura entre ambos os mercados está, ou espera-se que venha a estar, inter-relacionada[646]. Assim, uma empresa dominante num mercado pode pretender praticar preços predatórios no mercado de um produto complementar relacionado para tornar a entrada no mercado dominado mais difícil.

A prática de preços predatórios por uma empresa dominante num mercado que não domina, que não se encontra relacionado e que é o único mercado onde os efeitos da predação se farão sentir não é, por norma, um abuso nos termos do artigo 102º TFUE ou do artigo 11º da Lei nº 19/2012[647].

A exceção a esta regra pode ocorrer em casos de "subsidiação cruzada", mais frequentes em mercados onde a posição dominante resulta da circunstância de as atividades se encontrarem protegidas por monopólio legais[648]. Ocupamo-nos desse tipo de práticas *infra* na secção 5. do presente capítulo.

4.2 Sacrifício e efeito anticoncorrencial

Nos termos da jurisprudência do TJUE, um preço predatório deve, cumulativamente, originar um sacrifício e um efeito anticoncorrencial.

As seguintes presunções são aplicáveis:

(i) Preços insuficientes para cobrir os CVM originam um sacrifício e dão origem a um efeito anticoncorrencial;
(ii) Preços que cobrem o CTM não são, à partida, suscetíveis de originar nem um sacrifício, nem tão pouco um efeito anticoncorrencial;
(iii) Preços superiores aos CVM mas inferiores aos CTM indicam que a empresa dominante não está a cobrir todos os custos fixos (imputáveis) à produção do bem ou serviço em causa e que, em determi-

---

[646] Cfr. *Discussion Paper*, para 101.
[647] No processo *Tetra Pak I*, citado pela Comissão na nota de rodapé 67 do *Discussion Paper*, e analisado *supra* no ponto 2.2 do presente capítulo, a empresa foi condenada por prática de preços predatórios num mercado não dominado, mas onde, dados os fortíssimos laços com um mercado onde detinha uma posição quase monopolísitica (90 a 95%), a Comissão e os tribunais entenderam que dispunha de uma posição *equiparada* a uma posição dominante. Ver acórdão do TJ de 14.11.1996, Proc C-333/94 P Tetra Pak International/Comissão, Col 1996 I- 5951, para 31.
[648] Cfr *Discussion Paper*, para 101.

nadas circunstâncias – mas, não necessariamente –, podem excluir um concorrente tão eficiente quanto a empresa dominante.

Assim, os preços referidos em *(i)* cumprem os dois requisitos cumulativos. Os preços referidos em *(ii)* não cumprem nenhum dos dois requisitos. Os preços referidos em *(iii)* cumprem o requisito "sacrifício", mas tem que se demonstrar que originam, igualmente, um "efeito anticoncorrencial".

Em relação aos preços referidos em *(i)*, aplicam-se as presunções de intenção e efeito restritivo, não havendo necessidade de se fazer prova adicional para demonstrar a existência do abuso. A empresa dominante pode, contudo, apresentar uma justificação objetiva. Note-se contudo que não é provável que a a Comissão Europeia ou as autoridades nacionais de concorrência se dispensem de, mesmo nestes casos, procurar demonstrar efeitos restritivos da concorrência.

Relativamente aos preços referidos em *(ii)*, aqueles que são fixados acima do CTM, disse-se já que se presumem pró-competitivos. Todavia, em circunstâncias excecionais, mesmo preços que cubram os CTM podem ser considerados preços eliminatórios.

Como vimos *supra* em 2.3, em *Compagnie Maritime Belge*, o TJ considerou que a prática de "navios de combate", ao mesmo preço, nas mesmas datas e horários do que os navios do operador novo entrante com vista a eliminá-lo do mercado, embora não correspondessem a preços abaixo do custo, configuravam preços predatórios. As perdas sofridas eram repartidas pelos membros da conferência e compensadas pelas tarifas mais elevadas cobradas nas rotas onde não enfrentavam concorrência[649][650].

A própria Comissão, no âmbito da Orientação sobre o artigo 102º TFUE, não exclui essa possibilidade. Embora afirme que um preço predatório deve originar um sacrifício e um efeito anticoncorrencial, e que só preços insuficientes para cobrir o CMMLP são suscetíveis de excluir concorrentes igualmente eficientes, deixa, no entanto, em aberto a possibilidade de, em determinadas situações, "um concorrente menos eficiente poder igualmente exercer uma pressão que deverá ser tida em consideração quando se avalia se determinado comportamento baseado no preço leva ao encerramento anticoncorrencial do mercado" e considera ainda que no conceito

---

[649] Ver *supra* ponto 2.3, pág 244, para uma análise mais detalhada do processo *Compagnie Maritime Belge*.
[650] Ver *supra* ponto 1.10 *supra* sobre reduções seletivas de preços, pág 236.

de sacrifício incluem-se comportamentos que consistem não apenas em "suportar deliberadamente perdas mas igualmente em prescindir deliberadamente de ganhos a curto prazo[651]".

A Comissão parece por isso não pôr de lado a possibilidade de intervir. No entanto, terão que estar em causa circunstâncias muito específicas e excecionais que revelem que o preço, ainda que acima dos CMMLP, desempenha um papel eliminatório dos concorrentes da empresa dominante[652].

Por fim, no que respeita aos preços referidos em *(iii)*, a jurisprudência do TJUE não exige a demonstração de efeitos anticoncorrencias concretos[653]. Todavia, vimos que a abordagem defendida pela Comissão, na Orientação sobre o artigo 102º TFUE, sugere que esta os procurará demonstrar, o que poderá permitir escrutinar a avaliação da Comissão à luz da abordagem por si definida, sobretudo os pontos 20 e 68 a 73 da Orientação[654].

O TJUE não teve ainda a oportunidade de se pronunciar especificamente sobre um caso de preços predatórios após o processo de reforma do artigo 102º TFUE, ainda que a abordagem seguida em *Post Danmark* sugira que poderá estar disposto a dar alguma atenção aos efeitos concretos da prática.

No entanto, e conforme referimos *supra* no capítulo 4, respeitante ao conceito de abuso de posição dominante, admitimos que uma vez que a prova de efeitos anticoncorrenciais concretos não é um requisito resultante da jurisprudência do TJUE, o seu não preenchimento por parte da Comissão, não tenha, para já, consequências de maior em termos processuais[655].

4.3 Inexistência de uma justificação objetiva

Caso uma empresa dominante seja acusada de praticar preços predatórios, o artigo 102º alínea a) TFUE, ou o artigo 11º da Lei nº 19/2012, só são apli-

---

[651] Orientação sobre o artigo 102º TFUE, para 24.
[652] No mesmo sentido Rousseva, Ekaterina, *Rethinking Exclusionary Abuses in EU Competition Law*, Hart Publishing, 2010, pág 409; ou Jones, Alison and Suffrin, Brenda, *EU Competition Law – Text, Cases and Materials*, Fourth Edition, 2011, pág 413
[653] Ver acórdão do TG, de 30.1.2007, Proc T-340/03, *France Telecom*/Comissão, Col. 2007, p. II 107.
[654] Ver *supra*, parte 3 do presente capítulo.
[655] Ver, por exemplo, acórdão do TG, de 9.9.2010, Proc. T-155/06, *Tomra Systems* e o./Comissão, ainda não publicado, paras 289 e 290, ou acórdão do TG, de 29.3.2012, Proc. T-336/07, Telefónica e Telefónica de España, ainda não publicado, para 283.

cáveis ao seu comportamento, na medida em que este não possa beneficiar de uma justificação objetiva.

Embora exista um conjunto de razões para praticar preços abaixo dos custos, que podem ser vista como pró-competitivas e, logo, como justificações objetivas (ver *supra* ponto 1.8), há, todavia, duas justificações tradicionalmente apresentadas para a prática de preços predatórios que têm poucas possibilidades de ter sucesso.

Uma, a que nos referimos acima no ponto 1.7, é a designada *meeting the competition defense* em casos em que os preços avaliados se situam a níveis inferiores aos CVM ou aos CEM. No processo *France Telecom*, o TJ esclareceu definitivamente que o direito em acompanhar os preços dos concorrentes "cessa quando implica a não cobertura pela empresa dominante dos custos do serviço em causa[656]". Em determinadas circunstâncias, preços acima dos CEM podem ser justificados no âmbito da *meeting the competition defense*[657].

A outra, a que também nos referimos no contexto do ponto 1.8, é a alegação de que a comportamento em questão permite realizar economias de escala.

Quanto a esta, na verdade, a Comissão não exclui a possibilidade de que uma prática de preços predatórios possa originar ganhos de eficiência, mas considera pouco provável que isso possa suceder[658]. No acórdão *France Telecom*, o TG parece menos disposto a aceitar o argumento, tendo rejeitado tal justificação, em termos que parecem facilmente invocáveis noutros casos:

> "[A] empresa que pratica preços predatórios pode beneficiar da economia de escala e dos efeitos da aprendizagem devido a uma produção acrescida precisamente graças a essa prática. As economias de escala e os efeitos da aprendizagem obtidos não isentam, pois, a empresa da sua responsabilidade nos termos do artigo [102º TFUE][659]".

---

[656] Cfr. acórdão do TG, France Telecom, paras 176 a 187; cfr Acórdão TJ, *France Telecom*, paras 39 a 49.
[657] Ver *Discussion Paper*, para 132 já citada *supra* no ponto 1.6, pág 228, nota de rodapé 560.
[658] Ver Orientação sobre o artigo 102º TFUE, para 74; ver igualmente *Discussion Paper*, para 133.
[659] Ver acórdão do TG, *France Telecom*, para 217.

5. Subsidiação Cruzada

A ideia subjacente ao conceito de financiamento cruzado pode enunciar-se de forma simples: uma empresa presente em mais do que um mercado aloca a totalidade ou parte dos custos ou das perdas incorridos com a sua atividade num mercado de produto ou geográfico à sua atividade num outro mercado de produto ou geográfico.

É muito frequente que empresas multiprodutos financiem atividades nuns mercados com lucros de outros. Esta prática não inspira, por si só, preocupações de concorrência.

Todavia, a questão do financiamento cruzado pode ter relevo para o direito da concorrência se levado a cabo por uma empresa detentora de posição dominante num mercado e exposta à concorrência num outro que financia as atividades do segundo mercado com os lucros de monopólio do primeiro. Diga-se, contudo, que mesmo nestes casos, o relevo jusconcorrencial do comportamento encontra-se circunscrito a casos de prática de preços predatórios no segundo mercado. Como sublinham, a este propósito, O'Donoghue e Padilla, a irrelevância dos restantes casos de subsídios cruzados relaciona-se com o facto de preços acima dos custos não necessitarem, por definição, de ser financiados[660]. Assim, só quando o preço praticado num mercado é predatório poderá surgir uma questão de subsídios cruzados ilegais.

O enquadramento que a doutrina tem realizado do tema do financiamento cruzado baseia-se na abordagem seguida pela Comissão em *Deutsche Post*[661]. Neste caso, a UPS, concorrente da *Deutsche Post* ("DP"), alegou que esta oferecia os seus serviços de encomendas postais para empresas a preços destinados a impedir a concorrência. As perdas daí resultantes seriam cobertas pela *DP* com a ajuda dos lucros obtidos no setor reservado do envio de correspondência. Assim, a *DP* procederia a um financiamento cruzado dos serviços de encomendas postais para empresas pelos serviços reservados de envio de correspondência, o que restringiria a concorrência[662].

---

[660] Cfr. O'Donoghue, Robert and Padilla, Jorge, *The Law and Economics of Articler 82 EC*, Hart Publishing, 2006, pág 266.

[661] Cf. decisão da Comissão, de 20.3.2001, Proc. COMP/35.141 – *Deutsche Post AG*, JO L125, 2001, p. 0027-0044

[662] Cf. decisão da Comissão, de 20.3.2001, Proc. COMP/35.141 – *Deutsche Post AG*, JO L125, 2001, p. 0027-0044, para 5.

Não é assim raro encontrar autores que sustentam que cenários de financiamento cruzado são típicos de subsidiações com recurso a lucros obtidos em setores reservados, ou monopólios legais, cujas receitas financiam os prejuízos de um outro segmento da atividade da mesma empresa e que representam uma fonte de financiamento estável e duradouro na medida em que a empresa se encontra protegida de pressões concorrenciais por barreiras legais[663]. Em todo o caso, mesmo nestes casos, o financiamento cruzado suscetível de originar um efeito anticoncorrencial é, na realidade, uma prática de preços predatórios, carecendo por isso de relevo autónomo enquanto prática abusiva[664].

A Comissão Europeia tem também vindo a dar sinais de que poderá entender que o relevo jusconcorrencial dos subsídios cruzados se limita aos casos de preços predatórios praticados com recurso a lucros de mercados reservados por monopólios legais[665].

---

[663] Vide, por exemplo, O'Donoghue e Padilla, *The Law and Economics of Article 82 EC*, pág 268 e Whish, Richard, *Competition Law*, Sixth Ed. pág 737.

[664] Ver Whish, Richard e Bailey, David, *Competition Law*, Seventh Ed., pág 748. Estes autores observam que as regras existentes para controlar comportamentos abusivos são suficientes e que a adoção de regras específicas de proibição de subsidiação cruzada são desnecessárias, posição que terá sido partilhada pelo TG no acórdão de 20.3.2002, Proc. T-175/99, *UPS Europe S.A/Comissão*, Col 2002 II-01915, para 61.

[665] Cfr *Discussion Paper*, paras 101 e 125; Orientação sobre o artigo 102º TFUE, para 63, nota de rodapé 2.

Capítulo 8
Vendas Subordinadas e Agrupadas

1. Introdução
1.1 Considerações gerais
A venda ligada ou venda em pacote de mais do que um produto é uma prática muito frequente[666]. Exemplos comummente apontados incluem os sapatos, que são vendidos em pares (direito e esquerdo) e já com atacadores, os automóveis, que trazem autorrádio, ar condicionado, isqueiro e quatro rodas, os telemóveis e as chamadas e mensagens pela rede a que se encontram fidelizados (*sim-lock*), aparelhos eletrónicos que são vendidos já com as pilhas, computadores que incluem já o sistema operativo, o bilhete de avião que inclui a refeição a bordo, máquinas fotográficas digitais que incluem cartões de memória, entre muitos outros.

A venda em pacote tem efeitos geralmente pró-competitivos e é levada a cabo em inúmeros mercados por empresas com e sem posição dominante.

Muitas vezes as empresas optam por vender em pacote para tornar os produtos mais competitivos, originar poupanças na produção e/ou distribuição e reduzir os custos de transação e de informação. Razões relacionadas com a qualidade, a reputação e o bom funcionamento das suas

---

[666] A prática de subordinação ou de agrupamento de produtos inclui tanto as vendas como as compras. No entanto, por facilidade de exposição, referimo-nos unicamente à expressão venda ligada.

máquinas são igualmente motivos válidos para a venda ligada[667]. Como referem *Ahlborn* e outros, se não se tratasse de uma prática com um caráter geralmente pró-competitivo, a venda ligada não sobreviveria em mercados concorrenciais[668].

No entanto, a venda ligada pode igualmente originar efeitos nefastos à concorrência, nomeadamente o encerramento anticoncorrencial do mercado[669]. A verificação deste tipo de efeito pressupõe que a empresa que a pratica detém posição dominante no mercado de um dos produtos[670]. Quando isto sucede, e outros fatores se conjugam, a venda ligada pode prejudicar o funcionamento da concorrência nos mercados, levar a um aumento das barreiras à entrada e ter um impacto negativo nos incentivos das empresas para investirem e inovarem.

Atendendo aos diferentes efeitos a que este tipo de práticas pode dar origem[671], é justo afirmar que as perspetivas norte-americana e europeia das vendas ligadas, que até há bem pouco tempo as declaravam ilegais em si mesmas (*per se illegality*), se encontravam bastante desajustadas[672].

---

[667] Cf. *Discussion Paper*, para 178.

[668] Ahlborn, Evans e Padilla, *The antitrust economics of tying: a farewell to per se illegality*, in *The Law and Economics of tying*, no. 1, Nov 2006 (publicado originariamente no *The Antitrust Bulletin*), eSapience e-Collection, pág 2.

[669] Além do encerramento anti-concorrencial do mercado, a venda ligada pode ser ainda um instrumento para a discriminação de preços e pode levar a preços mais elevados. Cfr. *Discussion Paper*, para 179. As práticas de discriminação abusiva e de preços excessivos são analisadas *infra* nos capítulos 9 e 11, respetivamente.

[670] Confome veremos em maior detalhe *infra*, a detenção de uma posição dominante num dos mercados embora seja uma condição necessária para a existência de uma prática abusiva, não é, todavia, uma condição suficiente para que uma venda ligada se traduza numa violação do artigo 102º TFUE ou do artigo 11º da Lei nº 19/2012.

[671] Ver EAGCP Report para a DG COMP, da Comissão Europeia – *An economic approach to Article 82*, julho 2005, pág 23: "*Such business strategies* [as vendas ligadas] *often yield benefits to consumers, but they may also have anticompetitive effects if the dominant firm distorts competition in the market adjacent to its own home market in order to exclude or discipline rivals in that market, or to influence entry conditions in the home market*".

[672] David Evans, Jorge Padilla e Michael Salinger, *A Pragmatic Approach to Identifying and Analyzing Legitimate Tying Cases*, European Competition Law Annual 2003: *What is an Abuse of a Dominant Position?*, The Robert Schuman Centre at the European University Institute, 2006, Hart Publishing, pág 558.

No caso particular da prática das instituições europeias, até ao processo *Microsoft*[673] e ao movimento de modernização do artigo 102º TFUE, as decisões condenatórias de práticas de venda ligada, limitaram-se a estabelecer a existência de posição dominante, de mercados de produto distintos (mais do que um produto), e a partir daí presumiram um efeito restritivo, sem no entanto o analisarem na prática.

Após a decisão *Microsoft* (2004), a divulgação do *Discussion Paper* (2005), a confirmação, pelo TG, da decisão *Microsoft* (2007), e a publicação da Orientação sobre o artigo 102º TFUE (2009), a abordagem de ilegalidade *per se* das vendas ligadas foi abandonada dando lugar a uma perspetiva mais centrada no efeito da prática.

Em Portugal, até à presente data, e tanto quanto é do conhecimento público, a Autoridade da Concorrência não adotou qualquer decisão condenatória por venda ligada, tendo, no entanto, anunciado no seu sítio na Internet uma decisão de arquivamento com compromissos num caso de compra ligada (Sugalidal[674]).

Tanto o direito da concorrência nacional como o da União Europeia condenam práticas de venda ligada quer em sede de acordos restritivos da concorrência, quer igualmente, no âmbito do regime jurídico dos abusos de posição dominante. O enquadramento jurídico da venda ligada em sede de acordos restritivos da concorrência tem um âmbito distinto do enquadramento em sede de abusos de posição dominante.

A nossa análise cinge-se ao regime do abuso de posição dominante, não cabendo nesta sede avaliar as circunstâncias em que um acordo ou uma prática concertada que tenha por objeto ou como efeito "[s]ubordinar a celebração de contratos à aceitação, por parte dos outros contraentes, de prestações suplementares que, pela sua natureza ou de acordo com os usos comerciais, não têm ligação com o objeto desses contratos" pode violar o artigo 101º TFUE ou o artigo 9º da Lei 19/2012.

1.2 Razão de ordem

O presente capítulo encontra-se dividido em quatro partes.

Na primeira parte, e após as presentes considerações gerais, introduzimos os conceitos-chave da venda ligada (1.3). Debruçamo-nos, em seguida,

---

[673] Acórdão do TG, de 17.9.2007, Proc. T-201/04 *Microsoft Corporation*/Comissão, Col II-3601.
[674] Comunicado da Autoridade da Concorrência de 15.10.2009.

sobre os efeitos anticoncorrencias das vendas ligadas (1.4) e sobre as razões pró-competitivas para as realizar (1.5). Prosseguimos com uma muito breve síntese da evolução do pensamento europeu sobre vendas ligadas, nomeadamente a evolução da ilegalidade *per se* à adoção da abordagem mais centrada no efeito (1.6) e terminamos com o enquadramento jurídico da venda ligada no artigo 102º do TFUE e no artigo 11º da Lei 19/2012 (1.7).

Na segunda parte (2.), passamos em revista a prática europeia (2.1) e nacional (2.2) sobre venda ligada e na terceira (3.) abordamos brevemente a forma como a venda ligada foi enquadrada no âmbito do processo de modernização e reforma do artigo 102º TFUE.

Terminamos, na quarta parte, com a identificação daqueles que, a nosso ver, são os elementos do abuso de posição dominante por venda ligada.

1.3 Conceitos-chave

A venda ligada pode distinguir-se em venda subordinada e venda agrupada. Por seu turno, esta pode ainda distinguir-se entre venda agrupada pura e venda agrupada mista.

A venda subordinada (*tying*) tem lugar quando os clientes que compram o produto A são forçados a comprar também o produto B. O produto A é conhecido como o *produto subordinante* e o produto B como o *produto subordinado*. O produto subordinado é vendido isoladamente ou em conjunto com o produto subordinante enquanto que o produto subordinante só é vendido em conjunto com o subordinado.

A venda subordinada pode ser *técnica*, quando o produto subordinante só funciona de maneira adequada em conjunto com o subordinado, e não funciona (ou funciona apenas com qualidade inferior) com produtos alternativos oferecidos pelos concorrentes; ou *contratual* quando o comprador do produto subordinante fica obrigado a comprar igualmente o produto subordinado, em detrimento de produtos alternativos oferecidos por empresas concorrentes[675].

No que se concerne ao agrupamento de vendas, este respeita à forma como os produtos são oferecidos e tarifados pela empresa dominante[676].

---

[675] Ver Orientação sobre o artigo 102º TFUE, para 48.
[676] Ver Orientação sobre o artigo 102º TFUE, para 48.

A venda agrupada pura (*pure bundling*) refere-se às situações em que dois ou mais produtos são vendidos apenas em conjunto e em proporções fixas (*e.g.* um carro já inclui um volante e quatro rodas, não sendo, por norma, concedida ao cliente a opção de adquirir o carro sem as quatro rodas ou sem um volante[677]). A venda agrupada mista, também conhecida como desconto multiproduto (*mixed bundling*), diz respeito às situações em que os produtos são vendidos separadamente mas também em conjunto mediante a atribuição de um desconto face à soma total do preço dos produtos vendidos separadamente[678] (*e.g.* um bilhete de época, adquirido no início da época desportiva, para assistir a todos os jogos em casa de um clube de futebol inclui um significativo desconto face à compra isolada de um ingresso para cada jogo).

1.4 Efeitos anticoncorrenciais das vendas ligadas

A venda ligada pode dar origem a efeitos anticoncorrenciais no mercado subordinado, no mercado subordinante, ou em ambos ao mesmo tempo, e pode igualmente funcionar como uma barreira à entrada no mercado e como um desincentivo ao investimento e à inovação[679-680].

---

[677] *Bundling, Tying, and Portfolio Effects*, DTI Economics Paper No 1, Part 1 Conceptual Issues, Professor Barry Nalebuff, Yale University, pág 13.

[678] Ver Bishop, Simon and Walker, Mike, *The Economics of EC Competition Law: Concepts, Application and Measurement*, University Edition, Sweet & Maxwell, 2010, pág 276 e Orientação artigo 102º TFUE, paras 48 e 49.

[679] Ver Orientação sobre o artigo 102º TFUE, para 52.

[680] Importa efetuar uma breve referência à posição da Escola de Chicago a respeito da capacidade das vendas ligadas para alavancarem poder de mercado, que teve influência no pensamento económico na segunda metade do século XX, a chamada *single monopoly theorem*. Muito sucintamente, de acordo com os pensadores de Chicago, a venda ligada não era eficaz na alavancagem de poder de mercado, uma vez que uma empresa monopolista num mercado A que combine o seu produto com um outro do mercado B, sujeito a concorrência, não conseguirá aumentar os seus lucros com a venda ligada. Isto porque A já será vendido a um preço supra-competitivo máximo e no produto B não será possível cobrar mais do que o preço competitivo. Assim, o "monopólio artificial" criado sobre B não permitiria lucros adicionais ao monopolista de A, o que retira ao monopolista o incentivo para a venda ligada. As fragilidades do pensamento de Chicago foram expostas mais tarde por um conjunto de autores, onde se destacam Michael Whiston, que demonstraram que a venda ligada pode levar à monopolização do mercado subordinado através do seu encerramento anticoncorrencial. Também o estudo de Barry Nalebuff, da Universidade de Yale, a pedido do *UK Department*

Na Orientação sobre o artigo 102º TFUE, a Comissão refere que "uma empresa que tenha uma posição dominante num (ou mais) mercado(s) de produtos de uma venda subordinada ou agrupada (referido como o mercado subordinante) pode prejudicar os consumidores através de práticas de subordinação ou do agrupamento ao encerrar o mercado em relação a outros produtos que fazem parte da subordinação ou agrupamento (referido como mercado subordinado) e, indiretamente, o mercado subordinante[681]".

A principal, e mais típica, preocupação jusconcorrencial associada à venda ligada (subordinada ou agrupada) é o *encerramento anticoncorrencial do mercado do produto subordinado*.

Por exemplo, se a empresa X vende o produto A, para o qual não existe alternativa, apenas em conjunto com o produto B, que é comercializado num mercado concorrencial, é provável que a maioria dos consumidores que procura os produtos A e B adquira o pacote da empresa X, uma vez que lhe adquiririam sempre o produto A. Nesta medida, se uma parte substancial dos consumidores de B adquirir também o produto A – o que é mais provável no caso de produtos complementares – os concorrentes que apenas se encontram no mercado do produto B, poderão perder os seus clientes para o *bundle* AB da empresa X.

A avaliação do impacto anticoncorrencial de uma venda ligada exige a ponderação de um conjunto de elementos. Além do contexto económico em que esta tem lugar, uma avaliação desta natureza implicará, por um lado, a identificação de quais os clientes que ficam "amarrados" ao *bundle*, no sentido de que as empresas concorrentes não podem disputá-los, e, por outro lado, em que medida estes clientes representam uma parte *suficiente* do mercado, para poder falar-se em encerramento anticoncorrencial do acesso ao mercado[682].

---

of Trade and Industry, permitiu identificar efeitos pró e anti-competitivos associados à venda ligada, tendo contribuído para a clarificação da possibilidade de alavancagem de poder de mercado por intermédio da venda ligada. Ver Whinston, Michael, "Tying, Foreclosure and Exclusion" (1990) 80 American Economic Review 837 e Nalebuff, Barry, *Bundling, Tying, and Portfolio Effects*, DTI Economics Paper No 1, Part 1 Conceptual Issues, Yale University.

[681] Orientação sobre o artigo 102º TFUE, para 49; Ver igualmente *Discussion Paper*, para 188.
[682] *Discussion Paper*, para 188.

Mas a venda ligada pode originar *efeitos anticoncorrenciais igualmente no mercado subordinante*. No entanto, quando assim é, o efeito no mercado subordinante ocorre apenas num segundo momento, depois de o encerramento se ter feito sentir no mercado do produto subordinado. Como sublinha a Comissão, "ainda que o objetivo da prática de subordinação e/ou agrupamento seja proteger a posição da empresa dominante no mercado subordinante, esse objetivo é realizado, de forma indireta, através do encerramento do mercado subordinado[683]".

Nestes casos, a venda ligada tem, num primeiro momento, o efeito de estender a posição dominante a um mercado adjacente, o mercado subordinado. No entanto, num segundo momento, o encerramento do mercado do produto subordinado vai proteger igualmente a posição dominante detida no mercado subordinante. Este efeito é mais fácil em mercados de produtos complementares. *Kellezi* observa que o caso *Microsoft* norte-americano (*bundling* do *Windows* com o *Internet Explorer*) ilustra sugestivamente este efeito, uma vez que o comportamento estratégico anticoncorrencial destinado a dificultar o crescimento de um concorrente (o *browser* de Internet *Netscape* desenvolvido pela *Sun Microsystems*) dá origem a vantagens competitivas substanciais num segundo período, especialmente quando existem efeitos de rede, economias de escala e uma base instalada[684-685]. A redução de escala da empresa concorrente no mercado do produto subordinado tem o efeito de tornar a entrada desta no mercado do produto subordinante mais difícil, uma vez que a base de clientes é menor e os produtos complementares compatíveis são também em menor número, o que comporta custos de mudança mais elevados para os clientes que ponde-

---

[683] Orientação sobre o artigo 102º TFUE, para 52.
[684] Ver Kellezi, Pranvera, *Rhetoric or Reform: Does the Law of Tying and Bundling Reflect the Economic Theory?*, in Article 82 EC: Reflections on its Recent Evolution, Studies of the Oxford Institute of European and Comparative Law, Hart Publishing, pág 152.; Dennis Carlton e Michael Waldan, "*The Strategic Use of Tying to Preserve and Create Market Power in Evolving Industries*", 2002, 33, RAND Journal of Economics 194-220.
[685] A base instalada inclui igualmente vendas passadas, tendo por isso um valor superior ao do volume de negócios, que inclui apenas as vendas de um determinado período (*e.g.* anual).

rem trocar de fornecedor no mercado subordinante[686-687] e desincentiva as empresas que desenvolvem *software* de investir em aplicações compatíveis com o sistema concorrente (no caso *Microsoft* a maior parte das aplicações que existia apenas funcionava com o *Windows*). O *Department of Justice* sustentou mesmo que o crescimento do *browser* de Internet da *Sun Microsystems*, o *Netscape*, preocupava a *Microsoft*, não tanto pela perda de receita que acarretaria no mercado dos *browsers* de Internet, mas sobretudo porque as empresas que desenvolvem *software* começavam, cada vez mais, a desenvolver *software* compatível com os *interfaces* Netscape (juntamente com Java). Nesta medida, as barreiras à entrada no mercado do produto subordinante (os sistemas operativos para PC) diminuíam e criar-se-iam condições para surgirem operadores concorrentes do *Windows* com maior facilidade[688].

Em terceiro lugar, a venda ligada pode originar a criação de *barreiras à entrada no mercado*. Uma venda ligada de dois produtos pode ter como efeito a proteção da posição da empresa dominante em ambos os mercados dos produtos incluídos no pacote. Uma empresa concorrente que venda unicamente um dos produtos incluídos no pacote terá maior dificuldade em entrar no mercado, principalmente se os consumidores de um dos produtos do pacote consumir igualmente o outro (como poderá suceder se estiverem em causa produtos complementares)[689-690]. A venda agrupada mista (*mixed bundling*) em que a empresa dominante no mercado de um dos produtos incluídos no pacote o vende com desconto em relação

---

[686] Ver Orientação sobre o artigo 102º TFUE, para 58.

[687] Um efeito idêntico (o da proteção da posição dominante no mercado dos sistemas operativos (*Windows*) foi aparentemente procurado pela *Microsoft* no caso europeu, mas através da recusa em conceder interoperabilidade aos fornecedores de servidores de grupos de trabalho. Neste caso, a Comissão observou que a *Microsoft* estava preocupada que a presença e o crescimento forte destas empresas pudesse ameaçar a sua posição no mercado dos sistemas operativos.

[688] Ver Kuhn, Kai-Uwe and Van Reenen, John, *Interoperability and market foreclosure in the European Microsoft case*, in Cases in EuropeaN Competition Policy: The Economic Analysis, ed. Bruce Lyons, Cambridge University Press, pág 62.

[689] Ver Nalebuff, Barry, *Bundling as an Entry Barrier*, 2004, 119, The Quarterly Journal of Economics, 159-87.

[690] Orientação sobre o artigo 102º TFUE, para 58.

ao preço de venda isolada de cada um deles, pode dar um desconto de tal forma significativo pela compra em pacote, que a disputa de clientes em apenas um mercado por um concorrente com igual grau de eficiência deixa de ser possível[691]. A barreira à entrada será tanto mais significativa quanto maior for o número de produtos incluídos no pacote, nomeadamente se os concorrentes tiverem dificuldade em reproduzir um pacote idêntico[692-693].

Um quarto impacto negativo que por vezes se aponta a práticas de venda ligada respeita aos incentivos das empresas para investir e inovar[694]. O ponto é o seguinte: em mercados onde o investimento em I&D representa uma componente mais relevante e os resultados do mesmo são incertos, a venda em pacote pode determinar que a entrada no mercado tenha que ocorrer nos vários mercados dos produtos incluídos no pacote. Quando assim é, o risco de insucesso na entrada em mais do que um mercado é maior do que na entrada em apenas um deles, o que pode afetar as expetativas das empresas em obterem retorno e diminuir os incentivos ao investimento em I&D[695].

1.5 Razões pró-competitivas para vendas ligadas

A Orientação sobre o artigo 102º TFUE começa por reconhecer que as vendas ligadas (quer a subordinação quer o agrupamento) são práticas correntes e que têm por objetivo fornecer melhores produtos ou ofertas mais rentáveis aos clientes[696].

---

[691] Orientação sobre o artigo 102º TFUE, para 59.
[692] Orientação sobre o artigo 102º TFUE, para 54.
[693] No entanto, quando o pacote de produtos é replicável e as empresas rivais disponibilizam, elas próprias, pacotes com idênticas composições, eventuais questões jusconcorrenciais relacionadas com o abuso de posição dominante colocar-se-ão mais ao nível do tema dos preços predatórios e não tanto dos possíveis efeitos anticoncorrenciais da ligação de mercados. Ver *Discussion Paper*, para 195.
[694] Ver Jay P Choi e C Stefanidis "Tying, Investment, and the Dynamic Leverage Theory" (2001) 32 RAND Journal of Economics 52.
[695] Ver O'Donoghue, Robert e Padilla, Jorge, cit, pág 488.
[696] Ver Orientação sobre o artigo 102º TFUE, para 49.

Para além de poder constituir um instrumento para a discriminação de preços[697] – que, conforme veremos no capítulo 9 *infra*, pode dar origem a efeitos ambíguos sobre o bem-estar do consumidor – existem diversas motivações pró-competitivas para a venda ligada.

A razão pró-competitiva mais comummente apontada para as vendas ligadas prende-se com a realização de *economias na produção e distribuição*[698], isto é, com situações em que a produção ou a distribuição conjunta de vários bens poderá permitir reduzir custos. Como ilustram *Bishop* e *Walker*, o processo produtivo centralizado que junta todas as componentes do automóvel, em larga escala, permite ao fabricante a realização de economias de escala e de gama e a consequente redução dos custos globais do produto, que seriam proibitivos para um consumidor, se fosse a ele que incumbisse a aquisição de cada componente em separado e a sua posterior junção[699-700].

A junção de mais do que um produto num *bundle* pode igualmente ser mais valorizada pelo consumidor do que a oferta em separado dos vários "produtos" que o compõem. Na realidade, a venda ligada pode *reduzir os custos de transação e de informação para os consumidores*, que, na ausência do *bundle*, seriam obrigados a escolher e a adquirir separadamente cada um dos seus componentes[701]. Voltando ao exemplo do automóvel, para além de, como se referiu, permitir ao fabricante realizar economias na sua produção, por razões de conveniência, a generalidade dos consumidores preferirá adquirir um automóvel com pneus, volante, motor, sistema de navegação, ar condicionado, autorrádio e os restantes componentes já instalados e

---

[697] Ver Motta, Massimo, *Competition Policy, Theory and Practice*, Cambridge University Press, 2004, pág 462.

[698] Orientação sobre o artigo 102º TFUE, para 62.

[699] Ver Bishop, Simon e Walker, Mike *The Economics of EC Competition Law: Concepts, Application and Measurement*, University Edition, Sweet & Maxwell, 2010, pág 277. Ver igualmente *Bundling, Tying, and Portfolio Effects*, DTI Economics Paper No 1, Part 1 *Conceptual Issues*, Professor Barry Nalebuff, Yale University, pág 31.

[700] Outro exemplo intuitivo ocorre nos mercados dos *media* onde a realização de economias de gama na infraestrutura de distribuição (a rede de cabo ou a rede ADSL) e nos conteúdos leva a generalidade dos operadores a oferecer pacotes com televisão por subscrição, acesso à Internet em banda larga e telefonia fixa (*triple play*). Ver O'Donoghue, Robert e Padilla, Jorge, cit., pág 481.

[701] Ver Orientação sobre o artigo 102º TFUE, para 62.

não ter que escolher e adquirir cada um destes em separado e instalá-los ele próprio[702-703-704].

A junção de mais do que um produto num pacote e a sua comercialização como um *novo produto único* pode igualmente representar uma forma inovadora e mais rentável de o(s) comercializar. Quando a indústria adota uma prática idêntica e replica a junção de dois ou mais produtos anteriormente independentes num único novo produto, tal facto pode configurar um indício de que a prática é efetivamente geradora de eficiência. Note-se contudo que, se a evolução do mercado for no sentido de deixar de existir uma procura autónoma para cada um dos produtos isoladamente, podere-

---

[702] Ver *Bundling, Tying, and Portfolio Effects*, DTI Economics Paper No 1, Part 1 Conceptual Issues, Professor Barry Nalebuff, Yale University, pág 32. Ver Einer Elhauge e Damien Geradin, *Global Competition Law and Economics*, Hart Publishing, 2007, pág 504; ver igualmente Bishop, Simon e Walker, Mike, *The Economics of EC Competition Law: Concepts, Application and Measurement*, University Edition, Sweet & Maxwell, 2010, pág 277.

[703] A *Microsoft* alegou este tipo de eficiências na sua defesa, não tendo todavia logrado sensibilizar a Comissão, que a refutou do seguinte modo: "*Claims regarding the efficiencies of tying in terms of lowered transaction costs for consumers, that is to say, that it reduces time and confusion to have a set of default options in a personal computer out of the box, fail to differentiate between the benefit to consumers of having a media player pre-installed along with the client PC operating system and Microsoft selecting the media player for consumers. In a market where OEMs were free to offer whichever packages of software consumers desired (for example Windows with a third party media player, or Windows with WMP), the market would provide those varieties of packages preferred by consumers. (...) The market would therefore respond to the efficiencies associated with the purchase of a full package of hardware, operating system and software applications such as media players, and, in addition, the market would be free to offer the variety that consumers demand. Consumers could choose bundles of client PC operating system and media player offered by OEMs according to their preferences, and would as such be discharged of the possible costs of assembling a bundle themselves. Nothing about potential transaction efficiencies for consumers requires the pre-installation to be undertaken by Microsoft, let alone by Microsoft.s exclusive and irreversible bundling of WMP with Windows*". Decisão da Comissão, de 24.3.2004, Proc. COMP/C-3/37.792 *Microsoft*, paras 956 e 957.

[704] No processo *Microsoft*, outro argumento respeitante a custos de transação foi o de que as poupanças resultantes da venda ligada relacionadas com os custos evitados com a manutenção de um segundo sistema de distribuição seriam passadas para os clientes que poderiam poupar custos associados a um segundo ato de compra, incluindo a seleção e a instalação do produto. A Comissão notou que, independentemente das eficiências aí conseguidas, no caso em apreço, estas *não* compensavam a distorção de concorrência originada; decisão da Comissão, de 24.3.2004, Proc. COMP/C-3/37.792 *Microsoft*; acórdão do TG de 17.9.2007, Proc. T-201/04 *Microsoft Corporation*/Comissão Europeia, Col II-3, para 958.

mos estar perante um caso em que o mercado passa a ser o do "novo produto" e deixam de se colocar questões de venda ligada[705].

A venda ligada pode também ser justificada para garantir a *qualidade* e o *bom funcionamento do produto*[706]. Como sublinha Nalebuff, a coordenação do *software* e dos comandos pode permitir ao *bundle* de *software* uma funcionalidade e simplicidade melhoradas. De igual modo, ter um único número de *help desk* é outra forma de aumentar a qualidade, uma vez que em muitos casos, se alguma coisa corre mal o A tipicamente responsabiliza o B e vice-versa[707].

Ligado a este ponto, alguns autores chamam a atenção para a circunstância de a venda ligada poder funcionar como uma forma de salvaguardar a *reputação* de um produto ou de uma marca. Isto porque, especialmente em mercados onde os produtos podem apresentar alguma complexidade técnica, o mau funcionamento de produtos acessórios pode ser prejudicial para a reputação da marca como um todo, por os consumidores não percecionarem exatamente qual a parte do sistema que não funciona bem[708].

A venda ligada pode igualmente traduzir-se numa *estratégia eficiente com vista a aumentar as vendas*. Um exemplo familiar é o da conhecida estratégia das operadoras de telefonia móvel que passa por vender equipamentos terminais e chamadas em pacote. É uma forma de reduzir um obstáculo dos consumidores na aquisição do produto, subsidiando a aquisição do equipamento, e recuperando depois com receitas originadas pelo maior número de chamadas resultante de deterem uma maior base instalada de subscritores[709]. Este tipo de prática origina, por norma, benefícios para os consumidores.

Diversos autores chamam ainda a atenção para a venda ligada como uma forma de *evitar uma dupla margem (double marginalisation)* em dois produtos complementares. Em 1838, *Cournot* demonstrou que estando em causa dois monopolistas de dois produtos complementares, A e B, se um deles des-

---

[705] *Discussion Paper*, para 205 e nota de rodapé 125.
[706] *Discussion Paper*, para 204.
[707] *Bundling, Tying, and Portfolio Effects*, DTI Economics Paper No 1, Part 1 Conceptual Issues, Professor Nalebuff, Barry, Yale University, pág 32.
[708] Bishop, Simon e Walker, Mike, cit., pág 281; ver Elhauge Einer e Geradin, Damien, cit., pág 505; Ver O'Donoghue, Robert e Padilla, Jorge, cit., pág 481; Motta, Massimo, *Competition Policy, Theory and Practice*, Cambridge University Press, 2004, pág 461.
[709] Ver Bishop, Simon e Walker, Mike, cit., pág 280.

cer o preço, por exemplo A, a procura de B (também) sobe, e vice-versa. Uma vez que a procura de um deles sobe quando o preço do outro desce, a venda ligada de ambos poderia ser uma forma eficiente de aumentar os lucros, uma vez que na ausência de coordenação, os dois monopolistas vão determinar ineficientemente preços elevados com impacto nas vendas de ambos.

Importa ter presente que na análise da natureza pró-competitiva de uma venda ligada, as autoridades de concorrência – que a farão muitas vezes no âmbito da avaliação da justificação objetiva – olharão para o comportamento em questão procurando avaliar se este é "indispensável" e "proporcional" ao objetivo que a empresa dominante procura atingir[710], e que, no contexto deste exercício, procurarão avaliar se os ganhos de eficiência em questão podem ser alcançados por intermédio de alternativas menos anticoncorrenciais do que as implementadas[711].

1.6 Evolução do enquadramento jurídico das vendas ligadas: da ilegalidade *per se* ao predomínio da *rule of reason*

As instituições da União Europeia – à semelhança das dos E.U.A. – começaram por analisar as práticas de venda ligada, partindo do princípio que estas produzem efeitos nefastos. A alavancagem de poder de mercado era a grande preocupação e era presumida sempre que uma empresa dominante efetuava um *tying*. O frequentemente citado caso norte-americano *Standard Oil* ilustra bem o pensamento que preponderou sobre este tipo de prática nos dois lados do Atlântico:

> *"tying agreements serve hardly any purpose beyond the supression of competition[712]".*

Na U.E., os processos que envolveram vendas ligadas denotaram, até ao caso *Microsoft*, uma abordagem muito próxima da ilegalidade *per se*. De facto, este tipo de prática era vista como geradora de efeitos restritivos, em si mesmos, não se registando qualquer preocupação com a análise dos efeitos concretos ou prováveis a que davam lugar nem se dispensando grande atenção a eventuais efeitos pró-competitivos que pudessem estar associados às mesmas e que as empresas dominantes pudessem invocar.

---

[710] Ver Orientação sobre o artigo 102º TFUE, para 28.
[711] Ver Orientação sobre o artigo 102º TFUE, para 30.
[712] *Standard Oil Co. Of California et al v United States*, 337 U.S. 293, 305 (1949)

Todavia, a evolução do pensamento económico no final do século XX e início do XXI permitiu ver com maior clareza a diversidade de efeitos que resultam de práticas de vendas ligadas e passou a admitir-se que estas podem também originar efeitos positivos. Neste contexto, gerou-se algum consenso entre a doutrina norte-americana e europeia no sentido da adoção de uma *rule of reason* que levasse à análise casuística dos efeitos pró e anticompetitivos de cada prática desta natureza trazida ao escrutínio das autoridades que aplicam as regras da concorrência.

Não é demais dizer-se que os processos contra a *Microsoft* simbolizam, em ambos os continentes, uma mudança na abordagem quanto a este tipo de práticas. Nos Estados Unidos[713], o *tying* do *Windows* com o *Internet Explorer* contribuiu para o abandono da ilegalidade *per se*[714], tendo originado uma ampla discussão dos efeitos pró e anticompetitivos da prática. Na União Europeia, o *tying* do *Windows* com o *Windows Media Player* suscitou idêntico debate, aplicando-se pela primeira vez a processos desta natureza uma abordagem mais centrada nos efeitos. Em 2005 e depois em 2009, n o âmbito do movimento de modernização da aplicação do artigo 102º TFUE, a Comissão Europeia propôs o abandono da abordagem "per se" e a adoção de uma perspetiva mais centrada no efeito da prática.

1.7 A proibição da venda ligada no artigo 102º TFUE e no artigo 11º da Lei nº 19/2012

O artigo 102º alínea d) TFUE e o artigo 11º, nº 2, alínea d) da Lei nº 19/2002 proíbem a prática de vendas ligadas em termos idênticos. De acordo com estas disposições, uma prática abusiva pode consistir, nomeadamente, em:

> "[s]ubordinar a celebração de contratos à aceitação, por parte dos outros contraentes, de prestações suplementares que, pela sua natureza ou de acordo com os usos comerciais, não têm ligação com o objeto desses contratos".

A ausência, nesta alínea do artigo 102º TFUE, de uma referência explícita ao *efeito* da prática é, por vezes, apontada como uma das razões que poderá ter contribuído para justificar uma interpretação mais formalista desta disposição. Não cremos porém que seja possível sustentar, com base

---

[713] *United States v. Microsoft Corporation*, 253 F.3d 34 (D.C. Cir. 2001).

[714] Ou, melhor dito, da *modified illegality per se approach*, depois do caso *Jefferson Parish Hospital District No. 2 v Hyde*, 466 US 2 (1984).

na letra da lei, que o efeito anticoncorrencial não é um dos elementos do abuso. Isto mesmo foi confirmado pelo TG em *Microsoft* ao recordar que não obstante o artigo 102º não conter, nem na alínea d) nem no corpo do artigo, uma referência ao efeito anticoncorrencial da prática em causa, "não é menos certo que, em princípio, um comportamento só é considerado abusivo se for suscetível de restringir a concorrência[715]".

Questão diversa é saber que nível de efeito é necessário demonstrar (concreto ou potencial), tema de que nos ocupamos no capítulo 4[716].

Por outro lado, uma interpretação literal desta alínea poderia igualmente fazer suscitar a questão de saber se esta disposição é aplicável apenas à subordinação contratual – como expressamente referido – ou se pode igualmente aplicar-se à subordinação técnica e/ou aos descontos multiprodutos.

A nosso ver, uma interpretação de acordo com o espírito da lei e da norma, aplica-la-á igualmente a estas práticas, que produzem um efeito idêntico, ainda que não se encontrem expressamente previstas. Em *Hoffman-La Roche* o TJ aplicou a alínea d) do artigo 102º TFUE a um sistema de descontos que entendeu dar origem a um efeito idêntico ao de uma obrigação contratual[717]. Em todo o caso, a questão não parece decisiva, na medida em que, em qualquer caso, atendendo ao caráter não exaustivo da lista de comportamentos quer do artigo 102º TFUE quer do artigo 11º da Lei nº 19/2012, estas práticas caberiam sempre na proibição geral de abuso de posição dominante consagrada no corpo do artigo 102º TFUE e no nº 1 do artigo 11º da Lei nº 19/2012.

Refira-se, a título de exemplo, que no acórdão *Microsoft*, o TG, ao discutir os elementos que teriam que estar preenchidos para existir um abuso de posição dominante por venda ligada, e depois de se referir à lista exemplificativa do artigo 102º TFUE, observou que:

"uma venda ligada praticada por uma empresa em posição dominante também pode violar o artigo [102º TFUE] quando não corresponda ao exemplo mencionado no artigo [102º, segundo parágrafo, alínea d), TFUE]. Assim, para

---

[715] Cfr. acórdão do TG, de 17.9.2007, Proc. T-201/04 *Microsoft Corporation*/Comissão Europeia, Col II-3, para 867.
[716] Ver pág 94.
[717] Acórdão do TJ, de 13.2.1979, Proc 85/76, *Hoffman-La Roche*/Comissão, Col 1979-I, para 111.

concluir pela existência de uma venda ligada abusiva, a Comissão podia, na decisão impugnada, basear-se no [artigo 102º TFUE] no seu todo, e não exclusivamente no artigo 102º, segundo parágrafo, alínea d), [TFUE][718]".

2. A prática das instituições europeias
2.1 Hoffman-La Roche[719]

Em 13.2.1979, o TJ decidiu um dos primeiros processos de abuso de posição dominante[720]. No essencial, a Comissão condenou a empresa farmacêutica Roche por exploração abusiva da sua posição dominante em virtude da celebração de contratos de compra e venda com vinte e dois importantes compradores de vitaminas através dos quais estes se comprometiam a abastecer-se exclusivamente junto da Roche para a totalidade ou para uma parte essencial das suas necessidades em vitaminas[721]. A principal preocupação das instituições europeias neste caso prendia-se com o efeito de encerramento anticoncorrencial do mercado aos concorrentes da Roche, a que a exclusividade dava origem. No entanto, na medida em que os descontos oferecidos incidiam sobre todas as vendas de vitaminas efetuadas, em boa verdade diversos produtos distintos, o TJ concordou com a posição da Comissão segundo a qual a prática em causa configurava igualmente uma venda ligada com caráter abusivo. A questão foi colocada nos seguintes termos:

"[C]onsiderando o facto, reconhecido pela recorrente como pela Comissão, de os diferentes grupos de vitaminas constituírem produtos não intermutáveis e mercados distintos, esta globalização do sistema de descontos constitui, além disso, uma prática abusiva na aceção do último parágrafo do artigo [102º TFUE], na medida em que tem por objetivo "subordinar a celebração de contratos à aceitação, por parte dos parceiros contratuais, de prestações

---

[718] Ver acórdão do TG, de 17.9.2007, Proc. T-201/04 *Microsoft Corporation*/Comissão, Col II-3, para 861.
[719] Acórdão do TJ, de 13.2.1979, Proc 85/76, *Hoffman-La Roche*/Comissão, Col 1979-I.
[720] O caso é analisado em maior detalhe no capítulo 10, a propósito dos acordos exclusivos e descontos condicionais, que é o tema central da discussão quanto à violação do artigo 102º TFUE. Ver págs 368 e 384.
[721] Cfr. acórdão do TJ, de 13.2.1979, Proc 85/76, *Hoffman-La Roche*/Comissão, Col 1979-I, para 80.

suplementares, que, pela sua natureza ou de acordo com os usos comerciais não têm qualquer relação com o objetivo desses contratos"[722]".

A Comissão e o TJ pareceram assim ter considerado que para que um abuso por venda ligada tivesse lugar bastava que *(i)* a empresa detivesse posição dominante, *(ii)* estivessem em causa produtos pertencentes a mercados relevantes distintos e que *(iii)* um preço de desconto fosse aplicável a todos os produtos incluídos, sendo assim concedidos incentivos à compra ligada de produtos pertencentes a mercados relevantes distintos.

Note-se, quanto ao último elemento referido, que a ligação entre os produtos pertencentes a mercados distintos não é contratual, antes decorrendo de um sistema de incentivos económicos concedido aos clientes para a compra conjunta.

A análise das instituições europeias neste caso não dispensou qualquer atenção aos efeitos da prática, parecendo antes presumi-los a partir da circunstância de existir uma ligação entre produtos distintos, encontrando-se portanto muito próxima de uma perspetiva de ilegalidade *per se* das vendas ligadas.

2.2 Napier Brown/British Sugar[723]

O caso *Napier Brown/British Sugar*, descrito em detalhe no capítulo relativo ao tema da compressão de margens[724], teve lugar no final da década de 80 e respeita a um conjunto de abusos que terão sido cometidos pela *British Sugar* ("BS"), o único produtor britânico de açúcar de beterraba[725]. Neste processo, a Comissão entendeu que a BS abusou da posição dominante detida no mercado do açúcar branco granulado para venda industrial e para venda a retalho na Grã-Bretanha:

> "ao recusar a concessão aos seus clientes da opção entre a compra de açúcar a preço à saída da fábrica e a sua compra a preço em que já estivessem incluídas as despesas de entrega, reservando, por conseguinte, para si própria, a ativi-

---

[722] Cf. acórdão do TJ, de 13.2.1979, Proc 85/76, *Hoffman-La Roche*/Comissão, Col 1979-I, para 111.
[723] Decisão da Comissão, de 18.7.1988, Proc. IV/30.178 *Napier Brown/ British Sugar*, JO L 284 de 19.10.1988, p. 41–59.
[724] Ver pág 193.
[725] A beterraba e a cana do açúcar são as duas fontes donde é possível extrair açúcar granulado.

dade da entrega do açúcar e eliminando, assim, toda a concorrência relativa à entrega dos produtos[726]".

A venda ligada era apenas um dos abusos, num quadro mais vasto que envolvia igualmente outros comportamentos, e a Comissão não aprofundou os fundamentos da decisão a este propósito. É, no entanto, possível identificar a necessidade da existência de: *(i)* dois mercados distintos – de acordo com a Comissão, a BS reservara para si uma atividade separada, mas auxiliar, da entrega do açúcar –; *(ii)* uma posição dominante no mercado do produto subordinante; *(iii)* a ligação entre os dois mercados; e *(iv)* uma (presumida) eliminação de toda a concorrência no mercado do produto subordinado, relativa à entrega do açúcar[727].

A decisão *British Sugar* não contém qualquer análise do efeito da prática no mercado, tendo a Comissão assentado a sua conclusão na presunção de que ao "recusar a concessão aos seus clientes da opção entre a compra de açúcar a preço à saída da fábrica e a sua compra a preço em que já estivessem incluídas as despesas de entrega", a BS eliminava a concorrência neste segundo mercado. Como notam alguns autores, a Comissão chegou a tal conclusão sem avaliar se a ligação entre a produção e entrega gerava eficiências, ou se o mercado do transporte do açúcar era ou não parte de um mercado mais amplo do transporte em geral e até que ponto o *tying* encerrava em alguma medida esse mercado. Para a Comissão parece ter bastado que a BS reservasse para si a atividade separada de entregar o açúcar para constatar a existência de uma restrição da concorrência[728].

2.3 Hilti[729]
Em 22.12.1987, a Comissão adotou uma decisão em que condenou a *Hilti AG* por venda ligada de produtos. De forma sucinta, a *Hilti AG* era uma

---

[726] Cfr. decisão da Comissão, de 18.7.1988, Proc. IV/30.178 *Napier Brown – British Sugar*, JO L 284 de 19.10.1988, p. 41–59 para 71.

[727] Cfr. decisão da Comissão, de 18.7.1988, Proc. IV/30.178 *Napier Brown – British Sugar*, JO L 284 de 19.10.1988, p. 41–59 para 69 a 72.

[728] Ver Ahlborn, S Evans & J Padilla, "*The Antitrust Economics of Tying: A Farewell to per se illegality*", Global Competition Policy Magazine, no. 1 (11.2006) 24.

[729] Decisão da Comissão, de 22.12.1987, Proc. IV/30.787 *Eurofix-Bauco/Hilti*, JO L 65 de 11.3.1988, p. 19–44; acórdão do TG, de 12.12.1991, Proc. T-30/89, *Hilti*/Comissão, Col 1991 II-01439.

grande empresa, com sede no Liechetenstein, dedicada ao fabrico e distribuição de uma série de equipamento de perfuração para utilização profissional na indústria da construção, em particular pistolas de pregos e artefactos conexos para a sua utilização, como pregos, cartuchos e fitas de cartuchos. A *Hilti* era uma das líderes mundiais do setor, vendendo os seus produtos em todo o mundo e em todos os Estados-Membros através de filiais próximas ou de distribuidores independentes.

A *Eurofix* e a *Bauco* eram duas empresas de pequena dimensão ativas no mercado inglês da produção e distribuição de pregos. Os pregos produzidos e distribuídos pela *Eurofix* eram compatíveis com as pistolas de prego *Hilti* e com as de qualquer outro fabricante. A *Bauco*, no essencial, importava e distribuía pregos compatíveis com as pistolas de pregos *Hilti*.

A *Eurofix* e a *Bauco* apresentaram uma denúncia junto da Comissão, alegando que a *Hilti* adotara uma série de comportamentos anti-competitivos com vista a excluí-las do mercado dos pregos compatíveis com as pistolas de pregos *Hilti*.

A investigação da Comissão deu razão às denunciantes, tendo sido considerado que a *Hilti* levou a cabo um conjunto de comportamentos anticoncorrenciais, em particular: *(i)* uma política de fornecimento de fitas de cartuchos (unicamente) a determinados consumidores finais ou distribuidores (como empresas de aluguer) apenas quando essas fitas de cartuchos eram adquiridas com o necessário complemento de pregos[730]. A documentação interna da *Hilti* revelava existir um "embargo à venda exclusiva de cartuchos[731]", alegando razões de segurança para a adoção desta política; *(ii)* nos casos em que não instituiu a referida subordinação, a *Hilti* tentou bloquear a venda de pregos dos concorrentes através de uma política de redução dos descontos para as encomendas de cartuchos sem pregos, que não assentava em qualquer critério objetivo (*e.g.* quantidade), mas unicamente no facto de o cliente adquirir pregos dos seus concorrentes[732]; *(iii)* adicionalmente, a *Hilti* exerceu pressão sobre os seus distribuidores independentes fora do Reino Unido, para não aceitarem encomendas de exportação para o Reino Unido, frustrando assim as tentativas da Euro-

---

[730] Cf. decisão da Comissão, *Hilti*, para 30.
[731] Cf. decisão da Comissão, *Hilti*, para 31.3.
[732] Cf. decisão da Comissão, *Hilti*, para 33.

fix para contornar a sua política[733]; *(iv)* a *Hilti* recusou-se reiteradamente a fornecer cartuchos a produtores independentes de pregos ou a outros produtores de pistolas de pregos, incluindo a *Eurofix* e a *Bauco*. Ao mesmo tempo, impedia-as de as obterem de outras fontes, na medida em que recusava licenciar produtores independentes ou pedia *royalties* tão elevados que equivaliam, na prática, a recusas[734]. De igual modo, recusava o fornecimento de fitas de cartuchos que lhe eram encomendadas sempre que suspeitava que seriam revendidas a fabricantes independentes de pregos; *(v)* adotou ainda táticas discriminatórias em relação aos seus clientes, classificando-os em "apoiados" e "não apoiados", o que permitia aos primeiros obter maiores descontos e outros benefícios. Entre os critérios para considerar um cliente "apoiado" incluia-se "estar preparado para estabelecer um acordo com a *Hilti* e para aceitar uma política de venda direta continuada e manifestar lealdade à marca com uma família de produtos[735]"; e *(vi)* "recusar em honrar as garantias dos seus equipamentos, quando são usadas com pregos não *Hilti*[736]".

A Comissão definiu três mercados relevantes distintos: *(i)* pistolas de pregos, *(ii)* fitas de cartuchos e *(iii)* pregos. A *Hilti*, que detinha, respetivamente, 55%, 70% e mais de 70% de quota, foi considerada dominante em todos.

A Comissão entendeu que as práticas descritas "não deixam qualquer *liberdade ao consumidor* de optar pela origem dos seus pregos e como tal exploram-no abusivamente. Além do mais, essas práticas têm todas como *objetivo* ou *efeito* a exclusão dos fabricantes independentes de pregos que podem ameaçar a posição dominante da *Hilti*. A subordinação e a redução de descontos não foram incidentes isolados mas sim uma política globalmente aplicada[737]". (nosso ênfase)

A *Hilti* alegou como justificação objetiva do comportamento razões de segurança dos seus equipamentos, que a utilização de produtos concorrentes poria em causa. A Comissão considerou contudo que se a empresa tivesse tido verdadeiras preocupações de segurança, deveria ter contac-

---

[733] Cf. decisão da Comissão, *Hilti*, paras 35-37.
[734] Cf. decisão da Comissão, *Hilti*, para 39.
[735] Cf. decisão da Comissão, *Hilti*, para 42.
[736] Cf. decisão da Comissão, *Hilti*, para 44.
[737] Cf. decisão da Comissão, *Hilti*, para 75.

tado as autoridades competentes pedindo-lhes para intervirem junto dos produtores independentes cujos produtos entendia representarem um perigo. A este propósito, sublinhou o TG que:

> "[C]omo a Comissão afirmou, existem leis no Reino Unido que permitem punir a venda de produtos perigosos bem como as afirmações enganosas relativas às caraterísticas de determinado produto. Existem igualmente autoridades às quais foi atribuída competência para aplicar essas leis. Nestas circunstâncias, *não compete manifestamente a uma empresa em posição dominante tomar, por sua própria iniciativa, medidas destinadas a eliminar produtos que considere, bem ou mal, perigosos ou de qualidade inferior aos seus próprios produtos*[738]". (nosso ênfase)

Os recursos interpostos junto do TG e, mais tarde, junto do TJ acabaram por confirmar a decisão da Comissão Europeia em condenar a empresa por violação do artigo 102º TFUE[739].

Neste processo, a Comissão pareceu centrar-se no facto de o comportamento da empresa dominante retirar a opção de escolha ao consumidor e no *objetivo* ou *efeito* do comportamento, para o considerar contrário ao artigo 102º TFUE[740], abstendo-se de empreender a análise do efeito do comportamento no mercado. Limitou-se, na realidade, a fazer constatações relativas a efeitos negativos por norma atribuídos à prática da venda ligada.

Assim, a abordagem formalista de *Napier Brown/ British Sugar* foi reiterada em *Hilti*, tendo a Comissão baseado a decisão na presunção de restrição da concorrência que atribui à venda ligada (*tying*) e não na ponderação dos seus efeitos no mercado.

2.4 Tetra Pak II[741]

Em 24.7.1991, a Comissão condenou a empresa *Tetra Pak* por abuso de posição dominante. A *Tetra Pak* era um grupo especializado nos equipa-

---

[738] Ver acórdão do TG, de 12.12.1991, Proc. T-30/89, *Hilti*/Comissão, Col 1991 II-01439, para 118.
[739] Ver acórdão do TG, de de 12.12.1991, Proc. T-30/89, *Hilti*/Comissão, Col 1991 II-01439; acórdão do TJ, de 2.3.1994, Proc. C-53/92, *Hilti*/Comissão, Col 1994 I-00667.
[740] Note-se que, ao contrário do artigo 101ºTFUE, o artigo 102º TFUE não contém qualquer referência ao objeto do comportamento.
[741] Acórdão do TG, de 6.10.1994, Proc T-83/91, *Tetra Pak*/Comissão, Col 1994 II-00755; acórdão do TJ, de 14.11.1996, Proc. C-333/94 P, *Tetra Pak*/Comissão, Col. 1996 I-05951. O presente caso é igualmente analisado no capítulo 7, relativo ao tema dos Preços Predatórios, pág 242.

mentos utilizados para o acondicionamento em embalagens de cartão de produtos alimentares líquidos ou semilíquidos e desenvolvia as suas atividades nos setores do acondicionamento assético e não assético. Tais atividades consistiam na produção de embalagens de cartão e de máquinas de enchimento. A *Tetra Pak* detinha, à data da dos factos[742], entre 90% a 95% do mercado do acondicionamento assético, tanto das máquinas como dos cartões de embalagem. Os restantes 5% a 10% eram detidos pelo seu concorrente *PKL*. O mercado não assético apresentava, por seu turno, uma estrutura oligopolista, detendo a *Tetra Pak* entre 50% a 55% de quota, seguida da Elopak, com 27% e da *PKL* com 11%. A Elopak encontrava-se presente unicamente no setor não assético.

O comportamento censurado pela Comissão traduziu-se num conjunto de diferentes práticas, entre as quais, a subordinação da venda de máquinas de enchimento a um compromisso de exclusividade respeitante: *(i)* à utilização de cartões *Tetra Pak* nas máquinas; *(ii)* ao abastecimento de cartões junto da *Tetra Pak* ou junto de um fornecedor por ela designado; *(iii)* à manutenção e reparações junto da *Tetra Pak*; e *(iv)* ao fornecimento de peças sobresselentes[743].

O TG deu razão à Comissão Europeia ao considerar que as cláusulas contratuais em questão "se destinavam, realizada a venda, a tornar os clientes totalmente dependentes da *Tetra Pak* durante todo o tempo de duração da máquina – o que excluía qualquer possibilidade de concorrência ao nível dos cartões e dos produtos anexos[744]".

Adicionalmente, considerou o TG que as cláusulas em causa visavam tornar o mercado dos cartões de embalagem "completamente cativo do das máquinas, cujo efeito de evicção reforçavam e completavam". Segundo o tribunal, cláusulas desta natureza podem considerar-se "como *abusivas em si mesmas*, na medida em que tinham nomeadamente como *objetivo*, segundo os casos, subordinar a venda das máquinas e dos cartões à aceitação de prestações suplementares de natureza diferente, como os serviços

---

[742] Decisão da Comissão, de 24.7.1991, Proc. IV/31.043 – *Tetra Pak II*, JO 1992, L 72, p. 1 (92/163/CEE).

[743] Decisão da Comissão, de 24.7.1991, Proc. IV/31.043 – *Tetra Pak II*, JO 1992, L 72, p. 1 (92/163/CEE), para 27.

[744] Cfr. acórdão do TG, de 6.10.1994, Proc. T-83/91 *Tetra Pak*/Comissão, Col., p. II755, para 132.

de manutenção e de reparação e o fornecimento de peças sobresselentes[745]" (nosso ênfase).

Para o TG, o comportamento da *Tetra Pak* não era conforme aos usos comerciais, mas mesmo que fosse não seria admissível por ser levado a cabo por uma empresa em posição dominante[746]. Adicionalmente, o TG recordou a jurisprudência sobre obrigações de fornecimento exclusivo para sublinhar que "para uma empresa que ocupa uma posição dominante, o facto de vincular direta ou indiretamente os seus clientes através de uma obrigação de abastecimento exclusivo constitui um abuso na medida em que priva o cliente da possibilidade de escolha das suas fontes de abastecimento e impede o acesso ao mercado de outros produtores[747]".

Tal como em *Hilti*, a justificação objetiva relacionada com a segurança ou a fraca qualidade dos produtos concorrentes foi rejeitada.

As instituições europeias continuaram a seguir a abordagem formalista dos anteriores procedimentos, assentando a decisão na presunção de que um *tying* levado a cabo por uma empresa dominante origina uma restrição da concorrência, sem contudo ser levada a cabo uma análise dos efeitos em função das caraterísticas da prática e do mercado.

2.5 Microsoft[748]

Em 17.9.2007, o TG confirmou a decisão da Comissão Europeia, de 24.3.2004, que condenou a *Microsoft* por abuso de posição dominante por recusa de fornecimento das especificações técnicas do *Windows* a fabricantes de servidores de grupos de trabalho, e por venda ligada daquele sistema operativo com o leitor multimédia, *Windows Media Player* ("WMP"). A *Microsoft* era praticamente monopolista no mercado do sistema operativo *Windows*, enfrentando contudo alguma concorrência no mercado dos leitores multimédia. No capítulo 5, ocupámo-nos do caso *Microsoft* na

---

[745] Cf. acórdão do TG, *Tetra Pak II*, para 135.
[746] Cf. acórdão do TG, *Tetra Pak II*, para 137. "Um uso, mesmo aceitável em situação normal num mercado concorrencial, não pode ser admitido no caso de um mercado em que a concorrência já está reduzida."
[747] Cf. acórdão TG, *Tetra Pak*, para 137.
[748] Decisão da Comissão, de 24.3.2004, Proc. COMP/C-3/37.792 *Microsoft*, JO 2007, L 32, p. 23; acórdão do TG de 17.9.2007, Proc. T-201/04 *Microsoft Corporation*/Comissão Europeia, Col II-3601.

perspetiva da recusa de conceder informação para a interoperabilidade[749]. Interessa-nos agora o abuso por venda ligada[750].

De forma sucinta, a *Microsoft* oferecia já incorporado no sistema operativo *Windows*, presente na grande maioria dos PCs a nível mundial, o leitor multimédia, WMP. Nos termos da decisão da Comissão, para que se verifique uma venda ligada proibida pelo artigo 102º TFUE, além da inexistência de uma justificação objetiva, os seguintes elementos devem encontrar-se preenchidos: *(i)* o produto subordinante e o produto subordinado são dois produtos distintos; *(ii)* a empresa detém uma posição dominante no mercado do produto subordinante; *(iii)* a empresa dominante não concede aos consumidores a opção de obterem o produto subordinante sem o produto subordinado; *(iv)* a subordinação restringe a concorrência[751].

Entre os diversos argumentos de que a *Microsoft* lançou mão para tentar pôr em causa a decisão, assume particular interesse a circunstância de ter alegado que a Comissão identificara um novo requisito deste tipo de abuso, relativo à exclusão de concorrentes, que não constava da jurisprudência anterior. O TG rejeitou porém o argumento, notando que "embora seja verdade que nem [o artigo 102º alínea d) TFUE] nem, mais genericamente, o artigo [102º TFUE] contêm uma referência ao efeito anticoncorrencial da prática em causa, não é menos certo que, em princípio, um comportamento só é considerado abusivo se for suscetível de restringir a concorrência[752]".

---

[749] Ver pág 146.

[750] O processo *Microsoft* teve origem em 1998 com uma denúncia da *Sun MicroSystems* à Comissão Europeia por recusa de fornecimento, por parte da *Microsoft*, de informação relativa à interoperabilidade com o *Windows*. A Comissão iniciou então uma investigação por recusa de venda e, mais tarde, por iniciativa própria, abriu igualmente uma investigação complementar por venda ligada. Em 24.3.2004, adotou uma decisão onde impôs à *Microsoft* uma coima no valor de 497 milhões de Euros e um conjunto de remédios. Os remédios impostos foram no sentido de garantir total interoperabilidade entre servidores de trabalho em grupo não *Microsoft* com o *Windows* e servidores da *Microsoft* e disponibilizar aos fabricantes de PCs uma versão do sistema operativo *Windows* sem o WMP. Em 27.2.2008, a Comissão aplicou nova coima à *Microsoft*, de 899 milhões de Euros por falha em cumprir os remédios impostos.

[751] Cf. decisão da Comissão, de 24.3.2004, Proc. COMP/C-3/37.792 *Microsoft*, JO 2007, L 32, p. 23, para 794.

[752] Cf. acórdão do TG de 17.9.2007, Proc. T-201/04 *Microsoft Corporation*/Comissão Europeia, Col II-3601, para 867.

Na realidade, ao contrário do que sucedera nos casos clássicos de vendas ligadas, em que as instituições europeias "consideraram que a venda ligada de um produto distinto com o produto dominante era o indício do efeito de exclusão que esta prática tinha sobre os concorrentes", no presente caso a Comissão notou "não poder dar por assente, sem uma análise complementar, que a venda ligada do *Windows* com o WMP constitui um comportamento suscetível, pela sua própria natureza, de restringir a concorrência[753]". Isto porque, atendendo às circunstâncias específicas do caso, nomeadamente o facto de os consumidores poderem obter *media players* alternativos ao WMP na Internet, muitas vezes sem quaisquer custos, não podia limitar-se a seguir idêntica metodologia. A Comissão partiu então para uma análise dos efeitos da prática, não só os passados, que concretamente já tinham tido lugar, mas também os que provavelmente teriam lugar no futuro, atendendo à expectável evolução do mercado.

O TG confirmou o entendimento da Comissão, recordando que, não obstante a lista de comportamentos do artigo 102º TFUE não se revestir de caráter exaustivo – o que permitiria que uma venda ligada fosse censurada ao abrigo da parte geral do artigo 102º TFUE –, os elementos identificados pela Comissão correspondem aos elementos constitutivos do comportamento previsto na alínea d) do segundo parágrafo do artigo 102º TFUE[754].

O TG analisou depois os argumentos da Comissão e da *Microsoft* quanto ao preenchimento de cada um dos elementos referidos no caso concreto, considerando que estes se encontravam preenchidos.

Por fim, a empresa apresentou duas ordens de argumentos que entendia configurarem justificações objetivas da prática. Por um lado, alegou que a integração de uma funcionalidade multimédia no *Windows* é indispensável para que os criadores de *software* e os criadores de sítios Internet possam continuar a beneficiar das significativas vantagens oferecidas pela plataforma "estável e bem definida *Windows*". Por outro, sustentou ainda que, se a funcionalidade multimédia fosse retirada do conjunto constituído pelo *Windows* e pelo WMP, isso criaria uma série de problemas

---

[753] Ver decisão da Comissão, de 24.3.2004, Proc. COMP/C-3/37.792 *Microsoft*, JO 2007, L 32, p. 23, para 841.
[754] Cf. acórdão do TG de 17.9.2007, Proc. T-201/04 *Microsoft Corporation*/Comissão Europeia, Col II-3601, para 859.

aos consumidores, aos criadores de *software* e aos criadores de sítios Internet[755].

Relativamente ao primeiro argumento, o TG sublinhou que o que a Comissão censurara à *Microsoft* na decisão impugnada não foi o facto, em si mesmo, de esta última integrar o WMP no *Windows*, mas sim o de oferecer exclusivamente no mercado uma versão do *Windows* em que o WMP está integrado, em particular, a circunstância de não permitir que os fabricantes de equipamentos originais e os consumidores obtenham o *Windows* sem o WMP ou, pelo menos, que possam retirar esse leitor do conjunto constituído pelo *Windows* e pelo WMP.

No que toca ao segundo argumento, sublinhou o TG que o facto de, graças a essa venda ligada, os criadores de *software* e os criadores de páginas Internet terem a garantia de que o WMP se encontra na quase totalidade dos PC no mundo é precisamente uma das razões principais pelas quais a Comissão considerou, acertadamente, que a referida venda ligada levava à exclusão dos leitores multimédia concorrentes do mercado. Embora a presença uniforme invocada pela *Microsoft* origine eventualmente vantagens para esses operadores, essa circunstância não bastou, no entender da Comissão e do TG, para compensar os efeitos anticoncorrenciais produzidos pela venda ligada em causa[756].

De acordo com o TG, tal argumento da *Microsoft* equivaleria, na verdade, a sustentar que a integração do WMP no *Windows* e a comercialização do *Windows* apenas nessa modalidade levavam a uma padronização de facto da plataforma WMP que era benéfica para o mercado. No entanto, o TG concluiu que "embora, de um modo geral, a padronização possa efetivamente apresentar algumas vantagens, não se pode, todavia admitir que seja imposta unilateralmente por uma empresa em posição dominante através de vendas ligadas[757-758]".

---

[755] Ver acórdão do TG de 17.9.2007, Proc. T-201/04 *Microsoft Corporation*/Comissão Europeia, Col II-3601, paras 1146 e 1147.

[756] Ver acórdão do TG de 17.9.2007, Proc. T-201/04 *Microsoft Corporation*/Comissão Europeia, Col II-3601, paras 1149 e 1151.

[757] Ver acórdão do TG de 17.9.2007, Proc. T-201/04 *Microsoft Corporation*/Comissão Europeia, Col II-3601, para 1152.

[758] A *Microsoft* não recorreu do acórdão do TG.

2.6 Conclusões quanto à prática das instituições europeias

Os processos *Hoffman-La Roche, Napier Brown/British Sugar, Hilti* e *Tetra Pak* revelam que as instituições da União Europeia começaram por olhar para as vendas subordinadas adotando uma perspetiva predominantemente formalista e sem se preocuparem com uma análise dos efeitos da prática. Baseavam-se essencialmente em presunções negativas resultantes da letra do Tratado.

Até ao processo *Microsoft*, a abordagem da Comissão e do TJUE foi sempre a de que subordinar a venda de um produto dominante à aquisição de um outro produto separado configura um abuso de posição dominante na aceção do artigo 102º TFUE se não existir uma justificação objetiva. O fundamento pareceu sempre ser o de que este comportamento resulta numa limitação das opções do consumidor e restringe o acesso dos concorrentes ao mercado, sendo, por isso, proibido. A Comissão, com a chancela do TJUE, parece não ter sentido a necessidade de ir mais a fundo e avaliar se os efeitos que tipicamente se presumem eram, na realidade, compensados por outros efeitos positivos e, em última instância, se a concorrência e o bem-estar do consumidores saiam fortalecidos.

Pode pois dizer-se que a venda subordinada por uma empresa em posição dominante era encarada como um abuso *per se*.

Com o processo *Microsoft*, isso parece ter mudado. Por um lado, a Comissão sublinhou que as circunstâncias específicas do caso (nomeadamente o facto de os consumidores poderem obter leitores multimédia alternativos ao WMP na Internet, muitas vezes sem quaisquer custos) não permitiam que assentasse a sua análise unicamente na presunção em que os casos anteriores se basearam, a de que o *tying* originava um efeito de encerramento do mercado. O TG subscreveu a posição da Comissão e recordou que no presente caso a Comissão tinha partido para a análise dos efeitos concretos da venda subordinada.

A nosso ver, esta alteração foi inteiramente justificada no caso *Microsoft* e é, de um modo geral, justificável, em todos os casos. Os *tyings*, como vimos em 1.5 *supra*, têm muitas vezes efeitos positivos e, mesmo quando levados a cabo por empresas detentoras de posição dominante, podem originar efeitos positivos que superam os efeitos negativos que lhes podem estar associados. Não devem por isso ser objeto de proibições *per se*.

2.7 A venda ligada e a reforma do artigo 102º TFUE

No âmbito do processo de modernização e reforma da aplicação do artigo 102º TFUE, a Comissão reconheceu, conforme já se notou, que as vendas subordinadas e agrupadas são práticas comuns, que muitas vezes não têm efeitos negativos e que tanto empresas com como empresas sem posição dominante levam a cabo práticas de subordinação e de agrupamento. Tornou-se então claro que a proibição *per se* de todas as vendas ligadas instituídas por uma empresa dominante era uma regra desajustada e que poderia conduzir à diminuição do bem-estar do consumidor. A Comissão propôs portanto o abandono de tal perspetiva, seguida nos casos clássicos pela jurisprudência europeia, e defendeu uma abordagem centrada no efeito da prática, como a empreendida no processo *Microsoft*, que lhe é anterior.

Neste contexto, na Orientação sobre o artigo 102º TFUE, a Comissão propôs um modelo de análise destes tipos de comportamento, procurando identificar as condições que devem encontrar-se reunidas para que uma venda ligada infrinja o artigo 102º TFUE. Detemo-nos sobre estes elementos *infra* no ponto 4.3.

3. A prática nacional

Até à presente data, e tanto quanto é do conhecimento público, a única intervenção conhecida da AdC respeitante à temática do abuso de posição dominante por venda ligada é a adoção de uma decisão de arquivamento com compromissos de uma investigação às condições contratuais impostas pela empresa Sugalidal aos produtores de tomate. No procedimento cautelar *MyZoncard* embora, a nosso ver, estivesse em causa um caso de venda ligada, na decisão cautelar, a AdC optou por um enquadramento diferente.

3.1 Sugalidal[759]

Em 15.9.2009, a AdC anunciou ter arquivado, mediante a aceitação de compromissos, um procedimento por violação do regime jurídico da concorrência, por um abuso de posição dominante por parte da empresa Sugalidal, Indústrias de Alimentação, S.A. ("Sugalidal")[760]. Em causa estava a prática de compras subordinadas, aparentemente não justificada por ganhos de eficiência.

---

[759] Comunicado da Autoridade da Concorrência de 15.10.2009.
[760] Cf. alínea g) do nº 1, do artigo 4º (ex vi alínea a), do nº 3, do artigo 6º, da Lei nº 18/2003.

Sucintamente, na sequência de uma denúncia, a AdC constatou que nos contratos com os produtores de tomate industrial, a Sugalidal impunha a obrigatoriedade de estes utilizarem na sua produção sementes da variedade *Heinz*, que é comercializada em Portugal exclusivamente por outra empresa do grupo empresarial em que se insere a Sugalidal.

O processo foi arquivado depois de a Sugalidal ter assumido o compromisso de pôr fim às práticas lesivas da concorrência incluídas nos contratos com os produtores de tomate para uso industrial.

O comunicado da AdC revela que da análise dos contratos-tipo da Sugalidal se confirmara que estes continham uma cláusula onde se impunha que o tomate fresco a entregar pelas empresas suas fornecedoras deveria ser proveniente de variedades *Heinz* (ou outras com caraterísticas semelhantes):

> "[A] Autoridade da Concorrência concluiu pela existência de um abuso de posição dominante através de uma prática de vendas (in casu, compras) subordinadas (tying), na medida em que a SUGALIDAL – dominante no mercado do produto subordinado, i.e., no mercado da primeira transformação de tomate – através dos contratos de transformação celebrados com os produtores ou organizações de produtores de tomate, condicionava a aquisição de tomate fresco (produto subordinante ou tying product) à utilização de sementes da marca Heinz na sua produção (produto subordinado ou *tied product*). Uma vez que a *supra* referida relação consta de cláusulas contratuais, a prática é designada por compras subordinadas contratuais. Deste modo, a prática descrita preenche o conceito de venda ligada, que pressupõe a imposição aos consumidores de aceitarem, direta ou indiretamente, "prestações suplementares" como as previstas a alínea g) do n.º 1, do artigo 4.º (ex vi alínea a), do n.º 3, do artigo 6.º, da Lei n.º 18/2003, de 11 de Junho (3)).
>
> Na análise efetuada, verificaram-se os seguintes elementos, necessários para o preenchimento do tipo legal de prática de compras ligadas como abuso de posição dominante, definidos pela jurisprudência consolidada e constantes do Guidance Paper (e, anteriormente, do *Discussion Paper*) da Comissão relativo à aplicação do artigo 82.º do Tratado CE (6):
>
> *(i)* A SUGALIDAL é uma empresa dominante no mercado da primeira transformação de tomate (tying market);

(ii) Os produtos subordinante (tying) e subordinado (tied) são produtos distintos, *i.e.*, as sementes de tomate e o tomate fresco são produtos distintos;
(iii) A prática de compras subordinadas por parte da SUGALIDAL tem efeitos restritivos da concorrência;
(iv) A prática de compras subordinadas *i.e.*, a imposição por parte da SUGALIDAL de fornecimentos de tomate fresco obtidos a partir de sementes da marca Heinz não é justificada objetivamente por ganhos de eficiência."

O caso Sugalidal configura pois um abuso de posição dominante por compra subordinada contratual.

O interesse do caso reside em verificar de que abordagem lançou mão a AdC para concluir que estava perante uma compra subordinada com efeitos restritivos. Embora não constem do Comunicado da AdC os fundamentos de uma eventual análise económica empreendida, é dito que o comportamento "tem" efeitos restritivos da concorrência, o que nos faz supor que a conclusão terá resultado de uma análise económica prévia, *i.e.* que o dito efeito foi constatado e não presumido. O facto de a AdC ter também aludido ao *Discussion Paper* e à Orientação sobre o artigo 102º TFUE, onde uma metodologia centrada no efeito da prática é propugnada pela Comissão Europeia, aliado ao facto de não ter sido efetuada referência ao elemento mais formalista da "falta de liberdade (ou de opções) concedida aos clientes" para justificar um efeito restritivo presumido, levam-nos a crer que a AdC terá procurado avaliar os efeitos da prática, seguindo assim um enquadramento menos formalista e mais centrado no efeito.

3.2 MyZoncard[761]?

Em Dezembro de 2008, a ZON Multimédia – Serviços de Telecomunicações e Multimédia, SGPS, S.A., que integra a ZON TV Cabo Portugal, S.A. e a ZON Lusomundo Cinemas S.A. lançou a campanha *myZONcard* nos termos da qual os clientes da ZON TV CABO detentores de um cartão denominado *myZONcard* poderiam, a partir de 2.1.2009, ir ao cinema de forma gratuita nas salas da ZON Lusomundo Cinemas, S.A. A campanha

---

[761] Decisão da AdC, de 5.1.2009, Proc. 12/2008 – adoção de medidas cautelares; decisão da AdC, de 12,11,2012, Proc. 12/2008 – arquivamento do processo.

era válida para uma sessão de cinema por dia, 8 por mês e 52 por ano[762]. Para obter o cartão *myZONcard*, era necessário ser cliente da ZON TV Cabo (televisão por subscrição) com mais de 1 ano de antiguidade e subscrever os pacotes *Funtastic*, Clássico ou o pacote Seleção com mais um serviço.

Analisámos o caso em detalhe no capítulo 7, relativo a preços predatórios, onde tivemos ocasião de sublinhar que, a nosso ver, as questões suscitadas pela referida campanha da ZON aproximar-se-iam mais de uma venda ligada e não tanto de uma prática eliminatória normal de preços predatórios. De facto, o elemento essencial da campanha, e ao qual a AdC parece não ter dado particular relevo, era o de que os destinatários da oferta eram os clientes da empresa no mercado da televisão por subscrição. Só estes eram verdadeiramente brindados com bilhetes de cinema gratuitos. No entanto, a AdC limitou-se a caraterizar o papel da intervenção da ZON TV Cabo, como "uma via de acesso e fidelização de espetadores, com impacto e facilidade de disseminação imediata, cujo efeito de curto prazo dificilmente poderia ser replicado com a mesma eficiência por vias alternativas[763]".

Uns meses mais tarde, a AdC procedeu ao arquivamento do processo depois de concluir que a campanha em questão não configurava uma prática de preços predatórios e não era, por isso, suscetível de encerrar o acesso dos concorrentes da ZON Lusomundo aos mercados da exibição cinematográfica. A nosso ver, e conforme se notou, a AdC focou-se no impacto no mercado da exibição cinematográfica sem analisar os efeitos prováveis da mesma campanha no mercado subordinado: o da televisão por subscrição. No entanto, era neste mercado que a ZON TV Cabo, apesar de ser líder destacado, começava a sentir a ameaça de um novo concorrente, o MEO, da Portugal Telecom. Eram, portanto, os clientes de televisão por subscrição, mais do que os da exibição cinematográfica, que a ZON TV Cabo pretendia fidelizar com a sua campanha. Eventuais efeitos restritivos neste mercado seriam unicamente um instrumento para outro fim, o de reforçar a posição no mercado da televisão por subscrição. No mercado da exibição cinematográfica, a ZON não enfrentava qualquer ameaça diferente das que sentira nos últimos anos. A AdC caraterizara tal mercado como um

---

[762] Ver pontos 18 e seguintes da decisão de adoção de medidas cautelares PRC-12/2008.
[763] Cf. ponto 168 da decisão de adoção de medidas cautelares.

mercado estagnado, o que reforça a ideia de que a ZON poderia não sentir grande incentivo a passar a oferecer *sine die* bilhetes de cinema gratuitos.

Conforme se observou, não resulta dos elementos disponíveis que este efeito – o do impacto no mercado da televisão por subscrição – tenha sido analisado na avaliação da AdC. De facto, no ponto 298 da decisão de arquivamento, a AdC utiliza até como argumento para arquivar o processo a circunstância de a arguida, ter, por um lado, manifestado a intenção de não retomar a campanha no formato original, e de, nos formatos alternativos entretanto adotados, estar disponível para negociar com outros operadores de cinema a nível retalhista, que fossem relevantes no mercado, campanhas promocionais ligadas à emissão de bilhetes de cinema. Facilmente se compreende que tais campanhas, a acontecerem, aumentariam ainda mais o efeito de rede para os clientes da ZON TV Cabo. Curiosamente, a AdC não se referiu ao facto de tais campanhas, a terem lugar, deverem ser não exclusivas para não encerrarem o mercado da televisão por subscrição aos concorrentes da ZON TV Cabo.

Assim, apesar de o processo não ser analisado nesta perspetiva, a nosso ver, este foi na realidade um caso de venda agregada mista (*mixed bundling*) que deveria ter sido analisada à luz das regras próprias, a que nos referiremos *infra*, e relativamente às quais a Comissão fornece indicações no âmbito da Orientação sobre o artigo 102º TFUE. Note-se porém que não queremos com isto dizer que a campanha devesse ser necessariamente proibida, mas unicamente que a sua adequada avaliação exigiria levar em linha de conta o referido aspeto da venda agregada mista.

4. Os elementos do abuso de posição dominante por prática de venda ligada

Um abuso de posição dominante por venda ligada tem lugar quando se encontram preenchidos os seguintes requisitos cumulativos:

(i) A detenção de uma posição dominante no mercado do produto subordinante (*tying product*);
(ii) Os produtos subordinantes (*tying*) e subordinados (*tied*) são produtos distintos;
(iii) Suscetibilidade de um encerramento anticoncorrencial do mercado;
(iv) Inexistência de uma justificação objetiva.

4.1 Posição dominante no mercado do produto subordinante (*tying market*)

Para que a venda ligada de dois produtos seja suscetível de originar efeitos restritivos da concorrência a empresa em questão deve deter uma posição dominante no mercado do produto subordinante. Não é necessário que detenha uma posição dominante igualmente no mercado do produto subordinado[764].

Quando estão em causa agrupamentos de produtos, a empresa deve deter posição dominante pelo menos num dos produtos incluídos no agrupamento para ser aplicável o regime dos abusos de posição dominante[765].

Na situação específica de subordinação em mercados pós-venda (*e.g.* um fabricante de um produto principal recarregável exige que as recargas sejam obrigatoriamente as suas), o critério utilizado é o de que a empresa deve ocupar um lugar dominante no mercado subordinante e/ou no mercado pós-venda subordinado[766].

4.2 Produtos distintos

Os produtos incluídos no pacote têm que ser produtos distintos. Esta questão é decisiva em casos de venda ligada, uma vez que se se concluir que está em causa um único produto (e não um pacote que inclui produtos diferentes) não estaremos perante um caso de venda ligada[767].

Nos processos *Hilti*, *Tetra Pak II* e *Microsoft*, as empresas despenderam uma boa parte das suas energias a tentar demonstrar que estava em causa um único produto – o que inviabilizaria o abuso por venda ligada. O facto de existir uma procura autónoma para um dos produtos tem sido um fator de grande relevo na análise da questão. Em cada um dos casos referidos, o TJ concordou com a Comissão em como o facto de existirem empresas que apenas se dedicam a um dos produtos incluídos no pacote constitui

---

[764] Ver Orientação sobre o artigo 102º TFUE, para 50, nota de rodapé 3.
[765] Ver Orientação sobre o artigo 102º TFUE, para 50, nota de rodapé 3.
[766] Ver Orientação sobre o artigo 102º TFUE, para 50, nota de rodapé 3; ver igualmente capítulo 2, quanto à definição do mercado relevante em mercados secundários, pág 45.
[767] Em bom rigor, de um ponto de vista metodológico, este poderá ser o primeiro elemento do teste da venda ligada, na medida em que o antes de apurar se existe uma posição dominante, caberá definir o mercado relevante.

um indício forte de que existe uma procura autónoma para um dos produtos em separado e, consequentemente, mercados distintos[768].

Na Orientação sobre o artigo 102º TFUE, a Comissão sublinha igualmente que nesta avaliação a procura do cliente desempenha um papel central, acrescentando que a prova de que dois produtos são distintos pode resultar, além do referido indício de existirem empresas especializadas no fabrico ou venda do produto subordinado sem o produto subordinante ou de cada um dos produtos agrupados, é igualmente relevante saber se, existindo essa possibilidade, os clientes compram os produtos subordinantes e produtos subordinados em separado a fontes de abstecimento diferentes e avaliar se empresas sem poder se mercado, ativas em mercados competitivos, optam por não subordinar ou agrupar os produtos[769].

Refia-se ainda que a Comissão parece ter abandonado, na Orientação sobre o artigo 102º TFUE, uma ideia introduzida no *Discussion Paper*: a de que, embora seja necessária a existência de dois produtos distintos, estes não têm que pertencer a mercados relevantes diferentes. Será o caso dos mercados com produtos diferenciados em que a empresa dominante agrega a venda de dois produtos pertencentes ao mesmo mercado[770].

A nosso ver, trata-se de uma possibilidade que será na prática difícil de enquadrar à luz do esquema normal das vendas ligadas. Na realidade, os efeitos ocorrem apenas num único mercado (e não, como tipicamente sucede nos casos de agrupamento, em mais do que um), o que implica que, estabelecendo-se a existência de uma posição dominante em todo o mercado, seja depois possível identificar um segmento subordinante, onde a empresa em causa detém efetivamente muito poder de mercado, e um outro segmento subordinado, para onde, não obstante a posição dominante (em todo o mercado), o poder é alavancado.

É, por isso, mais provável que, quando não seja possível identificar dois mercados relevantes distintos, as autoridades de concorrência optem mais facilmente pelo enquadramento dos descontos condicionais (se for o caso) do que pelo da venda ligada num mesmo mercado[771].

---

[768] Ver Capítulo 2, Mercado Relevante, ponto 4.6 sobre vendas em pacote, pág 49.
[769] Ver Orientação sobre o artigo 102º TFUE, para 51.
[770] *Discussion Paper*, para 185.
[771] Ver, no mesmo sentido, Rousseva, Ekaterina, cit, pág 398.

4.3 Efeito de encerramento anticoncorrencial

A venda ligada deve ser suscetível de originar um efeito de encerramento anticoncorrencial do mercado.

Coloca-se porém a questão de saber se o efeito que tem que ficar demonstrado é meramente potencial ou se é antes um efeito concreto ou provável. A questão não pode ser vista isoladamente em relação aos restantes tipos de abusos de posição dominante e ao próprio conceito de abuso.

Como vimos, a jurisprudência do TJUE deu, durante muito tempo, o presente requisito como preenchido com alguma facilidade. As instituições europeias dispensaram-se de empreender análises dos efeitos dos comportamentos, assentando as suas decisões em meras presunções de que o *tying*, na medida em que era levado a cabo por uma empresa dominante, limitava a escolha dos consumidores e encerrava o acesso ao mercado dos concorrentes no mercado do produto subordinado. Estávamos no domínio da ilegalidade *per se*.

A principal diferença entre os casos de venda ligada e os restantes abusos é a de que o TG confirmou, em *Microsoft*, a abordagem centrada no efeito levada a cabo pela Comissão, ao passo que noutros tipos de abuso, o TJUE parece menos inclinado a sufragar o relevância da demonstração de efeitos concretos ou prováveis das práticas. Após *Microsoft*, pode dizer-se que a verificação do efeito de encerramento da concorrência passou a ser encarada de outro modo, exigindo-se um foco na prática em concreto e nos seus efeitos no mercado, sendo insuficiente presumir efeitos em abstrato. Em *Microsoft*, a Comissão Europeia sublinhou que se afastava da linha da jurisprudência clássica, dadas as circunstâncias específicas do caso. O TG subscreveu a posição da Comissão. Embora tenha sido alegada a especificidade do caso, a posição do TG não deixa de permitir a leitura de que há um reconhecimento jurisprudencial de que a subordinação não produz sempre e necessariamente apenas efeitos negativos. A nosso ver, existirá agora suporte na jurisprudência para a possibilidade de invocar que as circunstâncias específicas de um dado caso exigem uma análise dos efeitos da prática e de criticar eventuais decisões de autoridades da concorrência que não analisem, e estabeleçam, estes efeitos.

A forma como esta análise será levada a cabo dependerá do tipo de prática em causa.

A Orientação sobre o artigo 102º TFUE fornece um modelo de análise que varia em função do tipo de subordinação utilizado. Uma vez que a venda subordinada e a venda agrupada pura, por um lado, e o desconto multiproduto, por outro, utilizam formas de subordinação diferentes, (sendo as primeiras contratuais ou técnicas e a segunda económica), a avaliação deste elemento do tipo rege-se por regras diferentes nuns e noutros casos.

4.3.1 Venda subordinada e venda agrupada pura

Além do relevo próprio de que se revestem os fatores mencionados no parágrafo 20 da Orientação sobre o artigo 102º TFUE, a Comissão refere-se a um conjunto de outros fatores, que podem assumir particular importância ao avaliar estes comportamentos.

O caráter duradouro da prática de subordinação ou de agrupamento tornará mais provável o risco de encerramento anticoncorrencial tal como a subordinação técnica dificultará a revenda de componentes isolados[772]. De igual modo, numa venda agrupada, com produtos distintos pertencentes a diferentes mercados relevantes, quanto maior o número de produtos em que uma empresa detém posição dominante maior o risco de um efeito de encerramento anticoncorrencial que pode resultar do comportamento.

A Comissão parece dar igualmente atenção à circunstância de saber que clientes ficam "amarrados" e se estes representam uma parte suficiente do mercado[773]. O ponto é o de que se estes significarem apenas uma parte negligenciável das vendas totais, dificilmente o acesso das empresas rivais ao mercado poderá ficar comprometido[774] [775].

A força (ou o grau) da posição dominante pode ainda ser importante para determinar o efeito[776].

---

[772] Cf. Orientação sobre o artigo 102º TFUE, para 53.
[773] *Discussion Paper*, para 188.
[774] Ver Osterud, Erik, *Identifying Exclusionary Abuses by Dominant Undertakings under EU Competition Law – The Spectrum of Tests*, Wolters Kluwer, Law and Business, International Competition Law Series, 2010, Volume 45, pág 94.
[775] Este fator consta também entre os referidos no para 20 da Orientação sobre o artigo 102º TFUE. Não deve todavia deixar de ser ponderado o impacto que o processo *Tomra*, respeitante a acordos de compra exclusiva e descontos condicionais, poderá ter tido na relevância deste tipo de análise. Ver capítulo 4, ponto 3.2.1 efeito concreto ou meramente potencial, pág 94.
[776] *Discussion Paper*, para 188.

4.3.2 Desconto multiproduto

No caso dos descontos multiproduto, o cliente não é técnica ou contratualmente forçado a comprar o pacote, é-lhe antes concedido um incentivo económico para que isso suceda. Por exemplo, os produtos A e B são vendidos separadamente no mercado, cada um a € 5, enquanto o pacote AB é vendido a € 7.

Os descontos multiproduto podem originar questões jusconcorrenciais quando o desconto oferecido pela compra de um pacote de produtos é de tal modo significativo que concorrentes com o mesmo grau de eficiência que ofereçam apenas algum ou alguns dos componentes do mesmo se vejam impedidos de com ele concorrer[777].

A análise jusconcorrencial centra-se então no nível do desconto concedido pela compra em pacote, que deverá ser de molde a continuar a viabilizar a concorrência em cada um dos mercados relevantes dos produtos que o integram.

A Comissão considera que isso sucede quando, após a inclusão de um produto no pacote, o preço incremental[778] pago pelos clientes por cada um dos produtos do pacote da empresa dominante permanece acima do seu custo médio marginal de longo prazo ("CMMLP"). Quando assim é, presume-se que um concorrente com o mesmo grau de eficiência que atue apenas num dos mercados poderá, em princípio, ter capacidade para concorrer de forma rentável com o grupo de produtos. O teste em questão é o teste do *preço predatório implícito*.

Todavia, se os concorrentes da empresa dominante venderem pacotes de produtos semelhantes, ou se puderem fazê-lo rapidamente sem serem dissuadidos por eventuais custos adicionais, a Comissão considerará, em

---

[777] Cf. Orientação sobre o artigo 102º TFUE, para 59.
[778] No *Discussion Paper*, a Comissão fornece alguma orientação quanto ao cálculo do preço incremental de um produto incluído num pacote. Assim, o preço incremental de um produto calcula-se da seguinte forma: num pacote AB, o preço incremental do produto B corresponde ao preço do pacote AB menos o preço de venda isolada de A. Tomando um exemplo, o produto A é vendido isoladamente a € 10 e o produto B a € 15. O pacote AB é vendido a €20. No presente caso, o preço incremental de B seria € 20 – € 10 = €10. Este é pois o valor que tem que ser suficiente para cobrir o CMMLP do produto B incluído no pacote. De igual modo, o preço incremental de um produto C vendido num pacote ABC corresponde ao preço do pacote ABC menos os preços de venda isolada de A e de B ou de AB se essa opção existir. Ver *Discussion Paper*, para 192.

geral, que se está perante uma situação de concorrência entre pacotes de produtos, caso em que, a questão relevante não é a de verificar se as receitas marginais cobrem os custos marginais de cada produto do grupo, mas se o preço do grupos de produtos constitui, no seu conjunto, um preço predatório[779].

4.4 Inexistência de uma justificação objetiva

Por fim, ainda que os anteriores requisitos se encontrem preenchidos, uma venda ligada poderá escapar à aplicação do artigo 102º TFUE e do artigo 11º da Lei 19/2012, se puder beneficiar de uma justificação objetiva.

Uma justificação objetiva deve relacionar-se com a necessidade objetiva da prática, nomeadamente a sua indispensabilidade e proporcionalidade para atingir o objetivo, e/ou invocando ganhos de eficiência.

As razões pró-competitivas para as vendas ligadas que identificámos *supra* em 1.5 do presente capítulo, podem, se for o caso, e desde que respeitadas as caraterísticas referidas no parágrafo anterior, constituir razões objetivas válidas para uma prática.

---

[779] Cfr. Orientação sobre o artigo 102º TFUE, ponto 61.

Capítulo 9
Discriminação abusiva

1. Introdução
1.1 Considerações gerais

Uma empresa discrimina quando aplica condições desiguais a prestações equivalentes ou condições iguais a prestações diferentes. A discriminação pode ocorrer ao nível do preço ou de outras condições da transação.

A discriminação pelo preço consiste em cobrar preços distintos por diferentes unidades de um bem ou serviço e/ou a clientes diferentes[780]. A discriminação relativa a outras vertentes da transação pode incidir sobre qualquer aspeto da mesma, nomeadamente, prazos ou condições de entrega, modalidades de embalamento, transporte e pagamento, quando não se encontrem justificadas por diferenças no custo de fornecimento ou do serviço[781].

---

[780] *Report by the EAGCP – An economic approach to Article 82*; pág 31. Disponível em http://ec.europa.eu/competition. Vários autores têm proposto definições diferentes para o conceito de discriminação de preços. No âmbito do direito da concorrência, uma definição normalmente utilizada é a de que a discriminação de preços ocorre quando um produto é vendido a clientes diferentes a preços distintos sem que isso reflita diferenças nos custos. Ver Bishop, Simon, *Delivering benefits to consumers or per se illegal?: Assessing the competitive effects of loyalty rebates*, in *The Pros and Cons of Price Discrimination*, 2005, *Konkurrensverket* (Autoridade da Concorrência Sueca).

[781] Ver, por exemplo, artigo 1º, nº 1 do Decreto-Lei nº 370/93, de 29 de Outubro com as alterações introduzidas pelo Decreto-Lei nº 140/98, de 16 de Maio.

A discriminação pelo preço a diferentes grupos de clientes é a forma mais direta de discriminar e também a que tem originado um maior debate[782]. A esta circunstância não será alheio o facto de em muitos mercados as empresas, incluindo as dominantes, não cobrarem o mesmo preço a todos os clientes.

No entanto, não obstante a sua ubiquidade, a discriminação pelo preço por parte de empresas detentoras de posição dominante foi tradicionalmente encarada como uma prática com efeitos essencialmente negativos e injustos (sobretudo porque uns pagavam mais do que outros pelo mesmo bem ou serviço) o que levou a que fosse alvo de proibições *per se* em algumas jurisdições[783] [784]. A evolução do pensamento económico permitiu contudo demonstrar que a discriminação origina efeitos ambíguos sobre o bem-estar, mesmo quando empreendida por empresas dominantes, existindo hoje um amplo consenso quanto à necessidade de a avaliar casuisticamente, de modo a determinar se os seus efeitos são, no caso concreto, pró ou anticompetitivos[785].

A discriminação levada a cabo por uma empresa em posição dominante não é portanto necessariamente abusiva. Por um lado, discriminar não configura, só por si, uma violação do regime jurídico dos abusos de posição dominante. Por outro lado, embora muitos comportamentos considerados abusivos, tanto os exploratórios como os de exclusão, impliquem frequentemente alguma medida de discriminação[786], não raro a discrimi-

---

[782] OFT 414a, *Assessment of conduct – draft competition law guideline for consultation*, April 2004, 3.1, pág 9. Disponível em: www.oft.gov.uk.

[783] *Report by the EAGCP – An economic approach to Article 82*; pág 31. Disponível em http://ec.europa.eu/competition

[784] *E.g. Robinson Patman Act* de 1936 nos Estados Unidos da América consagrava uma proibição *per se* quanto à discriminação de preços. Mais tarde, o *Department of Justice* norte-americano, recomendou a sua revogação, notando que a proibição de discriminação de preços dava origem a efeitos anticoncorrenciais sérios e prejudicava o bem-estar do consumidor. Ver *US Department of Justice Report on the Robinson-Patman* Act (2000) 24 1 *The Journal of Reprints of Antitrust Law and Economics*.

[785] Bishop, Simon, *Delivering benefits to consumers or per se illegal?: Assessing the competitive effects of loyalty rebates*, in *The Pros and Cons of Price Discrimination, Konkurrensverket* (Autoridade da Concorrência Sueca), pág 66.

[786] Gerard, Damien, *Price Discrimination under Article 82 c) EC: Clearing up the Ambiguities. GCLC Research Papers on Article 82 EC – July 2005*, pág 106. Nos abusos de exploração é comum que as empresas dominantes cobrem preços mais elevados (preços excessivos) a clientes que estão

nação é apenas um instrumento de outro tipo de abuso. Nestas situações, o comportamento é melhor enquadrado à luz do regime jurídico de um dos outros abusos. No entanto, em determinadas situações, a nosso ver, com um âmbito circunscrito, uma prática discriminatória levada a cabo por uma empresa dominante pode também ser abusiva.

No presente capítulo procuraremos delimitar os casos em que se justifica a aplicação do regime jurídico da discriminação abusiva.

1.2 O âmbito da proibição de discriminação abusiva

O artigo 102º, alínea c) TFUE proíbe às empresas dominantes a aplicação, aos seus parceiros comerciais, de condições desiguais a prestações equivalentes, colocando-os, por esse facto, numa situação de desvantagem na concorrência. No direito nacional, o artigo 11º, nº 2, alínea c) da Lei nº 19/2012 tem idêntico teor.

O espírito e a letra destas disposições exibem um âmbito bastante claro: para que configure uma discriminação abusiva, um determinado comportamento deve ser levado a cabo por uma entidade detentora de posição dominante, não ter justificação objetiva, e traduzir-se: *(a)* na aplicação de condições desiguais a prestações equivalentes, de que resulte *(b)* uma desvantagem na concorrência num mercado diferente daquele onde foi operada a discriminação[787].

A análise da prática europeia e nacional revela que estas disposições[788] têm sido aplicadas essencialmente nas seguintes situações:

menos expostos à concorrência do que a outros que estarão mais. Nos abusos de exclusão, as empresas dominantes muitas vezes aplicam preços seletivos unicamente a clientes estratégicos, que têm maior importância para impedir as possibilidades de acesso ao mercado de concorrentes diretos. Outras vezes oferecem descontos unicamente a clientes que assumem compromissos que materialmente correspondem a obrigações de exclusividade. Outras vezes ainda agrupam vários produtos por um preço tão baixo que podem excluir do mercado outros concorrentes que só vendem algum ou alguns deles. A compressão de margens pode envolver também questões de discriminação no preço a que os *inputs* são acedidos.

[787] Ver *infra* ponto 4. do presente capítulo quanto aos elementos do tipo do abuso de posição dominante por discriminação abusiva.

[788] A Lei nº 19/2012, de 8 de maio foi publicada muito recentemente, não tendo, tanto quanto é do conhecimento público, o respetivo artigo 11º sido ainda aplicado. Referimo-nos por isso à aplicação que foi feita da alínea e) do nº 1 do artigo 4º por remissão da alínea a) do nº 3 do artigo 6º da Lei 18/2003, de 11 de junho, que era a disposição da anterior lei da concorrência que endereçava a discriminação abusiva.

(i) Discriminações em razão da nacionalidade ou da residência (*e.g. Corsica Ferries*);

(ii) Discriminação geográfica de preços em função das fronteiras nacionais, dentro do E.E.E. (*e.g. United Brands*);

(iii) Comportamentos que visam essencialmente atingir os concorrentes diretos da empresa dominante no mercado em que esta atua, mas que tiveram o efeito secundário de discriminar entre os seus clientes (*e.g. British Airways*);

(iv) Comportamentos de uma empresa dominante verticalmente integrada que discrimina nas condições de acesso a um *input* essencial para o mercado a jusante, entre os concorrentes nesse mercado (*e.g. Deutsche Post*);

(v) Comportamentos de uma empresa *não* verticalmente integrada que discrimina entre clientes no mercado a jusante (*e.g. Aeroportos Portugueses*).

Facilmente se nota que o artigo 102º c) TFUE tem sido utilizado pela Comissão e pelos tribunais da União Europeia, não apenas como um instrumento da política de concorrência, mas igualmente como um instrumento da política de construção e integração europeia. Isso explica a sua aplicação às situações identificadas em *(i)* e em *(ii)*, onde nem sempre se colocavam, verdadeiramente, questões de concorrência.

Nos casos identificados em *(iii)*, *(iv)* e *(v)*, a prática discriminatória dá, com maior frequência, origem a efeitos anticoncorrenciais, ainda que seja comum discutir-se se o artigo 102º alínea c) TFUE é a norma que deve aplicar-se em todos eles.

Em *(iii)* as principais razões da intervenção ao nível da política de concorrência relacionam-se, geralmente, com os efeitos de exclusão a nível horizontal, *i.e.* a discriminação de primeira linha (*primary line injury*)[789]. Muitas vezes, estes casos tiveram que ver com a atribuição de descontos em troca de compromissos explícitos ou implícitos de exclusividade, que originavam efeitos sobre os concorrentes diretos da empresa dominante, no mercado em que esta atuava. No entanto, as instituições europeias identificaram, subsidiariamente, um efeito de desvantagem na concorrência para os clientes que tinham sido desfavorecidos. O *standard* jurídico da prova de um efeito de desvantagem na concorrência neste tipo de cenários não

---

[789] Ver *infra* ponto 1.6 do presente capítulo, ver pág 315.

parece ter sido particularmente elevado e, como diversos autores se dão conta, é questionável que a factualidade em discussão nestes casos desse origem a processos por discriminação abusiva, na ausência dos principais efeitos das práticas: os horizontais ou de primeira linha[790].

Nas situações identificadas em *(iv)*, em que a discriminação tem lugar num contexto de integração vertical, a aplicação do regime jurídico da discriminação surge tipicamente em casos de *inputs* ou infraestruturas essenciais que parecem ter pressupostos de aplicação que os aproximam de abusos de posição dominante por recusa de fornecimento ou por compressão de margens.

Em Portugal, nas duas oportunidades em que aplicou o artigo 102º c) TFUE, em simultâneo com a Lei nº 18/2003, em particular a alínea e) do nº 1 do artigo 4º, aplicável *ex vi* o nº 3 do artigo 6º, nº3 do mesmo diploma, a AdC fê-lo em situações de integração vertical e, numa destas ocasiões, aplicou igualmente outras disposições para endereçar a mesma prática.

Por fim, nas situações identificadas em *(v)* não são comuns os casos em que as instituições europeias tenham condenado a empresa dominante por discriminação abusiva sem que, na realidade, estivessem igualmente em causa, questões de segmentação geográfica do mercado único ou de construção europeia, como as referidas em *(i)* e *(ii)*. Os casos das tarifas aeroportuárias (*e.g. Aeroportos Portugueses*) são disso exemplo. Isto pode resultar da circunstância de as empresas não verticalmente integradas não disporem de incentivos evidentes a discriminar entre os seus clientes[791].

A nosso ver, e na linha do que tem sido defendido por diversos autores[792], o âmbito de aplicação do regime jurídico da discriminação, consagrado no artigo 102º alínea c) no TFUE, e também na alínea c) do nº 2 do artigo 11º da Lei nº 19/2012, é, na realidade, bastante limitado. Fora das situações em que são prosseguidos fins que vão para além dos objetivos estritos da política de concorrência (como as identificadas em *(i)* e *(ii)*), apenas num conjunto muito restrito de situações, as de discriminação de segunda linha fora do contexto de integração vertical, e preenchidos determinados requisitos exigentes, se justifica a aplicação do regime jurídico da

---

[790] Ver, por todos, O'Donoghue, Robert e Padilla, Jorge, cit., pág 555.
[791] Ver *infra* ponto 1.7 do presente capítulo, ver pág 317.
[792] Geradin, Damien e Petit, Nicolas, *Price Discrimination under EC Competition Law: The Need for a case-by-case Approach*, GCLC Working Paper 07/05.

discriminação abusiva. Nos restantes casos, ainda que tenha lugar uma discriminação como instrumento de uma prática abusiva, o comportamento em causa pode por norma ser melhor endereçado pelo quadro jurídico de outros abusos de posição dominante.

Em Portugal, onde não incumbe à AdC a prossecução de objetivos como os discutidos nos casos referidos em *(i)* e *(ii)*, as situações de aplicação do regime da discriminação abusiva tenderão sempre a ser muito circunscritas.

1.3 Razão de ordem

O presente capítulo divide-se em três partes. Na primeira, efetuamos um enquadramento geral do tipo de abuso de posição dominante por discriminação abusiva. Para isso, começámos por procurar delimitar o âmbito da proibição (1.2) e por identificar as condições para que uma empresa possa discriminar eficazmente (1.4), passando em seguida a abordar sucintamente os efeitos da discriminação em termos de bem-estar (1.5). Debruçamo-nos depois sobre a explicação dos conceitos de efeito restritivo de primeira linha ou horizontal (*primary line injury*) e efeito restritivo de segunda linha ou vertical (*secondary line injury*) (1.6) e, em seguida, explicamos por que é importante distinguir entre casos de efeito horizontal e casos de efeito vertical (1.7). Terminamos, no ponto 1.8, com o enquadramento jurídico da discriminação abusiva na Lei nº 19/2012.

A parte 2 contém uma análise da prática europeia sobre abusos de posição dominante por discriminação abusiva e na parte 3 debruçamo-nos sobre a prática nacional.

Por fim, na parte 4, identificamos aqueles que, a nosso ver, são os elementos do abuso de posição dominante por discriminação abusiva.

1.4 As condições para a discriminação

Duas condições devem encontrar-se reunidas para que uma empresa possa discriminar com sucesso: *(i)* a possibilidade de segmentar clientes e *(ii)* de impedir a arbitragem.

Quanto à primeira condição, para discriminar eficazmente uma empresa tem que ter a possibilidade de segmentar os clientes de forma a cobrar-lhes preços diferentes. É frequente falar-se em três graus de discriminação[793]:

---

[793] Ver Bishop, Simon and Walker, Mike, *The Economics of EC Competition Law: Concepts, Application and Measurement*, University Edition, 2010, Sweet & Maxwell, 251; Motta, Massimo, *Competition Policy, Theory and Practice*, 2004, Cambridge, pág 492.

- *Primeiro grau*: ocorre quando uma empresa tem a capacidade de discriminar perfeitamente entre os seus clientes. Este tipo de discriminação pressupõe que a empresa tenha um conhecimento preciso da vontade que o seu cliente tem em pagar, permitindo-lhe cobrar a cada cliente exatamente o máximo que este estaria disposto a gastar com o produto. Trata-se de uma forma de discriminação extremamente rara, se não mesmo apenas teórica, na medida em que é muito improvável que estas condições se reúnam na prática.
- *Segundo grau*: reporta-se aos casos em que uma empresa coloca à disposição dos clientes um conjunto de opções de compra, permitindo-lhes escolher em função da vontade que têm em pagar pelo produto. Descontos de quantidade são o exemplo clássico. Por exemplo, uma empresa de champôs pode conceder aos seus clientes duas opções de compra: uma embalagem por um preço (*e.g.* 5 €) ou três embalagens com um desconto que premeia a compra em quantidade (*e.g.* 12 €).
- *Terceiro grau*: uma empresa faz uso de informação relativa a caraterísticas dos seus clientes para discriminar. Exemplos frequentes são bilhetes de transportes públicos a preço reduzido para crianças ou idosos, que poderão ter uma menor capacidade ou disposição para pagar[794].

No que se refere à segunda condição, a arbitragem consiste na possibilidade de os clientes que adquirem o produto a um preço mais baixo o revenderem a clientes que estão dispostos a adquiri-lo a um preço mais elevado. Para discriminar com sucesso, uma empresa tem que conseguir impedir a arbitragem, *i.e.* tem que assegurar-se de que os clientes que adquiriram o produto a um preço mais reduzido não podem revendê-lo aos clientes que estão dispostos a adquiri-lo a um preço mais elevado. Por exemplo, em determinados setores (*e.g.* indústria farmacêutica), colocam-se frequentemente questões de obstáculos ao comércio paralelo entre Estados-Membros, em que empresas dominantes procuram, com recurso a diferentes métodos, impedir os distribuidores em países onde os produtos são comercializados a preços mais baixos de os distribuírem para os países onde os produtos são comercializados a preços mais elevados.

---

[794] Bishop, Simon e Walker, Mike, cit., pág 251.

1.5 Os efeitos da discriminação preços

Conforme *supra* referido, embora o termo "discriminação" possa ter uma conotação, em certa medida, negativa, existe hoje em dia um amplo consenso quanto à natureza ambígua dos efeitos a que a discriminação de preços pode dar lugar. Se, em alguns casos, a discriminação pode prejudicar o funcionamento da concorrência no mercado e resultar numa diminuição do bem-estar dos consumidores, noutros pode traduzir-se numa estratégia pró-competitiva das empresas conducente a um aumento do total das vendas, compensando por isso (em termos de bem-estar (quer o bem-estar total, quer o do consumidor)), os preços mais elevados impostos a certos grupos de consumidores[795]. Por hipótese, se, no exemplo do ponto anterior, a redução de preços de bilhetes de transporte para crianças e idosos em comparação com o preço normal para adultos (discriminação de terceiro grau) permitir um aumento das vendas e do número de consumidores pertencentes àquelas categorias que beneficiam do serviço, a prática terá, em regra, efeitos pró-competitivos. No entanto, se uma empresa dominante cobrar um preço X à generalidade dos seus clientes, e um preço Y, muito inferior, a um determinado grupo de clientes particularmente importante para os seus concorrentes entrarem no mercado, o comportamento discriminatório pode, reunidas outras condições, traduzir-se numa barreira artificial no acesso ao mercado dos seus concorrentes e conduzir a uma diminuição da produção total, dando por isso origem a efeitos restritivos da concorrência.

A ambiguidade e diversidade dos seus efeitos desaconselha por isso uma proibição *per se* da discriminação[796]. No entanto, estas caraterísticas tornam também muito difícil identificar uma regra geral que permita distinguir eficazmente a discriminação com efeitos positivos da discriminação com efeitos negativos e utilizá-la como instrumento da política de concorrência. A grande frequência das práticas discriminatórias nos mercados e a diversidade dos seus propósitos recomenda uma avaliação dos efeitos a nível casuístico[797].

---

[795] Bishop, Simon, cit., pág 66.
[796] Motta, Massimo, cit, pág 494; Bishop, Simon e Walker, Mike, cit. pág 252.
[797] *Report by the EAGCP – An economic approach to Article 82*, pág 34. Disponível em: http://ec.europa.eu/competition

1.6 Efeito restritivo de primeira linha ou horizontal (*primary line injury*) e efeito restritivo de segunda linha ou vertical (*secondary line injury*)

As preocupações jusconcorrenciais resultantes de práticas discriminatórias levadas a cabo por empresas detentoras de posição dominante são normalmente distinguidas em função do mercado onde os efeitos se produzem principalmente, sendo frequente falar-se em "discriminação de primeira linha" ou "horizontal" e em "discriminação de segunda linha" ou "vertical".

Na "discriminação de primeira linha" ou "horizontal" a empresa dominante discrimina entre os seus clientes com vista a atingir os seus concorrentes diretos, no mercado onde atua. Tipicamente, uma empresa dominante beneficia determinados clientes, mais expostos à concorrência, de forma a tornar mais difícil aos seus concorrentes diretos disputá-los. O caso *Irish Sugar*[798] é frequentemente apontado como exemplo, por envolver preços seletivos. Neste processo, a Comissão considerou que o facto de a empresa conceder um desconto especial aos clientes situados junto à fronteira com a Irlanda do Norte colocava os clientes que não podiam dele beneficiar (por se encontrarem noutra região geográfica) numa "posição concorrencial desvantajosa". Ainda que estes efeitos pudessem também ter lugar, a principal preocupação concorrencial que o caso suscitava relacionava-se com a exclusão horizontal de empresas rivais.

Por seu turno, na "discriminação de segunda linha" ou "vertical" o efeito dá-se num mercado a montante ou a jusante, respetivamente sobre os fornecedores ou clientes da empresa dominante, que são discriminados ficando, por esse facto, numa situação de desvantagem na concorrência entre eles[799].

A desvantagem na concorrência causada a clientes da empresa dominante deve distinguir-se consoante a empresa dominante que discrimina se encontre também presente no mercado a jusante (cenário de integração vertical). Neste caso, a empresa dominante tipicamente discrimina com vista a favorecer as suas operações no mercado a jusante.

---

[798] Decisão da Comissão de 14.5.1997, Proc. 97/624/CE, Proc. IV/34.621, 35.059/F-3 – *Irish Sugar plc*, JO L 258, p. 1; acórdão do TG, de 7.10.1999, Proc. T-228/97 *Irish Sugar*/Comissão, Col 1999 II-02969.

[799] Por facilidade de exposição, embora os comportamentos discriminatórios possam ter também efeitos nos mercados a montante, sobre os fornecedores da empresa dominante, referimo-nos, de ora em diante, apenas a discriminação entre clientes, no mercado a jusante.

Nos cenários em que não há integração vertical, a empresa dominante tem menos, ou muito poucos, incentivos para discriminar entre os seus clientes.

A prática decisória das instituições europeias e nacionais fornece exemplos da aplicação do regime jurídico da discriminação abusiva a cenários com e sem integração vertical. O processo *Deutsche Bahn*, por exemplo, é um caso de uma discriminação de segunda linha *com* integração vertical, em que a empresa ferroviária nacional alemã terá aparentemente cobrado tarifas mais favoráveis para o transporte de contentores à sua subsiária *Transfracht* do que a uma concorrente desta, a *Intercontainer*[800]. A nível nacional, tanto no processo *Banda Larga* como no processo *Circuitos*, a AdC considerou que tarifários grossistas praticados pelo Grupo Portugal Telecom (a oferta Rede ADSL PT e a oferta de circuitos alugados) eram discriminatórios e beneficiavam apenas as empresas retalhistas do grupo PT[801].

Um exemplo de efeitos de segunda linha *sem* integração vertical pode ser encontrado no caso *Aeroportos Portugueses*[802], onde as instituições europeias consideraram discriminatório o sistema de descontos de quantidade relativo às taxas de aterragem vigente nos aeroportos nacionais por não se encontrar objetivamente justificado em razão de economias de escala e de os seus escalões mais elevados só interessarem às companhias nacionais, a TAP e a Portugália. Segundo as instituições europeias, as companhias estrangeiras eram assim colocadas numa posição de desvantagem na concorrência.

1.7 A relevância da distinção entre casos de efeito horizontal e casos de efeito vertical

Existe um forte consenso entre a doutrina europeia quanto à conveniência em distinguir o enquadramento jurídico dos casos em que está em

---

[800] Decisão da Comissão, de 29.3.1994, Proc 94/210/CE, *Deutsche Bahn*; acórdão do TG, de 21.10.1997, Proc. T-229/94, Col. 1997 II-01689; acórdão do TJ, de 27.4.1999, Proc. C-436/97P *Deutsche Bahn*/Comissão, Col. 1999 I-02387, que negou a admissibilidade do recurso apresentado. Ver, para uma análise do caso, ponto 2.1 *infra*, pág. 322.

[801] Decisão da AdC, de 28.8.2008, PRC 01/04 – Circuitos. Ver também decisão da AdC, de 29.8.2009, PRC 05/03– Banda Larga. Ver, para uma análise dos casos, págs 344 e 348.

[802] Acórdão do TJ, de 29.3.2001, Proc C-163/99 Portugal/Comissão, Col., p. I 2613. Ver, para uma análise do caso, pág 336.

causa um comportamento com efeito horizontal daqueles em que o efeito é vertical[803]. Nuns e noutros, os incentivos da empresa dominante para discriminar e os efeitos dos comportamentos são totalmente distintos. Procuraremos, em seguida, identificar os incentivos das empresas, os efeitos dos comportamentos e apurar qual o enquadramento jurídico mais adequado a cada situação.

(a) Discriminação com efeito de primeira linha ou horizontal (*primary line injury*)

Nas situações em que a empresa dominante discrimina os clientes para excluir os seus concorrentes diretos do mercado onde atua (*e.g.* cobrando preços seletivamente baixos apenas a alguns deles), os incentivos que sente tendem a ser maiores. Isto porque se a prática for bem-sucedida e conduzir à exclusão dos seus concorrentes diretos, é provável que a empresa dominante retire benefícios provenientes do enfraquecimento da concorrência no mercado[804].

Importa ter em atenção que neste tipo de casos o principal dano concorrencial em causa não é, em princípio, a criação de uma desvantagem competitiva entre os clientes da empresa dominante, mas antes a exclusão dos seus concorrentes diretos no mercado onde discrimina. A discriminação é aqui tipicamente instrumental a outro tipo de abuso.

Assim, embora nestes casos possa ter ocorrido uma discriminação, não se reúnem necessariamente as condições para aplicar o artigo 102º, alínea c) TFUE ou o artigo 11º, nº 2 alínea c) da Lei nº 19/2012. Antes de aplicar estas disposições é necessário demonstrar que a prática originou também uma desvantagem na concorrência a clientes da empresa dominante.

---

[803] Ver Martinez Lage, Santiago e Allendesalazar, Rafael, *Community Policy on Discriminatory Pricing: A practicioner's perspective, European Competition Law Annual 2003: What is an Abuse of a Dominant Position*, 2006, Hart Publishing, pág 339; O'Donoghue, Robert e Padilla, Jorge, *The Law and Economics of Article 82 EC*, 2006, Hart Publishing, pág 554; Geradin, Damien e Petit, Nicolas, *Price Discrimination under EC Competition Law: The Need for a case-by-case Approach*, GCLC Working Paper 07/05; Temple Lang, John e O'Donoghue, Robert, *Defining Legitimate Competition: how to clarify pricing abuses under article 82 EC*, Vol. 26, cit., Fordham Int'l L.J., 2002-2003.
[804] Cf. O'Donoghue, Robert e Padilla, Jorge, cit, pág 554.

(b) Discriminação com efeito de segunda linha ou vertical (*secondary line injury*)

Nos casos em que a discriminação produz efeitos no mercado a jusante, pela criação de uma desvantagem competitiva entre empresas concorrentes, a empresa dominante pode ter incentivos de natureza distinta. Importa aqui distinguir duas situações.

Empresa dominante verticalmente integrada

Nos casos em que a empresa dominante se encontra verticalmente integrada e é fornecedora dos seus rivais no mercado a jusante, são evidentes os incentivos que a esta se colocam para desfavorecer as empresas rivais das suas operações retalhistas. Estes são particularmente nítidos quando o mercado a montante é menos lucrativo do que o mercado a jusante[805].

Embora, por norma, se justifique prestar atenção a este tipo de situações, a nosso ver, apenas em circunstâncias muito limitadas se reunirão as condições para uma intervenção autónoma por discriminação abusiva. Importa recordar que as empresas dominantes que fornecem rivais e que com eles concorrem no mercado a jusante encontram-se já sujeitas às regras de recusa de fornecimento e da compressão de margens, de que nos ocupamos nos capítulos 5 e 6. Não se encontrando preenchidos os requisitos de aplicação destes regimes jurídicos, seria difícil compreender que a empresa verticalmente integrada pudesse ainda ser censurada por abuso de posição dominante por discriminação abusiva.

Salvo melhor opinião, o dano concorrencial num caso de possível discriminação abusiva levada a cabo por uma empresa dominante verticalmente integrada não parece ser diferente daquele que se verifica nos casos de compressão de margens e de recusa de fornecimento. Outra interpretação, sobretudo uma que fixe um *standard* menos exigente para a discriminação abusiva neste tipo de situações, tornaria desprovido de qualquer utilidade prática o regime jurídico da compressão de margens e da recusa de fornecimento aplicáveis ao mesmo tipo de situações.

Em suma, o âmbito da proibição de discriminação abusiva nos casos em que está em causa uma empresa verticalmente integrada, não deverá, a nosso ver, afastar-se do âmbito da proibição de comportamentos como a recusa de venda ou a compressão de margens. Esta solução faz sentido,

---

[805] Cf. O'Donoghue Robert e Padilla, Jorge, cit., pág 554.

na medida em que os incentivos da empresa dominante para discriminar e os efeitos do seu comportamento são essencialmente os mesmos. Seria, portanto, contrário à unidade do sistema jurídico que, em situações com factualidade idêntica, se aplicassem regimes diferentes para combater um mesmo efeito: o da eliminação da concorrência no mercado a jusante.

Empresa dominante não verticalmente integrada

É frequente a observação de que as empresas dominantes não verticalmente integradas carecem de incentivos óbvios para discriminar entre os seus clientes.

Em boa verdade, uma empresa num mercado a montante tira partido de um mercado concorrencial a jusante, o que sugere que a atribuição de uma vantagem competitiva a um dos seus clientes contribui para criar condições para que este se torne preponderante nesse mercado, o que, por sua vez, pode ser prejudicial à empresa que opera a montante. O favorecimento, e consequente crescimento de uma empresa no mercado a jusante, levará ao aumento do respetivo poder negocial enquanto comprador[806], o que limita também o poder da própria empresa dominante[807].

Nesta medida, como observam O'Donoghue e Padilla, a escassez de incentivos para discriminar em situações como esta sugere que quando uma empresa dominante o faz terá em princípio uma razão válida (pró-competitiva) para o fazer [808] [809]. De facto, em apoio à posição destes autores, pode constatar-se que da jurisprudência do TJUE resulta que, se excecionarmos os casos de discriminação geográfica de preços, foram no essencial empresas detidas por Estados-Membros ou, de alguma forma, na esfera pública, que acabaram condenadas por práticas discriminatórias desta natureza[810]. Em todos estes casos as práticas condenadas tinham uma natureza marcadamente protecionista de empresas nacionais (*e.g. Corisca Ferries*, *Aeroportos*, etc.).

---

[806] Quanto ao papel do poder negocial dos compradores como limitação do poder de mercado, ver capítulo 3, ponto 3.3, pág 76.
[807] Ver Geradin, Damien e Petit, Nicolas, cit., pág 34.
[808] Cf. O'Donoghue, Robert e Padilla, Jorge, cit., pág 554.
[809] Ver igualmente Temple Lang, John e O'Donoghue, Robert, *Defining Legitimate Competition: how to clarify pricing abuses under article 82 EC*, Vol. 26, no 1, Nov 2002, Fordham Int'l L.J., 2002-2003, pág 120.
[810] Gerard, Damien, cit., pág 131.

1.8 A discriminação abusiva na Lei nº 19/2012

A proibição da discriminação abusiva encontra-se hoje formulada em termos idênticos no artigo 102º alínea c) TFUE e no artigo 11º, nº 2 alínea c) da Lei nº 19/2012. No entanto, nem sempre foi assim. A anterior Lei nº 18/2003, previa o abuso de posição dominante por discriminação abusiva na alínea e) do nº1 do artigo 4º por remissão da alínea a) do nº 3 do artigo 6º, em termos que poderiam oferecer algumas dúvidas quanto à harmonização com o regime do TFUE na medida em estabelecia apenas que a prática podia consistir em "[a]plicar, de forma sistemática ou ocasional, condições discriminatórias de preço ou outras relativamente a prestações equivalentes", não prevendo que a prática discriminatória colocaria parceiros comerciais numa posição de "desvantagem na concorrência".

Admitimos contudo que, mesmo ao abrigo da anterior Lei nº 18/2003, a discussão em torno de eventuais requisitos distintos da discriminação na lei nacional e no TFUE fosse mais teórica do que prática. A própria AdC, nas duas oportunidades em que aplicou a alínea e) do nº1 do artigo 4º por remissão da alínea a) do nº 3 do artigo 6º da Lei nº 18/2003, por força do artigo 3º do Regulamento UE nº 1/2003 de 16 de dezembro de 2002, aplicou igualmente o artigo 102º, alínea c) TFUE. Nestas ocasiões, a AdC não distinguiu a este respeito os requisitos da lei nacional e da lei europeia, tendo antes procurado demonstrar a existência de condições discriminatórias e igualmente a criação, em consequência dessas condições, de uma desvantagem na concorrência[811][812].

2. A prática europeia relativa a discriminação abusiva
2.1 Principais processos

A discriminação por parte de empresas dominantes é proibida na medida em que seja suscetível de originar um efeito anticoncorrencial num mercado a montante ou a jusante do mercado onde a discriminação tem lugar. É sobretudo a concorrência num mercado diferente daquele onde ocorre a discriminação (discriminação de segunda linha ou vertical) que o regime jurídico da discriminação abusiva visa proteger.

---

[811] Ver, por exemplo, ponto 2836 da decisão da AdC, de 29.8.2009, PRC 05/03 – *Banda Larga*, onde esta autoridade parece reconhecer que a criação de uma desvantagem competitiva é um dos elementos do tipo objetivo da Lei nº 18/2003.

[812] Ver também decisão da AdC, de 29.8.2009, PRC 05/03 *Banda Larga*, pontos 2702 e segs.

Todavia, tal como notámos *supra* em 1.2, o artigo 102º alínea c) TFUE tem sido aplicado pelas instituições europeias em situações de natureza diversa, algumas delas sem o fim imediato de endereçar problemas concorrenciais. É, por isso, difícil analisá-los com um único fio condutor e encontrar entre eles um elmento unificador.

Na presente secção analisamos a prática europeia de aplicação do artigo 102º c) TFUE. Organizamos a exposição em três partes distintas.

Na primeira, analisamos os casos em que esta disposição foi aplicada a práticas discriminatórias levadas a cabo por "empresas verticalmente integradas" com vista a desfavorecer a atividade das suas clientes-concorrentes nos mercados a jusante. Embora em alguns dos casos analisados se verifiquem também outros abusos (inclusive discriminações), salientamos o enquadramento dado à discriminação abusiva num contexto de integração vertical.

Na segunda, analisamos os casos em que empresas dominantes *não* verticalmente integradas foram censuradas por comportamento discriminatório. Nestes processos as instituições europeias tiveram sobretudo preocupações com a discriminação geográfica de preços entre Estados-Membros ou com medidas protecionistas de empresas nacionais.

Nestas duas primeiras categorias o que está em causa são, essencialmente, efeitos de segunda linha. Numa delas a empresa dominante encontra-se verticalmente integrada, havendo pois um incentivo claro à discriminação. Na outra, não há integração vertical e a discriminação, não tendo uma explicação óbvia num contexto empresarial normal, acaba por poder ser explicada pela circunstância de as empresas dominantes que levaram a cabo as práticas serem, regra geral, da esfera pública, e as medidas em causa serem vistas como medidas protecionistas das empresas nacionais. Excetua-se desta lógica o processo *United Brands*, que é apenas de discriminação geográfica, e nesse medida o incentivo da empresa dominante – maximizar o lucro – é claro, mas onde a intervenção das instituições europeias não parece alheia a preocupações respeitantes à divisão dos mercados nacionais dentro do mercado interno. Em ambas, o efeito em causa é vertical ou de segunda linha (efeitos no mercado a jusante).

Na terceira categoria, analisamos situações onde não existe integração vertical e onde as práticas censuradas parecem ter sido levadas a cabo para atingir concorrentes diretos da empresa dominante. Estão em causa sobretudo esquemas de descontos condicionais, com efeitos essencialmente a nível horizontal, mas em que, na uma vez que se aplicam apenas a uns clientes e não a outros, levaram as instituições europeias a censurá--los igualmente na perspetiva da discriminação abusiva.

A. Discriminação por empresas verticalmente integradas
2.1.1 Deutsche Bahn[813]

Em 1994, num processo relativo ao transporte de contentores marítimos em terra – um contentor transportado por via marítima tem que ser transportado por via terrestre antes e depois do transporte por via marítima –, a Comissão Europeia condenou a *Deutsche Bahn* ("DB") – empresa ferroviária nacional da Alemanha – por comportamento discriminatório resultante da aplicação de preços distintos pela prestação de serviços ferroviários de transporte de carga a empresas de transporte de contentores marítimos. Em particular, a Comissão considerou que a DB cobrava preços mais vantajosos à *Transfracht*, uma empresa sua subsidiária que operava nos trajetos entre os portos alemães e localidades alemãs (trajetos do norte), do que à *Intercontainer*, uma empresa independente que operava nos trajetos entre portos belgas e holandeses e a Alemanha (trajetos do oeste)[814].

A DB detinha um monopólio legal no mercado dos serviços ferroviários na Alemanha, facto que contribuiu para que a Comissão considerasse que as empresas que deles necessitam se encontravam, perante si, numa situação de "dependência económica[815]".

A DB lançou mão de três argumentos principais para justificar a prática.

Em *primeiro lugar*, alegou que as diferenças de preços por quilómetro ficavam a dever-se ao facto de os custos de prestação serem mais elevados nos trajetos do oeste do que nos do norte. A Comissão e o TG rejeitaram o

---

[813] Decisão da Comissão, de 29.3.1994, Proc. 94/210/CE, *Deutsche Bahn*; acórdão do TG, de 21.10.1997, Proc. T-229/94, Col. 1997 II-01689; acórdão do TJ, de 27.4.1999, Proc. C-436/97P *Deutsche Bahn/Comissão*, Col. 1999 I-02387, que negou a admissibilidade do recurso apresentado.

[814] A *Transfracht* e a *Intercontainer* eram empresas que operavam no setor do transporte dos contentores marítimos e contratavam, com essa finalidade, à DB, os serviços ferroviários indispensáveis, tais como a colocação à disposição de locomotivas e maquinistas, a tração ferroviária destas e o acesso à infraestrutura ferroviária. A Intercontainer era uma sociedade de direito belga, filial comum de 24 empresas ferroviárias europeias. A Transfracht era uma sociedade de direito alemão com 80% do capital detido pela DB.

[815] Cf. acórdão do TG, de 21.10.1997, Proc. T-229/94, Col. 1997 II-01689, para 57.

argumento, notando que a diferença de custos invocada foi parcialmente criada pela própria DB ao introduzir várias medidas de racionalização nos trajetos do norte (*e.g.* aumento da utilização de comboios diretos e completos, concentração no tráfego noturno e nos transportes para certos terminais com exploração racionalizada) que permitiram uma redução dos custos no tráfego de contentores que transitam pelos portos do norte (Hamburgo, Bremen e Bremerhaven). O TG sublinhou ainda que não existia qualquer razão para que os trajetos do oeste não tivessem sido também objeto de medidas de racionalização de custos.

Em *segundo lugar*, alegou a DB que as diferenças tarifárias ficavam a dever-se ao facto de o transporte ferroviário estar sujeito a uma concorrência intermodal mais forte nos trajetos do oeste do que nos do norte. O TG rejeitou também este argumento, sublinhando que o grau mais intenso de concorrência nos trajetos do oeste, quando muito, poderia explicar a situação inversa, *i.e.* tarifas mais reduzidas a oeste do que a norte.

Por fim, o TG rejeitou igualmente os argumentos da DB que sugeriam a existência de mercados geográficos diferentes no norte e no oeste, o que levaria a que não se encontrasse preenchido o requisito da criação de uma desvantagem na concorrência.

O TG confirmou, pois, a decisão da Comissão Europeia, considerando que a prática tarifária da DB consolidou artificialmente uma situação de tarifas protecionista dos transportes ferroviários que transitam pelos portos do norte configurando uma imposição de condições de tarifas desiguais, em detrimento da posição concorrencial das empresas que operam nos trajetos ferroviários do oeste face às que operam nos trajetos ferroviários do norte[816].

2.1.2 Irish Sugar[817]

Em 1997, a Comissão Europeia condenou a empresa *Irish Sugar* ("IS"), único produtor de açúcar de beterraba na Irlanda – matéria-prima necessária para a produção de açúcar industrial e de açúcar para venda a retalho –, por um conjunto de comportamentos, entre os quais práticas discriminatórias de preços, em violação do artigo 102º, alínea c) TFUE.

---

[816] Ver acórdão do TG, de 21.10.1997, Proc. T-229/94, Col. 1997 II-01689, para 86.
[817] Decisão da Comissão, de 14.5.1997, (97/624/CE), Proc. IV/34.621, 35.059/F-3 – *Irish Sugar plc*, JO L 258, p. 1; acórdão do TG, de 7.10.1999, Proc. T-228/97 *Irish Sugar*/Comissão, Col 1999 II-02969.

A Comissão considerou que a IS adotou medidas destinadas a proteger o seu mercado das importações com origem noutros Estados-Membros, em particular no Reino Unido (Irlanda do Norte), e, por outro lado, a proteger a sua atividade de embalagem de açúcar na Irlanda.

Sustentou a Comissão que três das práticas tarifárias da IS se revestiam de uma natureza discriminatória. Apenas a terceira se refere a discriminação num contexto de integração vertical.

Em primeiro lugar, a IS oferecia um desconto especial a certos clientes estabelecidos na zona fronteiriça com a Irlanda do Norte. A Comissão considerou que a aplicação deste desconto fronteiriço não tinha qualquer justificação objetiva e colocava os operadores que não podiam dele beneficiar (por se encontrarem noutra região geográfica) numa "posição concorrencial desvantajosa[818]".

Por outro lado, a Comissão considerou que a IS, que concedia um desconto relativo ao açúcar de exportação, tinha instituído um sistema discriminatório em si mesmo, entre clientes que exportam e clientes que não exportam. A IS não aceitou a acusação defendendo não existir desvantagem na concorrência entre os clientes que exportam, e que por isso beneficiavam do desconto, e os que produzem apenas para o mercado interno Irlandês, e não beneficiavam. A Comissão rejeitou, contudo, o argumento da IS, tendo procurado demonstrar uma relação de concorrência, ainda que de forma mais teórica, sublinhando que um cliente "nacional" da IS que concorre com uma empresa de outro Estado-Membro no mercado Irlandês se encontra em desvantagem na concorrência face a um cliente "exportador" da IS que concorre com esse mesmo concorrente de outro Estado-Membro, mas no seu país de origem[819].

Em terceiro lugar, a Comissão considerou que a IS discriminou, nos preços do açúcar industrial, as empresas de embalagem de açúcar que competiam com ela no mercado destinado à venda a retalho. Na prática, enquanto as empresas que lhe adquiriam o açúcar industrial para o transformarem em bebidas ou produtos alimentares obtinham descontos, as empresas que concorriam consigo na embalagem de açúcar não beneficiavam de qualquer desconto na aquisição do açúcar industrial para comércio na Irlanda.

---

[818] Ver decisão da Comissão, *Irish Sugar*, para 129.
[819] Ver decisão da Comissão, *Irish Sugar*, para 140.

Em sua defesa, a IS observou que qualquer discriminação seria objetivamente justificada pelo facto de as empresas de embalagem contribuirem muito menos para reduzir o seu próprio sobreabastecimento estrutural do que as empresas de transformação, e que os preços mais vantajosos para estas refletiam essa realidade. O TG rejeitou o argumento, sublinhando não ter a IS demonstrado que as compras dos clientes transformadores eram mais capazes de reduzir a sua sobrecapacidade estrutural.

A IS argumentou ainda não poder existir qualquer desvantagem na concorrência, dado a indústria transformadora de produtos alimentares e bebidas (que era favorecida) não concorrer com as empresas de embalagem, *i.e.* operavam em mercados relevantes distintos. Ao confirmar a rejeição do argumento pela Comissão, o TG invocou a jurisprudência *Commercial Solvents* e *Tetra Pak*, para lembrar que uma empresa que detém posição dominante não pode reservar para si uma atividade noutro mercado de um produto derivado ou auxiliar.

A principal preocupação da Comissão e do Tribunal Geral parecia ser, não tanto a desvantagem face às empresas de transformação, mas antes a eliminação da concorrência por parte das empresas embaladoras no mercado do açúcar destinado à venda a retalho, uma vez que a IS as desfavorecia em relação às suas próprias operações retalhistas. A discriminação face às empresas da indústria da transformação era pois meramente formal e sem relevância para o caso.

2.1.3 Deutsche Post[820]

Em 2001, a Comissão condenou a empresa postal alemã por um conjunto de comportamentos que configuravam um abuso de posição dominante. De acordo com a Comissão, a *Deutsche Post* ("DP") detinha uma posição dominante resultante de um monopólio legal no transporte e entrega de correspondência transfronteiriça de entrada na Alemanha. Procurando pôr fim a uma prática de repostagem[821] designada "repostagem A-B-A virtual" – de acordo com a qual, clientes residentes na Alemanha enviavam cartas

---

[820] Decisão da Comissão de 25.7.2001, Proc. COMP/C-1/36.915 – *Deutsche Post AG* – Interceção de correio transfronteiriço, JO 2001, L331 p. 40.
[821] Os serviços de repostagem consistem no reencaminhamento do correio entre países através da utilização de uma combinação de serviços de transporte convencional, serviços de correio expresso e outros serviços postais.

do Reino Unido, por via do operador local, a *British Post Office* ("BPO"), para serem entregues na Alemanha, a um preço mais favorável –, a DP começou a recusar, de forma reiterada, entregar expedições transfronteiriças se não fossem pagas sobretaxas, considerando tratar-se de serviços de repostagem. A DP distinguia os supostos casos de repostagem com base na morada de referência. Tratando-se de um endereço na Alemanha, aplicava a sobretaxa, e intercetava e atrasava por longos períodos de tempo a entrega da correspondência.

A Comissão considerou provada a existência de condições discriminatórias e que estas originavam a colocação de parceiros comerciais numa situação de desvantagem na concorrência. Na medida em que a DP se encontrava verticalmente integrada e a DP e a BPO concorriam diretamente no mercado britânico de correio transfronteiriço de saída, o comportamento em questão teria como principal efeito na concorrência que os clientes que sentissem problemas com a BPO tivessem incentivos em recorrer à DP[822].

Ao avaliar o caso, a Comissão considerou preenchidos quer a existência de condições desiguais a prestações equivalentes, quer a desvantagem na concorrência.

Relativamente ao primeiro requisito, entendeu que a aplicação de preços diferentes a transações equivalentes não podia justificar-se, tal como invocado pela DP, por custos suplementares para identificação e tratamento do correio que a DP reclassificava como repostagem A-B-A virtual. De acordo com a Comissão, a existirem, tais custos deviam ser aplicados a toda a correspondência transfronteiriça de entrada de uma forma não discriminatória[823].

Quanto à desvantagem na concorrência, além da aludida desvantagem a que a BPO era sujeita devido às práticas da DP, a Comissão considerou que podia ainda ocorrer uma desvantagem ao nível dos remetentes britânicos, entre os quais se incluem empresas que se encontram em concorrência direta (por exemplo, empresas britânicas de venda por catálogo a clientes alemães), que seriam tratadas de forma diferente em função de indicarem uma referência a uma entidade residente na Alemanha ou não, o que levaria a que algumas vissem a sua correspondência ser intercetada,

---

[822] Decisão da Comissão, *Deutsche Post*, para 132.
[823] Decisão da Comissão, *Deutsche Post*, para 127.

atrasada e sobretaxada, ficando assim numa situação de desvantagem competitiva[824].

2.1.4 Clearstream[825]

No ano de 2004, a Comissão condenou a empresa Clearstream (*"Clearstream Banking AG e a Clearstream International SA"*) por aplicação de preços discriminatórios na prestação de serviços de liquidação e compensação de valores mobiliários e por recusa de fornecimento[826]. Interessa-nos aqui apenas a discriminação.

De forma sucinta, a *Clearstream* era a única entidade autorizada a prestar serviços de custódia segura coletiva de valores mobiliários na Alemanha, detendo um monopólio de facto na prestação de serviços primários de liquidação e compensação de valores mobiliários[827]. O mercado apresentava

---

[824] A discriminação originava, neste caso, um efeito num mercado onde se encontravam apenas clientes.

[825] Decisão da Comissão, de 2.6.2004, Proc. COMP/38.096, e acórdão do TG, de 9.9.2009, Proc. T- T301/04 Clearstream/Comissão, Col. 2009 II-03155.

[826] O caso *Clearstream* é também analisado, no capítulo 5, na perspetiva da recusa de fornecimento. Ver pág 149.

[827] A comercialização de valores mobiliários distingue-se do processo da compra e venda de dinheiro uma vez que existe a necessidade de monitorizar a propriedade de um valor mobiliário. Tal monitorização garante uma situação jurídica clara a respeito da transferência da propriedade no caso de compra e venda. Independentemente de ter lugar ou não uma transação, a mera propriedade de valores mobiliários obriga a que estes se encontrem física ou eletronicamente depositados em custódia segura e que sejam geridos mesmo na ausência de transações. A legislação alemã relativa a valores mobiliários admite a existência de dois tipos de serviços de custódia: *custódia segura coletiva* e a *custódia individual*. A grande maioria dos valores mobiliários (mais de 90%) era depositada na primeira modalidade, uma vez que era vista pelos participantes no mercado como mais eficaz, menos dispendiosa e tão eficiente como a custódia individual. Na Alemanha, todos os valores mobiliários guardados em custódia segura coletiva têm que se encontrar depositados num *Wertpapiersammelbank*, isto é, um banco com uma autorização bancária limitada e designado pelo Estado Federal Alemão, devendo ter a sua sede neste território (como é o caso da *Clearstream*). Os serviços de liquidação e compensação de valores mobiliários podem ser primários ou secundários. Os primários são prestados pela entidade onde os valores mobiliários foram depositados sempre que tem lugar uma alteração de posição nas contas de valores mobiliários detidas por esta entidade. Os secundários são prestados por intermediários, *i.e.*, bancos, Centrais de Valores Mobiliários (CVM) e Centrais Internacionais de Valores Mobiliários (CIVM). Ver Decisão da Comissão, de 2.6.2004, Proc. COMP/38.096.

barreiras à entrada muito significativas em termos de legislação, requisitos técnicos, interesse dos participantes no mercado[828], custo de entrada, custo para os clientes e probabilidade de conseguir oferecer produtos competitivos, não sendo provável o surgimento de qualquer concorrência potencial num futuro próximo. No entender da Comissão, a *Clearstream*, enquanto monopolista de facto na prestação dos serviços em questão, era um "parceiro comercial incontornável" e, além disso, os serviços por si prestados não podiam ser replicados por outros concorrentes[829].

À data dos factos, a *Clearstream* prestava serviços de liquidação e compensação de valores mobiliários às seguintes entidades:

- Centrais de Depósito de Títulos ("CDT") – entidades que detêm e gerem valores mobiliários e permitem que as transações destes sejam processadas mediante entrada em livro;
- Centrais Internacionais de Depósitos de Títulos ("CIDT") – organizações cujo negócio principal é a prestação de serviços de liquidação e compensação num ambiente internacional;
- Bancos, na qualidade de intermediários, que oferecem aos seus clientes serviços relativos a operações sobre valores mobiliários, sendo estas operações, na União Europeia, regra geral, nacionais.

Apenas os dois primeiros grupos de clientes se encontravam no mesmo mercado relevante.

A *Clearstream* era ela própria uma CDT e uma CIDT, através de uma empresa subsidiária. A Comissão Europeia considerou a *Clearstream* responsável por práticas discriminatórias na medida em que o preço cobrado pelos serviços de liquidação e compensação de valores mobiliários às CDT

---

[828] O facto de a *Clearstream* ser o único *Wertpapiersammelbank* reconhecido na Alemanha resultou precisamente de um movimento de consolidação ocorrido anos antes, uma vez que o mercado considerou desejável a existência de uma infraestrutura central para os sistemas de liquidação e compensação que interagisse com todos os participantes no mercado. Pode ler-se na decisão da Comissão que "[a]lém da dificuldade para o novo entrante em abalar a posição dominante da Clearstream e manter a viabilidade durante um possível período de start-up muito longo, a Deutsche Borse [detentora da Clearstream International] considera que é improvável que os participantes no mercado tenham interesse em tal desenvolvimento uma vez que tal tornaria o processamento de transações muito mais complexo e custoso". Cf. decisão *Clearstream*, paras 224 e 227.

[829] Decisão da Comissão, *Clearstream*, para 205 a 215.

(5 euros) era inferior ao preço cobrado às CIDT (6 euros). A *Euroclear*, principal concorrente da *Clearstream*, que juntamente com outra subsidiária do grupo Clearstream eram as únicas CIDTs na União Europeia, pagava assim um preço mais elevado do que as CDT.

No que se refere à equivalência das prestações, a Comissão constatou, por um lado, que as CIDT e as CDT são "dois grupos de clientes comparáveis", na medida em que tanto uns como os outros prestam serviços secundários de compensação e de liquidação para as operações transfronteiriças relativas aos valores mobiliários emitidos em conformidade com o direito alemão, e, por outro lado, que o "conteúdo dos serviços primários de compensação e de liquidação para as operações transfronteiriças que a Clearstream lhes presta é equivalente".

Relativamente à desvantagem competitiva, a Comissão viu a sua posição confirmada pelo TG[830] que, ao fazê-lo, referiu-se à jurisprudência *British Airways*[831] para sublinhar que tem que ser demonstrado que a discriminação "tende" a falsear a relação de concorrência em questão, *i.e.* que os co-contratantes são favorecidos ou desfavorecidos em matéria da concorrência entre eles[832]. No entanto, o TG deu o requisito da desvantagem na concorrência como preenchido praticamente por dedução, sem qualquer análise dos efeitos na concorrência no mercado a jusante, ao afirmar que "a aplicação a um parceiro comercial de preços diferentes para serviços equivalentes, de forma contínua durante cinco anos, por uma empresa que detém um monopólio de facto no mercado a montante, produziu necessariamente uma desvantagem concorrencial para este mesmo parceiro[833]".

2.1.5. BdKEP[834]

No caso *BdKEP*, a Comissão Europeia solicitou à Alemanha que alterasse a sua legislação postal, por entender que esta levava a que a empresa *Deutsche Post* ("DP") violasse os Artigos 106º e 102º alínea c) TFUE, por discriminação de preços entre empresas de preparação de correio e grandes clientes (sobretudo empresas).

---

[830] Ver acórdão do TG, *Clearstream*, para 172.
[831] A jurisprudência *British Airways*, sendo relativa a práticas discriminatórias, não respeita contudo a um cenário de integração vertical. Ver *infra* pág 339.
[832] Ver acórdão TG, *Clearstream*, para 192.
[833] Ver acórdão TG, *Clearstream*, para 194.
[834] Decisão da Comissão, de 20.10.2004, Proc. COMP/38.745 BdKEP.

A DP era uma empresa pública, concessionária do serviço postal universal na Alemanha e detinha uma licença exclusiva para a prestação de serviços postais básicos, razão pela qual detinha uma posição dominante[835]. A DP detinha pois um monopólio legal para a prestação dos serviços em questão. A discriminação a que a Comissão pretendeu pôr fim traduziu-se na circunstância de as empresas de preparação de correio com volumes de correio comparáveis com os dos grandes clientes não poderem beneficiar de descontos de quantidade de que beneficiavam os segundos, sem que existisse uma justificação objetiva para tal. Por outro lado, na medida em que a própria DP se encontrava verticalmente integrada, prestando serviços concorrentes com os das empresas de preparação de correio aos clientes finais, o sistema de descontos foi igualmente visto como ameaçador da presença destes no mercado[836], na medida em que lhes originava uma desvantagem competitiva face à DP.

2.1.6. Conclusões

A prática europeia revela que os processos que envolveram a aplicação de condições discriminatórias de preço por parte de empresas verticalmente integradas, com vista a favorecer as respetivas operações nos mercados a jusante, apresentam como denominador comum:

a. A posição dominante detida resultava de monopólios legais ou, no caso da *Clearstream*, de um monopólio de facto com barreiras à entrada muito elevadas; e
b. As empresas em posição dominante controlavam *inputs* indispensáveis à concorrência nos mercados a jusante.

A nosso ver, nestes casos, a origem das posições dominantes e o caráter indispensável dos *inputs* utilizados para discriminar clientes-concorrentes no mercado a jusante, não os afasta muito, em termos de pressupostos de aplicação, dos casos de recusa de venda e de compressão de margens[837]. Embora o TJUE não tenha, até à data, estabelecido uma equiparação dos

---

[835] Decisão da Comissão, *BdKEP*, para 53.
[836] Decisão da Comissão, *BdKEP*, para 94.
[837] Em idêntico sentido, é possível encontrar, entre outros, Geradin, Damien e Petit, Nicolas, *Price Discrimination under EC Competition Law: The Need for a case-by-case Approach*, GCLC Working Paper 07/05; O'Donoghue, Robert e Padilla, Jorge, *The Law and Economics of Article 82 EC*, 2006, Hart Publishing.

pressupostos aplicáveis a comportamentos como a discriminação abusiva e a recusa de fornecimento ou a compressão de margens – nem tendo, em boa verdade, dado sinais de que possa vir a fazê-lo – parece-nos porém poder concluir-se que os casos europeus de discriminação abusiva em cenários de integração vertical apresentaram como pano de fundo pressupostos muito exigentes e muito próximos dos daqueles tipos de caso. É pois legítimo questionar se em cenários de integração vertical em que não estejam em causa *inputs* com tal natureza poderá facilmente ser instruído um caso de discriminação abusiva.

B. Discriminação por empresas *não* verticalmente integradas
2.1.7 United Brands[838]

Em 1976, no conhecido caso *United Brands*, a Comissão e TJ consideraram a empresa UBC detentora de posição dominante no mercado das bananas, e, entre um conjunto de outros abusos, condenaram-na por discriminação abusiva entre os distribuidores grossistas, nomeadamente por cobrar preços distintos em função do Estado-Membro de destino da mercadoria.

O TJ procurou verificar o preenchimento dos requisitos das prestações discriminatórias e também o da criação de uma desvantagem na concorrência.

Quanto ao primeiro, o TJ entendeu não existirem razões para as diferenças de preços praticadas, atestando a equivalência da prestação nos diversos Estados-Membros, onde os custos eram razoavelmente idênticos. As diferenças de preços eram contudo significativas e chegaram mesmo a alcançar os 138%, para os preços para entrega no porto de Roterdão cobrados pela UBC aos seus clientes da Irlanda e os preços para entrega pelo porto de Bremerhaven cobrados pela UBC aos seus clientes dinamarqueses, *i.e.*, o preço pago pelos clientes dinamarqueses era 2,38 vezes superior ao pago pelos clientes irlandeses.

Adicionalmente, a UBC proibia contratualmente os distribuidores de revenderem as bananas adquiridas a outros distribuidores, impedindo a arbitragem, de modo a garantir a eficácia da sua política.

Este sistema, em particular a cláusula que impedia a arbitragem, levou, segundo o TJ, a uma separação rígida dos mercados nacionais que eram

---

[838] Acórdão do TJ, de 14.2.1978, Proc. 27/76 *United Brands*/Comissão, Col. 1978 00077 (ed port).

assim "artificialmente diferentes", falseando a concorrência em relação ao que poderia ser a sua evolução normal, tendo, por esse facto, colocado certos distribuidores (os que adquiriam as bananas a preços mais baixos e se encontravam impedidos de concorrer com os restantes) em situação de desvantagem na concorrência[839].

Este processo tem sido visto como uma condenação da discriminação geográfica de preços entre Estados-Membros da Comunidade. Importa, contudo, ter presente que o TJ esclareceu que não era proibido diferenciar os preços entre Estados-Membros, desde que existisse uma justificação objetiva, nomeadamente, desde que isso ficasse a dever-se a diferentes custos de transporte, de fiscalidade, de direitos aduaneiros, dos salários e mão-de-obra, das condições de comercialização, das taxas de câmbio e da densidade da concorrência[840].

2.1.8 Corsica Ferries[841]

Em 1994, num outro processo que viria a ficar conhecido como *Corsica Ferries*, o *Corpo dei piloti del Porto di Génova* ("CPPG"), que era a associação dos pilotos do porto de Génova, era titular do direito exclusivo de prestar serviços de pilotagem obrigatória neste porto. O mercado relevante em causa era o dos serviços de pilotagem no porto de Génova, onde a CPPG detinha uma posição dominante resultante de um monopólio legal que lhe havia sido atribuído.

No âmbito de um litígio que opôs a *Corsica Ferries Italia*, uma empresa de transporte marítimo, ao CPPG, o *Tribunale di Genova* perguntou ao TJ, a título de reenvio prejudicial, se o artigo 102º (em conjugação com o artigo 106º) TFUE, permitia a uma empresa em posição dominante oferecer serviços de pilotagem obrigatória, numa parte substancial do mercado comum, em condições de aplicar tarifas diferentes às empresas de transporte marítimo, consoante estas realizassem transportes entre Estados-Membros ou entre portos situados no território nacional[842].

---

[839] Ver acórdão do TJ, *United Brands*, paras 232-234.
[840] Ver acórdão do TJ, *United Brands*, para 228.
[841] Acórdão TJ de 17.5.1994, Proc. C-18/93 *Corsica Ferries Itália srl/Corpo dei piloti del Porto di Génova*, Col 1994 I-01783.
[842] O *Tribunale di Genova* enumerou, em concreto, três práticas tarifárias: (i) condições diferentes, para prestações equivalentes, relativamente a navios que asseguram um serviço de linha regular entre dois Estados-Membros, quando o sistema tarifário vigente prevê, para

As práticas discriminatórias, consubstanciadas na aplicação de tarifas diferentes a serviços de pilotagem iguais, diferenciavam as empresas em função da sua nacionalidade. Não havia discussão relativamente à equivalência objetiva das prestações. O TJ, sem se referir em detalhe aos elementos da norma em questão, concluiu que a discriminação de tarifas violava o artigo 102º alínea c) TFUE, afetando o comércio entre Estados-Membros e obstando, consequentemente, à consolidação do mercado interno[843].

2.1.9 Aeroportos Belgas[844]

A *Régie des Voies Aériennes* (RVA) entidade gestora do aeroporto de Zaventem, em Bruxelas, foi acusada de abuso de posição dominante pela *British Midland* (BM), uma companhia de aviação inglesa, por aplicação de um sistema de descontos discriminatório sobre as taxas de aterragem. Após a investigação, a Comissão Europeia considerou que o mercado relevante era o dos serviços relacionados com o acesso a infraestruturas aeroportuárias (aterragem e descolagem no aeroporto de Zaventem) em relação ao qual a taxa era devida. A posição dominante da RVA decorria de um direito de exclusivo atribuído legalmente.

A prática discriminatória resultou do sistema de descontos, instituído por lei, que fazia variar o valor mensal de taxas devidas, em função de duas variáveis: do número de movimentos e do peso do aparelho.

A Comissão concluiu que o sistema de descontos favorecia, na prática, três empresas: a *Sabena*, companhia nacional belga, que beneficiava de um desconto no último escalão (30%) equivalente a uma redução global de 18% sobre o valor das suas taxas; e duas outras empresas: a *Sobelair*, uma subsidiária da Sabena, e a *British Airways*, que se encontram ambas no primeiro escalão (7,5%). Nenhuma outra empresa de transportes aéreos presente no aeroporto de Bruxelas beneficiava de uma redução das suas taxas de aterragem.

---

um mesmo serviço, reduções de tarifas aplicáveis de facto apenas aos navios com bandeira nacional (ii) aplicar, assim, aos navios com bandeira estrangeira tarifas de montante "três vezes" superior ás previstas para os navios com bandeira nacional (iii) não reduzir os custos de um serviço obrigatório, quando – sempre no maior respeito, e sob todos os aspectos, das exigências de segurança da navegação – o navio está em condições de, pelo menos em parte, praticar ele próprio as operações de pilotagem. Ver acórdão, n 10 (5).

[843] Ver acórdão do TJ, *Corsica Ferries*, para 45.
[844] Decisão da Comissão, de 28.6.1995, Proc. 95/364, JO L 216 de 12.9.1995, p. 8.

De acordo com a Comissão, numa ligação como Bruxelas-Londres, onde a Sabena e a BM, entre outras, se encontram em concorrência, e para o mesmo tipo de avião, a Sabena obtém da RVA um desconto de cerca de 18% sobre os seus custos de descolagem e de aterragem, o que resulta numa desvantagem concorrencial para a BM.

Esta prática foi considerada uma exploração abusiva de uma posição dominante através da aplicação de práticas discriminatórias a prestações idênticas resultando na criação de uma desvantagem na concorrência e originando, por isso, uma violação do artigo 102º alínea c) TFUE (em conjugação com o artigo 106º TFUE).

2.1.10 Aeroportos de Paris[845]

A *Aéroports de Paris* ("ADP"), entidade encarregue da gestão e exploração dos aeroportos de *Orly* e *Charles De Gaule*, na região de Paris, foi condenada por abuso de posição dominante por prática de condições discriminatórias, resultante da aplicação de diferentes taxas aos prestadores de serviços de assistência (*e.g.* serviços de limpeza de aviões, serviços de *catering*, serviços de frete e correio) concorrentes no mesmo aeroporto.

De acordo com a Comissão, a ADP detinha uma posição dominante no mercado dos serviços de gestão de aeroporto fornecidos aos prestadores e utilizadores que exercem atividades de assistência nos aeroportos parisienses, uma vez que beneficiava de um monopólio legal de exploração dos aeroportos parisienses de *Orly* e *Charles De Gaule*.

A discriminação ocorria na aplicação de taxas comerciais respeitantes às autorizações de atividade concedidas às empresas prestadoras de serviços de assistência, uma vez que a taxa cobrada às companhias que exercem auto-assistência, era inferior à cobrada às empresas que prestavam serviços a terceiros, sem que para isso existisse uma justificação objetiva. Isto porque a taxa era definida em função do volume de negócios, que variava consoante fosse externo (serviços prestados fora do grupo económico a que pertenciam) ou interno (serviços prestados a companhias aéreas do próprio grupo). A OAT, empresa subsidiária da *Air France* que concorria com

---

[845] Decisão da Comissão, de 11.6.1998, Proc. IV/35.613 – *Alpha Flight Services/Aeroports de Paris*, JO L 230, p. 10; acórdão do TG, de 12.12.2000, Proc. T-128/98 *Aeroports de Paris*/Comissão, Col. 2000 II-03929; acórdão do TJ, de 24.10.2002, Proc. C-82/01 P, *Aeroports de Paris*/Comissão, Col 2002 I-09297.

a *Alpha Flight Service* ("AFS") na prestação de serviços de *catering* pagava uma taxa muito inferior à da AFS, que prestava apenas serviços a terceiros.

A Comissão notou que a taxa comercial representa um elemento importante da estrutura de custos do prestador e que uma diferença injustificada entre as percentagens das taxas comerciais afeta de forma significativa a concorrência entre prestadores de serviços de assistência a terceiros.

A Comissão considerou ainda que a prática discriminatória era suscetível de originar efeitos a dois níveis: por um lado, colocava as empresas prestadoras de serviços de assistência a terceiros em situação de desvantagem na concorrência perante as empresas prestadoras de serviços de auto--assistência, que suportavam custos superiores; por outro lado, falseava ainda a concorrência entre companhias aéreas que oferecem serviços de transporte aéreo com partida em Paris, uma vez que aquelas que recorressem a serviços de assistência externos suportavam custos maiores[846]. Em sede de recurso, os TG e TJ confirmaram a decisão da Comissão.

2.1.11 Aeroportos de Espanha[847]

A *Aeropuertos Espanoles y Navegación Aérea* ("AENA"), titular de um direito exclusivo de gestão e exploração das infraestruturas aeroportuárias de 41 aeroportos situados em território espanhol, que lhe conferia uma posição dominante nesse mercado relevante, foi condenada por discriminação abusiva pela Comissão Europeia.

O abuso de posição dominante residiu, de acordo com a Comissão, na aplicação às companhias aéreas de um sistema de descontos diferenciado para os serviços de apoio à aterragem e descolagem, aplicando a prestações equivalentes condições desiguais, e colocando assim as companhias aéreas não nacionais numa situação de desvantagem concorrencial.

Por um lado, os descontos eram determinados em função do número de aterragens, o que beneficiava, maioritariamente, as companhias nacionais. Embora esta prática, de um ponto de vista comercial, fosse considerada normal, a Comissão explicitou que nem por isso deixava de ser discriminatória, na medida em que não refletia quaisquer eficiências obtidas. Por outro lado, eram aplicados descontos em função da natureza doméstica ou

---

[846] Ver decisão da Comissão, *Aeroports de Paris*, para 126.
[847] Decisão da Comissão, de 26.7.2000, *AENA – Aeropuertos Españoles y Navegación Aérea*, (2000/521/CE).

internacional dos voos, inexistindo qualquer tipo de justificação económica para a conceção deste sistema de descontos, o que, na linha do acórdão *Corsica Ferries*[848] configurava uma discriminação em função da nacionalidade, que obstava à consolidação do mercado interno, sendo assim vista como uma prática violadora do artigo 102º alínea c) TFUE.

2.1.12 Aeroportos Portugueses[849]

Por fim, no processo *Aeroportos Portugueses*, a Comissão considerou que a empresa *Aeroportos e Navegação Aérea* ("ANA") aplicava às taxas de aterragem reduções discriminatórias que favoreciam as empresas e os voos domésticos. A posição dominante da ANA decorria do facto de se encontrar legalmente incumbida da gestão dos três aeroportos continentais portugueses, em regime de exclusividade.

Um pouco na linha da AENA, no caso *Aeroportos de Espanha*, a ANA aplicava reduções progressivas em função do número de aterragens, prevendo uma redução especial para voos domésticos, pelo que este sistema beneficiava sobretudo as companhias aéreas nacionais. A Comissão considerou que o sistema de descontos instituído configurava uma discriminação em função da nacionalidade.

Quanto ao caráter discriminatório, sublinhou a República Portuguesa que o seu sistema de descontos de quantidade configurava uma prática comercial normal nos aeroportos, refletia economias de escala, e que, além disso, estava à disposição de todos os transportadores da Comunidade. A Comissão não aceitou o argumento, notando que embora as empresas em posição dominante possam conceder descontos de quantidade, estes devem encontrar-se justificados por razões objetivas que permitam à empresa em questão realizar economias de escala. No caso concreto, de acordo com a Comissão, estas não existem uma vez que o tratamento de uma aterragem ou de uma descolagem exige o mesmo serviço, independentemente do número de aviões pertencer à mesma companhia.

Relativamente a este tema, em sede de recurso, o TJ começou por sublinhar que faz parte da própria essência dos sistemas de descontos de

---

[848] Acórdão TJ de 17.5.1994, Proc. C-18/93, *Corsica Ferries Itália srl*/Corpo dei piloti del Porto di Génova, Col 1994 I-01783.
[849] Decisão da Comissão, de 10.2.1999, Proc. IV/35.703 – *Aeroportos portugueses*, JO L 69, p. 31; acórdão do TJ de 29.3.2001, Proc. C 163/99 *Portugal*/Comissão, Col., p. I2613.

quantidade que os maiores utilizadores beneficiem de uma taxa média de redução proporcionalmente maior que outros, por referência à diferença dos respetivos volumes de compras, e que tal caraterística sendo própria deste tipo de sistema de descontos, não permite daí inferir que o sistema de descontos tem um caráter discriminatório.

No entanto, o TJ alertou que, ainda assim, um sistema de descontos de quantidade pode ser considerado discriminatório, se, cumulativamente, se verificarem as seguintes condições:

(i) Os limiares dos diferentes escalões de redução, conjugados com as taxas praticadas, conduzirem a que as reduções, ou reduções suplementares, só beneficiem determinados parceiros comerciais; e
(ii) Concederem [aos que mais beneficiam] uma vantagem económica não justificada pelo volume de atividade que implicam e pelas eventuais economias de escala que permitem ao fornecedor realizar relativamente aos seus concorrentes[850].

O TJ acrescentou ainda que, não existindo justificações objetivas, duas caraterísticas de um sistema de descontos podem, em particular, constituir indícios de tratamento discriminatório:

(i) Um elevado limiar do funcionamento do sistema de descontos que só pode interessar a alguns parceiros particularmente importantes; e
(ii) A inexistência de linearidade do aumento das taxas de redução com as quantidades[851].

No caso em apreço, constatou o TJ que se verificavam ambos os indícios, o que o levou a confirmar a posição da Comissão.

No que respeita à desvantagem na concorrência criada pelo sistema de reduções de quantidade, o TJ constatou que, atendendo ao caráter discriminatório do mesmo, é forçoso concluir que este apenas beneficia as companhias nacionais, TAP e Portugália[852].

---

[850] Ver acórdão do TJ, *Aeroportos Portugueses*, para 52.
[851] Ver acórdão do TJ, *Aeroportos Portugueses*, para 53.
[852] Ver acórdão do TJ, *Aeroportos Portugueses*, para 57.

2.1.13 Conclusões

Os casos analisados na secção precedente, em que a empresa dominante não se encontrava verticalmente integrada, devem distinguir-se em duas categorias.

Numa primeira categoria, encontram-se aqueles em que a discriminação foi de natureza geográfica e em que a intervenção das instituições europeias terá tido o principal propósito de defender a integração do mercado europeu. É o exemplo do processo *United Brands*, em que a principal preocupação pareceu ser o facto de a discriminação de preços contribuir para a segmentação de mercados em função das fronteiras nacionais. Os incentivos da *United Brands* para discriminar preços geograficamente não parecem necessariamente anticoncorrenciais. Note-se aliás que diversos autores têm observado que neste tipo de casos nem sempre é fácil discernir a forma como as instituições europeias lidam com as questões concorrenciais, até porque, muitas vezes, a discriminação de preços entre Estados-Membros poderia até gerar benefícios para os consumidores[853].

Na segunda categoria, a discriminação foi levada a cabo em circunstâncias particulares de benefício a empresas nacionais. Nos casos *Corsica Ferries*, *Aeroportos de Paris*, *Aeroportos Belgas*, *Aeroportos Espanhóis* e *Aeroportos Portugueses*, as empresas dominantes que discriminaram eram detidas por Estados-Membros ou, de alguma forma, encontravam-se na esfera pública. Embora, à primeira vista, os incentivos para discriminar num contexto de não integração vertical sejam pouco nítidos, na generalidade destes casos as práticas condenadas são levadas a cabo no seio de uma estratégia essencialmente protecionista das empresas nacionais, o que os poderá destituir da natureza de verdadeiros casos de discriminação por empresas não verticalmente integradas[854].

Possivelmente, este facto permitirá situar os incentivos das empresas (da esfera pública) nestes casos mais próximos dos das empresas verticalmente integradas que beneficiam as suas filiais do que de verdadeiras

---

[853] Ver, por todos, O'Donoghue e Padilla, cit. pág 581.

[854] Geradin e Petit, cit, pág 32, após empreenderem a análise dos casos em questão, observam que *"the cases of secondary line discrimination by non vertically-integrated firms examined above are not "genuine" cases of secondary line discrimination because they all involved an element of discrimination on the ground of nationality"*. No mesmo sentido, Gerard, Damien, *Price Discrimination under Article 82(c) EC: Clearing up the Ambiguities*, in *Research Papers on article 82*, GCLC, College d'Europe, pág 105.

empresas não verticalmente integradas. Isso poderá explicar que os cenários em que o regime da discriminação abusiva foi aplicado nestes casos (infraestruturas aeroportuárias ou portuárias – tipicamente infraestruturas essenciais) não se distancie muito daqueles em que foi aplicado a casos de integração vertical.

C. Discriminação com efeitos horizontais e verticais (sem integração vertical)

As instituições europeias aplicaram o artigo 102º alínea c) TFUE num número significativo de processos em que estavam em causa discriminações com efeito horizontal. De um modo geral são casos em que a atribuição de descontos condicionais (à exclusividade por parte do cliente) é suscetível de encerrar o mercado aos concorrentes diretos da empresas dominante e onde as instituições europeias aplicaram, a título subsidiário, o regime da discriminação abusiva para punir o "instrumento" da prática: a discriminação.

Não se justificando levar a cabo uma análise exaustiva de todos estes casos, até porque em muitos deles a análise do caráter discriminatório do comportamento é muito superficial, debruçamo-nos apenas sobre dois dos mais recentes, que permitem identificar a abordagem seguida em situações deste tipo.

2.1.14 British Airways[855]

A *British Airways* ("BA"), maior companhia aérea do Reino Unido, celebrou com as agências de viagens estabelecidas no país, acordos que previam duas categorias de benefícios: *(i)* uma comissão de base sobre as vendas de bilhetes para os voos BA realizadas por estas agências; e *(ii)* três tipos distintos de incentivos financeiros: acordos de *marketing*, acordos globais e, posteriormente, o regime de prémios de resultados.

O processo teve origem numa denúncia apresentada junto da Comissão Europeia pela *Virgin*, uma companhia aérea concorrente da BA, que alegou que o sistema de incentivos atribuídos às agências de viagens dava origem a um efeito de exclusão dos concorrentes da BA. A Comissão e os tribunais

---

[855] Ver Decisão da Comissão, de 14.7.1999, Proc. IV/D2/34.780 *Virgin/British Airways*, JO 2000, L 30, p. 1; acórdão do TG, de 17.12.2003, Proc T-219/99 *British Airways*/Comissão Col, p. II5917; acórdão do TJ de 15.3.2007, Proc. C-95/04 *British Airways*/Comissão, C95/04 P, Col., p. I2331.

europeus, que, na análise do caso se debruçaram principalmente sobre este efeito, aplicaram também a alínea c) do artigo 102º TFUE, por entenderem que os regimes de prémios de resultados provocavam ainda uma discriminação entre as agências de viagens estabelecidas no Reino Unido[856].

Constatando que a BA aplicou percentagens de comissão diferentes a agências de viagens que operavam no Reino Unido em função de terem cumprido, ou não, os seus objetivos de vendas num dado período de referência, o TJ centrou-se na avaliação de duas questões: *(i)* se as prestações em causa eram equivalentes e *(ii)* se originavam uma desvantagem na concorrência[857].

Em primeiro lugar, a BA defendia não se verificar qualquer equivalência entre as prestações das agências de viagens que atingiram os objetivos e as das que os não atingiram, uma vez que aquelas se revestiam de uma maior utilidade económica, dado o seu maior volume e que o TG, ao considerá-las "prestações equivalentes" no sentido da alínea c) do artigo 102º TFUE, cometera um erro de direito.

O TJ rejeitou o argumento notando que ao aumentar as percentagens aplicáveis aos prémios não apenas sobre as vendas marginais, "mas sobre todas as vendas de bilhetes BA realizadas durante o período considerado", os regimes de prémios em causa tendiam a retribuir a níveis diferentes a venda do mesmo número de bilhetes BA pelas agências de viagens estabelecidas no Reino Unido, conforme essas agências tivessem ou não atingido os seus objetivos de progressão das vendas no período de referência. Não existia portanto qualquer erro de direito ao considerar equivalentes as prestações em causa.

Em segundo lugar, quanto à questão da desvantagem concorrencial, a BA defendeu que o TG se limitou a constatar que a aptidão das agências de viagens para concorrerem entre si era "naturalmente afetada pelas condições discriminatórias de remuneração inerentes aos regimes de prémios", sem produzir a necessária prova concreta de uma desvantagem concorrencial, o que traduzia uma leitura incorreta do artigo 102º alínea c) TFUE.

O TJ teve contudo uma visão distinta, considerando que nada impede que a discriminação de parceiros comerciais que se encontram numa rela-

---

[856] Este caso é descrito e analisado no capítulo 10, a propósito dos descontos condicionais.
[857] Ver acórdão do TJ de 15.3.2007, Proc. C-95/04 *British Airways*/Comissão, C95/04 P, Col., p. I2331.

ção de concorrência possa ser considerada abusiva a partir do momento em que o comportamento da empresa em posição dominante *tenda*, tomando em conta todas as circunstâncias do caso concreto, a causar uma distorção da concorrência entre esses parceiros comerciais. O TJ, esclareceu não ser necessário exigir a prova de uma deterioração efetiva quantificável da posição concorrencial dos diferentes parceiros comerciais individualmente considerados[858].

2.1.15 Solvay[859]

Após 20 anos de procedimentos judiciais, o caso *Solvay* parece ter, finalmente, chegado ao fim. As questões processuais tornaram-se os principais motivos de discórdia do processo, e também aquelas que levaram o TJ a anular o acórdão do TG[860] e a pôr fim ao processo.

Interessa-nos contudo a matéria substantiva, em particular o entendimento da Comissão Europeia segundo o qual a empresa belga *Solvay* terá, entre 1983 e 1990, feito uma utilização abusiva da sua posição dominante no mercado do carbonato de sódio – matéria-prima utilizada no fabrico do vidro –, por, entre outros, ter praticado preços discriminatórios[861]. A discriminação era meramente instrumental à concessão de descontos. No entanto, na medida em que uns clientes beneficiavam de maiores descontos do que outros, a Comissão considerou que estes seriam discriminados.

No âmbito do recurso, o TG, depois de constatar o caráter discriminatório do sistema de descontos da *Solvay*, por não seguir uma progressão linear[862], partiu para a análise do segundo requisito da alínea c) do artigo 102º TFUE: o de saber se, em virtude da prática, os parceiros comerciais da *Solvay* ficavam numa posição de desvantagem competitiva.

A *Solvay* alegou que este requisito não se encontrava preenchido uma vez que os grupos de clientes que beneficiavam de preços de carbonato de sódio diferentes não concorriam entre si. Uns eram os produtores de

---

[858] Ver acórdão do TJ, *British Airways*, para 145.
[859] Ver acórdão do TG, de 17.12.2009, *Solvay*/Comissão, Col. 2009 II-04621; acórdão do TJ, de 25.10.2011, Proc C-109/10P *Solvay*/Comissão, ainda não publicado.
[860] Ver acórdão do TG, de 17.12.2009, *Solvay*/Comissão, Col. 2009 II-04621.
[861] Tal como no processo *British Airways*, a principal preocupação originada pelo sistema de descontos da BA prendia-se com os seus efeitos de exclusão dos concorrentes diretos da *Solvay*. Este caso é descrito e analisado no capítulo 10, relativo a descontos condicionais.
[862] Ver acórdão do TG, *Solvay*, para 398.

vidro plano e os outros os produtores de vidro côncavo, que constituíam mercados relevantes distintos. A questão estava pois em saber se, ainda assim, não sendo desfavorecido um concorrente em relação a outro, podia considerar-se que o requisito se encontrava preenchido.

O TG considerou que não tinha que ficar provada essa relação de desvantagem competitiva, uma vez que o que interessava era o mercado a montante, o do carbonato de sódio[863]. Esta conclusão deitaria por terra todo o entendimento relativo ao requisito da desvantagem competitiva, uma vez que o TG o considerou satisfeito mesmo quando as empresas não concorriam no mesmo mercado relevante, não sendo, portanto, concorrentes. Em sede de recurso para o TJ, a *Solvay* suscitou a questão de saber se ao renunciar à apreciação da relação de concorrência entre os produtores de vidro plano e de vidro côncavo, o TG deixou de ter em consideração um critério cuja observância no âmbito do artigo 102º alínea c) é obrigatória.

O TJ não se debruçou sobre o tema, uma vez que anulou o acórdão do TG na análise das questões de direitos de defesa. No entanto, nas Conclusões apresentadas ao processo, a Advogada-Geral Kokott, considerou que a posição do TG a este respeito configura um erro de direito[864]. A este propósito, a Advogada-Geral recordou que o raciocínio subjacente ao artigo 102º alínea c) TFUE consiste no facto de o comportamento comercial da empresa em posição dominante não dever falsear a concorrência num mercado situado a montante ou a jusante, ou seja, a concorrência entre fornecedores ou entre clientes desta empresa. Ao competir entre si, os parceiros da referida empresa em posição dominante não devem ser favorecidos nem prejudicados[865]. Neste contexto, para que se encontrem reunidas as condições de aplicação do artigo 102° alínea c) TFUE, é necessário concluir (cumulativamente) que: *(i)* o comportamento da empresa em posição dominante num mercado seja discriminatório; e que *(ii)* seja também suscetível de falsear aquela relação de concorrência, ou seja, de afetar a posição concorrencial de parte dos parceiros comerciais da empresa em posição dominante relativamente aos outros.

---

[863] Ver acórdão do TG, *Solvay*, para 400.
[864] Conclusões Advogada-Geral Kokott, de 14.4.2011, Proc. C-110/10P, *Solvay*/Comissão, Col 2011 página 00000.
[865] Conclusões Advogada-Geral, *Solvay*, para 106.

2.1.16 Conclusões

Nesta terceira categoria de casos analisados, a discriminação não era, verdadeiramente, o problema. As questões concorrenciais suscitavam-se sobretudo a nível horizontal, tendo a aplicação do regime da discriminação abusiva uma natureza essencialmente subsidiária.

Tanto em *British Airways* como em *Solvay* o problema concorrencial que as instituições europeias procuraram censurar foi o que terá sido criado por sistemas de prémios ou descontos condicionais, que induziriam a exclusividade e, nessa medida, prejudicariam as hipóteses de outros concorrentes entrar ou permanecer no mercado.

Ambos os casos foram clarificadores quanto à necessidade de comprovar que terá que existir uma relação de concorrência "suscetível" de ser afetada num mercado a montante ou a jusante (em *Solvay*, tal exigência é sugerida pela Advogada-Geral Kokott).

No entanto, o processo *British Airways* tem sido alvo de críticas decorrentes do facto de o TJ ter entendido que a desvantagem na concorrência pode ficar demonstrada sem uma consideração do impacto efetivo no mercado. Trata-se de uma abordagem formalista que parece assentar na presunção de que uma vez demonstrada a discriminação entre empresas concorrentes no mesmo mercado esta levará, com probabilidade, a um efeito anticoncorrencial num mercado a jusante[866].

O *standard* jurídico da discriminação abusiva decorrente deste tipo de casos não se afigura totalmente claro. Não parece porém difícil concordar com a posição dos autores que defendem que, nestas situações, se é verdade que a discriminação ficou provada sem que tivesse sido aplicável um *standard* particularmente exigente, não é menos verdade que tendo as principais preocupações do processo sido de natureza horizontal, a aplicação do artigo 102º c) TFUE à vertente "discriminatória" da prática teve lugar em circunstâncias que, possivelmente, não justificariam a sua aplicação caso a discriminação vertical fosse a única preocupação suscitada[867].

Em suma, atendendo à multiplicidade de situações em que a prática europeia aplicou o artigo 102º alínea c) TFUE, não é fácil extrair princípios unificadores. É todavia possível concluir que:

---

[866] Ver Osterud, Eirk, cit, pág 118.
[867] O'Donoghue, Robert Padilla, Jorge, cit, pág 555.

(i) Nas situações de integração vertical com discriminação de segunda linha, encontravam-se, em regra, reunidos os pressupostos para escrutinar o comportamento à luz do regime da recusa de fornecimento ou da compressão de margens, especialmente por estarem sempre em causa monopólios legais ou de facto e infraestruturas ou *inputs* irreplicáveis;

(ii) Nas situações de discriminação de segunda linha sem integração vertical, estiveram sempre presentes também outras preocupações, relacionadas com a ameaça que a discriminação representava para o projeto de construção europeia. Fica por saber se sem as considerações externas aos objetivos típicos de política de concorrência que se aplicaram nesses casos, o artigo 102º c) TFUE teria, ainda assim, sido aplicado;

(iii) Nas situações em que os principais efeitos concorrenciais sentidos foram os de primeira linha, mas a Comissão condenou igualmente os de segunda linha, ainda que a título subsidiário, fica a perceção de que, sem os primeiros, muito dificilmente teria havido intervenção ao abrigo das normas de concorrência apenas para combater os segundos.

3. A prática nacional

Até à presente data, a AdC adotou duas decisões condenatórias a empresas detentoras de posição dominante por prática de discriminação abusiva. Em ambos os casos a empresa visada foi a Portugal Telecom ("PT"). No entanto, nenhuma das decisões veio a ser confirmada judicialmente.

3.1 Banda Larga[868-869]

Em 28.8.2009, a AdC condenou a empresa Portugal Telecom (PT) por abuso de posição dominante por alegadas práticas de compressão de margens e de discriminação abusiva[870].

De acordo com a AdC, o grupo PT detinha posição dominante nos mercados grossista e retalhista de acesso em banda larga. No primeiro destes

---

[868] Decisão da AdC, de 28.8.2009, PRC 05/03.
[869] O autor esclarece, para os devidos efeitos, que integrou a equipa que representou a Portugal Telecom neste processo.
[870] O presente caso é também analisado na perspetiva da compressão de margens, no capítulo 6.

mercados, a PT fornecia a oferta grossista Rede ADSL PT a que os seus concorrentes novos entrantes no mercado recorriam para disponibilizar serviços retalhistas de acesso à Internet.

No final de 2003, na sequência de denúncias apresentadas por alguns operadores concorrentes do Grupo PT, a AdC deu início a uma investigação, no termo da qual considerou existir um abuso de posição dominante resultante de uma suposta fixação artificial de preços, e de uma discriminação na limitação da produção, da distribuição, do desenvolvimento técnico e do investimento[871].

O sistema de descontos adotado pela PT (a versão 11 da oferta grossista Rede ADSL PT) variava em função de dois fatores: *(i)* o número de clientes finais do operador e *(ii)* o prazo de duração do seu contrato[872].

Relativamente ao sistema de descontos anteriormente em vigor para a mesma oferta, entre outras alterações, a PT *(i)* acrescentou patamares de descontos e *(ii)* passou a exigir a assinatura de contrato escrito como condição de atribuição de descontos.

Segundo a AdC, os descontos contemplados na oferta Rede ADSL PT teriam tido um efeito assimétrico, favorecendo a atividade retalhista da PT e protegendo-a da concorrência.

Relativamente à alteração dos patamares de descontos, a AdC notou que a evolução dos escalões fazia-se por intervalos de 2,5%, mas que para os novos patamares introduzidos, para clientes com mais de 25.000 acessos retalhistas, a versão 11 previa que o desconto adicional aumentava 5% e se o cliente ultrapassasse os 60.000 acessos, o desconto adicional aumentava para 7,5%.

Para a AdC, a alteração gerou um efeito assimétrico, beneficiando de forma clara e não justificada os operadores com mais de 25.000 clientes. A AdC utilizou a linguagem da jurisprudência *Aeroportos Portugueses*, nomeadamente o facto de estas condições "só poderem interessar a alguns parceiros particularmente importantes da empresa dominante (na situação analisada a Telepac II [empresa retalhista do grupo PT que operava no mercado do acesso à Internet em banda larga]) não pode deixar de constituir um indício forte de tratamento discriminatório[873]".

---

[871] Cfr. Comunicado de Imprensa da AdC nº 2009/16, de 2.9.2009.
[872] Ver pontos 1052 e ss e 2702 e segs Decisão PRC 05/03.
[873] Ver ponto 2752 Decisão AdC.

Quanto à exigência de celebração de contrato escrito, que constava do sistema de descontos censurado mas não constava do anterior, a AdC notou que no âmbito do sistema anterior, um cliente que recorresse ao serviço por dois anos recebia o desconto correspondente a dois anos, ao passo que com o sistema objeto da censura, ainda que recorresse ao serviço pelos mesmos dois anos, só recebia o desconto se assinasse o contrato. Para a AdC esta alteração "beneficia[va] assimetricamente as empresas cujo risco de assunção de um contrato formal por um período mais alargado é inferior, designadamente as empresas verticalmente integradas[874]", o que também se traduzia na aplicação de condições desiguais a prestações equivalentes.

A PT alegou, como justificação objetiva, que o sistema de descontos da versão 11 da oferta havia sido *(i)* apresentado de forma transparente a todos os operadores, *(ii)* os descontos de volume previstos tinham sido definidos de forma alinhada com a curva de custos do negócio ADSL *(iii)* a definição dos descontos em função do período contratual resultou da necessidade de prever a recuperação dos investimentos e dos custos avultados em que a PT incorreu na construção e operacionalização da plataforma ADSL de suporte à oferta e *(iv)* tinham também a função de conceder aos operadores um incentivo à massificação da oferta de banda larga sobre a oferta Rede ADSL PT[875].

A AdC não aceitou os argumentos apresentados, e condenou a empresa, tendo a decisão sido objeto de recurso judicial para o Tribunal de Comércio de Lisboa ("TCL"). O processo não foi apreciado no seu mérito, por ter decorrido o prazo legal de prescrição e o procedimento ter sido declarado extinto. Não se justifica pois, nesta sede, aprofundar mais os pontos de vista das partes.

É todavia oportuno fazer uma breve referência ao argumento de que lançou mão a AdC para declinar que o sistema de descontos pudesse destinar-se a incentivar os operadores a massificar a oferta de banda larga sobre a oferta Rede ADSL PT. De acordo com a AdC, tal propósito era inaceitável, "na medida em que a procura da sua oferta grossista Rede ADSL PT é uma procura induzida (no limite, é sempre o consumidor final que decide adquirir ou não o serviço) e que depende da dimensão global do

---

[874] Ponto 2728 Decisão AdC.
[875] Ver carta da PT de 26.6.2007, junta ao processo a fls 3033, referida na nota de rodapé 1686, ponto 2769 da Decisão PRC 05/03.

mercado retalhista e não da posição individual de cada operador retalhista neste mercado". Segundo a AdC, era por isso de difícil justificação "que se pretend[essem] atribuir descontos diferentes para os diversos operadores, na medida em que para a PTC o que deveria relevar a este nível teria que ser não o número de acessos de cada operador, mas o número global de acessos[876]".

Trata-se, a nosso ver, de uma observação particularmente relevante e que tem escapado à atenção da doutrina, mas que reflete uma lógica económica surpreendente e dificilmente conciliável com a jurisprudência do TJ no acórdão *Aeroportos Portugueses*, invocada pela própria AdC neste processo.

Na verdade, constitui jurisprudência assente que faz parte da própria essência dos sistemas de descontos de quantidade que os maiores utilizadores beneficiem de uma taxa média de redução proporcionalmente maior que outros, por referência à diferença dos respetivos volumes de compras, e que tal caraterística é própria deste tipo de sistema, não podendo daí inferir-se um caráter discriminatório.

A AdC parece, na realidade, negar que isto seja legal sempre que a procura é induzida. Por outras palavras, o que a AdC afirma nesta decisão é que o que releva para dar escala ao fornecedor de acesso é a dimensão global do mercado retalhista, não se justificando por isso atender ao contributo individual de cada operador para essa dimensão.

A nosso ver, trata-se de um ponto de vista que não tem acolhimento à luz jurisprudência europeia (mesmo a mais formalista), uma vez que poderá ter como resultado prático, pura e simplesmente, a inadmissibilidade da concessão de incentivos ao aumento das vendas e a transmissão para os operadores que mais contribuem para a realização de economias de parte dos benefícios daí advenientes, sempre que a procura é induzida. Ora, na realidade, a procura é induzida na maioria dos mercados em que este tipo de questões se poderá colocar, uma vez que as empresas adquirentes de inputs grossistas utilizá-los-ão, por norma, para os integrar num produto que comercializam depois no retalho.

Por fim, na identificação dos requisitos para ter lugar um abuso de posição dominante por aplicação de condições discriminatórias, a AdC interpretou a lei nacional em sentido idêntico ao do artigo 102º alínea c)

---

[876] Cfr. Pontos 2812 e 2813 da Decisão PRC 05/03.

TFUE. Embora não tenha enunciado expressamente o requisito da desvantagem na concorrência (que não constava expressamente do artigo 4º, nº 2, alínea e) da antiga Lei nº 18/2003) ao longo da decisão, além da detenção de uma posição dominante no mercado a montante, a AdC parece ter procurado demonstrar o preenchimento dos seguintes elementos: *(i)* aplicação, pela PT, de condições desiguais; *(ii)* a prestações equivalentes; *(iii)* concedendo, a determinadas empresas (às suas operações retalhistas – a empresa Telepac II) uma vantagem competitiva[877].

3.2 Circuitos[878-879]
3.2.1 A Decisão da AdC

Em 28.8.2008, a AdC adotou uma decisão condenatória por um alegado abuso de posição dominante da PT Comunicações, S.A. ("PTC") nos mercados grossistas do aluguer de circuitos. O abuso teria sido concretizado pela definição e aplicação do sistema de descontos do tarifário de aluguer de circuitos que vigorou entre 1.3.2003 e 7.3.2004.

O processo teve origem numa denúncia da OniTelecom – Infocomunicações, S.A. ("Oni") relativa ao tarifário da oferta grossista de circuitos alugados da PTC, que considerava ser discriminatório por beneficiar apenas as empresas retalhistas do grupo PT.

De forma sucinta, a PTC disponibilizava, por força do contrato de concessão do serviço público de telecomunicações, uma oferta de circuitos alugados a nível nacional, desde o ano 2000. A oferta estava sujeita à intervenção do regulador setorial, o ICP-ANACOM, e ao respeito por um conjunto de obrigações como a de garantir o acesso em condições de igualdade, transparência e não discriminação, níveis de qualidade e orientação para os custos. A oferta grossista contemplava o acesso a dois tipos de circuitos: os segmentos de trânsito e os segmentos terminais. A generalidade dos operadores de comunicações eletrónicas recorria à oferta da PTC para, por um lado, disponibilizar a nível retalhista a oferta de circuitos alugados (sobretudo a clientes empresariais) e, por outro, suportar as suas ofertas de outros serviços de comunicações eletrónicas a nível retalhista. A AdC considerou a PTC detentora de posição dominante e qualificou-a como

---

[877] Ver pontos 2836, 2837 e 2990 Decisão AdC PRC – 05/03.
[878] Decisão da AdC, de 28.8.2008, PRC 01/04.
[879] O autor esclarece, para os devidos efeitos, que integrou a equipa que representou a Portugal Telecom neste processo.

um "parceiro comercial inevitável", por entender que o serviço grossista de aluguer de circuitos não tinha alternativas efetivas no mercado nacional[880].

Quanto à alegada discriminação, a PTC adotou um tarifário para a oferta grossista de circuitos previamente analisado e aprovado pelo ICP-ANACOM[881], mas que a AdC veio a considerar configurar uma prática de discriminação abusiva.

O tarifário em questão revestia-se das seguintes caraterísticas:

(i) Sistema de descontos sobre o valor faturado mensalmente em circuitos com débito até 34Mbps, composto por 8 escalões (4% para uma faturação bruta mensal ("FBM") entre 99.760 Euros e 249.399 Euros; 6,5% para uma FBM entre 249.399 e 748.197 Euros; 9,5% para uma FBM entre 748.197 Euros e 1.995.192 Euros; 13,0% para um FBM entre 1.995.192 e 3.990.383 Euros; 17,0% para uma FBM entre 3.990.383 Euros e 7.481.968 Euros; 21,5% para uma FMB entre 7.481.968 Euros e 12.469.947 Euros; 26,5% para uma FMB entre 12.469.947 Euros e 19.951.916 Euros; e 32% para FMB igual ou superior a 19.951.916 Euros);

(ii) Desconto de 10% sobre a faturação realizada com o aluguer de circuitos de alto débito ("SDH"), para clientes com faturação anual superior a 25 milhões de Euros;

(iii) Desconto que incidia sobre a faturação anual do circuito, com 5 escalões, com patamares de 2%, 4%, 6%, 8% e 10%, que variava de forma crescente em função do tempo de permanência (prémio de permanência).

Relativamente ao sistema de escalões de quantidade, a AdC considerou tratar-se de um sistema de evolução não linear, com os descontos a evoluir por degraus sucessivamente maiores nas faturações mais elevadas, facto

---

[880] Ver ponto 372 Decisão.
[881] Entre 2000 e 2003, altura em que a oferta objeto da decisão da AdC entrou em vigor, o ICP-ANACOM interveio ativamente no mercado, determinando por diversas vezes à PTC a reformulação das condições da sua oferta. Em setembro de 2002, o regulador ordenou à PTC que reformulasse a sua oferta e em Novembro do mesmo ano, rejeitou a proposta de reformulação que a PTC apresentou. O novo ajustamento veio a ser aprovado em 26.12.2002, para entrar em vigor em 1.3.2003. Em 10.2.2004, na sequência do acompanhamento que vinha a fazer do mercado, o ICP-ANACOM, ordenou uma reformulação da oferta grossista de circuitos da PTC com efeitos a partir de 8.3.2004.

que supostamente não poderia ser explicado por economias de escalas. De cada vez que se mudava de patamar a taxa de desconto era aplicável a todo o valor abaixo do patamar. A AdC considerou ainda que os escalões mais elevados beneficiavam apenas as empresas do grupo PT e relevou o facto de o tarifário em questão supostamente agravar a posição relativa das empresas concorrentes da PT em relação ao tarifário anteriormente em vigor.

No que toca ao desconto de 10% para a faturação com circuitos de alto débito, a AdC considerou ter sido a PT Prime a única beneficiária, sugerindo que, aquando da alteração introduzida, a PT sabia já que seria a única a tirar partido deste desconto.

Quanto ao prémio de permanência, a AdC sustentou que este representava um desincentivo ao desenvolvimento de infraestrutura própria por parte dos operadores concorrentes e que, nessa medida, só as empresas do grupo PT teriam interesse em assinar contratos por um período de tempo longo.

No que respeita à existência de uma justificação objetiva, a AdC entendeu ainda não ser possível à arguida explicar o sistema de descontos através da realização de economias de escala, uma vez que na indústrias das telecomunicações as poupanças de custos resultam da totalidade da capacidade instalada e não da capacidade instalada para dar resposta a uma solicitação de um determinado cliente individualmente considerado, não podendo por isso justificar o desenho do sistema de descontos em apreço.

3.2.2 A Sentença do TCL[882]

A PT interpôs recurso da decisão da AdC junto do Tribunal de Comércio de Lisboa ("TCL") que, em 29.2.2012, proferiu a sentença.

O TCL apreciou o fundo da questão, considerando que a discriminação não ficou provada. Sublinhou o TCL ser à AdC que cabe provar que o tarifário que lhe merece censura não tem justificação ao nível do negócio da arguida, e que a sua elaboração, aprovação e vigência apenas podem ser explicadas ao nível de uma prática anti-concorrencial.

Relativamente aos escalões de quantidade, o TCL parece não ter relevado o argumento da falta de linearidade do sistema de descontos como indício de discriminação, notando que:

---

[882] Sentença do TCL, de 29.2.2012, P.1232/08TYLSB.

"[A]firmar que constitui um tratamento desigual atribuir a um cliente cuja faturação é de €2.000.000,00 desconto diferente do desconto conferido a um cliente cuja faturação é de €249.500,00 não parece ser um raciocínio correto. Parece-nos óbvio que estamos perante realidades diversas (...) Naturalmente, numa perspetiva económica, para qualquer vendedor não é indiferente que o seu cliente adquira 1.000 ou 100, já que manter uma relação económica que mensalmente garante consumos de 1.000, é substancialmente diferente daquela que apenas garante consumos de 100. Para a empresa, o primeiro cliente perspetiva uma segurança na manutenção e rentabilidade do seu negócio que o segundo não representa. Nessa medida, ao primeiro o vendedor poderá fazer um desconto, mas ao segundo, muito provavelmente não o fará[883]".

O TCL sublinhou também, relativamente ao desconto de 10% sobre a faturação realizada com o aluguer de circuitos SDH, que, se é certo que apenas a PT Prime alcançou montantes de faturação que dele permitiam beneficiar, nada impedia que outras concorrentes alcançassem valores idênticos, não podendo a arguida ser penalizada pelo facto do negócio de tais empresas não implicar uma utilização da sua rede equivalente à da PT Prime, sendo certo que a AdC não demonstrou que a atribuição desse desconto não tivesse justificação económica.

No que se refere ao prémio de permanência, o TCL considerou não ter ficado demonstrado que este funcionasse como um desincentivo ao investimento, nem se afigurar credível em termos abstratos, que qualquer operador que tivesse por conveniente face ao seu negócio expandir a sua rede, não o fizesse apenas para beneficiar de maior desconto. Este elemento do sistema de descontos não implicava, como pretendia a AdC, uma discriminação "pois qualquer operador que mantivesse uma relação, mais ou menos prolongada com a PTC, beneficiaria do prémio de permanência correspondente, em idênticas circunstâncias[884]".

Quanto à existência de uma justificação objetiva, o TCL observou que a arguida rebateu o ponto da AdC (de que inexistiam economias de escala), demonstrando que a aplicação do sistema de descontos é compatível com a curva de custos típica da indústria das telecomunicações sem que a AdC tivesse demonstrado o contrário.

[883] Sentença TCL, pág 77.
[884] Sentença TCL, pág 89.

3.3 Conclusões quanto à prática nacional

Nos dois processos em que aplicou a alínea e), do nº 2, do artigo 4º, *ex vi* do artigo 6º, nº 3 da Lei nº 18/2003, e, ao mesmo tempo, o artigo 102º alínea c) TFUE, estavam em causa situações em que a empresa dominante se encontrava verticalmente integrada e em que o efeito que a AdC procurou censurar ocorria no mercado a jusante. Em ambos os casos o efeito que supostamente teve lugar foi de natureza vertical ou de segunda linha (*secondary line injury*).

No processo *Banda Larga*, a AdC aplicou o regime da discriminação abusiva em paralelo com o regime da compressão de margens. Já no processo *Circuitos*, a AdC aplicou unicamente o regime jurídico da discriminação abusiva. Em ambos os casos, a AdC partiu do princípio de que as ofertas da PT não tinham alternativas no mercado nacional.

A nosso ver, em nenhum destes dois processos a AdC foi muito convincente na prova da natureza discriminatória da prática. Em *Banda Larga*, o argumento em que se apoiou, nomeadamente o de a procura ser induzida, parece de natureza artificial e, levado às últimas consequências, levaria à proibição da concessão de descontos de quantidade nos inúmeros mercados em que a procura é induzida. Trata-se de um entendimento que, conforme notámos, não parece suportado na jurisprudência europeia e que não se mostra também em linha com os objetivos típicos da política de concorrência.

No processo *Circuitos*, a AdC procurou apoiar-se em alguma jurisprudência europeia que retira da falta de linearidade de sistemas de descontos, consequências ao nível do efeito discriminatório. Porém, também aqui a conclusão da AdC pareceu essencialmente artificial uma vez que, como o TCL não deixou de notar, é normal que os descontos de quantidade premeiem os compradores que oferecem às empresas maior segurança na manutenção e rentabilidade do seu negócio. O tribunal não se bastou portanto com os referidos indícios, tendo sublinhado que é à AdC que compete a prova de que o tarifário que lhe merece censura não tem justificação ao nível do negócio da arguida, e que a sua elaboração, aprovação e vigência apenas podem ser explicadas ao nível de uma prática anti-concorrencial.

A nosso ver, em sistemas de descontos de quantidade, como o que foi apreciado no processo *Circuitos*, é difícil que isto suceda, sem a recolha de evidência subjetiva, *i.e.* de elementos que demonstrem uma intenção predatória (que podem porventura ajudar a formar a convicção do juiz num procedimento de natureza contraordenacional). Em muitas indústrias, as economias de escala desempenham um papel relevante no negócio e a atribuição de descontos de quantidade poderá sempre relacionar-se com estas poupanças. Não raras vezes, uns clientes, os que adquirem maiores quantidades, beneficiarão de maiores taxas de desconto e, logo, serão favorecidos perante os de menor dimensão. Como observou o TCL, é compreensível que uma empresa ofereça aos primeiros descontos que premeiem a contribuição que estes dão ao negócio. A instrução de um caso de discriminação abusiva em situações desta natureza será particularmente exigente e caberá à AdC reunir prova sólida de que ocorreu efetivamente uma discriminação abusiva sem justificação objetiva.

4. Os elementos do abuso de posição dominante por discriminação abusiva

Para que se encontre preenchido o tipo legal de abuso de posição dominante por discriminação abusiva, os seguintes requisitos devem encontrar-se preenchidos:

(a) Detenção de uma posição dominante;
(b) Desigualdade das condições;
(c) Equivalência das prestações;
(d) A (consequente) criação de uma desvantagem competitiva; e
(e) Inexistência de uma justificação objetiva.

Avaliaremos, em seguida, em que se traduz o preenchimento de cada um dos elementos em questão.

Uma prática discriminatória ocorre quando são aplicadas condições desiguais no caso de prestações equivalentes e igualmente quando condições equivalentes são fixadas por prestações distintas. O TJUE já esclareceu que o conceito material de discriminação abrange ambas as situações[885]. Em qualquer dos casos é necessário avaliar se as condições são iguais e se as prestações são equivalentes.

---

[885] Cf. acórdão do TJ, de 17.7.1963, Proc. 13/63 *Itália*/Comissão, Col 1962-1964/00305 (ed port), 165; decisão da Comissão, de 11.3.1998, Proc. IV/34.395 E IV/35.436 – *Van den Bergh Foods Ltd*, JO 1998 L246/1, para 76; decisão da Comissão de 23.7.2004, Proc. COMP/A.36.568/D3 *Scandlines Sverige AB v Port of Helsingborg*, para 276.

Muito frequentemente, a avaliação da equivalência das prestações e a verificação da existência de uma justificação objetiva acabam por reconduzir-se ao mesmo exercício. Por vezes, diferenças nos custos de transporte subjacentes à entrega do produto ao cliente A e ao cliente B, servem para alegar a falta de equivalência das transações e, ao mesmo tempo, funcionam como justificação objetiva para a discriminação de preços ou de prazos de entrega entre clientes.

Depois de provada a existência de uma prática discriminatória deve demonstrar-se a suscetibilidade de esta dar origem a uma desvantagem na concorrência. É hoje claro que o preenchimento deste requisito implica a verificação de que duas empresas concorrentes num mercado a montante ou a jusante são concorrentes e são colocadas em posição de desvantagem competitiva relativa.

Por fim, ainda que os requisitos anteriores se encontrem preenchidos, só teremos uma prática abusiva no caso de o comportamento unilateral não poder beneficiar de uma justificação objetiva.

4.1 Detenção de posição dominante

O pressuposto básico da aplicação do regime da discriminação abusiva é o da existência de uma posição dominante. Na medida em que o artigo 102º alínea c) TFUE, e bem assim o artigo 11º, nº 2, alínea c) da Lei nº 19/2012, se destinam a endereçar problemas de discriminação com efeitos verticais, a empresa em causa deve deter posição dominante no mercado a montante ou a jusante daquele onde os efeitos são sentidos.

4.2 Prestações equivalentes

Nem o artigo 102º alínea c) TFUE nem o artigo 11º, nº 2, alínea c) da Lei nº 19/2012 explicam ou exemplificam aquilo em que se traduzem prestações equivalentes[886].

A avaliação da equivalência de prestações envolve a análise de todos os elementos disponíveis para efetuar uma comparação, incluindo as suas

---

[886] Inversamente, o artigo 1º do Decreto-Lei nº 370/93, de 29 de outubro estabelece que: "nº 2. São prestações equivalentes aquelas que respeitem a bens ou serviços similares e que não difiram de maneira sensível nas caraterísticas comerciais essenciais, nomeadamente naquelas que tenham uma repercussão nos correspondentes custos de produção ou de comercialização. 3. Não se consideram prestações equivalentes aquelas entre cujas datas de conclusão se tenha verificado uma alteração duradoura dos preço".

características físicas e funcionais, a natureza, os custos, a quantidade, a qualidade, a composição, o tempo de entrega, entre outros[887]. Em geral, o preenchimento deste requisito acaba por ser o mais importante e aquele onde as empresas apresentam mais e mais convincentes argumentos.

Em *United Brands*, o TJ avaliou o preenchimento deste requisito constatando que todas as bananas comercializadas pela UBC com a marca "Chiquita" no mercado: *(i)* tinham a mesma origem geográfica, *(ii)* pertenciam à mesma variedade (*Cavendish-Valery*), *(iii)* eram praticamente da mesma qualidade e *(iv)* os respetivos custos de descarga nos portos Roterdão e Bremerhaven apenas difeririam em alguns cêntimos[888]. A determinação da equivalência das prestações implicou pois uma avaliação das características essenciais do bem e das circunstâncias subjacentes que poderiam ter uma influência na comparabilidade das transações em termos de custos.

Em *Clearstream*, a Comissão avaliou: *(i)* a qualidade dos clientes da empresa dominante a quem eram cobrados preços desiguais, notando tratar-se de *dois grupos de clientes comparáveis*, na medida em que tanto uns como os outros prestam serviços secundários de compensação e de liquidação para as operações transfronteiriças relativas aos valores mobiliários emitidos em conformidade com o direito alemão; e *(ii)* o conteúdo dos serviços que eram prestados quer a uns quer a outros, que considerou ser idêntico.

Em *British Airways*, o TJ confirmou o entendimento do TG segundo o qual o prémio aplicado "sobre todas as vendas de bilhetes BA realizadas durante o período considerado" às entidades que atingissem objetivos de vendas, retribuía a níveis diferentes a venda do mesmo número de bilhetes BA pelas agências de viagens estabelecidas no Reino Unido, conforme essas agências tivessem ou não atingido os seus objetivos de progressão das vendas, em comparação com o período de referência. O TJ concluiu não existir qualquer erro de direito do TG ao considerar equivalentes as prestações de agências de viagens cujas vendas de bilhetes BA se mantiveram, em termos absolutos, ao mesmo nível durante um período determinado[889].

Em *Port of Helsingborg*, a Comissão não aceitou a equivalência das prestações de serviços portuários a *ferries* e a navios de carga, notando que enquanto os navios de carga utilizam gruas e outro equipamento para car-

---

[887] Faul, Jonathan & Nikpay, Ali *The EC Law of Competition*, Second Edition, Oxford, pág 388.
[888] Ver acórdão do TJ, *United Brands*, paras 204 e 205.
[889] Ver acórdão do TJ, *British Airways*, paras 136 a 140.

regar e descarregar carga, os *ferries* utilizam rampas e mangas para embarcar e desembarcar pessoas e veículos automóveis. De acordo com a Comissão, o facto de os custos da prestação do serviço serem idênticos é irrelevante, uma vez que se não é possível encontrar prestações equivalentes (na sua natureza), não é necessário analisar os custos[890].

Por fim, em *Aeroportos Portugueses*, o TJ deixou claro que uma diferente contribuição de um cliente para as economias do processo produtivo da empresa dominante (que no caso entendeu não existir), constitui igualmente um fator de relevo na apreciação das circunstâncias em que a prestações têm lugar.

4.3 Condições desiguais

Por norma, a verificação da existência de condições desiguais é menos controversa. Na realidade, na maior parte dos casos a mera constatação de que é praticado um preço distinto basta para cumprir este requisito. Em *Clearstream*, por exemplo, a verificação de que foram praticadas condições desiguais resultou do facto de às CDTs nacionais serem cobrados 5 Euros por operação enquanto às CIDTS o preço era de 6 euros por operação[891].

4.4 Desvantagem na concorrência

A existência de uma discriminação abusiva depende ainda da demonstração de que a prática discriminatória dá origem a uma desvantagem na concorrência, *i.e.*, é suscetível de afetar a posição concorrencial de algum ou alguns dos parceiros comerciais da empresa em posição dominante.

Relativamente a este ponto, torna-se necessário demonstrar que, tomando em consideração todas as circunstâncias do caso concreto, verifica-se a suscetibilidade de ocorrer uma distorção da concorrência entre parceiros comerciais. Da posição do TJ em *British Airways* parece resultar não ser exigível a demonstração de efeitos concretos (*e.g.* a quantificação da deterioração da posição comercial de parceiros individualmente considerados[892]).

---

[890] Ver decisão da Comissão, de 23.7.2004, Proc COMP/A.36.568/D3 *Scandlines Sverige AE/ Port of Helsingborg*, paras 278 e 279. Esta decisão, que rejeitou que tivesse lugar uma prática discriminatória, é analisada em detalhe no capítulo 11, a propósito do tema dos preços excessivos. Ver pág 440.
[891] Ver acórdão do TJ, *Clearstream*, para 173.
[892] Ver acórdão do TJ, *British Airways*, para 145.

Em todo o caso, a satisfação deste requisito pressupõe, não apenas que seja feita prova de que os concorrentes discriminados concorrem no mesmo mercado relevante, mas igualmente que a prática os coloca numa situação de desvantagem relativa. Em relação a este último ponto, o *standard* de prova da desvantagem na concorrência não parece ser particularmente exigente. Em *British Airways*, o TG considerou-o preenchido quase como que por dedução lógica da circunstância de duas empresas beneficiarem de percentagens de comissão distintas, referindo que tal diferença implicava que a aptidão das agências de viagens para concorrer fosse "naturalmente afetada pelas condições discriminatórias de remuneração inerentes aos regimes de prémios[893]". Não teve, na verdade, lugar uma avaliação da dimensão das diferenças e da sua aptidão real para afetar a capacidade das empresas para concorrer.

Em sede de recurso, o TJ confirmou a posição do TG e considerou suficiente as diferenças originadas pela discriminação "[poderem] dar lugar a modificações exponenciais e consideráveis dos lucros das agências de viagens, cuja capacidade para concorrer estava dependente *(i)* da sua aptidão para fornecerem, nos voos, lugares adaptados aos ensejos dos viajantes a um custo razoável e, *(ii)* dos seus recursos financeiros individuais".

4.5 Inexistência de uma justificação objetiva

Em teoria, a existência de uma justificação objetiva pode permitir a um comportamento unilateral escapar a proibição de discriminação, ainda que os restantes elementos se encontrem preenchidos. No entanto, conforme observámos *supra*, na discriminação abusiva, invocar uma justificação objetiva acaba por, na maior parte das vezes, corresponder, em termos práticos, a arguir a falta de equivalência das prestações.

A realização de economias de escala é a justificação objetiva mais frequentemente invocada e admitida para legitimar diferenças nos preços das prestações. Em *British Airways*, a Comissão recordou que os processos *Hoffmann-La Roche* e *Michelin* estabeleceram o princípio geral de que o fornecedor dominante pode conceder descontos que se relacionem com ganhos de eficiência, por exemplo, descontos para encomendas de grandes dimensões que permitem que o fornecedor produza grandes quan-

---

[893] Acórdão do TG, *British Airways*, para 238.

tidades do produto[894]. Em *Aeroportos Portugueses*, o TJ observou que faz parte da própria essência de um sistema de reduções de quantidades que os maiores compradores ou utilizadores de um produto ou de um serviço beneficiem de preços médios unitários menores sendo tal vantagem económica legítima quando justificada pelo volume da atividade e pelas economias de escala[895].

Nada obsta contudo a que outras razões sejam aduzidas para justificar objetivamente o comportamento. Conforme sugerido no relatório preparado para a Comissão Europeia no contexto da reforma do artigo 102º TFUE, a discriminação de preços pode ter efeitos pró-competitivos em diversas circunstâncias, em particular quando permite realizar um aumento total das vendas[896].

Dependendo das circunstâncias concretas do caso, outras justificações objetivas podem fazer sentido[897].

---

[894] Ver decisão da Comissão, *British Airways*, para 101.
[895] Ver acórdão TJ, Aeroportos Portugueses. para 51 e 52.
[896] *Report by the EAGCP – An economic approach to Article 82*; pág 31. Disponível em http://ec.europa.eu/competition.
[897] Para uma exposição detalhada sobre o papel da justificação objetiva nos casos de discriminação abusiva, ver O'Donoghue, Robert e Padilla, Jorge, cit, pág 592.

Capítulo 10
Acordos Exclusivos e Descontos Condicionais

1. Introdução
1.1 Considerações gerais

Em regra, acordos de exclusividade são definidos como acordos que exigem a um comprador que adquira a totalidade ou uma grande parte das suas necessidades de um bem ou serviço a um fornecedor (dominante) ou a um fornecedor que venda a totalidade ou uma grande parte dos seus produtos a um comprador (dominante)[898]. Os primeiros são acordos de compra exclusiva, os segundos acordos de fornecimento exclusivo. No presente capítulo ocupamo-nos apenas dos da primeira categoria e de práticas com efeito análogo (*e.g.* descontos condicionais)[899].

Acordos exclusivos são uma prática frequente nas relações entre as empresas. A exclusividade pode ser conseguida de diversas formas. Pode, por exemplo, ser convencionada entre as partes numa cláusula contratual;

---

[898] Ver *Report on Single Branding/Exclusive Dealing, Prepared by The Unilateral Conduct Working Group Presented at the 7th Annual Conference of the ICN Kyoto, April 2008*, pág 3. Disponível em www.internationalcompetitionnetwork.org/

[899] Obrigações de fornecimento exclusivo podem igualmente originar questões de encerramento anticoncorrencial do mercado. Todavia, questões de concorrência desta natureza são menos frequentes na medida em que um efeito de encerramento anticoncorrencial do mercado dependerá, entre outros, da inexistência de alternativas (*e.g.* a generalidade dos fornecedores encontra-se vinculado a obrigações desta natureza ou está verticalmente integrado). Ver Decisão da Comissão de 22.2.2006, COMP/B-2/38.381– *De Beers/Alrosa*.

pode resultar de outras obrigações assumidas que, indiretamente, levam a uma situação de exclusividade de facto; ou pode ser financeiramente induzida por um sistema de descontos ou de prémios que induz o comprador a adquirir a totalidade ou uma parte significativa das suas necessidades ao fornecedor[900]. Os descontos concedidos em troca da lealdade do comprador não têm necessariamente que consagrar um compromisso expresso de redução ou eliminação de compras às empresas rivais. Têm sim que lhe conferir os incentivos necessários à concentração das suas compras no fornecedor.

As principais objeções do direito da concorrência aos acordos de exclusividade, seja na forma de obrigações de compra exclusiva seja na forma de descontos de lealdade, prendem-se com o encerramento das possibilidades de acesso ou de expansão às empresas concorrentes. É essencialmente da exclusividade com efeitos de encerramento horizontal que nos ocupamos no presente capítulo. Outros efeitos a que algumas formas de exclusividade possam dar origem, como a alavancagem de poder de mercado para mercados adjacentes ou a discriminação de preços, são tratados noutros capítulos, como o capítulo 8 respeitante às vendas subordinadas e agrupadas ou o capítulo 9 referente à discriminação abusiva.

No que respeita à exclusividade com efeitos de encerramento horizontal, cabe começar por notar que as instituições europeias foram sempre muito rígidas com empresas dominantes que a procuraram, tanto mediante obrigações de compra exclusiva como mediante a concessão de descontos de fidelidade. Este tratamento rígido manifestou-se numa abordagem de ilegalidade em si mesma (*per se illegality*) relativamente a comportamentos desta natureza adotados por empresas dominantes.

A evolução do pensamento económico ditou contudo que exista presentemente um razoável consenso entre juristas e economistas quanto à ambiguidade dos efeitos deste tipo de práticas. É, na verdade, hoje em dia claro que, em muitas situações, a exclusividade não origina necessariamente efeitos negativos, podendo levar também a efeitos procompetitivos. Nestes casos, o direito da concorrência não se lhe deve opor. Neste contexto, no âmbito da reforma da aplicação do artigo 102º TFUE, a Comissão Europeia propõe flexibilizar o enquadramento jurídico destes comporta-

---

[900] Por facilidade de exposição, e uma vez que circunscrevemos o âmbito do capítulo à exclusividade na compra, abstemo-nos de fazer referências também à exclusividade na venda.

mentos avaliando-os de forma casuística com base numa abordagem centrada no efeito da prática.

1.2 Razão de ordem

O presente capítulo divide-se em quatro partes. Depois de na primeira, se realizar uma breve introdução ao tema, a parte 2 versa sobre os acordos de compra exclusiva. Referimo-nos, em particular, à exclusividade e à equivalência à exclusividade (2.2), às cláusulas inglesas (2.3), aos principais efeitos da compra exclusiva (2.4) e ao seu enquadramento no TFUE e na Lei nº 19/2012 (2.5). Passamos, depois, em revista, a prática europeia relativa a este tipo de comportamento (2.6), e sintetizamos as principais conclusões que da mesma podem ser tiradas (2.7). Antes de terminar, abordamos o enquadramento que este tipo de prática tem no âmbito da reforma do artigo 102º TFUE.

Na parte 3, centramo-nos nos descontos condicionais, onde identificamos as principais categorias de descontos (3.2), os principais efeitos dos descontos condicionais (3.3), e o enquadramento destes ao nível do TFUE e da Lei nº 19/2012 (3.4). Analisamos, a seguir, a prática relevante das instituições europeias (3.5), acabando a sintetizar as conclusões que da mesma podemos tirar (3.6). Terminamos com o tratamento que este tipo de prática tem no âmbito da reforma da aplicação do artigo 102º TFUE (3.7).

Na parte 4 procuramos identificar os elementos destes tipos de abuso.

2. Acordos de compra exclusiva
2.1 Considerações gerais

Em traços gerais, um acordo de compra exclusiva consiste numa obrigação nos termos da qual uma empresa exige de outra que se abasteça, em exclusivo ou numa grande parte das suas necessidades, junto de si própria ou de outra empresa por si designada. Os acordos de compra exclusiva podem igualmente ter outras designações, entre as quais, acordos de marca única ou obrigações de não concorrência[901].

---

[901] Na Orientação relativa ao artigo 102º TFUE, a Comissão Europeia utiliza o termo "acordo de compra exclusiva". No entanto, no *Discussion Paper*, a designação utilizada é a de acordo de marca única (*single branding*) (para 135) e no regulamento (UE) nº 330/2010, de 20.4.2010, JO 2010 23.4.2010, L 102/01, artigo 1º, alínea d), "obrigação de não concorrência".

Os acordos de compra exclusiva podem suscitar objeções na perspetiva do direito da concorrência quando são celebrados por empresas com ou sem posição dominante. A Comissão Europeia concede uma isenção por categoria quanto à aplicabilidade do artigo 101º, nº 1 do TFUE, a acordos em que nem o comprador nem o vendedor detenham quotas de mercado superiores a 30% e em que seja respeitado um conjunto de condições[902].

Quando celebrados por empresas dominantes, os acordos de compra exclusiva inspiram maiores preocupações por se considerar que a circunstância de o cliente ser impedido de adquirir produtos a empresas concorrentes, além de o privar da liberdade de escolha, pode prejudicar o acesso destas ao mercado afetando assim a estrutura e o funcionamento da concorrência, em prejuízo dos consumidores.

Por esta razão, os acordos de compra exclusiva foram historicamente objeto de um tratamento rígido por parte das instituições da União Europeia que, nos principais processos em que sobre eles se pronunciaram – e bem assim nos documentos de orientação divulgados[903] –, sugeriram que quando impostos por empresas em posição dominante, sejam ilegais em si mesmos (*per se illegality*).

As obrigações de compra exclusiva podem, no entanto, ter subjacentes razões procompetitivas. Consciente deste facto, a Comissão Europeia, no âmbito da reforma da aplicação o artigo 102º TFUE, propôs uma abordagem mais centrada no efeito das obrigações desta natureza, rejeitando a perspetiva segundo a qual estas são vistas como ilegais em si mesmas[904].

Em Portugal, até ao presente, e tanto quanto é do conhecimento público, a AdC não adotou ainda qualquer decisão condenatória de uma empresa detentora de posição dominante por estabelecer com os seus clientes este tipo de vínculo.

---

[902] Regulamento (UE) nº 330/2010 da comissão, relativo à aplicação do artigo 101º, nº 3, do TFUE a determinadas categorias de acordos verticais e práticas concertadas, JO 23.4.2010, L 102/1.

[903] Na antiga Orientação sobre restrições verticais (2000/C 291/01) a Comissão declarava que "[a]s empresas em posição dominante só podem impor obrigações de não concorrência aos seus compradores se puderem objetivamente justificar essas práticas comerciais no contexto do artigo [102º TFUE]" (para 141).

[904] Ver Orientação sobre o artigo 102º TFUE, paras 33 a 36 e Orientação sobre restrições verticais (2010/C 130/01), para 133.

2.2 Exclusividade e equivalência à exclusividade

Um acordo de compra exclusiva consiste, como vimos, numa obrigação que exige que um cliente num determinado mercado adquira produtos ou serviços, em exclusivo ou em grande parte, apenas a uma determinada empresa.

A terminologia empregue significa que para além das obrigações de exclusividade propriamente ditas, outras obrigações que abranjam "uma grande parte" das necessidades do comprador são equiparadas à exclusividade.

A Orientação sobre o artigo 102º TFUE não quantifica aquilo em que se traduz uma "grande parte" das necessidades do comprador. No entanto, a jurisprudência do TJUE já considerou que uma obrigação que abranja 75% ou 80% das necessidades totais do comprador corresponde a uma obrigação de compra exclusiva[905].

Por seu turno, na Orientação sobre restrições verticais, a Comissão define obrigação de não concorrência como "qualquer obrigação direta ou indireta imposta ao comprador no sentido de adquirir ao fornecedor ou a outra empresa designada pelo fornecedor mais de 80% das suas compras totais dos bens ou serviços contratuais e respetivos substitutos no mercado relevante, calculados com base no valor ou, caso tal corresponda à prática normal do setor, com base no volume das suas compras do ano civil anterior[906]".

Importa ainda ter presente que não é necessário que a exclusividade se encontre consagrada numa obrigação contratual expressa. O conceito abrange práticas que originam um efeito equivalente, como, por exemplo, a exclusividade de facto. O TJUE considerou no passado que uma obrigação de armazenagem pode, em determinadas circunstâncias, produzir o mesmo efeito que um acordo de compra exclusiva[907]. Interessa pois reter que, mais do que a forma de que se reveste a obrigação, importa sobretudo o efeito a que esta dá origem.

---

[905] Acórdão TJ, de 13.2.1979, Proc. 85/76 *Hoffman-La Roche*/Comissão, Col. 1979-I, p 217, para 83 alíneas c) e d) e para 89.

[906] Regulamento (UE) nº 330/2010 da Comissão de 20.4.2010 relativo à aplicação do artigo 101º, nº 3, do TFUE a determinadas categorias de acordos verticais e práticas concertadas, JO 23.4.2010 L 102/01, artigo 1º, nº 1, alínea d).

[907] Ver *infra* decisão da Comissão de 11.3.1998, 98/53l/CE, Proc. IV/34.073, IV/34.395 e IV/35.436 – *Van den Bergh Foods Limited*, JO L 246, p. 1; acórdão do TG de 23.10.2003, Proc T-65/98, *Van den Bergh Foods*/Comissão, Col 2003 II-04653, pág 365".

2.3 Cláusulas inglesas (*english clauses*)

Uma cláusula inglesa consiste na obrigação de o comprador informar o fornecedor de qualquer oferta mais competitiva e de só a aceitar se o fornecedor não a pretender acompanhar. É, na prática, um direito de preferência.

Quando estipuladas a favor de empresas dominantes, as cláusulas inglesas suscitam preocupações idênticas às suscitadas pelos acordos de compra exclusiva. Na verdade, estas cláusulas podem ter o mesmo efeito do que as obrigações de compra exclusiva uma vez que a empresa que delas beneficia só terá que baixar o seu preço quando existe um risco de mudança de fornecedor. O efeito de encerramento do mercado poderá ficar agravado se o comprador tiver que revelar a identidade do concorrente que fez uma melhor proposta, uma vez que tal situação pode desincentivar as empresas rivais de apresentar ofertas concorrentes aos clientes da empresa dominante[908].

Em *Hoffman-La Roche*, por exemplo, o TJ sublinhou o papel da cláusula inglesa no agravamento das condições de concorrência no mercado, notando que:

> "[A]o obrigar os seus clientes a revelar-lhe as propostas mais vantajosas que são apresentadas pela concorrência e a revelá-las com as especificações acima descritas – de tal modo que a Roche individualizará facilmente esse concorrente – a cláusula inglesa, em virtude da sua natureza, coloca à disposição da [Roche] elementos de informação sobre a situação do mercado, bem como sobre as possibilidades e iniciativas dos seus concorrentes, que são especialmente preciosos na direção da sua estratégia de mercado. (...) Por fim, em virtude do mecanismo da cláusula inglesa, é à própria Roche que cabe decidir se, ao alinhar ou não os seus preços, permite a intervenção da concorrência[909]".

2.4 Principais efeitos dos acordos de compra exclusiva

As obrigações de compra exclusiva podem dar origem tanto a efeitos anticoncorrenciais como a efeitos procompetitivos.

---

[908] *Discussion Paper*, para 135 e 150; orientações relativas às restrições verticais, JO 19.5.2010 C 130/1, para 129.

[909] Acórdão TJ de 13.2.1979, Proc. 85/76 *Hoffman-La Roche*/Comissão, Col. 1979-I, p 217, para 107.

O principal efeito negativo da aplicação deste tipo de obrigações por empresas detentoras de posição dominante é, como já referimos, o do possível encerramento horizontal do mercado. Na medida em que exigem ao cliente que se abasteça exclusivamente ou quase exclusivamente junto da empresa dominante, este tipo de obrigação pode encerrar as possibilidades de acesso e de expansão de empresas concorrentes. A jurisprudência europeia refere-se igualmente à limitação da liberdade de escolha dos clientes e ao reforço da posição dominante[910].

Todavia, as obrigações de compra exclusiva podem também dar origem a efeitos procompetitivos. Um exemplo frequentemente apontado respeita às *situações de* "catividade" ou de *hold-up* em que as empresas dominantes realizam um investimento específico para prestar um serviço a um cliente. Nestes casos, de modo a repartir o risco do investimento com o cliente, a empresa pode exigir que este se comprometa a realizar uma quantidade mínima de compras ou a permanecer cliente do serviço por um período mínimo de tempo, permitindo-lhe assim recuperar o investimento realizado ou reduzir o risco incorrido com o mesmo[911].

Proibir um acordo de compra exclusiva em situações desta natureza poderia retirar ao fornecedor dominante os incentivos necessários à realização do referido investimento e a prestar o serviço ao cliente, podendo, no final do dia, este ver-se privado do serviço.

Outro efeito procompetitivo comummente apontado é o da prevenção de problemas de "parasitismo" (*free-riding*). Uma empresa pode exercer "parasitismo" sobre outra, beneficiando gratuitamente dos esforços de promoção desta última[912]. Se uma empresa dominante realiza investimentos para promover um produto, ou para criar mercado para um produto (*e.g.* formação de pessoal de vendas, que tem um papel importante na familiarização da procura com o produto), sem uma obrigação de compra exclusiva a empresa pode ver o seu investimento ser aproveitado por empresas concorrentes.

---

[910] Ver acórdão do TG, de 17.12.2009, *Solvay*/Comissão, Proc. T 57/01, Col. 2009 II-04621, para 365; ver também *Discussion Paper*, para 139.
[911] Ver *Discussion Paper*, para 175; ver igualmente Orientação sobre o artigo 102º TFUE, para 46 e Orientação restrições verticais, 2010, para 107, alínea d).
[912] Ver Orientação restrições verticais, 2010, para 107.

Acordos exclusivos podem igualmente permitir originar a realização de economias de escala na distribuição e intensificar a concorrência entre empresas levando a preços mais baixos, na medida em que os diferentes fornecedores procuram conseguir a exclusividade[913].

Em suma, uma proibição *per se* de acordos desta natureza é, a nosso ver, desaconselhável. Proibir acordos de compra exclusiva sem uma cuidada ponderação dos efeitos, poderá, não raras vezes, ser nefasta para a concorrência e para o consumidor.

2.5 Acordos de compra exclusiva no artigo 102º TFUE e na Lei nº 19/2012

A celebração de acordos de compra exclusiva por parte de empresas detentoras de posição dominante pode configurar uma exploração abusiva dessa mesma posição nos termos do TFUE e da lei nacional.

O artigo 102º, alínea b) TFUE e o artigo 11º, nº 2 alínea b) da Lei nº 19/2012 apresentam uma redação idêntica estabelecendo que pode ser considerado abusivo "limitar a produção, a distribuição ou o desenvolvimento técnico em prejuízo dos consumidores".

Refira-se contudo que, à semelhança do que sucede com os outros abusos de posição dominante, os acordos de exclusividade não têm, em boa verdade, que caber expressamente em qualquer das alíneas da lista exemplificativa constante destes artigos. Desde que estejam reunidos os respetivos requisitos de aplicação, este comportamento encontra-se abrangido pela proibição geral constante do primeiro parágrafo do artigo 102º TFUE e/ou do nº 1 do artigo 11º da Lei nº 19/2012.

2.6 A prática das instituições europeias
2.6.1 Os principais processos
2.6.1.1 Suiker Union[914]

Em 31.5.1972, a Comissão abriu, oficiosamente, uma investigação sobre o mercado do açúcar no E.E.E, no âmbito da qual veio a detetar um con-

---

[913] Osterud, Eirik, *Identifying Exclusionary Abuses by Dominant Undertakings under EU Competition Law – The Spectrum of Tests*, International Competition Law Series, 2010, Wolters Kluwer, pág 63.
[914] Decisão da Comissão, de 2.1.1973, Proc. COM(72) 1600 da Comissão, JO L 140, de 26.5.1973, p. 17 a 48; acórdão do TJ, de 16.12.1975, Proc. Ap. 40 a 48, 50, 54 a 56, 111, 113 e 114-73 Coöperatieve Vereniging "Suiker Unie" UA e outros/Comissão, Col 1975 00563.

junto de práticas concertadas entre os principais produtores de açúcar neste setor, que visavam proteger as suas posições nos respetivos mercados nacionais. Além do artigo 101º TFUE, a Comissão aplicou igualmente o artigo 102º TFUE por constatar que alguns dos produtores europeus detinham posição dominante nos seus mercados nacionais e que nos contratos de abastecimento celebrados com os clientes existiam cláusulas em que eram concedidos descontos apenas no caso de estes não se abastecerem junto de produtores concorrentes, que não encontravam qualquer justificação nos custos ou na quantidade.

Foi o caso da SZV, produtor de açúcar do sul da Alemanha, que oferecia descontos anuais aos clientes que lhe adquirissem todas as suas necessidades de açúcar, sendo que a aquisição de açúcar junto de qualquer outro produtor implicava a perda do desconto anual.

A Comissão considerou que a atribuição de descontos que não dependem da quantidade adquirida, mas antes de saber se as necessidades anuais são cobertas apenas pelo fornecedor dominante, corresponde a uma discriminação injustificada contra os compradores que adquirem açúcar junto de outros produtores. Notou, adicionalmente, que uma vez que os clientes dependiam, pelo menos para uma parte das suas necessidades, da SZV – uma vez que não dispunham de capacidade de armazenamento e necessitavam de fornecimentos regulares –, a desvantagem de perder o desconto concedido em troca da exclusividade era normalmente maior do que a vantagem de adquirir açúcar de outros fornecedores, ainda que a preços mais favoráveis, uma vez que estes só poderiam fornecer uma pequena parte das suas necessidades[915].

O TJ veio, em sede de recurso, confirmar o entendimento da Comissão, sublinhando que o sistema vigente "conduzia à aplicação de preços líquidos diferentes a dois operadores económicos que compraram a mesma quantidade de açúcar à SZV, um dos quais comprou também a outro produtor[916]" e acrescentou que o sistema de descontos era ainda "suscetível de limitar a distribuição em prejuízo dos consumidores, nos termos do artigo [102º], alínea b), pelo facto de impedir ou restringir as possibilidades dos estabelecidos noutros Estados-Membros concorrerem com o açúcar dis-

---

[915] Decisão da Comissão, *Suiker Unie*, considerando II-E-1.
[916] Acórdão do TJ, *Suiker Unie*, para 522.

tribuído pela SZV[917], concluindo que o desconto por fidelidade em causa, que é suscetível de reforçar mais a posição dominante da SZV, é incompatível com aquela disposição[918]".

2.6.1.2 Hoffman-La Roche[919]

Em 13.2.1979, o Tribunal de Justiça confirmou uma decisão da Comissão que aplicara o (agora) artigo 102º TFUE à Roche por, no essencial, ter celebrado contratos de compra e venda com vinte e dois importantes compradores de vitaminas através dos quais estes se comprometiam a abastecer-se em exclusivo junto da empresa para a totalidade ou para a maior parte das suas necessidades[920]. De acordo com o TJ:

> "[C]onstitui uma exploração abusiva de uma posição dominante, na aceção do artigo [102ºTFUE], o facto de uma empresa que se encontra em posição dominante num mercado, vincular – embora a seu pedido – compradores através de uma obrigação ou promessa de se abastecerem exclusivamente, relativamente à totalidade ou a uma parte considerável das suas necessidades, junto da referida empresa, quer a obrigação em questão esteja estipulada, sem mais, quer seja a contrapartida da concessão de descontos[921]".

Além de esclarecer que a circunstância de serem os compradores a solicitar a relação de exclusividade é irrelevante, o TJ deixou ainda claro não ser necessário que a exclusividade seja total, bastando que o compromisso se refira "à maior parte" das suas necessidades, sendo que alguns dos contratos fixavam uma percentagem de 75% ou 80% das necessidades totais dos compradores[922].

O TJ equiparou a acordos de compra exclusiva os designados sistemas de descontos de fidelidade, que, ainda que não vinculem os compradores através de uma obrigação formal, conseguem o mesmo efeito graças a um sistema de incentivos financeiros indutores da exclusividade[923].

---

[917] Acórdão do TJ, *Suiker Unie*, para 526.
[918] Acórdão do TJ, *Suiker Unie*, para 527.
[919] Acórdão TJ de 13.2.1979, Proc. 85/76 *Hoffman-La Roche*/Comissão, Col. 1979-I, p 217.
[920] Acórdão do TJ, de 13.2.1979, Proc. 85/76, *Hoffman-La Roche*/ Comissão Europeia, Col 1979-I, para 80.
[921] Acórdão do TJ, *Hoffman-La Roche*, para 89.
[922] Acórdão do TJ, *Hoffman-La Roche*, para 83 alíneas c) e d) e para 89.
[923] Acórdão do TJ, *Hoffman-La Roche*, para 89.

Por outro lado, considerou igualmente o TJ que a existência de "cláusulas inglesas" nos contratos agravava o abuso, uma vez que a Roche ficava assim ainda com a possibilidade de conhecer as ofertas dos seus concorrentes[924].

De acordo com o TJ, compromissos de abastecimento exclusivo desta natureza, com ou sem a contrapartida de descontos são proibidos "porque não se baseiam (...) numa prestação económica que justifique este encargo ou esta vantagem, mas destinam-se antes a retirar ou a restringir a possibilidade de escolha do comprador relativamente às fontes de abastecimento e impedir a entrada de outros produtores no mercado[925]".

2.6.1.3 BPB Industries[926]

Em 5.12.1988, a Comissão condenou o grupo *BPB Industries* por abuso de posição dominante, entre outros comportamentos, pela prática de descontos em troca da exclusividade. A *BPB Industries* e a sua subsidiária totalmente detida, a *British Gypsum*, detinham posição dominante no mercado britânico das placas de estuque, tendo concedido pagamentos especiais aos construtores (os seus clientes neste mercado) que se vinculassem a abastecer-se exclusivamente junto da empresa.

O TG começou por reconhecer que este tipo de contrato é frequente e que muitas vezes origina vantagens para ambas as partes, uma vez que o fornecedor tenta garantir a segurança das suas vendas fidelizando a procura, enquanto o comprador beneficia, por seu lado, de uma segurança de abastecimento e de prestações comerciais anexas. Para o TG, tais compromissos de compras exclusivas não podem ser, em princípio, proibidos e "a apreciação dos efeitos de tais compromissos no funcionamento do mercado em causa depende das caraterísticas desse mercado[927]".

Recordou, no entanto, o TG que estas considerações, aplicáveis em situação normal de mercado, não podem ser admitidas sem reserva no caso de um mercado em que, em virtude precisamente da posição dominante

---

[924] Acórdão do TJ, *Hoffman-La Roche*, para 107 e 108.
[925] Acórdão do TJ, *Hoffman-La Roche*, para 90.
[926] Decisão da Comissão, de 5.12.1988, Proc. IV/31.900 *BPB Industries plc*, JO 1989, L 10, p. 50, com retificacão no JO 1989, L 52, (4289/22/CEE); acórdão do TG, de 1.4.1993, Proc. T-65/89, *BPB Industries e British Gypsum Ltd/* Comissão, Col 1993 II-00389; acórdão do TJ de 6.4.1995, Proc C-310/93, *BPB Industries e British Gypsum Ltd*/Comissão, Col. 1995 I-00865.
[927] Acórdão do TG, *BPB Industries*, para 66.

detida por um dos operadores, a concorrência se encontra enfraquecida. Neste mercado, à empresa em posição dominante incumbiria uma "responsabilidade especial" de não prejudicar com o seu comportamento uma concorrência efetiva e não falseada[928]. Isto dito, o TG não se afastou da abordagem estrita seguida em *Hoffman-La Roche*, lembrando que tal como o Tribunal de Justiça tivera já o ensejo de decidir, o facto de uma empresa que se encontra em posição dominante vincular compradores – ainda que seja a pedido destes – a uma obrigação de exclusividade constitui uma exploração abusiva desta posição, quer a obrigação em causa seja estipulada sem mais, quer tenha a sua contrapartida na concessão de descontos[929]. Em sede de recuso, o TJ confirmou a posição do TG e da Comissão.

2.6.1.4 Almelo[930]

Em 1992, o TJ pronunciou-se, em sede de reenvio, sobre as questões que lhe foram colocadas no âmbito de um litígio que opôs a Almelo e um conjunto de (outros) distribuidores locais de energia elétrica, nos Países Baixos, à *Energiebedrijf Ijsselmij* NV ("IJM"), uma empresa de distribuição regional de energia elétrica no mesmo país, respeitante a uma taxa de compensação que esta última faturou aos distribuidores locais. No âmbito do litígio suscitou-se a questão de saber se a cláusula de aquisição exclusiva que a IJM impunha aos distribuidores locais nas suas condições gerais era compatível com o (agora) artigo 102º TFUE.

O TJ reiterou a linha da jurisprudência *Hoffman-La Roche* e *BPB Industries*, observando que:

> "No que diz respeito à prática abusiva, o Tribunal de Justiça já decidiu que, para uma empresa que se encontre em posição dominante, o facto de vincular compradores – ainda que a pedido destes – a uma obrigação ou promessa de abastecimento da totalidade ou de uma parte considerável das suas necessidades, exclusivamente nessa empresa, constitui uma exploração abusiva dessa posição[931]".

---

[928] Acórdão do TG, *BPB Industries*, para 67.
[929] Acórdão do TG, *BPB Industries*, para 68.
[930] Acórdão do TJ, de 27.4.1994, Proc. C-393/92, *Gemeente Almelo e o./Energiebedrijf IJsselmij NV*, Col 1994 I-01477.
[931] Acórdão do TJ, *Almelo*, para 44.

2.6.1.5 Van den Bergh Foods[932]

Em 1998, a Comissão condenou a empresa *Van den Bergh Foods Ltd* (HB), subsidiária totalmente detida do grupo Unilever, e principal fabricante de gelados na Irlanda, em especial de gelados de impulso vendidos em embalagem individual, por violação dos artigos 101º e 102º TFUE. A HB fornecia aos retalhistas de gelados, gratuitamente ou mediante um aluguer insignificante, arcas congeladoras cuja propriedade conservava, na condição de estas serem utilizadas exclusivamente para armazenar os gelados fornecidos pela HB.

A Masterfoods Ltd ("Mars"), uma filial da sociedade norte-americana Mars Inc., penetrou no mercado irlandês de gelados em 1989. A partir do verão do mesmo ano, vários retalhistas que dispunham de arcas congeladoras fornecidas pela HB começaram a nestas conservar e apresentar os produtos da Mars, o que levou a HB a exigir o respeito da cláusula de exclusividade. A Mars intentou então uma ação judicial procurando que a cláusula de exclusividade fosse declarada nula por violar os artigos 101º e 102º TFUE.

De acordo com a Comissão, o mercado relevante de produto era o dos gelados de impulso vendidos em embalagem individual e o mercado geográfico correspondia à Irlanda. A HB foi considerada dominante dada a sua elevada quota nesse mercado desde há muitos anos (superior a 75% em volume e em valor), a notoriedade da marca, a importância e popularidade da sua gama de produtos e ainda o poder da Unilever, não apenas nos outros mercados do gelado na Irlanda (gelado "familiar" e setor da restauração) mas também nos mercados internacionais do gelado e nos mercados dos produtos congelados e dos bens de consumo em geral[933].

A Comissão considerou a exclusividade contrária aos artigos 101º e 102º TFUE. Em sede de recurso, e no que toca à violação do artigo 102º TFUE, o TG deu razão à Comissão sublinhando que:

> "O facto de uma empresa que se encontra em posição dominante num mercado vincular de facto – ainda que a pedido deles – 40% dos estabelecimentos do mercado de referência por uma cláusula de exclusividade, que

---

[932] Decisão da Comissão, de 11.3.1998, 98/53l/CE, Proc. IV/34.073, IV/34.395 e IV/35.436 – *Van den Bergh Foods Limited*, JO L 246, p. 1; acórdão do TG de 23.10.2003, Proc T-65/98, *Van den Bergh Foods*/Comissão, Col 2003 II-04653.
[933] Ver decisão da Comissão, *Van den Bergh Foods*, para 141.

opera na realidade como uma exclusividade imposta a esses estabelecimentos, constitui uma exploração abusiva de uma posição dominante na aceção do artigo [102º TFUE]. Com efeito, a cláusula de exclusividade tem por efeito impedir os retalhistas em causa de venderem outras marcas de gelados ou reduzir a sua possibilidade de efetuarem tais vendas, mesmo que exista uma procura para essas marcas, e impedir o acesso ao mercado de referência aos fabricantes concorrentes. Daqui resulta que o argumento da HB, (...), de que a percentagem de estabelecimentos potencialmente suscetíveis de serem inacessíveis em razão do fornecimento de arcas congeladoras não ultrapassava 6%, é incorreto e deve ser rejeitado[934]".

Ao contrário do que sucedera nos anteriores processos em que foram apreciados acordos de compra exclusiva, o TG não pareceu, nesta ocasião, suscitar obstáculos quanto à forma da conduta, mas antes quanto ao seu impacto nas possibilidades de os concorrentes acederem ao mercado. A análise do TG atribuiu bastante relevo à parte do mercado que ficou "amarrada" à exclusividade (40% dos estabelecimentos) e à importância do acesso à mesma para as empresas concorrentes entrarem ao mercado, algo que não se vira na anterior jurisprudência *Hoffman-La Roche* ou *BPB Industries*.

A HB não impunha uma relação de exclusividade formal aos retalhistas, que mantinham a liberdade de vender outros gelados. Só não podiam armazená-los na sua arca frigorífica. No entanto, para alguns deles, que não podiam (por falta de espaço) ou para quem não fazia sentido ter mais do que uma arca no estabelecimento, a exclusividade da arca correspondia, na prática, a uma exclusividade de facto quanto aos gelados que podiam ser distribuídos.

A posição do TJ neste acórdão tem sido vista como uma evolução da jurisprudência face à abordagem estrita e formalista dos processos anteriores, uma vez que parece ter avaliado a legalidade da relação de exclusividade em causa com base nos efeitos atuais ou prováveis sobre a estrutura de concorrência do mercado, sem se limitar, como até aí, a declarar estas obrigações ilegais em si mesmas.

---

[934] Acórdão do TG, *Van den Bergh Foods*, para 160.

2.6.1.6 Solvay[935]

A Comissão Europeia condenou a empresa belga *Solvay* por, entre 1983 e 1990, ter feito uma utilização abusiva da sua posição dominante no mercado do carbonato de sódio, uma matéria-prima utilizada no fabrico do vidro. Entre outros comportamentos, a *Solvay* foi censurada por ter instituído um sistema de descontos que, no entender da Comissão, configurava um sistema de descontos de fidelidade. Além disso, a *Solvay* celebrou ainda acordos de exclusividade.

Abordamos os sistemas de descontos na parte 3 do presente capítulo, respeitante aos descontos condicionais.

Quanto às obrigações de compra exclusiva, ficou provada, no âmbito do processo, a existência de exclusividades expressas e de exclusividades de facto convencionadas entre a *Solvay* e alguns dos seus clientes. A Comissão, que seguira a linha estrita e formalista da jurisprudência *Hoffman-La Roche* na avaliação da compatibilidade das mesmas com o artigo 102º TFUE, viu a sua decisão ser confirmada pelo TG, que, citando esta jurisprudência, recordou que:

"os compromissos de abastecimento exclusivo dessa natureza, com ou sem contrapartida de reduções ou de descontos de fidelidade com o fim de incentivar o comprador a abastecer-se junto da empresa em posição dominante, são incompatíveis com o objetivo de uma concorrência não falseada no mercado comum, pois não assentam numa prestação económica que justifique esse encargo ou essa vantagem, antes se destinam a eliminar ou a restringir a possibilidade de o comprador escolher as suas fontes de abastecimento e a barrar o acesso dos outros produtores ao mercado[936]".

O acórdão do TG, que data de dezembro de 2009, sendo portanto já posterior à Orientação do artigo 102º TFUE, tem sido criticado por reiterar uma abordagem essencialmente formalista, não se preocupando com os

---

[935] Decisão da Comissão, de 19.12.1990, Proc. IV/33.133D: Carbonato de sódio – ICI, JO 1991, L 152; acórdão do TG, de 17.12.2009, *Solvay*/Comissão, Proc. T 57/01, Col. 2009 II-04621; acórdão do TJ, de 25.10.2011, Proc C-109/10P, *Solvay*/Comissão, ainda não publicado, que anulou o acórdão do TG por razões processuais.

[936] Ver acórdão do TG, de 17.12.2009, *Solvay*/Comissão, Proc. T 57/01, Col. 2009 II-04621, para 365.

efeitos da prática, e ignorando a metodologia de análise de acordos desta natureza proposta pela Comissão no âmbito da dita Orientação. Este processo parece pois uma oportunidade perdida pelos tribunais europeus para darem sinais de estarem dispostos a ajustar e a modernizar a sua abordagem a respeito dos acordos de compra exclusiva.

2.6.1.7 Tomra[937]

A *Tomra* era uma empresa fabricante de máquinas automáticas para recolha de vasilhame ("RVM"), *i.e.* máquinas de recolha de embalagens usadas de bebidas que identificam a embalagem em função de determinados parâmetros, como a forma e/ou o código de barras, e calculam o montante do depósito que deve ser reembolsado ao cliente. A empresa fornecia ainda serviços relacionados com as RVM no mundo inteiro.

Em 29.3.2006, a Comissão condenou a *Tomra* por abuso de posição dominante em virtude da celebração de quarenta e nove acordos, entre 1998 e 2002, com cadeias de supermercados, tomando a forma de *(i)* acordos exclusivos e de *(ii)* acordos com objetivos individuais em termos de quantidades.

Ocupamo-nos aqui apenas dos primeiros, sendo os segundos analisados na parte 3, respeitante aos descontos condicionais.

No que se refere aos "acordos de exclusividade", na medida em que obrigavam os clientes a adquirir a totalidade ou uma parte significativa das suas necessidades junto de um fornecedor dominante, a Comissão considerou tratar-se de obrigações que, "pela sua natureza", são suscetíveis de provocar um encerramento do mercado. Atendendo à posição dominante ocupada pela *Tomra* e ao facto de estas obrigações terem sido aplicadas a uma parte que a Comissão considerou "não negligenciável" da procura total do mercado, concluiu depois que estes acordos exclusivos, celebrados pelas recorrentes, eram suscetíveis de ter um

---

[937] Decisão da Comissão, de 29.3.2006, Proc. COMP/E-1/38.113 – *Prokent-Tomra*, C (2006) 734 final; (sumário em língua portuguesa publicado no JO 28.8.2008 (C 219, p. 11)); acórdão do TG, de 9.9.2010, Proc. T 155/06, *Tomra*/Comissão, ainda não publicado; acórdão do TJ, de 19.4.2012, Proc. C 549/10 P, *Tomra*/Comissão, ainda não publicado.

efeito de encerramento do mercado, e não beneficiavam de qualquer justificação objetiva[938].

Assume particular interesse neste caso o facto de o TG ter rejeitado os argumentos da *Tomra* relativos à necessidade de demonstrar que tinha sido encerrada uma parte do mercado significativa ou "suficiente" para limitar as possibilidades de outras empresas de concorrer.

A este propósito, alegou a empresa que para estabelecer uma violação do artigo 102º TFUE, a Comissão, que se limitara a dizer que a parte "amarrada" da procura era "não negligenciável", "deveria ter demonstrado que os acordos cobriam uma porção tão alargada do mercado que estavam em condições de excluir um número suficiente de concorrentes da totalidade do mercado, a ponto de provocar uma redução significativa da concorrência". Alegou ainda a *Tomra* que, no caso concreto, a proporção da procura que não se encontrava vinculada por obrigações era suficiente para garantir a viabilidade da entrada de um produtor de RVM no mercado[939] [940].

O TG rejeitou estes argumentos, salientando que: *(i)* o encerramento de uma parte substancial do mercado por uma empresa dominante não pode ser justificado pela demonstração de que a parte do mercado suscetível de ser conquistada é ainda suficiente para dar lugar a um número limitado de concorrentes; *(ii)* os clientes que se encontram na parte vedada do mercado deviam ter a possibilidade de aproveitar todo o grau possível de concorrência no mercado; *(iii)* os concorrentes deveriam poder concorrer, pelo seu mérito, em todo o mercado e não apenas numa parte dele; *(iv)* o papel da empresa dominante não é o de determinar qual o número de concorrentes viáveis autorizados a concorrer à porção da procura ainda suscetível de ser conquistada[941].

---

[938] Acórdão do TG, *Tomra*, para 13. Note-se que este efeito era originado igualmente pelos sistema de descontos condicionais instituído, de que nos ocupamos na parte 3 do presente capítulo.
[939] Acórdão do TG, *Tomra*, para 231.
[940] Segundo a *Tomra*, a porção da procura suscetível de ser conquistada era, para cada mercado nacional, de pelo menos 30% e, na maior parte dos casos, de mais de 50%, sendo, quanto aos cinco mercados em causa no processo, e tomados em conjunto, em média de cerca de 61%, isto é, de mais de 2000 máquinas por ano. Este número seria superior ao nível mínimo de vendas necessário para garantir a viabilidade de um produtor de RVM.
[941] Acórdão do TG, *Tomra*, para 241.

O TG referiu ainda que, em todo o caso, "as práticas das recorrentes seguravam, em média, uma proporção considerável, da ordem de dois quintos, da procura total, no decurso do período e nos países examinados. Em consequência, mesmo admitindo a tese das recorrentes de que a fixação de uma pequena porção da procura não teria importância, esta porção estava longe de ser pequena no caso vertente[942]".

Em 19.4.2012, o TJ veio confirmar na íntegra o acórdão do TG[943].

A posição do TG, e depois do TJ, lança mão de uma linguagem essencialmente formalista que aparenta ser difícil conciliar com a abordagem centrada no efeito da prática proposta pela própria Comissão no âmbito do *Discussion Paper*, já conhecido à data da decisão condenatória da Comissão e depois reiterada na Orientação relativa ao artigo 102º TFUE. Na verdade, conforme veremos em maior detalhe no ponto 2.8 *infra*, a Comissão sublinha que a avaliação da incidência do comportamento no mercado e que os efeitos potencialmente negativos dependerão em geral da parte da quota de mercado "amarrada" ou subordinada[944].

2.7 Conclusões quanto à jurisprudência relativa a acordos de compra exclusiva

A jurisprudência relativa a obrigações de compra exclusiva é, no geral, formalista, na medida em que se centra na natureza ou na forma da prática, e não dispensa grande atenção aos seus efeitos. Em *Suiker Union*, e sobretudo em *Hoffman-La Roche* e *BPB Industries*, o TJUE censurou a celebração deste tipo de acordos por empresas detentoras de posição dominante, considerando-os ilegais em si mesmos. Em *Van den Bergh Foods*, o TG pareceu avaliar a questão lançando mão de uma análise que teve mais em conta o efeito da exclusividade do que a sua forma. Em particular, o TG pareceu dar especial importância à circunstância de a parte do mercado vinculada à exclusividade ser, no caso, substancial. Todavia, em *Solvay*, a linguagem formalista de *Hoffman-La Roche* foi uma vez mais empregue pelo TG o que, apesar de o acórdão ter sido anulado por razões processuais, acaba por manter o parâmetro legal quanto a este tipo de prática num patamar mais fomalista. No processo *Tomra*, por seu turno, as considera-

---

[942] Acórdão do TG, *Tomra*, para 243.
[943] Ver acórdão do TJ, de 19.4.2012, Proc. C-549/10 P, *Tomra e o./Comissão*, paras 42 e 43.
[944] *Discussion Paper*, para 145; Orientação sobre o artigo 102º TFUE, para 34.

ções tecidas pelo TG, e depois reiteradas pelo TJ, quanto à irrelevância da parte do mercado ainda disponível para os concorrentes da empresa dominante, parecem bastante distantes de uma desejável evolução para uma abordagem que preste mais atenção ao efeito da prática e não unicamente à sua forma.

2.8 Os acordos de compra exclusiva e a reforma do artigo 102º TFUE

Vimos *supra* que a abordagem das instituições europeias a respeito da celebração de acordos de compra exclusiva por parte de empresas em posição dominante foi tradicionalmente vista como próxima da ilegalidade em si mesma, dispensando o balanço económico.

Todavia, a consciência de que este tipo de obrigação pode também dar origem a efeitos positivos para o consumidor levou a que a Comissão, no âmbito da reforma e modernização da aplicação do artigo 102º TFUE, tivesse procurado instituir uma abordagem mais centrada no efeito da prática, descartando a proibição *per se* deste tipo de obrigação.

Na Orientação sobre o artigo 102º TFUE, a Comissão começa por aludir à jurisprudência *Van den Bergh Foods* no intuito de clarificar que a abordagem defendida quanto a este tipo de acordos aplica-se quer a exclusividade tenha sido convencionada de forma expressa, quer resulte antes da situação de facto[945].

Quanto ao método de avaliação proposto, além de se referir aos fatores enunciados no parágrafo 20 da Orientação, a Comissão parece dar relevo a a três aspetos principais[946].

(i) A capacidade dos concorrentes para disputar em condições de igualdade o conjunto da procura de um cliente;
(ii) A duração da exclusividade; e
(iii) A amplitude da obrigação de compra exclusiva[947].

Quanto ao primeiro fator, os concorrentes poderão ter dificuldade em disputar o conjunto da procura de um cliente se a empresa dominante for um "parceiro comercial inevitável" para pelo menos uma parte da pro-

---

[945] Orientação sobre o artigo 102º TFUE, para 33.
[946] Orientação sobre o artigo 102º TFUE, para 36; ver igualmente Orientação restrições verticais, paras 132 e 133.
[947] Orientação sobre o artigo 102º TFUE, para 34.

cura. Esta situação pode suceder se a sua marca for um "produto incontornável" preferido por uma parte significativa dos consumidores finais ou se as empresas concorrentes enfrentarem restrições de capacidade de tal ordem que uma parte da procura apenas poderá ser satisfeita pela empresa dominante[948].

No que respeita à duração da obrigação de compra exclusiva, esta pode dificultar a mudança de fornecedor e por conseguinte o acesso dos concorrentes ao mercado. Quanto maior o prazo, maior é a probabilidade de existência de um efeito de encerramento. A Comissão não indica contudo qual a duração a partir da qual é mais provável que tais efeitos se façam sentir, não tendo sequer excluído que estes efeitos possam ter lugar mesmo para obrigações com a duração inferior a um ano[949]. Em todo o caso, durações curtas ou a possibilidade de terminar o contrato com a empresa dominante com um curto aviso prévio pode, em determinadas circunstâncias, tornar o efeito anticoncorrencial pouco provável[950]. No entanto, sendo certo que terá que ser feita uma apreciação casuística, é também verdade que se a empresa dominante for um parceiro comercial incontornável de todos ou de uma parte significativa dos clientes, mesmo durações curtas podem originar o encerramento anticoncorrencial do mercado[951].

A Comissão deixa pois claro que se os concorrentes da empresa dominante tiverem capacidade para concorrer em condições de igualdade pelo conjunto da procura de um cliente, em princípio, da obrigação de compra exclusiva a uma empresa dominante não resultarão entraves à concorrência efetiva.

Além dos dois elementos referidos, um terceiro elemento, enunciado pela Comissão entre os fatores do ponto 20 da Orientação sobre o artigo 102º TFUE e na Orientação sobre restrições verticais, é comummente apontado como assumindo particular relevo na avaliação: "a parte da procura que se encontra amarrada por uma obrigação de compra exclusiva".

---

[948] Orientação sobre o artigo 102º TFUE, para 36, primeira parte.

[949] Na Orientação sobre restrições verticais (2010/C 130/01), a Comissão sublinha que "[n]ão se considera, em geral, que as obrigações de marca única de duração inferior a um ano, *impostas por empresas que não detêm uma posição dominante*, dão origem a efeitos anticoncorrenciais consideráveis ou a efeitos líquidos negativos" (nosso ênfase) (para 133).

[950] *Discussion Paper*, para 149.

[951] Orientação sobre o artigo 102º TFUE, para 36, parte final.

O ponto é o de que se a quantidade de clientes não amarrados pela obrigação de exclusividade for suficientemente ampla para viabilizar a rentabilidade de um concorrente no mercado, poderá argumentar-se que não há então um efeito de exclusão resultante da prática. É claro que quanto mais elevada for a quota de mercado subordinada, isto é, a parte da sua quota de mercado vendida sob uma obrigação de exclusividade de compra, mais significativo será provavelmente o efeito de encerramento do mercado[952].

No *Discussion Paper*, a Comissão observa que nos casos em que a empresa dominante aplicou a obrigação de compra exclusiva a uma boa parte dos seus clientes e a obrigação abrange a maioria ou uma parte substancial da procura no mercado, é provável que venha a concluir que esta origina um efeito anticoncorrencial, sendo, portanto, abusiva. Nos casos em que é aplicada apenas a alguns compradores, caberá avaliar em que medida estes se revestem de particular importância para as possibilidades de entrada ou de expansão de concorrentes[953].

A abordagem da Comissão sugere pois que a constatação de um efeito restritivo da concorrência não é automático, antes depende da parte do mercado que se encontra vinculada à exclusividade[954].

Refira-se contudo que a abordagem proposta pela Comissão no âmbito da reforma do artigo 102º TFUE carece ainda de confirmação do TJUE. Na verdade, e conforme atrás referido, alguns processos recentes suscitaram dúvidas sobre o assunto. Como vimos, o processo *Tomra* parece ir em sentido inverso ao desejável, mostrando-se, tanto o TG e como depois o TJ, avessos à abordagem centrada no efeito, em particular, ao relevo da demonstração de que a exclusividade é suficientemente ampla para provocar um efeito anticoncorrencial.

---

[952] Orientação restrições verticais, 2010, para 133.
[953] *Discussion Paper*, para 149.
[954] Note-se contudo que a própria Comissão, na Orientação sobre restrições verticais, parece não precisar de muito para considerar que a cláusula poderá ter originado um efeito anticoncorrencial, sublinhando que "para uma empresa em posição dominante, mesmo uma modesta quota de mercado subordinada é já suscetível de conduzir a efeitos anticoncorrenciais significativos". Cf. Orientação restrições verticais, para 140.

3. Descontos condicionais
3.1 Considerações gerais

Os termos "descontos de fidelidade", "descontos de lealdade" ou "descontos condicionais" têm sido utilizados para descrever descontos que são atribuídos em função do comportamento de compras da entidade beneficiária, procurando recompensá-la pela concentração das mesmas junto da empresa que os concede[955]. Descontos desta natureza podem assumir diferentes formas, que vão desde a atribuição, pura e simples, de um abatimento no preço em troca de um compromisso de exclusividade, a outras que têm como contrapartida a obrigação de aquisição de uma percentagem elevada das necessidades totais do comprador junto do fornecedor. Podem também apresentar formulações mais complexas e fazer depender a sua atribuição de alcançar determinados objetivos, que podem, por exemplo, respeitar ao aumento do volume de compras em relação a um período de referência anterior. O denominador comum a este tipo de descontos é o de fornecerem incentivos ao comprador para adquirir a maior parte e um maior número de produtos junto da empresa que os concede[956].

As principais preocupações que a concessão de descontos condicionais por parte de empresas detentoras de posição dominante suscita de um ponto de vista do direito da concorrência não diferem daquelas a que nos referimos a propósito das obrigações de compra exclusiva: o encerramento do acesso ao mercado aos seus concorrentes.

Conforme referido no início do capítulo, este tipo de prática tem sido alvo de um tratamento muito rígido por parte da jurisprudência, que a vem analisando num quadro de ilegalidade em si mesma.

É, no entanto, claro que tal abordagem encontra-se hoje em dia desajustada, uma vez que, à semelhança do que sucede com as obrigações de compra exclusiva, as empresas podem conceder sistemas de descontos condicionais por razões pró-competitivas, sendo a sua proibição pura e simples uma opção muito questionável em termos de política de concorrência.

---

[955] Ao longo do texto preferimos utilizar o termo "descontos condicionais" em linha com a terminologia da Orientação sobre o artigo 102º TFUE.
[956] Bishop, Simon and Walker, Mike, *The Economics of EC Competition Law: Concepts, Application and Measurement*, University Edition, Sweet & Maxwell, 2010, pág 257.

3.2 Principais categorias de descontos

A abordagem das instituições da União Europeia a respeito de sistemas de descontos e abatimentos nos preços concedidos por empresas detentoras de posição dominante tem assentado sobretudo na forma que estes apresentam, associando-se-lhes depois efeitos típicos. Embora não seja possível identificar, de modo exaustivo, todas as formas de que pode revestir-se a concessão de descontos, é, no entanto, útil começar por mencionar as mais frequentes.

A classificação mais comum, e que é a adotada pela Comissão Europeia na Orientação sobre o artigo 102º TFUE, distingue *descontos condicionais* de *descontos não condicionais*. Ambos são concedidos apenas a uns clientes, e não a outros[957]. Os descontos não condicionais são atribuídos em função de uma qualquer caraterística que *não* se relaciona com o comportamento dos clientes enquanto compradores de um produto, e aplicam-se a todas as compras que estes efetuem, independentemente do seu comportamento enquanto comprador. É o caso dos descontos oferecidos apenas a clientes situados numa determinada região mais exposta a outros fornecedores, ou a clientes de uma certa idade[958]. Já os *descontos condicionais* são concedidos para recompensar um determinado comportamento do comprador, sendo em regra atribuído um desconto ao cliente cujas compras efetuadas durante um período previamente definido ultrapassem um determinado limiar. Os descontos condicionais podem ser *retroativos*, quando o desconto é concedido sobre a totalidade das compras efetuadas durante o período de referência, ou *incrementais* ou *progressivos*, quando são concedidos apenas sobre os produtos comprados acima do limiar[959].

Os descontos condicionais podem ainda ser *descontos por objetivos* de compras. Neste caso, os objetivos podem ser *individualizados* (os que têm por base uma percentagem sobre o total de pedidos do cliente, *i.e.* em que o objetivo de volume é individualizado) ou *normalizados*, aqueles em que o objetivo é igual para todos os clientes ou para um mesmo grupo de clientes.

Os descontos condicionais podem ainda ser classificados em função do tipo de limiar a partir do qual o desconto é concedido. Pode ser um limiar

---

[957] Se fossem concedidos a todos os clientes não seriam descontos, mas antes descidas generalizadas de preços. Ver *Discussion Paper*, nota de rodapé 85.
[958] *Discussion Paper*, para 137.
[959] Orientação sobre o artigo 102º TFUE, para 37.

quantitativo (e.g. aquisição de X toneladas) ou pode ser antes o compromisso de aquisição de uma *percentagem* das necessidades totais da empresa junto do fornecedor, sem um limiar absoluto previamente fixado.

3.3 Principais efeitos dos descontos condicionais

A concessão de descontos condicionais é frequente entre empresas dos mais diferentes setores e independentemente de terem posição dominante nos mercados onde operam. A atribuição de descontos é, na verdade, um importante instrumento de política comercial e uma estratégia comum das empresas com e sem posição dominante.

Como sublinha a Comissão Europeia na Orientação sobre o artigo 102º TFUE, "[o]s descontos condicionais não são uma prática pouco corrente. As empresas podem oferecer este tipo de desconto para atraírem os clientes e, desta forma, podem estimular a procura e beneficiar os consumidores. *Contudo, este tipo de desconto – quando oferecido por empresas dominantes – pode produzir efeitos efetivos ou potenciais de encerramento semelhantes aos das obrigações de compra exclusiva*[960]." (nosso ênfase)

Os principais efeitos negativos quer das obrigações de compra exclusiva quer dos descontos condicionais são o possível encerramento do acesso ao mercado aos concorrentes da empresa dominante (encerramento horizontal do mercado). Ao contrário do que parece resultar de alguma jurisprudência do TJUE, não se trata de um efeito automático sempre que o desconto é concedido por uma empresa dominante. No entanto, se, verificados um conjunto de outros fatores, a empresa dominante vincular uma parte substancial da procura a um desconto condicional com o qual os rivais não conseguem concorrer, é provável que a concorrência saia prejudicada. A jurisprudência refere-se também frequentemente à eliminação da liberdade de escolha do comprador e ao reforço da posição dominante.

Não obstante os possíveis efeitos negativos, muitas vezes, a atribuição de descontos condicionais, e a relação de exclusividade que daí resulta, pode dar origem a efeitos positivos para o consumidor. Descontos concedidos por uma empresa dominante à rede de distribuição podem ser determinados por razões pró-competitivas. Na realidade, em certas circunstâncias, a atribuição destes descontos pode revelar-se necessária para conceder

---

[960] Ver Orientação sobre o artigo 102º TFUE, para 37.

incentivos aos distribuidores (clientes intermédios) para aumentar as vendas[961] ou induzi-la a passar os preços baixos para os clientes finais[962].

Por outro lado, o sistema de descontos pode revelar-se indispensável para obter poupanças de custos e passá-las assim para os clientes, em particular quando tais poupanças se referem à dimensão de uma transação ou entrega individual e à dimensão das compras totais de um cliente num período específico[963].

A concessão de descontos condicionais pode igualmente facilitar a recuperação de custos fixos, podendo por isso configurar uma estratégia racional, particularmente de empresas com custos fixos elevados e permitir encorajar assim novos investimentos em I&D[964].

Em suma, e como vimos a propósito dos acordos de compra exclusiva, embora seja possível identificar efeitos negativos associados à exclusividade, destacando-se, naturalmente, o encerramento horizontal de concorrentes da empresa dominante, muitas vezes esta origina efeitos pró-competitivos que beneficiam o consumidor.

Assim, uma abordagem que leve à censura com base na forma é, a nosso ver, desaconselhável, sendo mais apropriada uma análise casuística com base nos efeitos da prática.

3.4 Os descontos no artigo 102º TFUE e na Lei nº 19/2012

A atribuição de descontos condicionais por parte de uma empresa dominante pode configurar uma prática abusiva nos termos do artigo 102º, alínea b) TFUE e do artigo 11º, nº 2 alínea b) da Lei nº 19/2012. Estas disposições encontram-se formuladas de modo idêntico e estabelecem que pode ser considerado abusivo um comportamento que consiste em "[l]imitar a produção, a distribuição ou o desenvolvimento técnico em prejuízo dos consumidores".

---

[961] O que leva, muitas vezes, a esforços adicionais de promoção do produto (*e.g.* o aumento da informação fornecida aos clientes finais sobre a sua utilização e vantagens da sua aquisição), à manutenção de *stocks* e a um empenho adicional nas vendas por parte da rede.
[962] *Discussion Paper*, para 174.
[963] *Discussion Paper*, para 173; Orientação sobre o artigo 102º TFUE, para 46.
[964] Ver Relatório EAGCP para a DG COMP, pág 35; ver igualmente Bishop, Simon, *Delivering benefits to consumers or per se illegal?: Assessing the competitive effects of loyalty rebates*, in *The Pros and Cons of Price Discrimination*, Konkurrensverket (autoridade da concorrência sueca), 2005, pág 74.

Em boa verdade, e conforme se notou a respeito de outras práticas, ainda que o comportamento abusivo não se encontre expressamente previsto em qualquer das alíneas da lista exemplificativa constante destes artigos, nem por isso deixa de ser censurado, dado que, desde que estejam preenchidos os requisitos próprios, encontram-se abrangidos pela proibição geral constante do primeiro parágrafo do artigo 102º TFUE e/ou do nº 1 do artigo 11º da Lei nº 19/2012.

3.5 A prática das instituições europeias
3.5.1 Os principais processos
3.5.1.1 Hoffman-La Roche (equiparação de acordos de compra exclusiva e descontos de fidelidade; acordos individualizados por objetivos)[965]

O acórdão *Hoffman-La Roche* estabelece, como vimos, a abordagem do TJUE quanto aos acordos de compra exclusiva celebrados por empresas detentoras de posição dominante e igualmente quanto a descontos de fidelidade. Neste processo, o TJ equiparou a estes acordos os sistemas de descontos com o mesmo efeito, salienteando que:

> "[A] situação é idêntica quando a dita empresa, sem vincular os compradores através de uma obrigação formal, aplica, quer em virtude de acordos celebrados com os compradores quer unilateralmente, um sistema de descontos de fidelidade, isto é, de abatimentos ligados à condição de que o cliente – seja qual o for o montante, considerável ou mínimo, das suas compras – se abateça exclusivamente, na totalidade ou numa parte importante das suas necessidades, junto da empresa em posição dominante[966]".

Tendo a *Roche* alegado que estavam apenas em causa descontos de quantidade, simplesmente relacionados com os volumes de compras efetuadas, o TJ rejeitou o argumento, clarificando que:

> "Este método de cálculo dos descontos difere da concessão de descontos de quantidade, ligados exclusivamente ao volume das compras efetuadas junto do produtor interessado, na medida em que os descontos controvertidos não dependem de quantidades fixadas objetivamente e válidas para o conjunto dos

---

[965] Acórdão TJ, de 13.2.1979, Proc. 85/76 *Hoffman-La Roche*/Comissão, Col. 1979-I, p 217.
[966] Acórdão do TJ, *Hoffman-La Roche*, para 89.

eventuais compradores, mas de estimativas determinadas, caso a caso, para cada cliente em função da sua presumível capacidade de absorção, não sendo o objetivo visado o máximo de quantidade, mas o máximo das necessidades[967]".

Notou pois o TJ que, ao contrário dos descontos de quantidade, os descontos da *Roche* eram individualizados, na medida em que eram calculados caso a caso com base em estimativas referentes àquela que se presumia ser a capacidade de absorção do cliente. O tribunal observou, de forma sugestiva, que não interessava o máximo da quantidade mas antes o máximo das necessidades.

O efeito dos sistemas de descontos foi, também ele, equiparado aos dos acordos de compra exclusiva, sublinhando o TJ que os compromissos de abastecimento exclusivo (com ou sem a contrapartida de descontos ou a concessão de descontos de fidelidade) destinam-se a incentivar o cliente a abastecer-se exclusivamente junto da empresa dominante. O TJ considerou ainda que, em princípio, estes compromissos não se baseiam numa prestação económica que justifique este encargo ou esta vantagem, mas destinam-se a retirar ou a restringir a possibilidade de escolha do comprador relativamente às fontes de abastecimento, a impedir a entrada dos outros produtores do mercado e a reforçar a posição dominante da empresa[968].

3.5.1.2 Michelin I[969] (descontos individualizados por objetivos, retroativos e pouco transparentes)

Em 1981, a Comissão condenou o fabricante de pneus *Michelin* por abuso de posição dominante no mercado holandês dos pneus novos para substituição em veículos pesados, em virtude da aplicação do seu sistema de descontos.

A *Michelin* oferecia um desconto anual variável que consistia num adiantamento sobre o desconto anual, do qual uma parte era pago mensalmente[970], e calculado em função do volume de negócios em pneus

---

[967] Acórdão do TJ, *Hoffman-La Roche*, para 100.
[968] Acórdão do TJ, *Hoffman-La Roche*, para 90.
[969] Decisão da Comissão, de 7.10.1981, Proc. IV/29.491, *Bandengroothandel Frieschebrug BV/NV Nederlandsche Banden-Industrie Michelin*, JO 1981, L 353, p. 33; acórdão do TJ de 9.11.1983, Proc. C-322/81, *Michelin*/Comissão, Col. 1983 03461.
[970] Numa outra altura este pagamento era quadrimestral.

Michelin realizado pelo revendedor no decurso do ano anterior. A outra parte do desconto só era paga quando o revendedor realizava, no decurso do ano em questão, um objetivo de venda que havia sido acordado no início do ano[971]. Os objetivos de vendas ou os escalões dos descontos dos revendedores não eram publicados (nem definidos por escrito) e os critérios que presidiam à fixação destes objetivos não eram conhecidos previamente.

A Comissão considerou que o sistema em causa apresentava um caráter abusivo no sentido da jurisprudência *Hoffman-La Roche*, por se basear na fixação de objetivos de venda individuais e seletivos, definidos de forma pouco transparente, e que se encontrava ligado à condição de o cliente se abastecer, pelo menos quanto a uma parte importante das suas necessidades, junto da empresa em posição dominante "tendendo assim a retirar ao cliente a possibilidade de escolha no que respeita às suas fontes de abastecimento[972]".

O Tribunal de Justiça começou por recordar que, contrariamente aos sistemas de descontos de quantidade, ligados exclusivamente ao volume de compras efetuado junto da empresa em causa, um desconto de fidelidade, tendente a impedir, por via da atribuição de vantagens financeiras, o abastecimento dos clientes junto dos produtores concorrentes, configura uma prática abusiva. Acrescentou depois que o sistema de descontos da *Michelin* não constituia um sistema de descontos de quantidade exclusivamente ligado ao volume de compras efetuado, nem tão pouco configurava um sistema de descontos de fidelidade do género dos apreciados em *Hoffman-La Roche*, na medida em que não continha qualquer compromisso de exclusividade ou de cobertura de uma determinada quantidade das necessidades da empresa.

Assim, o TJ considerou que a avaliação do sistema de descontos em questão deve passar por uma análise "do conjunto das circunstâncias e nomeadamente os critérios e as modalidades de atribuição do desconto e examinar se o desconto tende, por via de uma vantagem que não se baseia em qualquer prestação económica que a justifique, a retirar ao comprador ou a restringir da sua parte, a possibilidade de escolha das respetivas fontes de abastecimento, a barrar o acesso ao mercado pelos concorrentes, a

---

[971] Acórdão do TJ, *Michelin*, paras 66 e 67.
[972] Acórdão do TJ, *Michelin*, para 64.

aplicar a parceiros comerciais condições desiguais por prestações equivalentes ou a reforçar a posição dominante através de uma concorrência falseada[973]".

Para o TJ, o resultado desta avaliação foi o de que o sistema descrito colocava os revendedores de pneus numa situação de dependência face à *Michelin*. Esta situação resultava de uma combinação de fatores, dos quais se destacavam:

(i) Os "objetivos individualizados e seletivos", para cada cliente; e
(ii) O "caráter retroativo do sistema de descontos", conjugado com o facto de o "período de referência ser relativamente longo" (1 ano)[974]. De acordo com o TJ, na medida em que os descontos se aplicavam às vendas realizadas em todo o período (de 1 ano), a pressão na parte final deste era significativa uma vez que atingir o patamar do desconto influenciava a margem de lucro do revendedor "ao longo de todo o ano". Era por isso muito difícil aos concorrentes da empresa dominante, sobretudo na parte final do período de referência, conseguir competir, na medida em que teriam que compensar os revendedores das vantagens ou perdas resultantes do cumprimento dos objetivos da *Michelin*, aplicáveis ao ano inteiro[975].

O TJ identificou ainda como circunstâncias que reforçavam o aludido efeito de dependência,

(iii) A quota de mercado da *Michelin*, que era muito superior à dos seus principais concorrentes (75% e 8% respetivamente), o que a tornava num "parceiro comercial obrigatório", e
(iv) A falta de transparência do sistema que levava a que os revendedores sentissem uma grande insegurança relativamente a saber se alcançavam ou não os descontos[976].

---

[973] Acórdão do TJ, *Michelin*, para 73.
[974] O que aumentava a pressão sobre o comprador no final do período de referência no sentido de realizar o volume de compras necessário a fim de obter a vantagem ou de não suportar a perda prevista para o conjunto do período.
[975] Acórdão do TJ, *Michelin*, para 82.
[976] Acórdão do TJ, *Michelin*, paras 81, 82 e 83.

O TJ equiparou pois o efeito do sistema de descontos em questão ao produzido por uma obrigação de exclusividade expressamente assumida, ao considerar que os revendedores ficavam impedidos de escolher, em cada momento, livremente em função da situação do mercado, a oferta mais favorável entre as que lhe eram apresentadas por diferentes concorrentes e de mudar de fornecedor sem sofrerem uma desvantagem económica sensível[977].

O desejo de vender mais e de planear melhor a sua produção não foram aceites pelo TJ como justificações objetivas[978] [979].

3.5.1.3 Irish Sugar[980] (descontos individualizados por objetivos e seletivos)

Em 1997, a Comissão condenou a empresa *Irish Sugar* ("IS"), único produtor de açúcar de beterraba na Irlanda, matéria-prima necessária para a produção de açúcar industrial e de açúcar para venda a retalho, por um conjunto de comportamentos abusivos, entre os quais a prática de descontos condicionais por objetivos[981].

De acordo com a Comissão, a *IS* levou a cabo um conjunto de práticas que afetaram negativamente as restantes empresas irlandesas de embalagem de açúcar, designadamente: *(i)* a concessão de descontos a grupos grossistas na Irlanda sujeitos à condição de aumentarem as suas compras de açúcar de retalho à *IS*; e *(ii)* a concessão de descontos seletivos a certos clientes de empresas concorrentes de embalagem de açúcar, estando tais

---

[977] Acórdão do TJ, *Michelin*, para 85.
[978] Acórdão do TJ, *Michelin*, para 85.
[979] Um aspeto de relevo no enquadramento jurídico que o TJ realizou neste caso foi o de que pela primeira vez em processos desta natureza, embora não acolhendo a acusação da Comissão segundo a qual o sistema de descontos aplicado pela *Michelin* era discriminatório, o TJ considerou, todavia, que esse sistema violava o artigo 102º TFUE, na medida em que criava laços de dependência dos revendedores relativamente à *Michelin*. O tribunal reconhecia pois que o efeito de fidelização associado aos sistemas de descontos era independente de este ter ou não um caráter discriminatório.
[980] Decisão da Comissão, de 14.5.1997, Proc. IV/34.621, 35.059/F-3 – *Irish Sugar plc*, JO L 258, p. 1 (97/624/CE); acórdão do TG, de 7.10.1999, Proc. T-228/97 *Irish Sugar*/Comissão, Col 1999 p II 2969.
[981] O processo *Irish Sugar* é igualmente analisado no capítulo 9, a propósito da discriminação abusiva. Ver pág 323.

descontos dependentes de esses clientes aumentarem as suas compras de açúcar de retalho à *IS* num período de 12 meses[982].

Em sede de recurso, o TG confirmou a posição da Comissão quanto à natureza abusiva dos descontos concedidos, notando, em particular, que:

> "[A] Comissão não cometeu nenhum erro de apreciação ao entender que *um desconto concedido por uma empresa que detém uma posição dominante, em função do aumento das compras realizadas durante um certo período, sem que esse desconto possa ser considerado como um desconto de quantidade normal (...) constitui uma exploração abusiva dessa posição dominante, visto que essa prática só pode ter como objetivo vincular os clientes aos quais tal desconto é concedido e colocar os concorrentes numa posição concorrencial desfavorável.* (...) Nestas circunstâncias, a concessão por uma empresa em posição dominante de descontos por objetivos, dos quais um dos efeitos imediatos foi, segundo a sua própria análise, a constituição de *stocks* e a concomitante redução das compras (...) equivale a entravar o desenvolvimento normal da concorrência (...) [e] [não] se baseia numa prestação económica que justifique essa vantagem, mas tende a retirar ou a restringir, para o comprador, a sua possibilidade de escolha das suas fontes de abastecimento e a impedir o acesso ao mercado de outros fornecedores[983]" (nosso ênfase).

Ao confirmar o entendimento da Comissão, o TG, conforme salienta *Gyselen*, parece destacar como elemento-chave do efeito de fidelização, não tanto a duração do período de referência (cuja duração "relativamente longa" parece ter influenciado a posição do TJ em *Michelin I*), mas sobretudo o facto de o desconto ser concedido em "função do aumento" do volume de compras de um período para o outro[984].

No que se referia ao caráter seletivo e discriminatório dos descontos que a *IS* concederia apenas a alguns clientes, o TG considerou também ter sido feita prova dos mesmos e que a empresa não demonstrara que a concessão deste desconto assentara numa justificação económica objetiva[985].

---

[982] Decisão da Comissão, *Irish Sugar*, artigo 1º, nº 6, alíneas i) e ii).
[983] Acórdão do TG, *Irish Sugar*, para 213 e 214 (nosso ênfase).
[984] Gyselen, Luc, *Rebates – Competition on the Merits or Exclusionary Practice*, in European Competition Law Annual 2003, What is an Abuse of a Dominant Position?, 2006, Hart Publishing, pág. 312.
[985] Acórdão do TG, *Irish Sugar*, para 218.

3.5.1.4 British Airways[986] (descontos individualizados por objetivos e retroativos)

A *British Airways* ("BA"), maior companhia aérea do Reino Unido, celebrou com as agências de viagens estabelecidas no país, acordos que previam duas categorias de benefícios: *(i)* uma comissão de base sobre as vendas de bilhetes para os voos *BA*, realizadas por estas agências; e *(ii)* três tipos distintos de incentivos financeiros: acordos de *marketing*, acordos globais e, posteriormente, o regime de prémios de resultados[987]. Interessa-nos a segunda categoria de benefícios.

Os "acordos de *marketing*" permitiam às agências de viagens que realizassem mais de 500 000 GBP de vendas anuais de bilhetes *BA*, receber gratificações para além da comissão de base. Estava, designadamente, em causa, um prémio de resultados calculado a partir de uma tabela progressiva, baseada na evolução das receitas resultantes das vendas de bilhetes *BA* realizadas pelas agências e que dependia do aumento dessas vendas de um ano para o outro.

Os "acordos globais" foram celebrados com três agências de viagens, permitindo que recebessem comissões adicionais, calculadas por referência ao aumento da quota da *BA* nas vendas das agências a nível mundial.

Quanto ao "regime de prémios de resultados", a comissão de base foi reduzida para 7% sobre todos os bilhetes *BA*[988], mas cada agência podia obter uma comissão adicional até 3% no que se refere aos bilhetes internacionais e até 1% para os bilhetes domésticos, dependendo da evolução dos seus resultados quanto à venda de bilhetes *BA* (comparação entre as receitas totais das vendas de bilhetes *BA* emitidos por uma agência de viagens num mês específico com as receitas semelhantes do mês correspondente do ano anterior). O elemento variável adicional era devido quando

---

[986] Decisão da Comissão, de 14.7.1999, Proc. IV/D2/34.780 *Virgin/British Airways*, JO 2000, L 30, p. 1; acórdão do TG, de 17.12.2003, Proc T-219/99 *British Airways*/Comissão (T219/99, Col, p. II5917; acórdão do TJ de 15.3.2007, Proc. C-95/04 *British Airways*/Comissão, Col p. I2331. O processo *British Airways* é igualmente analisado no capítulo 9, relativo à discriminação abusiva, ver pág 339.

[987] É importante notar que neste caso, não estão em causa descontos mas antes prémios. A BA adquiria serviços das agências de viagens, remunerando-as pela performance.

[988] As percentagens de comissão anteriores elevavam-se a 9% para as vendas de bilhetes internacionais e a 7,5% para as vendas de bilhetes relativos a voos no Reino Unido.

a relação entre as receitas do período tomado em consideração e as do período de referência era de 95% e alcançava o seu nível máximo quando esta relação era de 125%.

A *Virgin Airways*, companhia aérea concorrente da *BA* no Reino Unido, denunciou à Comissão Europeia o sistema de incentivos da *BA*, em particular os acordos de *marketing* e o regime de prémios de resultados[989].

Analisada a denúncia e investigados os factos, a Comissão considerou que, ao aplicar os acordos comerciais e o novo regime de prémios de resultados às agências de viagens estabelecidas no Reino Unido, a *BA* abusou da posição dominante que detinha no mercado dos serviços das agências de viagens aéreas no país, sublinhando que ao recompensar a fidelidade das agências de viagens e ao efetuar uma discriminação entre elas, este comportamento abusivo tinha por objeto e efeito excluir concorrentes da *BA* dos mercados do transporte aéreo do Reino Unido[990].

Em sede de recurso, o TG confirmou a posição da Comissão quanto ao caráter fidelizador dos regimes de prémios em causa, salientando que o dito efeito tem lugar por duas razões. Por um lado, devido à sua natureza progressiva com efeitos colaterais muito sensíveis, as percentagens de comissão majoradas eram suscetíveis de aumentar exponencialmente de um período para outro. Por outro lado, quanto mais elevadas fossem as receitas procedentes das vendas de bilhetes *BA* durante o período de referência, maior era a penalização suportada pelas agências de viagens sob a forma de uma redução desproporcionada das percentagens dos prémios de resultados, em caso de um decréscimo, mesmo ligeiro, destas vendas no decurso do período considerado em comparação com o período de referência.

Em sede de recurso, o TJ referiu-se à jurisprudência *Michelin I*, respeitante a descontos por objetivos. Embora no presente caso estivessem em causa prémios e não descontos, o TJ considerou que a questão podia colocar-se em idênticos termos. Sublinhou então que resulta da jurisprudência *Michelin I* que, para examinar o eventual caráter abusivo de um regime de prémios que não configura um sistema de prémios de quantidade, nem tão

---

[989] A *Virgin Airways* denunciou igualmente a *BA*, pelo mesmo sistema de descontos, nos Estados Unidos. No entanto, o caso nos EUA chegou ao fim quando o tribunal de recurso concluiu que a *Virgin* não fez prova de que o sistema de descontos em causa prejudicou os consumidores.
[990] Decisão da Comissão, BA, para 96.

pouco de prémios de fidelidade, na aceção do acórdão *Hoffmann-La Roche*, importa, antes de mais, verificar se estes podem ter um efeito eliminatório, isto é, se podem, por si mesmos, restringir ou mesmo suprimir quer o acesso ao mercado dos concorrentes da empresa em posição dominante, quer a possibilidade de os co-contratantes desta empresa escolherem entre várias fontes de abastecimento ou vários parceiros comerciais[991].

A forma dos prémios pagos às agências de viagens – e não os seus efeitos – parece ter sido central na avaliação do Tribunal de Justiça. A natureza "individualizada" dos objetivos de vendas (definidos em função da evolução face ao mesmo mês do ano anterior) e o caráter "retroativo" do sistema de prémios foram determinantes na apreciação do TJ.

A propósito do primeiro destes fatores, o TJ recordou que um efeito eliminatório pode resultar de descontos ou de prémios por objetivos, cuja concessão depende da realização de objetivos de vendas definidos individualmente e que os regimes de prémios em causa eram elaborados em função de objetivos de vendas individuais, dado que as suas percentagens dependiam da evolução do volume de negócios realizado com a venda de bilhetes *BA* por cada agência de viagens durante um período determinado[992].

Relativamente à retroatividade, lembrou o TJ que os compromissos face à empresa dominante e a pressão exercida sobre os seus parceiros podem ser particularmente fortes quando os descontos ou prémios não se referem apenas ao aumento do volume de negócios relativo às compras ou às vendas dos produtos desta empresa realizadas pelos parceiros em causa durante o período tomado em consideração, mas abrangem igualmente a totalidade do volume de negócios relativo a estas compras ou a estas vendas. No caso concreto, "[o] cumprimento dos objetivos de crescimento das vendas conduzia a um aumento da comissão paga sobre todos os bilhetes *BA* vendidos pela agência de viagens em causa e não só sobre os bilhetes vendidos após terem sido alcançados os referidos objetivos (n.º 23 do acórdão recorrido). Portanto, pode revestir uma importância decisiva para a totalidade das receitas de comissões de uma agência de viagens o facto de ainda ter vendido ou não mais alguns bilhetes *BA* após ter alcançado um certo volume de negócios[993]".

---

[991] Acórdão do TJ, BA, para 68.
[992] Acórdão do TJ, BA, paras 71 e 72.
[993] Acórdão TJ, BA, paras 73 e 74.

O TJ deu ainda relevo ao terceiro fator ponderado em *Michelin I*, o de a quota de mercado da empresa dominante ser sensivelmente mais elevada do que a dos seus principais concorrentes no Reino Unido, concluindo que as companhias aéreas concorrentes não podiam conceder às agências de viagens as mesmas vantagens que a *BA*, pois não estavam em condições de realizar, no Reino Unido, receitas suscetíveis de constituir uma base financeira suficientemente ampla para lhes permitir instituir um regime de prémios semelhante ao da *BA*[994].

O processo *BA* suscitou grande debate entre a doutrina em virtude da abordagem formalista que as instituições europeias levaram a cabo. Basicamente, depois de identificadas as caraterísticas essenciais dos sistemas de descontos, a Comissão presumiu os efeitos de exclusão ainda que a *BA* tivesse trazido ao processo elementos que indiciavam a ausência de impacto sério no mercado, evidenciado, por exemplo, pelo aumento de quota de mercado dos seus principais concorrentes durante o período da prática.

A Comissão descartou contudo qualquer relevo ao argumento, sublinhando que:

> "Apesar destes regimes de comissão com efeito de exclusão, os concorrentes da *BA* conseguiram conquistar quotas de mercado à *BA* desde a liberalização dos mercados dos transportes aéros do Reino Unido. Este facto não implica que os regimes não tenham produzido qualquer efeito. Apenas se pode presumir que os concorrentes teriam tido um êxito ainda maior caso não existissem estes regimes de comissão abusivos[995]".

O TJ acolheu o argumento da Comissão, recordando que constitui jurisprudência assente que não é necessário provar o efeito concreto da prática nos mercados em causa, "sendo suficiente demonstrar que o comportamento abusivo da empresa em posição dominante *tende* a restringir a concorrência[996]".

Muitos autores, que defendem uma abordagem centrada no efeito da prática, criticam de forma assertiva a posição das instituições europeias

---

[994] Acórdão TJ, BA, para 76.
[995] Ver decisão da Comissão, BA, para 107.
[996] Acórdão do TG, BA, para 293, nosso ênfase.

neste processo observando, a nosso ver, com razão, que a preocupação concorrencial nestes casos prende-se com a *exclusão* de concorrentes, e que, se as suas quotas de mercado crescem não obstante a prática supostamente eliminatória, é difícil compreender que a empresa dominante possa ser condenada por uma prática de exclusão[997].

3.5.1.5 Michelin II[998] (descontos de quantidade com efeito de fidelização; retroativos; objetivos individualizados no prémio de progresso)

Em 2001, a Comissão condenou novamente a empresa *Michelin* por abuso de posição dominante em virtude da sua política comercial em França nos mercados dos pneumáticos novos de substituição em veículos pesados e dos pneumáticos recauchutados para veículos pesados.

Sucintamente, a política comercial da *Michelin* assentava em três elementos principais: *(i)* "as Condições gerais em matéria de preços aplicáveis em França aos revendedores profissionais ("CG")" *(ii)* "a Convenção para o bom rendimento dos pneus *Michelin* para veículos pesados ("convenção PRO")" e *(iii)* "a Convenção de cooperação profissional e de assistência serviço (o denominado Clube dos amigos *Michelin*)".

O caso discutiu-se principalmente em torno das CG, que previam três categorias de bónus, a saber: *(a)* "bónus de quantidade", *(b)* bónus atribuídos em função da qualidade do serviço prestado pelo revendedor aos utilizadores ("prémio de serviço") e *(c)* bónus concedidos em função dos esforços desenvolvidos em matéria de venda de artigos novos ("prémio de progresso").

A compra era efetuada (e paga no prazo de 30 dias) de acordo com a tabela normal e os bónus eram recebidos no fim do mês de fevereiro do ano seguinte ao período de referência.

No que respeita ao "bónus de quantidade", os revendedores tinham uma taxa de desconto crescente à medida que aumentava o volume de compras (*e.g.* até 9000 unidades, taxa de 7,5%; até 15000 unidades, taxa de 8,5%; até 25000 unidades, taxa de 9% e por aí adiante). A taxa de desconto aplicava-se de forma retroativa, *i.e.* sobre todas as unidades compradas no ano anterior[999].

---

[997] Ver Bishop, Simon, e Walker, Mike, cit. pág 262.
[998] Acórdão do TG, de 30.9.2003, Proc T-203/01, *Michelin*/Comissão, Col. 2003 II-04071.
[999] Decisão da Comissão, *Michelin II*, paras 57 a 59.

Ao analisar o sistema de descontos em questão, a Comissão centrou o essencial das suas críticas na natureza retroativa dos descontos.

Segundo a Comissão, na medida em que os bónus eram de aplicação retroativa, este sistema permitia que a compra de apenas poucas unidades adicionais pudesse levar a que o comprador beneficiasse de um preço unitário mais reduzido para todas as unidades adquiridas durante o período de referência, o que originaria um efeito de fidelidade[1000] para o qual não existia qualquer justificação objetiva aplicável, como a realização de economias de escala.

Em sede de recurso, o TG confirmou a posição da Comissão fazendo notar que "o sistema de bónus de quantidade que contém uma variação significativa das taxas de descontos entre os escalões inferiores e os superiores, caraterizado por um período de referência de um ano e por uma determinação do desconto com base no volume de negócios total realizado ao longo do período de referência, apresenta as caraterísticas de um sistema de descontos de fidelidade[1001]", observando depois que importaria examinar se o aumento da quantidade fornecida se traduzia num custo inferior para o fornecedor, caso em que este tem o direito de fazer beneficiar o seu cliente dessa redução através de uma tarifa mais favorável[1002].

O TG considerou porém que a *Michelin* não apresentara qualquer justificação satisfatória para os bónus de quantidade, na medida em que alegara apenas que estes eram justificados por economias de escala no domínio dos custos de produção e de distribuição, o que configura um motivo demasiado geral e insuficiente para justificar economicamente a escolha das taxas de desconto para os vários escalões do sistema de bónus censurado[1003].

A posição da Comissão e do TG é muito controversa, na medida em que os referidos bónus de quantidade eram aplicáveis a todos os revendedores e não eram fixados com base em vendas anteriores (*i.e.* não eram individualizados). Equiparar um sistema com as caraterísticas descritas a um sistema de descontos de fidelidade essencialmente devido ao caráter retroativo dos descontos foi uma inovação deste caso. O que na realidade

---

[1000] Decisão da Comissão, *Michelin II*, para 230.
[1001] Acórdão do TG, *Michelin II*, para 95.
[1002] Acórdão do TG, *Michelin II*, para 98.
[1003] Acórdão do TG, *Michelin* II, paras 108 a 110.

parece resultar deste processo é que mesmo os descontos exclusivamente relacionados com a quantidade, quando são atribuídos de forma retroativa, têm que se encontrar economicamente justificados sob pena de violarem o artigo 102º TFUE.

Note-se contudo que os restantes elementos da política comercial da *Michelin*, em particular os restantes bónus das CG, foram também objeto de críticas.

Quanto ao "prémio de serviço", este remunerava o revendedor pela "melhoria do seu equipamento e do seu serviço pós-venda". A elegibilidade para efeitos deste prémio dependia da realização de um volume de negócios anual mínimo junto da *Michelin*. A Comissão considerou esta componente "não equitativa", na medida em que era subjetiva e solicitava aos revendedores informação sobre o mercado que, de outro modo, estes não teriam interesse em fornecer. Na medida em que previa um volume de negócios anual mínimo para tornar o revendedor eligível, era conducente a um "efeito de fidelização[1004]".

Relativamente ao "prémio de progresso", este visava recompensar os revendedores que aceitavam comprometer-se por escrito no início do ano a exceder uma base mínima – fixada de comum acordo, em função da atividade anterior e das perspetivas no futuro – e que conseguiam excedê-la. A Comissão e o TG consideraram que este dava origem a um "efeito de fidelização" na medida em que pressionava os revendedores a exceder as vendas do ano anterior, encerrando assim o mercado aos concorrentes. Consideraram ainda que se tratava de um sistema "não equitativo" por ser discriminatório.

Por fim, a aplicação simultânea de diferentes sistemas de bónus – os bónus de quantidade, o prémio de serviço, o prémio de progresso, e os prémios ligados à convenção PRO e ao Clube dos amigos *Michelin* –, que não se obtinham sobre a fatura, tornavam impossível para o revendedor o cálculo dos preços exatos dos pneus *Michelin* no momento da compra. Entendeu o TG que tal situação colocava, necessariamente, os revendedores numa situação de incerteza e de dependência relativamente à *Michelin*[1005].

[1004] Acórdão do TG, *Michelin II*, paras 136 a 150 e 151 a 167.
[1005] Acórdão do TG, *Michelin II*, para 111.

O argumento de que, contrariamente ao sistema censurado em *Michelin I*, este sistema era transparente, de nada valeu, tendo o TG deixado claro que a transparência do sistema de descontos não o legitimava[1006-1007].

3.5.1.6 Solvay[1008] (desconto sobre a tonelagem marginal, desconto de grupo e acordo de exclusividade)

A Comissão Europeia condenou a empresa belga *Solvay* por, entre 1983 e 1990, ter abusado da sua posição dominante no mercado do carbonato de sódio, uma matéria-prima utilizada no fabrico do vidro. Entre outros comportamentos, a *Solvay* foi censurada por ter instituído um sistema de descontos sobre a tonelagem marginal e por conceder um desconto de grupo a um cliente. No entender da Comissão os descontos oferecidos pela *Solvay* configuravam descontos de fidelidade. A *Solvay* celebrou ainda acordos de exclusividade, de cuja análise nos ocupámos na parte 2 do presente capítulo. Detemo-nos agora sobre os descontos concedidos.

O "desconto sobre a tonelagem marginal" consistia num desconto de 20% em relação ao preço de tabela, respeitante às compras acima de um determinado limiar. Era concedido adicionalmente aos descontos de quantitade habituais relativos à tonelagem de base atribuídos aos grandes clientes, e que obedeciam a uma escala progressiva até 10%.

A Comissão considerou que, ao contrário de um desconto pela quantidade ligado unicamente ao volume das compras, o sistema de descontos da *Solvay* não previa qualquer progressividade nas taxas das reduções concedidas sobre as quantidades de base e as quantidades marginais. As primeiras evoluiam entre os 7% a 10% ao passo que às segundas se aplicava uma taxa de 20%. Esta diferença era ainda agravada pelo funcionamento de uma outra componente do desconto, a aplicação de um pagamento especial por cheque.

A Comissão referiu-se igualmente ao facto de a taxa de 20% começar a aplicar-se logo que o cliente encomendava à *Solvay* quantidades suplementares acima das fixadas contratualmente, independentemente da sua

---

[1006] Acórdão do TG, *Michelin II*, para 111.
[1007] A *Michelin* não recorreu para o Tribunal de Justiça.
[1008] Decisão da Comissão, de 19.12.1990, Proc. IV/33.133D: *Carbonato de sódio – ICI*, JO 1991, L 152; acórdão do TG, de 17.12.2009, *Solvay*/Comissão, Proc. T 57/01, Col. 2009 II-04621; acórdão do TJ, de 25.10.2011, Proc C-109/10P, *Solvay*/Comissão, ainda não publicado, que anulou o acórdão do TG por razões processuais.

importância em termos absolutos, o que indiciava a ausência de uma justificação objetiva dos descontos[1009].

Em sede de recurso, o TG confirmou a posição da Comissão tendo concluído que a descida dos preços não sucedia de forma gradual em função das quantidades fixadas contratualmente, ocorrendo antes quando as quantidades atingiam um certo limiar fixado num nível próximo das necessidades previstas aquando da negociação do contrato.

De acordo com o TG, a aplicação cumulativa destes descontos levava a que o preço unitário pago pelas quantidades marginais fosse sensivelmente inferior ao preço médio pago pelas quantidades de base fixadas contratualmente, o que levava a que os clientes fossem incentivados a abastecer-se junto da *Solvay* também nas tonelagens acima das quantidades contratuais, uma vez que os outros fornecedores dificilmente poderiam oferecer, nessas tonelagens, preços concorrenciais face aos oferecidos pela *Solvay*.

O TG considerou tratar-se de um comportamento abusivo na medida em que a *Solvay* não apresentara uma justificação económica objetiva para a prática. A este propósito é importante notar que o TG sublinha que não basta uma justificação económica genérica da prática, exigindo-se antes uma justificação concreta da evolução do sistema de descontos. A *Solvay* alegou que estava a "remunerar a vantagem económica que retirava da garantia de uma utilização das suas capacidades de produção", justificação que o tribunal considerou insuficiente, devendo antes ser apresentada uma explicação concreta das taxas de desconto fixadas[1010].

Relativamente ao "desconto de grupo", estava em causa um desconto suplementar de 1,5% concedido pela *Solvay* ao cliente *SaintGobain*. Este desconto era calculado sobre todas as compras de carbonato de sódio da *SaintGobain* à *Solvay* na Europa.

A Comissão considerou que o desconto de 1,5% não era concedido pela quantidade, na medida em que cada uma das filiais da *Saint-Gobain* tinha um desconto não apenas ligado às quantidades compradas pela própria mas também em função das quantidades compradas pelas outras filiais. Segundo a Comissão, na medida em que o desconto era calculado pelos resultados de todo o grupo, não podia dizer-se que correspondia a uma vantagem económica ligada às quantidades entregues, mas antes que tinha

---

[1009] Acórdão do TG, *Solvay*, paras 329 e 330.
[1010] Acórdão do TG, *Solvay*, paras 334 e 335.

por objetivo e por efeito fidelizar todo o grupo, constituindo assim um desconto de fidelidade[1011]. O TG não se afastou da posição da Comissão confirmando o entendimento de que o desconto de 1,5%, concedido sem qualquer relação com as vantagens económicas em termos de eficiência e de escala que cada filial da *Saint-Gobain* teria obtido apenas pelas suas compras de carbonato de sódio, consistia num desconto de fidelidade[1012].

A nosso ver, a posição da Comissão, depois confirmada pelo TG, a propósito do desconto de grupo não parece inteiramente razoável. Na realidade, considerar que um desconto concedido a um grupo empresarial multinacional, com operações em vários países, não tem relação com as vantagens económicas em termos de eficiência e de escala de cada filial e é, por isso, inadmissível, parece-nos uma leitura que ultrapassa o que é desejável em termos de política de concorrência. Na verdade, um desconto com as caraterísticas descritas reflete precisamente vantagens económicas em termos de eficiência e de escala resultantes da dimensão de um grupo empresarial multinacional, de que as suas filiais devem poder beneficiar.

O acórdão do TG, embora seja relativamente recente e já posterior ao processo de reforma e modernização da aplicação do artigo 102º TFUE, reitera a linha formalista do TJUE que assenta na premissa de que os sistemas de descontos instituídos por empresas dominantes serão abusivos se não beneficiarem de uma justificação económica estrita.

Em sede de recurso, o acórdão do TG foi anulado por razões processuais.

3.5.1.7 Intel[1013] (descontos condicionais à exclusividade)

Em 13.5.2009, a Comissão condenou a *Intel* por violação do artigo 102º TFUE, impondo-lhe a mais alta coima até à data num processo desta natureza: 1 060 000 000 Euros. Os comportamentos censurados traduziram-se na prática de descontos condicionais e nas designadas "restrições diretas". Interessam-nos aqui apenas os da primeira categoria.

Segundo a Comissão, a *Intel*, principal fabricante mundial de unidades centrais de processamento (CPUs) – necessárias para o funcionamento

---

[1011] Acórdão do TG, *Solvay*, para 351.
[1012] Acórdão do TG, *Solvay*, para 354.
[1013] Decisão da Comissão, de 13.5.2009, Proc. COMP/C-3 /37.990 – *Intel* (Decisão C (2009) 3726 final); recurso junto do TG, Proc. T-286/09 *Intel*/Comissão.

de qualquer computador – concedeu aos principais fabricantes de equipamento informático original (a Dell, a HP, a Acer, a NEC e a IBM) descontos na condição de estes lhe adquirirem CPUs, de forma exclusiva ou quase exclusiva (requisitos na ordem dos 80% e dos 95% à NEC e à HP respectivamente). A Comissão constatou igualmente que a *Intel* efetuou pagamentos à MHS, o maior retalhista europeu de PCs, na condição de esta vender exclusivamente PCs baseados em produtos da *Intel*. Estes pagamentos, segundo a Comissão, tinham efeitos equivalentes aos descontos condicionais concedidos aos fabricantes de equipamento original. Para a Comissão, quer os descontos aos fabricantes de equipamento quer os pagamentos à MHS configuravam descontos de fidelidade no sentido da jurisprudência *Hoffman-La Roche*. A Comissão referiu-se ainda a uma "incerteza" respeitante à proporção exata dos descontos ou dos pagamentos que seriam perdidos no caso de um abastecimento ser feito junto do principal concorrente da *Intel*, a AMD.

A Comissão teve neste processo a primeira oportunidade para testar a abordagem proposta na Orientação sobre ao artigo 102º TFUE, quanto a descontos condicionais. Embora, na verdade, de acordo com a própria Comissão, esta Orientação não seja aplicável ao caso, uma vez que lhe é contemporânea e só terá aplicação em processos futuros[1014], a abordagem seguida no processo está em linha com a referida na Orientação.

A Comissão aplicou pois o teste do operador igualmente eficiente aos descontos e pagamentos concedidos pela *Intel*. Com base nesta metodologia, a Comissão concluiu que o sistema de descontos da *Intel* dava origem a efeitos anticoncorrenciais, uma vez que um concorrente com o mesmo grau de eficiência ficaria impedido de aceder ao mercado, já que teria que oferecer CPUs a um preço inferior ao CEM. De igual modo, considerou a Comissão que um operador tão eficiente como a *Intel* teria que realizar pagamentos ao distribuidor retalhista MSH, que seriam insuficientes para cobrir o CEM (da *Intel*)[1015]. O efeito cumulativo dos dois foi também considerado.

A *Intel* alegou, por um lado, estar apenas a reagir ao comportamento dos concorrentes (*meeting the competition defense*) e, por outro lado, que o

---

[1014] Decisão da Comissão, *Intel*, para 916.
[1015] Decisão da Comissão, *Intel*, para 1574.

sistema de descontos aplicado a cada fabricante era necessário para realizar importantes eficiências relevantes para a indústria das CPUs x86[1016].

A Comissão considerou, com base nos factos do caso, que a *Intel* não estava a reagir a ações de concorrentes[1017], e, quanto à realização de eficiências, que estas não foram demonstradas[1018-1019].

3.5.1.8 Tomra[1020] (descontos individualizados por objetivos; descontos retroativos)

A *Tomra* era uma fabricante de máquinas automáticas para recolha de vasilhame ("RVM"), *i.e.* máquinas de recolha de embalagens usadas de bebidas que identificam a embalagem em função de determinados parâmetros, como a forma e/ou o código de barras, e calculam o montante do depósito que deve ser reembolsado ao cliente. A empresa fornecia ainda serviços relacionados com as RVM no mundo inteiro.

Em 29.3.2006, a Comissão condenou a *Tomra* por abuso de posição dominante em virtude de um comportamento que consistiu na celebração de quarenta e nove acordos, entre 1998 e 2002, com um determinado número de cadeias de supermercados, tomando a forma de: *(i)* acordos exclusivos e de *(ii)* acordos com objetivos individuais em termos de quantidade que correspondiam à totalidade ou à quase totalidade das necessidades dos clientes, sendo a aplicação do desconto à totalidade das vendas durante o período de referência.

Referimo-nos às obrigações de exclusividade *supra* na parte 2 do presente capítulo, onde analisamos a posição que a Comissão, e depois os tribunais, adotaram quanto ao impacto da prática na mercado (alcançada não apenas pelos acordos de exclusividade mas também pelos descontos condicionais atribuídos), para onde remetemos.

No que respeita aos "regimes de descontos de quantidade individualizados", *i.e.*, fixados com base nas necessidades estimadas dos clientes

---

[1016] Decisão da Comissão, *Intel*, para 1625.
[1017] Decisão da Comissão, *Intel*, paras 1629 e 1630.
[1018] Decisão da Comissão, *Intel*, para 1633.
[1019] A *Intel* recorreu da decisão da Comissão. Processo T-286/09, ainda pendente.
[1020] Decisão da Comissão, de 29.3.2006, Proc. COMP/E-1/38.113 – *Prokent-Tomra*, C (2006) 734 final; (sumário em língua portuguesa publicado no JO 28.8.2008 (C 219, p. 11)); acórdão do TG, de 9.9.2010, Proc. T 155/06, *Tomra*/Comissão, ainda não publicado; acórdão do TJ, de 19.4.2012, Proc. C 549/10 P, *Tomra*/Comissão, ainda não publicado.

e/ou dos seus volumes de compras anteriores e em função da totalidade ou de uma elevada proporção das necessidades de cada cliente, tendo o bónus natureza retroativa, a Comissão concluiu que os regimes de descontos identificados constituíam descontos de fidelidade, à luz da jurisprudência europeia.

Não obstante ter sido adotada em 2006, já após a divulgação do *Discussion Paper* sobre abusos de exclusão, onde defende uma abordagem centrada no efeito da prática – que pressupõe a análise de efeitos concretos ou prováveis produzidos no mercado – e um teste específico para a determinação do eventual caráter anticoncorrencial de descontos condicionais[1021], a Comissão empregou uma abordagem essencialmente formalista, não tendo na realidade procurado demonstrar o seu verdadeiro impacto no mercado, mas presumindo-o das caraterísticas dos comportamentos.

A *Tomra* alegou que a Comissão se absteve de analisar os seus preços, não tendo, por isso, logrado fazer prova de que os descontos retroativos aplicados conduziram a preços negativos, tal como determinavam os testes propostos no *Discussion Paper*[1022] para verificar se este tipo de descontos originava um efeito anticoncorrencial.

O TG rejeitou o argumento, notando que os preços negativos não eram o essencial da fundamentação da Comissão para considerar os descontos retroativos suscetíveis de ter efeitos anticoncorrenciais. Tal conclusão havia sido alcançada com base em diversas outras considerações que demonstravam que os descontos retroativos em questão criavam incentivos para que os clientes adquirissem a totalidade ou a maioria das suas necessidades à *Tomra* e aumentava artificialmente o custo da transferência para um fornecedor alternativo, mesmo quanto a um pequeno número de unidades[1023]. Além disso, segundo o TG, o sistema da *Tomra* não podia ser justificado objetivamente nem beneficiava de ganhos de eficiência[1024].

No recurso para o TJ, a *Tomra* chamou novamente a atenção para a desconformidade da abordagem da Comissão e do TG com os testes constantes, desta vez, da Orientação sobre o artigo 102º TFUE, entretanto publicada, na medida em que não tinha sido demonstrado que os seus

---

[1021] Ver *infra* ponto 3.7 do presente capítulo, pág. 405.
[1022] Acórdão do TG, *Tomra*, para 248.
[1023] Acórdão do TG, *Tomra*, para 258 e segs.
[1024] Acórdão do TG, *Tomra*, para 264.

concorrentes tivessem que praticar preços negativos para igualar os preços praticados.

Contudo, o TJ não se distanciou da linha formalista da jurisprudência respeitante a sistemas de descontos notando que "[a]o contrário do que pretendem as recorrentes, a faturação aos clientes com «preços negativos», isto é, a preços abaixo do preço de custo, não constitui uma condição prévia para que seja declarado o caráter abusivo de um sistema de descontos retroativos por uma empresa em posição dominante[1025]".

O TJ terminou porém com um sinal de que, no futuro, a Orientação sobre o artigo 102º TFUE poderá vir a ser relevante na apreciação destes sistemas de descontos, ao afirmar que:

> "Os argumentos das recorrentes nos termos dos quais a Orientação da Comissão (v. nº 52 do presente acórdão) prevê uma análise comparativa dos preços e dos custos não afetam esta análise. Com efeito, como observa o advogado geral no nº 37 das suas conclusões, a Orientação, publicada em 2009, não é pertinente para a apreciação jurídica de uma decisão como a impugnada, adotada em 2006[1026]".

3.6 Conclusões quanto à prática europeia

A abordagem dos tribunais da União Europeia relativamente aos sistemas de descontos condicionais tem historicamente dado mais atenção à forma dos descontos do que aos seus efeitos. Acórdãos relativamente recentes como *Michelin II* (2003) *British Airways* (2007), *Solvay* (2009), *Tomra* (2012) centraram a análise dos sistemas de descontos essencialmente na forma.

Em especial, a posição do TG, e posteriormente do TJ, em *Tomra*, representa uma oportunidade perdida para a introdução de uma abordagem económica mais centrada no efeito da prática. É certo que o TJ parece deixar em aberto o recurso à Orientação sobre o artigo 102º TFUE, para os casos posteriores à sua adoção, nomeadamente no que toca aos testes de custos propostos para avaliar os descontos retroativos. No entanto, o caminho parece estreito após ter expressamente declarado que a faturação a preços abaixo de custo não constitui uma condição

---

[1025] Acórdão do TJ, *Tomra*, para 73.
[1026] Acórdão do TJ, *Tomra*, para 81.

prévia para que seja declarado o caráter abusivo de um sistema de descontos retroativos por uma empresa em posição dominante.

Ainda mais preocupante é o facto de, neste mesmo processo, o TG e o TJ terem tecido considerações a propósito da amplitude das obrigações de exclusividade, que parecem retirar-lhe qualquer relevo na avaliação do caráter anticoncorrencial de um desconto[1027].

Contudo, na decisão *Intel*, a Comissão parece ter tido a preocupação de considerar que os descontos concedidos infringiam o artigo 102º TFUE por concluir que encerravam o acesso ao mercado a um OIE. A posição da Comissão parece aqui respeitar a abordagem em matéria de abusos de preços e da avaliação de descontos condicionais proposta na Orientação sobre o artigo 102º TFUE. Mais do que isso, a utilização do teste do OIE na avaliação de descontos condicionais reflete, sem sombra de dúvidas, uma perspetiva mais centrada no efeito da prática sobre a concorrência e sobre os consumidores e não sobre os concorrentes menos eficientes.

A nosso ver, o TJ terá aqui uma nova oportunidade para dar passos no sentido de uma abordagem de pendor mais económico na avaliação de descontos condicionais e de ir no sentido há muito reclamado pela doutrina.

Enquanto tal não sucede, as principais conclusões que podem retirar-se da jurisprudência da União Europeia são as de que os descontos e os abatimentos no preço têm sido avaliados sobretudo em função da forma que apresentam, não tendo, por norma, lugar uma avaliação dos efeitos concretos ou prováveis da prática no contexto específico do mercado em que têm lugar. Pode, pois, dizer-se que a atribuição de descontos condicionais por parte de empresas dominantes, quando assumam determinadas formas, comportam um maior risco jusconcorrencial.

Neste contexto, é conveniente recordar que *descontos retroativos* foram considerados abusivos na generalidade dos casos em que foram apreciados. De igual modo, *descontos por cumprimento de objetivos individualizados*, em regra fixados a partir do montante do ano anterior, foram geralmente associados a um objetivo de levar o comprador a abastecer-se exclusivamente ou quase exclusivamente junto da empresa dominante, e igualmente vistos como abusivos. Já no que toca a *descontos por objetivos não individualizados*, *i.e.* aplicáveis de igual modo a todos os compradores, a suscetibilidade de criarem distorções da concorrência parece menor, mas, como vimos

---

[1027] Ver Acórdão do TJ, *Tomra*, para 42.

em *Michelin II*, quando os bónus têm uma *natureza retroativa* podem ainda assim ser considerados abusivos. Por fim, *compromissos contratuais de adquirir a totalidade ou a quase totalidade das necessidades* junto da empresa dominante foram considerados abusivos em diversos casos. Assim, apenas os descontos de quantidade, não individualizados e incrementais ou progressivos parecem à partida suscitar menos interesse por parte das instituições europeias e ser menos propensos a originar efeitos anticoncorrenciais, mas, ainda assim, para serem aceites, devem refletir poupanças de custos ou outros ganhos de eficiência na distribuição. A invocação de justificações objetivas ou de eficiências para justificar descontos ou patamares de descontos deve ser concreta e rigorosa, sendo insuficiente alegar genericamente que um determinado tipo de desconto origina economias ou eficiências[1028].

3.7 Descontos condicionais e a reforma do artigo 102º TFUE

O tratamento jusconcorrencial de sistemas de descontos condicionais aplicados por parte de empresas detentoras de posição dominante é das matérias que mais críticas tem suscitado no âmbito do regime jurídico da concorrência. Trata-se de uma das áreas em que o tratamento jurisprudencial é considerado mais insatisfatório e em que a necessidade de uma abordagem centrada no efeito é mais premente.

A Comissão Europeia procurou dar resposta a este problema desenvolvendo um modelo económico de análise dos sistemas de descontos condicionais. Começando por reconhecer que estes sistemas podem dar origem não apenas a efeitos anti como a efeitos procompetitivos, o *Discussion Paper* propôs um teste com vários passos para distinguir uns dos outros. O facto de traduzir uma abordagem centrada no efeito é de aplaudir, mas a elevada complexidade e dificuldade em o aplicar na prática foram vistos como obstáculos à sua verdadeira utilidade[1029].

A Orientação sobre o artigo 102º TFUE procurou simplificar a abordagem constante do *Discussion Paper*, apresentando uma metodologia para os descontos condicionais que parte da determinação da "parte contestável" e "não contestável" da procura.

[1028] Ver apresentação de Miguel de la Mano (Economista Chefe da DG COMP), *Competitive effects of rebates: Seeking economic and legal consistency*, Conferência CRA 8.12.2010. disponível em: http://www.crai.com/

[1029] Ver O'Donoghue, Robert e Padilla, Jorge, cit, pág 397, para uma explicação das propostas do *Discussion Paper* a este propósito.

A Comissão começa por notar que existem maiores probabilidades de ter lugar um encerramento anticoncorrencial quando os concorrentes não podem competir em condições de igualdade para a totalidade da procura de cada cliente. Como se sublinha a propósito das obrigações de compra exclusiva, é mais provável que isso suceda quando a empresa dominante é um "parceiro comercial inevitável" para pelo menos uma parte da procura. Esta situação pode suceder se a sua marca for um "produto incontornável" preferido por uma parte significativa dos consumidores finais ou se as empresas concorrentes enfrentarem restrições de capacidade de tal ordem que uma parte da procura pode apenas ser satisfeita pela empresa dominante.

Nessas situações, *i.e.* em que uma parte da procura não tem alternativa à empresa dominante, a Comissão considera que um desconto condicional pode permitir-lhe a utilização da parte "não contestável" da procura de cada cliente (isto é, a quantidade que o cliente compraria, de qualquer maneira, à empresa dominante) como uma alavanca para diminuir o preço pago pela parte "contestável" da procura (isto é, a quantidade para a qual o cliente pode preferir e pode encontrar produtos substitutos)[1030].

A Comissão reconhece depois que descontos retroativos podem encerrar o mercado de forma significativa. Isto porque, ao serem aplicáveis a todas as compras efetuadas durante o período de referência, podem tornar menos atrativa para os clientes a possibilidade de transferirem pequenas quantidades da procura para um fornecedor alternativo, se esta decisão tiver como consequência a perda de descontos retroativos.

Imagine-se a seguinte tabela de descontos aplicável às compras efectuadas durante o período de 1 ano.

unidades	desconto
> 1000	2%
> 2000	4%
> 3000	6%
> 4000	8%
> 5000	10%

[1030] Orientação sobre o artigo 102º TFUE, para 39.

Admitindo que o preço de tabela de cada unidade é de €10, um cliente que adquira 1500 unidades ao longo do ano tem um desconto de 2%, o que leva a que o preço que paga por unidade seja de 9.8 Euros. Por seu turno, um cliente que ao longo do ano adquira 3500 unidades tem um desconto de 6%, o que leva a que pague 9,4 Euros por cada unidade.

A Comissão observa que o potencial efeito de encerramento é sempre maior na última unidade antes de passar para o limiar seguinte, uma vez que, sendo o desconto aplicável a todas as unidades compradas durante o período de referência, mudar de fornecedor nessa altura, levaria a abdicar de uma redução do preço em todas as unidades adquiridas durante o ano.

Assim, o efeito de fidelização é particularmente forte por exemplo na aquisição da unidade 4001, dado que adquirir essa unidade a um fornecedor concorrente levaria à perda do aumento do desconto para todas as unidades adquiridas durante o período de referência.

A Comissão sublinha porém que o fator relevante para a avaliação do efeito de reforço da fidelização produzido por um desconto "não é apenas o efeito sobre a última unidade individual, mas o efeito de encerramento do sistema de descontos sobre os concorrentes (existentes ou potenciais) do fornecedor dominante".

O princípio é o de que *(i)* quanto maior for o desconto em forma de percentagem sobre o preço total e *(ii)* quanto maior for o limiar definido, maior será a incitação abaixo do limiar e, por conseguinte, maior será a probabilidade de exclusão de concorrentes atuais ou potenciais[1031].

Os concorrentes cuja exclusão preocupa a Comissão são os "concorrentes tão eficientes" como a empresa dominante. Como é sabido, a abordagem da Comissão para comportamentos de exclusão com base no preço (onde se integram os descontos condicionais) é o de só intervir quando o comportamento em questão é suscetível de impedir a concorrência de concorrentes considerados tão eficientes como a empresa dominante[1032]. A Comissão alerta contudo que os descontos condicionais podem produzir esses efeitos sem constituírem necessariamente um sacrifício para a empresa dominante, sendo por isso a sua análise distinta da das práti-

---

[1031] Orientação sobre o artigo 102º TFUE, para 40.
[1032] Orientação sobre o artigo 102º TFUE, para 23. Note-se contudo, que nos termos do para 24 da Orientação, determinados casos podem justificar a intervenção mesmo quando não se trate de um operador igualmente eficiente.

cas predatórias, que pressupõem sempre um sacrifício. O teste proposto resulta da leitura conjunta dos parágrafos 23 a 27 e 41 e 45 da Orientação e é composto por três passos:

- Em primeiro lugar, a Comissão começará por estimar o preço que uma empresa concorrente teria de oferecer, de forma a compensar o cliente pela perda do desconto condicional no caso de este último transferir uma parte da sua procura ("a fração relevante") em detrimento da empresa dominante. O preço real com o qual a empresa concorrente tem de se alinhar não é o preço médio da empresa dominante, mas o preço normal (tabela) menos o desconto perdido pelo cliente por ter procedido à transferência, calculado sobre a fração relevante das vendas e o período pertinente[1033]. Nos *descontos progressivos*, a fração relevante é normalmente constituída pelas compras adicionais (as integradas nesse intervalo). Nos *descontos retroativos*, em geral, é necessário avaliar no contexto do mercado específico que quantidade dos pedidos de compra de um cliente pode ser, de forma realista, transferida para uma empresa concorrente ("quota contestável")[1034].
- Em segundo lugar, realiza-se a comparação do preço real com os custos da empresa dominante. Desde que o preço real permaneça de forma consistente acima do CMMLP da empresa dominante, tal permitirá, em princípio, que um concorrente com o mesmo grau de eficiência concorra de maneira lucrativa, não obstante a existência do desconto. Em princípio, nestas circunstâncias, o desconto não é passível de produzir um efeito de encerramento anticoncorrencial, não excluindo um operador com igual eficiência[1035]. Quando o preço real é inferior ao CEM, a aplicação do desconto pode excluir mesmo empresas concorrentes com o mesmo grau de eficiência. Quando o preço real se encontrar entre o CEM e o CMMLP, a Comissão investigará se *outros fatores* indiciam que a entrada ou expansão de um concorrente com o mesmo grau de eficiência pode ser afetada. Assim, a Comissão investigará se, e em que medida, as empresas

---

[1033] Orientação sobre o artigo 102º TFUE, para 41.
[1034] Orientação sobre o artigo 102º TFUE, para 42.
[1035] Orientação sobre o artigo 102º TFUE, para 43.

concorrentes possuem contra-estratégias realistas e eficazes à sua disposição como, por exemplo, a capacidade de utilizar igualmente uma parte "não contestável" da procura do comprador como uma alavanca para reduzir o preço da fração relevante. Quando os concorrentes não tiverem tais contra-estratégias à sua disposição, a Comissão concluirá que o sistema de descontos é suscetível de produzir o efeito de encerramento do mercado, mesmo para concorrentes com o mesmo grau de eficiência[1036].

- Em terceiro lugar, se a informação recolhida sugerir que o preço cobrado pela empresa dominante tem o potencial de encerrar o mercado a concorrentes com igual grau de eficiência, este dado é incluído na avaliação geral, tomando em consideração outros indícios quantitativos e qualitativos relevantes para uma conclusão sobre o efeito da prática (*e.g.* tomar em consideração se o limiar definido é individualizado ou normalizado).

A Comissão aplicou na decisão *Intel* a metodologia descrita, concluindo que um operador tão eficiente como a *Intel* ficaria impedido de aceder ao mercado, uma vez que teria que praticar um preço inferior ao seu CEM[1037].

4. Os elementos do abuso de posição dominante resultantes da exclusividade (acordos de compra exclusiva e descontos condicionais)

A verificação de um abuso de posição dominante que resulte de uma exclusividade exige que se verifiquem três requisitos:

(i) A detenção de uma posição dominante;
(ii) Exclusividade (expressa, de facto ou induzida por um desconto condicional) e efeito de encerramento anticoncorrencial;
(iii) Inexistência de uma justificação objetiva.

4.1 Posição dominante

A empresa que leva a cabo a prática investigada deve deter uma posição dominante no mercado onde esta é adotada. Conforme referido, a exclusividade decorrente de obrigações contratuais ou de descontos condicionais

---

[1036] Orientação sobre o artigo 102º TFUE, para 44.
[1037] Decisão da Comissão, *Intel*, para 1574.

pode ter efeitos igualmente noutros mercados e ser instrumental a práticas discriminatórias e de alavancagem de poder de mercado. Nestes casos o comportamento abusivo deve ser escrutinado à luz do regime jurídico próprio dessas práticas, avaliando-se então o preenchimento dos elementos relevantes para cada uma delas.

4.2 Exclusividade (expressa, de facto ou induzida por um desconto condicional) e efeito de encerramento anticoncorrencial

Conforme resulta da análise da jurisprudência europeia, e tal como referido, a abordagem formalista na avaliação de comportamentos de empresas dominantes que se traduzam na celebração de acordos de exclusividade ou na concessão de descontos condicionais tem sido prevalecente na U.E. A determinadas práticas é associado um efeito de encerramento anticoncorrencial potencial, sem que se exija a prova de efeitos concretos ou prováveis a que as mesmas tenham dado ou possam dar origem.

Nesta medida, é difícil afastar o risco de censura jusconcorrencial resultante de acordos em que empresas dominantes convencionem obrigações de compra exclusiva com os seus clientes.

Assim, *compromissos contratuais de adquirir a totalidade ou a quase totalidade das necessidades* junto da empresa dominante incorrem num risco significativo de serem vistos como abusivos (*e.g. Hoffman-La Roche, Michelin II*). O mesmo se diga se o compormisso de exclusividade decorrer da situação de facto (*e.g. Van den Bergh Foods*).

Do mesmo modo, a atribuição, por empresas detentoras de posição dominante, de *descontos retroativos* e de *descontos por cumprimento de objetivos individualizados*, em regra fixados a partir do montante do ano anterior, correm um risco elevado de originar uma censura pela forma.

Descontos por objetivos não individualizados, i.e. aplicáveis de igual modo a todos os compradores, têm uma menor suscetibilidade de serem vistos como restritivos da concorrência, mas não se encontram isentos de riscos quando os bónus têm uma *natureza retroativa* (e.g. *Michelin II*).

Descontos de quantidade, não individualizados e *incrementais* ou *progressivos* parecem, à partida, suscitar menos interesse por parte das instituições europeias. Ainda assim, no caso de uma investigação, para serem aceites, devem refletir poupanças de custos ou outros ganhos de eficiência na distribuição, devendo estes poder ser explicados de forma concreta e rigorosa e não apenas genérica (*e.g. Michelin II, Solvay*).

Isto dito, admitimos todavia que a evolução do pensamento jurídico e económico e, em particular, o amplo consenso existente entre a doutrina a respeito da possibilidade de este tipo de práticas poder dar origem a efeitos pró-competitivos, e não necessariamente a efeitos anticoncorrenciais, acabe por promover crescentemente a avaliação dos efeitos concretos ou prováveis das obrigações de exclusividade e dos sistemas de descontos investigados e permita descartar progressivamente a abordagem próxima da ilegalidade em si mesma que as instituições da U.E. lhe dispensaram no passado. Alguns autores consideram que a tendência de avaliação dos comportamentos cobertos pelo artigo 102º TFUE à luz dos efeitos da prática está estabelecida e não é provável que se inverta[1038].

Na realidade, faz pouco sentido que uma empresa dominante que procure estabelecer uma relação de exclusividade com um cliente esteja, à partida, impedida de o fazer. Por um lado, a exclusividade pode dever-se a razões pró-competitivas e ser benéfica para o cliente e para o mercado. Por outro lado, quando, sendo possível avaliar o impacto da prática no mercado, se conclui que esta tem um efeito negligenciável no funcionamento da concorrência, por que razão há-de a empresa dominante ser censurada por isso?

4.3 Inexistência de uma justificação objetiva

Uma obrigação de compra exclusiva ou um sistema de descontos condicionais poderá escapar à proibição do artigo 102º TFUE se puder beneficiar de uma justificação objetiva ou se puder demonstrar-se que o efeito de eliminação que este comporta pode ser compensado, ou mesmo superado, por ganhos de eficiência suscetíveis de beneficiar também o consumidor[1039].

Além dos fatores que podem configurar justificações objetivas para um comportamento (ver capítulo 4), note-se que, na Orientação sobre o artigo 102º TFUE, a Comissão admite analisar justificações segundo as quais os sistemas de descontos dão origem a vantagens ao nível dos custos e de outra natureza, que são transferidas para os clientes e sublinha ainda que mais facilmente aceitará justificações quanto a descontos por objeti-

---

[1038] Wish, Richard e Bailey, David, cit, pág 201.
[1039] Acórdão do TJ, de 27.3.2012, Proc. C 209/10, *Post Danmark/Konkurrencerådet*, ainda não publicado, paras 40 a 42.

vos normalizados e/ou progressivos do que relativamente a sistemas por objetivos individualizados e/ou retroativos.

De igual modo, a Comissão admite a conformidade com o artigo 102º TFUE de acordos de compra exclusiva que beneficiam clientes específicos, se estes acordos forem necessários para que a empresa dominante realize determinados investimentos específicos a essa relação, de forma a estar em condições de abastecer esses clientes[1040-1041].

[1040] Orientação sobre o artigo 102º TFUE, para 46.
[1041] Ver *supra* pontos 2.4 e 3.3. respeitantes aos principais efeitos das obrigações de compra exclusiva e dos descontos condicionais que podem, em determinadas circunstâncias, ser invocados como justificações objetivas.

Capítulo 11
Preços Excessivos

1. **Introdução**
1.1 **Considerações gerais**
Vimos no capítulo 4 que as duas principais categorias de abusos de posição dominante são, por um lado, os abusos de exclusão – os suscetíveis de prejudicar a concorrência no mercado – e, por outro lado, os abusos de exploração – os que se traduzem no aproveitamento do poder de mercado detido para extrair valor aos consumidores. A prática de preços excessivos configura um abuso de exploração.

A posição de força económica e de independência inerente ao conceito de posição dominante resulta da circunstância de uma empresa dominante não se encontrar sujeita a pressões concorrenciais efetivas. Só uma empresa nestas condições tem capacidade para aumentar de forma lucrativa os preços acima de níveis concorrenciais durante um período de tempo significativo sem recear a perda relevante de negócio para os seus concorrentes.

Enquanto os abusos de exclusão, ao prejudicarem a concorrência, diminuem de forma indireta ou mediata o bem-estar do consumidor, os abusos de exploração, como a prática de preços excessivos, determinam uma perda direta e imediata do bem-estar do consumidor.

O artigo 102º alínea a) TFUE proíbe expressamente a imposição, de forma direta ou indireta, de preços de compra ou de venda ou de outras condições de transação não equitativas. O termo "não equitativo" incluído nesta disposição, que tem igualmente aplicação a comportamentos de exclusão (*e.g.* compressão de margens), abrange a prática de preços excessivos.

A lesão direta e imediata que é causada ao bem-estar do consumidor poderia fazer supor que as práticas de preços excessivos têm um lugar de destaque entre as prioridades das autoridades responsáveis pela aplicação das regras de concorrência. Contudo, na União Europeia este tipo de comportamento tem sido incomparavelmente menos censurado do que os abusos de exclusão e, em Portugal, tanto quanto é do conhecimento público, a AdC não adotou até hoje qualquer decisão condenatória por prática de preços excessivos. Não obstante, em fevereiro de 2012, a AdC divulgou publicamente uma Recomendação endereçada aos operadores móveis nacionais, a TMN, a Vodafone e a Optimus, relativa aos preços de originação de chamadas para números não geográficos, em que considera existirem fortes indícios de que os preços praticados por estas entidades no mercado em causa são excessivos[1042].

O reduzido destaque que o *enforcement* desta proibição tem tido tanto a nível da União Europeia como a nível nacional poderá não ser alheio às objeções que tipicamente se colocam à aplicação das regras de concorrência a este comportamento. Entre as principais residem a convicção de que os preços excessivos são mais eficazmente corrigidos pelo mercado – uma vez que atraem a entrada de novos concorrentes, que os farão baixar – e a falta de vocação das autoridades de concorrência para controlar preços[1043]. Esta visão é preponderante em diversas jurisdições, de que a norte-americana é um exemplo, onde o regime jurídico da concorrência não se aplica a práticas de preços excessivos.

Na União Europeia, a aplicação das regras de concorrência a preços excessivos é das que maiores dificuldades suscita. A jurisprudência do TJUE, que define preço excessivo como um preço que "não apresenta uma relação razoável com o valor económico do produto", emprega um conjunto de conceitos indeterminados cuja concretização prática é bas-

---

[1042] Recomendação aos operadores móveis nacionais sobre os preços de originação de chamadas para números não geográficos. Disponível em www.concorrencia.pt.
[1043] O Relatório elaborado pela EAGCP para a Comissão Europeia no âmbito da reforma do artigo 102º TFUE, desaconselhou a intervenção da Comissão em temas de preços excessivos precisamente com base nestas duas ordens de razões. Relatório EAGCP, *Report by the EAGCP An economic approach to Article 82, July* 2005; disponível em http://ec.europa.eu/competition/.

tante complexa. Traçar a linha divisória entre um preço excessivo e um preço legítimo é pois um exercício que encerra consideráveis dificuldades.

1.2 Razão de ordem

O presente capítulo divide-se em quatro partes.

Na primeira, abordamos o conceito de preço excessivo (1.3), e analisamos o teste de referência resultante da jurisprudência do TJUE. Neste contexto, percorremos os passos que o teste em causa prevê, detendo-nos sobre os temas das comparações entre custos e preços (1.3.1), a determinação de uma margem excessiva (1.3.2), a determinação de preços excessivos em si mesmos (1.3.3) e os parâmetros de comparação de preços utilizados na experiência europeia (1.3.4). Seguimos depois com a identificação das principais objeções ao controlo de preços excessivos pelo direito da concorrência (1.4), dos casos em que é mais provável tal justificação ser adequada (1.5), abordando também a problemática dos preços de compra excessivamente baixos (1.6) e terminando com a identificação da proibição dos preços excessivos na lei nacional (1.7).

Na segunda parte analisamos a prática da União Europeia. Conforme já referido, não existem, até à presente data, decisões condenatórias da AdC sobre esta matéria, pelo que nos detemos, na terceira parte, sobre a Recomendação aos operadores móveis relativa aos preços de originação de chamadas para números não geográficos.

Por fim, na quarta parte, identificamos aqueles que são os elementos do abuso de posição dominante por prática de preços excessivos.

1.3 O conceito de preço excessivo

A jurisprudência do TJUE define preço excessivo como um preço que "não apresenta uma relação razoável com o valor económico do produto[1044]". A determinação prática daquilo a que corresponde um preço excessivo encerra dificuldades substanciais. Em *United Brands*, o TJ observou que quando se encontram disponíveis dados relativos à estrutura de custos da empresa dominante investigada o caráter excessivo do preço pode ser determinado, de forma objetiva, mediante a realização de uma avaliação que envolve dois passos:

[1044] Acórdão do TJ, de 14.2.1978, Proc. 27/76 *United Brands*/Comissão, Col. 1978, 77, para 250.

(i) Verificar se existe uma desproporção excessiva entre o custo efetivamente suportado e o preço efetivamente praticado; e, em caso afirmativo,
(ii) Avaliar se o preço será não equitativo "em si mesmo" ou "em comparação com os produtos concorrentes[1045]".

O TJ admitiu igualmente que "podem conceber-se outros métodos" para determinar se um preço é ou não excessivo. Contudo, a prática europeia não consolidou até hoje nenhum outro método prevalecente nas avaliações deste tipo de prática. A jurisprudência *United Brands* continua pois a fornecer o teste de referência para determinar se o preço de um produto apresenta ou não uma relação razoável com o seu valor económico.

A. O primeiro passo do teste da avaliação dos preços excessivos

O objetivo do primeiro passo do teste *United Brands* é o de avaliar se se verifica uma desproporção excessiva entre o custo efetivamente suportado e o preço efetivamente cobrado. Importa pois começar por apurar a margem e determinar, depois, se esta apresenta um caráter excessivo.

1.3.1 Comparação entre custos e preços
1.3.1.1 O cálculo dos custos de produção

Que medida de custo? Para realizar uma comparação entre os custos de um produto e os respetivos preços deve começar por identificar-se que custos e que preço vão ser comparados. Se, em regra, não se colocam grandes questões quanto à componente preço, o mesmo não pode dizer-se da escolha da medida de custo a utilizar. Na verdade, a medida de custo empregue na comparação pode ser decisiva quanto ao resultado, sendo muito difícil identificar uma medida adequada a todos os tipos de situação. Por exemplo, se a margem de um negócio for determinada confrontando o preço com o "custo marginal de produção[1046]" e a empresa investigada tiver custos fixos, a margem apurada, ainda que positiva, não reflete necessariamente lucro, uma vez que os custos fixos ficarão por cobrir. Por seu turno, se o cálculo da margem for realizado com recurso a uma medida de

---

[1045] Acórdão do TJ, de 14.2.1978, Proc. 27/76 *United Brands*/Comissão, Col. 1978, 77, para 252.
[1046] Que corresponde ao aumento no custo total causado pela produção de uma unidade adicional, refletindo, em regra, unicamente custos variáveis.

"custo médio total[1047]" poder-se-á obter um indicador mais fiável para os custos de produção quando a empresa produz apenas um produto, mas o resultado continua a ser insatisfatório no caso de empresas multiprodutos[1048].

Na realidade, quando estão em causa este tipo de empresas (as que produzem mais do que um produto) colocam-se frequentemente questões delicadas respeitantes à repartição de custos indiretos, despesas gerais ou custos comuns, sendo que as metodologias conhecidas para os repartir encerram sempre alguma medida de arbitrariedade[1049]. A complexidade do exercício pode facilmente aumentar neste tipo de empresas quando um determinado produto é fabricado por diversas unidades, por vezes localizadas em países diferentes, ao longo de vários anos e possivelmente com base também em direitos de propriedade intelectual resultantes de significativos investimentos passados relacionados com um produto distinto[1050].

As dificuldades subjacentes ao cálculo dos custos de produção foram reconhecidas pelo TJ logo em *United Brands*[1051]. Não obstante, e ao contrário do que sucede noutras áreas (*e.g.* preços predatórios), as instituições europeias não lograram até hoje estabilizar um teste para realizar o exercício de comparação entre preços e custos. Na única decisão adotada desde *United Brands* em que a Comissão Europeia realizou uma análise comparativa detalhada entre preços e custos, viu-se confrontada com uma situação em que a maioria dos custos eram fixos e em que os custos variáveis constituíam uma parte muito pequena do total dos custos de produção, tendo decidido distribuir a maior parte dos custos (indiretos), tarefa que, como a própria reconheceu, lhe colocava grandes dificuldades e a levou

---

[1047] Que corresponde ao custo total de produção dividido pela totalidade de unidades produzidas, e que iguala a soma do custo variável médio e do custo e do custo fixo médio.

[1048] Williams, Mark, *Excessive Pricing, in The Pros and Cons of High Prices*, Konkurrensverket (autoridade da concorrência Sueca), 2007, pág 147.

[1049] Para uma síntese dos testes de custos mais frequentes ver OECD, DAF/COMP/WP2(2011)7, *Excessive Prices – Background Paper, Working Party No. 2 on Competition and Regulation*, 2011, ponto 6.2, pág 46 e segs. Disponível em: www.oecd.org.

[1050] Ver OECD, DAF/COMP/WP2(2011)7, *Excessive Prices – Background Paper, Working Party No. 2 on Competition and Regulation*, 2011, para 179.

[1051] Acórdão do TJ, *United Brands*, para 254.

a alcançar um resultado que subestimava os custos comuns alocados ao serviço investigado[1052].

Em mercados onde exista regulação setorial com base na qual as autoridades reguladoras nacionais controlam os preços, o problema poderá ser menor. O TJUE admitiu já que a regulação pode fornecer princípios interpretativos que as autoridades de concorrência podem tomar em conta na avaliação do eventual caráter excessivo de um preço[1053]. Ainda recentemente, na Decisão *Standard & Poors*, a Comissão Europeia fundamentou uma boa parte das suas conclusões quanto ao tarifário da S&P na circunstância de este não respeitar os princípios resultantes da regulação setorial aplicável[1054].

De que empresa? Estabilizada a medida de custo mais adequada para um caso concreto é depois necessário decidir que estrutura de custos será avaliada: a da empresa dominante investigada ou a de uma "empresa eficiente" que forneça o mesmo produto[1055].

Embora à primeira vista a tendência seja a de responder que, por razões de segurança jurídica, deverá ser utilizada a estrutura de custos da empresa dominante investigada, na realidade, a jurisprudência do TJUE coloca a possibilidade de os custos tomados em consideração não serem necessariamente estes, uma vez que a empresa dominante poderá ser ineficiente, apresentando custos demasiado elevados, precisamente por ser dominante (*X-inefficiency*). Nestes casos, os custos tomados em consideração poderão

---

[1052] O método foi ainda assim utilizado uma vez que era o mais favorável à empresa dominante. Ver decisão da Comissão, de 23.7.2004, Proc. COMP/A.36.568/D3 – *Scandlines Sverige AB / Port of Helsingborg*, para 118.

[1053] No acórdão do TJ de 11.4.1989, Proc. C-66/86, *Ahmed Saeed*, Col 1989 00803, para 43, o TJ observou que "para apreciar o caráter excessivo da taxa acordada, podem ser deduzidos alguns elementos de interpretação [da regulação setorial] que estabelece a conduta a seguir pelas autoridades aeronáuticas em matéria de aprovação de tarifas. Resulta (...) que as tarifas devem apresentar uma relação razoável com o conjunto dos encargos globais a longo prazo da transportadora aérea requerente, atendendo, no entanto, ao mesmo tempo, às necessidades dos consumidores, à necessidade de uma remuneração satisfatória do capital, à situação concorrencial do mercado, incluindo as tarifas das outras transportadoras aéreas que explorem a mesma rota, bem como à necessidade de impedir preços de *dumping*."

[1054] Ver *infra* ponto 2.9.

[1055] OECD, DAF/COMP/WP2(2011) 7, *Excessive Prices – Background Paper, Working Party No. 2 on Competition and Regulation*, 2011, para 181.

ser os de uma "empresa eficiente". Nos casos *SACEM*[1056], o TJ sublinhou que uma empresa dominante não poderá justificar os preços elevados com custos de produção também elevados, porque não podia afastar-se a possibilidade de tais custos elevados ficarem precisamente a dever-se à posição dominante (*i.e.* à falta de concorrência no mercado)[1057].

Em suma, a incerteza jurídica que envolve a escolha do método mais adequado para realizar comparações entre preços e custos representa um obstáculo à instrução efetiva de casos por prática de preços excessivos. O problema acentua-se particularmente quando as empresas investigadas produzem vários produtos, dada a arbitrariedade sempre presente em qualquer critério conhecido de repartição de custos comuns entre as várias linhas de produção. A nosso ver, a abordagem da Comissão em *Port of Helsinborg*, em que acaba por proceder à repartição destes da forma mais favorável à empresa dominante investigada, poderá ser a única saída neste tipo de casos, na medida em que outra solução, nomeadamente uma que adote um critério menos favorável à empresa dominante, poderá sempre ser questionada. Em mercados sujeitos a regulação setorial, onde existem modelos de custeio aprovados, as autoridades que aplicam as normas de concorrência poderão ter a tarefa de calcular a margem de lucro mais facilitada, seguindo os princípios da regulação setorial.

1.3.2 A determinação de uma margem excessiva

Apurada a margem entre o custo de produção e o preço, cabe depois avaliar se esta se revela "excessiva". Traçar a linha antes da qual o lucro é normal e a partir da qual passa a ser excessivo é uma tarefa arriscada e que comporta uma margem de erro significativa. Talvez por isso o TJUE não tenha fornecido, até hoje, uma definição clara daquilo a que corresponde uma "desproporção excessiva" da margem e a Comissão, na única decisão em que apurou uma margem de lucro, evitou o problema limitando-se a afirmar que o facto de o preço cobrir o custo não permitia retirar a conclusão de que a margem era excessiva e que, como mesmo que concluísse afirmativamente teria sempre que avançar para o segundo passo do teste,

---

[1056] Ver *infra* ponto 2.5.
[1057] Ver Motta, Massimo e de Streel, Alexander, *The Pros and Cons of High Prices, Excessive Prices in Competition Law: Never say Never?*, *Konkurrensverket* (autoridade da concorrência Sueca), 2007, pág 34.

avançaria deixando a questão em aberto, e voltaria a ela apenas se se justificasse (o que não veio a suceder)[1058].

A doutrina tem apontado algumas das principais dificuldades que se colocam à determinação daquilo a que corresponde uma margem de lucro excessiva, cabendo aqui destacar aquelas que a nosso ver são as mais relevantes:

(i) As contas auditadas das empresas nem sempre fornecem bons indicadores, dado que as empresas registam o custo da maneira mais vantajosa em termos financeiros e fiscais;

(ii) Nem sempre o fator risco é tido em consideração nas contas das empresas, o que significa por vezes que um lucro elevado remunera na verdade um risco também elevado, correspondendo por isso a uma rentabilidade normal para o tipo de risco incorrido. Este aspeto poderá assumir particular relevo em mercados dinâmicos, caraterizados por investimentos significativos e arriscados, onde a inovação desempenha um papel particularmente importante na concorrência. Neste tipo de mercado é frequente que um produto inovador desenvolvido com sucesso seja comercializado com margens muito elevadas, que nem por isso deixam de ser legitimamente realizadas. Diversos autores observam, acertadamente, que as empresas que investiram fortemente em I&D não podem ser penalizadas por retirarem os proveitos do esforço empreendido e dos riscos assumidos, sobretudo em mercados em que as suas inovações poderão vir a ser ultrapassadas no curto prazo[1059];

(iii) Em mercados com dois ou mais lados[1060], um lucro elevado num lado do mercado pode na realidade ser apenas um resultado subsidiado pelo outro lado. Qualquer teste que procure identificar se um lucro é ou não excessivo, deve ter presente o modo de funcionamento do mercado em análise e o modelo de negócio da empresa investigada; e

---

[1058] Decisão da Comissão, *Port of Helsingborg*, para 142.

[1059] Geradin, Damien, The necessary limits to the control of "excessive" prices by competition authorities – A view from Europe, pág 9, disponível em www.ssrn.org; O'Donoghue, Robert e Padilla, Jorge, cit, pág pág 615.

[1060] Ver *supra* capítulo 2, pág 47.

(iv) As empresas multiproduto frequentemente adotam estratégias de preços pensadas para maximizar as vendas de um grupo de produtos relacionados (e não apenas de um único produto), que apresentam elasticidades da procura diferentes, tendo como principal preocupação a cobertura dos custos totais de produção, incluindo os custos comuns, e não os de cada produto isoladamente, sendo por isso natural que enquanto em alguns desses produtos o lucro é elevado ou muito elevado noutros é reduzido ou inexistente. Levar a cabo avaliações produto a produto neste tipo de mercados, pode levar a resultados irrealistas e sem significado quanto ao caráter (normal ou excessivo) do lucro realizado[1061][1062].

Não existe portanto uma regra universal satisfatória para determinar se uma margem de lucro é normal ou excessiva. As metodologias propostas até hoje revelam-se úteis em casos concretos, mas com limitações no que toca à sua aplicação como regra geral para todas as indústrias.

Neste contexto, e tendo presente que uma margem só poderá ser vista como excessiva após a devida consideração da indústria em causa, do risco incorrido com o investimento efetuado, do tipo de mercado em questão, da repartição dos custos, etc., diversos autores consideram que um indicador que pode revelar-se particularmente útil é o do nível do retorno sobre o capital[1063]. O ponto é o seguinte: num mercado concorrencial uma empresa recebe lucros suficientes para cobrir o custo do capital, *i.e.*, o necessário para pagar aos seus credores e aos acionistas, que lhe financiaram a atividade. Quando o retorno de uma determinada atividade excede "persistentemente" o suficiente para remunerar o custo de capital, os lucros podem

---

[1061] Ver OECD, DAF/COMP/WP2(2011)7, *Excessive Prices – Background Paper, Working Party No. 2 on Competition and Regulation*, 2011, para 179.
[1062] Motta, Massimo e de Streel, Alexandre, *Excessive Pricing in Competition Law: Never Say Never?* in *The Pros and Cons of High Prices*, Konkurrensverket (autoridade da concorrência Sueca), 2007, pág 34; Williams, Mark, Excessive Pricing, in *The Pros and Cons of High Prices*, Konkurrensverket (autoridade da concorrência Sueca), 2007, pág 133; O'Donoghue, Robert e Padilla, Jorge, cit, pág 615.
[1063] Williams, Mark, Excessive Pricing, in *The Pros and Cons of High Prices*, Konkurrensverket (autoridade da concorrência Sueca), 2007. Este autor considera que a ROCE (*rate on capital employed*) é, apesar das limitações, o indicador mais adequado.

considerar-se "supranormais"[1064-1065]. A existência de lucros supranormais num dado mercado onde a empresa detém posição dominante constitui um indicador de que os preços são excessivos.

No entanto, pelas razões *supra* indicadas, é improvável que mesmo a existência continuada de lucros supranormais seja, por si só, sinónimo de preços excessivos. A natureza da indústria, o nível de risco assumido, a estratégia de preços da empresa, entre outros, podem explicar facilmente que um lucro supranormal corresponde na realidade, a uma rentabilidade normal atendendo às circunstâncias do caso[1066].

Em suma, a avaliação da rentabilidade de um negócio é um exercício complexo que deve tomar em consideração um conjunto significativo de variáveis, que dependem das circunstâncias do caso, não sendo por isso possível nem aconselhável estabelecer regras gerais sobre margens normais e excessivas. A avaliação do nível da margem de lucro realizada num dado mercado deverá ser antes levada a cabo de forma casuística e não com base em presunções ou regras universais.

B. O segundo passo do teste da avaliação dos preços excessivos
Apurada a existência de uma margem excessiva no âmbito do primeiro passo do teste jurisprudencial em análise, caberá então avaliar se esta se traduz num preço que é não equitativo em si mesmo ou em comparação com outros preços. Estes dois requisitos não têm que ser cumulativamente demonstrados.

1.3.3 Os preços não equitativos em si mesmos
A jurisprudência *United Brands* determina que um preço não equitativo em si mesmo deve ser desproporcionadamente mais elevado do que o valor económico do produto em questão.

[1064] Lucros supranormais durante curtos períodos de tempo são, por norma, insuscetíveis de originar preocupações sérias. Muitas vezes os preços sobem e as empresas realizam lucros supranormais devido a aumentos da procura que a oferta disponível no mercado não consegue satisfazer. *Office of Fair Trading*, OFT414a – *Assessment of conduct, draft competition law guideline for consultation*, para 2.16

[1065] OFT 414a – *Assessment of conduct, draft competition law guideline for consultation*, para, para 2.9

[1066] Ver OFT414a – *Assessment of conduct, draft competition law guideline for consultation*, pontos 2.9 a 2.15.

Sendo o preço, em regra, facilmente observável, a dificuldade em realizar esta parte do teste reside sobretudo na determinação do valor económico do produto.

O conceito de "valor económico do produto", além de não ter sido explicado pela jurisprudência, foi também muito pouco aprofundado nas primeiras decisões da Comissão. Na realidade, o conceito de valor económico do produto foi tratado, em alguma prática decisória, em termos muito próximos do conceito de "custos de produção". Em *Deutsche Post*, por exemplo, a Comissão utilizou o conceito de valor económico do produto com o mesmo sentido de custo de produção, concluindo inclusivamente que o preço cobrado "excede o valor económico médio desse serviço em pelo menos 25%[1067]". Também noutros processos, de que *British Leyland* é um exemplo, o conceito de valor económico do produto pareceu não se diferenciar do dos seus custos e a constatação da existência de uma desproporção excessiva entre o preço praticado e os custos do produto levava à conclusão de que existia também uma desproporção entre o preço e o valor económico.

Só em *Port of Helsingborg*, onde a Comissão considerou que o valor económico do serviço era muito superior aos respetivos custos, é que foi dada maior atenção ao conceito, tendo a Comissão explicado que neste não se encontram apenas refletidos os custos de produção, mas também outros custos não incluídos nas contas da empresa (*e.g.* custos afundados elevados; custo de oportunidade que representa prestar um determinado serviço) e, sobretudo, fatores intangíveis como a valorização que a procura faz de um determinado bem ou serviço. O conceito de valor económico do produto utilizado pela Comissão em *Port of Helsingborg* passou na verdade a traduzir melhor a teoria económica, que o define não apenas com base nos seus custos mas tendo também em conta a disposição que os consumidores têm para pagar pelo produto[1068].

Esta última componente é particularmente relevante. De facto, os aspetos relacionados com a procura, e não apenas com os custos, desempenham um papel essencial na determinação do valor económico de um produto

---

[1067] Decisão da Comissão, de 25.7.2001, Proc. COMP/C-1/36.915, *Deutsche Post AG*, Interceção de correio transfronteiriço, JO 2001, L331 p. 40, para 166.
[1068] Ver O'Donoghue, Robert e Padilla, Jorge, cit, 612.

ou serviço[1069]. Por exemplo, uma caraterística específica de um produto (*e.g.* a sua localização privilegiada) pode ser particularmente valorizada pelos consumidores e não implicar necessariamente custos de produção mais elevados. Tal facto pode aumentar o valor económico do produto sem aumentar os seus custos, o que pode querer dizer que ainda que se verifique uma desproporção do preço do produto face aos seus custos pode não existir desproporção alguma face ao seu valor económico.

A evolução do conceito de valor económico do produto, explicada pela Comissão em *Port of Helsingborg*, ajuda a compreender o teste de dois passos de *United Brands*. Na realidade, ainda que o exercício de comparação dos custos efetivamente incorridos com os preços efetivamente cobrados (primeiro passo) revele uma desproporção excessiva entre o custo e o preço, pode vir a revelar-se que o valor económico do produto é de tal modo elevado que o preço não é excessivo em si mesmo – *e.g.* porque o serviço é bastante valorizado pelos seus clientes que sentem que pagam o preço justo – nem é excessivo por comparação com os preços dos concorrentes – que cobram sensivelmente o mesmo.

1.3.4 Comparações de preços
1.3.4.1 Preços cobrados pelos mesmos produtos noutros mercados
A comparação entre o preço praticado pela empresa dominante no mercado em investigação e os preços praticados por outras empresas que prestam o mesmo serviço noutros mercados é frequente na prática europeia.

Em *Bodson*[1070], o TJ avaliou se os preços dos serviços funerários praticados por uma empresa concessionária em regime de exclusividade eram ou não excessivos, tendo observado que uma comparação com os preços dos serviços prestados noutras localidades, em regime de mercado livre, ou pelos próprios municípios "seria suscetível de fornecer uma base de apreciação do caráter equitativo ou não dos preços praticados" pela concessionária.

Esta comparação pode ser particularmente útil se os mercados objeto da comparação em que são vendidos os mesmos produtos forem concor-

---

[1069] Decisão da Comissão, *Port of Helsinborg*, paras 226 e 227.
[1070] Acórdão do TJ, de 4.5.1988, Proc. 30/87 *Corinne Bodson/Pompes funèbres des régions libérées*, Col 1988 02479.

renciais e desde que os custos de produção sejam equivalentes aos do mercado em questão[1071]. De facto, se assim não for, podem estar a comparar-se dois preços supracompetitivos pelo mesmo serviço ou preços de serviços que têm custos de produção distintos e que por isso não são comparáveis.

A prática europeia contém vários exemplos de comparações dos preços investigados com preços praticados noutros mercados.

Em *General Motors*, uma das razões que levou a Comissão a considerar excessivo o preço cobrado pela GM foi o facto de ser duas vezes superior ao cobrado por outros fabricantes por um serviço idêntico[1072]. No entanto, a própria identificação de um serviço idêntico nem sempre é fácil. Em *Port of Helsingborg*, por exemplo, a Comissão procurou realizar uma comparação dos preços praticados no porto de *Helsingborg* com os preços cobrados noutros portos, embora o resultado desta comparação tenha sido o de que não era possível extrair conclusões válidas, dadas as significativas diferenças entre os serviços prestados pelos vários portos[1073].

Recentemente, na Decisão *S&P*, a Comissão valorizou também o facto de nenhuma das agências de numeração europeia da União Europeia adotar uma prática de preços idêntica à S&P[1074].

1.3.4.2 Preços praticados por concorrentes

Apurar o preço praticado por outras empresas no mesmo mercado relevante e utilizá-lo como termo de comparação é uma metodologia a que as autoridades de concorrência recorrem com frequência.

Para ter relevo, a diferença de preços deve ser significativa. Em *United Brands*, por exemplo, o TJ considerou que uma diferença de preço de cerca de 7% entre as bananas *Chiquita* e as suas principais concorrentes não podia ser automaticamente considerada exagerada[1075].

No entanto, por vezes, não é possível comparar os preços da empresa dominante com os dos seus concorrentes simplesmente porque estes não existem. Em *Deutsche Post*, a Comissão recorreu a uma referência alternativa

---

[1071] Ver OFT414a – *Assessment of conduct, draft competition law guideline for consultation*, para, para 2.17.
[1072] Decisão da Comissão de 19.12.1974, Proc. 75/75/EEC, JO L 29 de 3.2.1975, p. 14-19 (edição em língua inglesa), para 8.
[1073] Ver Decisão da Comissão, *Port of Helsingborg*, para 162.
[1074] Ver Decisão da Comissão, S&P, paras 38 e 42.
[1075] Acórdão do TJ, *United Brands*, para 266.

por não ter termo de comparação. Observou então que "[n]um mercado que se encontra aberto à concorrência, o critério normal a aplicar consistiria em comparar o preço do operador dominante com os preços praticados pelos concorrentes. Devido à existência do amplo monopólio da DPAG, não é possível no presente caso proceder a tal comparação de preços[1076]". No processo *Lucazeau*, foi suscitada idêntica questão, a de ser "impossível comparar o nível dos direitos impostos pela SACEM com o nível dos que são exigidos pelas suas concorrentes, porque não há nenhuma[1077]".

Mesmo quando disponíveis, a utilização de preços de concorrentes exige especial atenção. Na realidade, não raras vezes os preços praticados por novos entrantes em mercados onde a empresa dominante se encontra instalada leva-os a adotar políticas agressivas de preços baixos, muitas vezes temporariamente abaixo de custo, no intuito de conquistar clientela e massa crítica. O facto de o diferencial entre estes preços e o preço praticado pela empresa dominante ser significativo pode, nestes casos, não ser necessariamente um indicador útil da existência de um preço excessivo.

1.3.4.3 Preços históricos (da empresa dominante)

A prática europeia fornece exemplos de situações em que a Comissão e os tribunais analisaram a evolução dos preços praticados pela entidade detentora de posição dominante, em particular, os aumentos que promoveu, para avaliar o caráter excessivo dos preços. No caso *British Leyland*[1078], em que a empresa aumentou os preços para prevenir reimportações dos seus automóveis provenientes de outros Estados-Membros para o Reino Unido, de 25 para 150 libras esterlinas, o TJ partilhou a visão da Comissão de que os preços eram excessivos.

A comparação com preços anteriores e posteriores aos da prática em investigação é, na realidade, frequente em processos de abuso de posição dominante por práticas de preços, tanto de natureza exploratória como de exclusão. No processo *Banda Larga*, por exemplo, em que se discutia um tarifário da Portugal Telecom para uma oferta grossista, a AdC centrou

---

[1076] Ver Decisão da Comissão, *Deutsche Post*, para 159.
[1077] Conclusões do Advogado-Geral Jacobs no âmbito dos processos C-395/87, 110/88, 241/88 e 242/88, para 53.
[1078] Acórdão do TJ, de 11.11.1986, Proc. 226/84, *British Leyland*/Comissão, 226/84, Col p. 3263.

uma boa parte da sua análise quanto ao tema da discriminação na comparação do tarifário objeto da investigação com o anterior e o posterior.

1.3.4.4 Preços cobrados noutros locais (comparação geográfica)

A comparação com preços cobrados noutros locais pelo mesmo produto ou serviço é muito frequente na prática da Comissão Europeia. A relevância que assume como indicador pode ser tanto maior se as geografias onde o mesmo produto ou serviço é vendido estiverem sujeitas a maiores condicionalismos concorrenciais do que o preço investigado.

United Brands é provavelmente o caso mais conhecido, em que a Comissão considerou existirem preços excessivos em função da diferença registada entre os preços dos diversos Estados-Membros, que ultrapassava os 100% em alguns casos. Não foi, no entanto, o único caso. No processo *Lucazeau*, o TJ considerou que uma comparação efetuada, numa base homogénea, que permita concluir que os direitos que a empresa dominante exige aos seus clientes (no caso, as discotecas) são sensivelmente mais elevados do que os cobrados nos outros Estados-Membros, traduz-se numa prática de preços não equitativos[1079].

A utilização de comparações de preços em função da geografia, sendo um indicador com utilidade, exige, no entanto, cautela. Primeiro, porque o direito da concorrência não proíbe a discriminação geográfica de preços e o facto de existirem diferenciais pode refletir apenas uma política eficiente de recuperação de custos, e a sua proibição poderá ter efeitos negativos a vários níveis, incluindo nos incentivos das empresas em investirem em I&D[1080]. Em segundo lugar, como observam diversos autores, a comparação de preços entre geografias distintas deve levar em conta as diferenças subjacentes a cada uma delas (*e.g.* diferenças nos preços dos *inputs* ou no grau de concentração do mercado, diferentes quadros regulatórios, regime fiscal, poder negocial dos compradores, etc.), sob pena de não permitir quaisquer resultados fiáveis[1081].

[1079] Acórdão do TJ, de 13.7.1989, Proc. Ap. 110/88, 241/88 e 242/88, *François Lucazeau e outros contra Société des Auteurs, Compositeurs et Editeurs de Musique (SACEM)* e outros Col. 1989 02811, paras 3 e 25.

[1080] Ver Motta, Massimo e de Streel, Alexander, *Excessive Pricing and Price Sequeeze under EU Law*, in *What is an abuse of dominant position?*, Hart Publishing, 2003, pág 112.

[1081] Ver Geradin, Damien, cit., pág 12; ver também Bishop, Simon e Walker, Mike, cit, pág 239.

1.4 Principais objeções ao controlo de preços excessivos

Diversas jurisdições não proíbem a prática de preços excessivos por empresas dominantes, centrando-se nos abusos de exclusão. Existem, na realidade, alguns argumentos, a que é difícil não ser sensível, que questionam a conveniência, em termos de política de concorrência, da intervenção contra a prática de preços excessivos.

Primeiro, a prática de preços supracompetitivos por parte de um monopolista levará, na ausência de barreiras à entrada e à expansão, a novas entradas no mercado que, por sua vez, tenderão a provocar a baixa dos preços. De acordo com esta visão, o problema dos preços excessivos é apenas temporário uma vez que o preço praticado transmite igualmente uma mensagem a potenciais concorrentes sendo de esperar que um preço alto estimule novas entradas que, por sua vez, tenderão a fazê-lo baixar. O mercado encarregar-se-á, por isso, de resolver o problema dos preços excessivos. É claro que este ponto de vista só poderá ser válido em mercados onde não existam barreiras à entrada e à expansão ou onde estas não sejam insuperáveis[1082-1083]. Se, por exemplo, o problema de preços excessivos disser respeito a uma infraestrutura essencial – irreplicável, por definição – dificilmente o mercado poderá resolvê-lo.

Em segundo lugar, não é raro o argumento de que um monopolista deve poder legitimamente cobrar um preço elevado para o incentivar a suportar os riscos associados a investimentos substanciais em I&D. Proibir a realização de lucros elevados retiraria às empresas o grande incentivo que têm para originar benefícios para o mercado através da inovação. Sem a perspetiva de lucros altos, é menos provável que uma empresa se disponha a assumir riscos significativos. O acórdão do Supremo Tribunal norte-americano em *Trinko* sintetiza estes dois argumentos da seguinte forma:

[1082] Em bom rigor, se não existirem barreiras à entrada, a própria existência de uma posição dominante pode ser questionada.

[1083] Ver Motta, Massimo e de Streel, Alexander, *Excessive Pricing and Price Sequeeze under EU Law*, in *What is an abuse of dominant position*, Hart Publishing, pág 109 ou Motta, Massimo e de Streel, Alexandre, *Excessive Pricing in Competition Law: Never Say Never?* in *The Pros and Cons of High Prices*, Konkurrensverket (autoridade da concorrência Sueca), 2007, pág 14; Estes autores defendem que apenas em circunstâncias excecionais a política de concorrência deve censurar uma prática de preços excessivos.

"A mera detenção de poder de monopólio, e a concomitante cobrança de preços de monopólio, não é apenas legal; é também um importante elemento do sistema de mercado livre. A oportunidade de cobrar preços de monopólio – pelo menos durante um período curto de tempo – é o que atrai, desde logo, o juízo favorável do negócio e induz a assunção de risco que origina inovação e crescimento económico. Para preservar os incentivos a inovar, a detenção de poder de monopólio não será considerada ilegal a menos que acompanhada por um elemento de conduta anticompetitiva[1084]".

Por outro lado, em determinados setores particularmente dinâmicos, em que as empresas suportam custos fixos muito elevados, a cobrança de um preço supracompetitivo durante algum tempo, pode mesmo ser a única forma de os recuperar.

Em terceiro lugar, as autoridades de concorrência sempre viram com grande relutância o papel de agências de controlo de preços, para o qual não se encontram vocacionadas. É preferível, sempre que possível, deixar esse papel para os reguladores setoriais. Na realidade, a existência de um regulador setorial, que disporá, à partida, de melhor informação sobre a empresa e sobre o setor – e poderá ter sobre si um ónus da prova menos exigente – poderá desaconselhar uma autoridade da concorrência de intervir. Aquelas entidades tendem a estar melhor posicionadas para intervenções neste campo do que autoridades de concorrência. No entanto, este argumento, que é igualmente válido para um conjunto de outros abusos de preços (*e.g.* compressão de margens, preços predatórios), não tem impedido a Comissão de intervir em mercados onde considera que a intervenção regulatória não resolveu convenientemente o problema.

Por fim, determinar, com algum grau de certeza jurídica, aquilo em que se traduz um preço excessivo, é extremamente difícil. Isso reflete-se, por exemplo, nos testes da jurisprudência europeia que lançam mão de conceitos indeterminados, como "relação razoável", "valor económico do produto" ou o próprio termo "excessivo", cuja determinação em concreto está longe de ser fácil. Além das dificuldades práticas que isso coloca na deteção de um preço excessivo, coloca outras adicionais

---

[1084] *Verizon Communications/Law Offices of Curtis V Trinko* 540 US 398 (2004) (nossa tradução).

em termos de segurança jurídica das empresas dominantes que fixam os seus preços[1085].

Em conclusão, dadas as dificuldades de aplicação prática do conceito, e por não ser sempre claro quais os impactos no longo-prazo da intervenção de uma autoridade da concorrência nos incentivos das empresas para investir e inovar, as censuras de preços excessivos só devem ter lugar após o cuidado balanço dos prós e dos contras de uma intervenção, quer em termos de benefícios para o mercado quer igualmente no que toca a saber qual a entidade melhor posicionada para o fazer.

1.5 Casos em que é mais provável a censura de preços excessivos ser adequada

As vantagens e os inconvenientes em intervir, ao abrigo das regras de concorrência, em cenários de preços excessivos têm sido amplamente debatidos pela doutrina jurídica e económica. Neste âmbito, surgiram já diversas propostas que apontam no sentido de limitar a aplicação das regras de concorrência a preços excessivos a um conjunto circunscrito de situações. O ponto comum a uma boa parte delas é o de que uma intervenção só poderá justificar-se em cenários muito particulares em que não é provável que o mercado, por si só, resolva o problema atraindo novas entradas. São os casos de preços excessivos em infraestruturas essenciais, monopólios naturais, cenários de superdomínio, barreiras à entrada muito elevadas e duradouras e situações análogas[1086-1087].

[1085] Ver, para uma síntese dos argumentos desfavoráveis à intervenção em casos de preços excessivos, Motta, Massimo e de Streel, Alexandre, *Excessive Pricing in Competition Law: Never Say Never?* in *The Pros and Cons of High Prices*, Konkurrensverket (autoridade da concorrência Sueca), 2007, pág 17; Wish, Richard, cit. pág 710. Ver igualmente OECD, DAF/COMP/WP2(2011)7, *Excessive Prices* – Background Paper, *Working Party No. 2 on Competition and Regulation*, 2011, pontos 2.2. e 2.3, pág 12 e segs e *OECD Policy Roundtable – Excessive Prices*, 7.2.1012, pág 32, disponíveis em: www.oecd.org

[1086] EAGCP Report, op. cit., pág 11.; ver igualmente Motta, Massimo e de Streel, Alexander, *Excessive Pricing and Price Squeeze under EU Law*, in *What is an abuse of dominant position*, Hart Publishing, pág 110; outras situações apontadas pela doutrina são sintetizadas no *Background Paper* da OCDE e no *OECD Policy Roundtable – Excessive Prices*, 7.2.1012, a que fizemos referência *supra*.

[1087] Para uma síntese dos principais argumentos favoráveis à intervenção em cenários de preços excessivos ver OECD, DAF/COMP/WP2(2011)7, *Excessive Prices – Background Paper*, *Working Party No. 2 on Competition and Regulation*, 2011, ponto 4, pág 28 e segs. e *OECD Policy*

Na verdade, como teremos oportunidade de ver na parte 2 do presente capítulo, com a exceção do caso *United Brands*, os casos de preços excessivos na U.E. envolvem, em certa medida, posições dominantes detidas em mercados onde a probabilidade de entrada num futuro próximo era muito reduzida[1088]. A própria Comissão Europeia parece reconhecer que é sobretudo em mercados com as caraterísticas descritas que se justifica intervir:

> "Parece que a intervenção contra preços excessivos tem apenas sido considerada como um último recurso, em mercados onde preços elevados e lucros elevados não desempenham a sua habitual função de atrair a entrada e a expansão devido a barreiras muito elevadas e duradouras à entrada e à expansão. Isto é um reconhecimento de que embora em muitos mercados os preços possam ser temporariamente elevados devido a um desencontro entre a procura e a oferta ou ao exercício de poder de mercado, é preferível dar às forças de mercado o tempo para atuarem e à entrada e expansão para terem lugar, trazendo assim os preços para níveis mais normais[1089]".

Nesta medida, embora a jurisprudência não tenha limitado o âmbito de aplicação do artigo 102º TFUE a casos desta natureza, é provável que a Comissão e a AdC endereçam situações de preços excessivos, sobretudo, em mercados com as caraterísticas referidas.

1.6 Preços de compra excessivamente baixos

Tal como um preço de venda excessivamente alto, um preço de compra excessivamente baixo pode configurar um abuso de posição dominante por prática de preços não equitativos. O problema na compra não parece ser distinto do que se coloca na venda.

O princípio foi reconhecido pelo TJ em *CICCE*[1090], onde os produtores e distribuidores de filmes cinematográficos denunciaram as três companhias televisivas francesas, *Société nationale de télévision française 1* (TF 1),

---

Roundtable – Excessive Prices, 7.2.1012, pág 35, disponíveis em: www.oecd.org; ver igualmente Motta, Massimo e de Streel, Alexander, *Excessive Pricing and Price Squeeze under EU Law*, in *What is an abuse of dominant position*, Hart Publishing, pág 112.

[1088] Ver *OECD Bestpractice Roundtables on Excessive Prices*, 2012, contributo da Comissão Europeia, pág 317.

[1089] Ver *OECD Bestpractice Roundtables on Excessive Prices*, 2012, contributo da Comissão Europeia, pág 317.

[1090] Acórdão do TJ, de 28.3.1985, Proc. 298/83, CICCE/Comissão, Col 1985 1105.

Société nationale de télévision en couleur Antenne 2 (A 2) e a *Société nationale de programmes France Régions* (FR 3) por pagarem preços demasiados baixos pelos filmes. O TJ, tal como a Comissão, concordou que a prática descrita podia traduzir-se numa conduta abusiva. Contudo, na apreciação do caso concreto considerou que a infração ao artigo 102º TFUE não se encontrava convenientemente demonstrada porque na comparação entre custos e preços realizada pelos denunciantes utilizavam-se valores médios e não os valores de produção de cada filme.

1.7 A proibição dos preços excessivos no artigo 102º TFUE e na Lei nº 19/2012

Tanto o artigo 102º TFUE como o artigo 11º da Lei nº 19/2012 proíbem expressamente a prática de preços excessivos por entidades detentoras de posição dominante. A alínea a) do artigo 102º TFUE e a alínea a) do nº 2, do artigo 11º da Lei nº 19/2012 apresentam-se formuladas em termos idênticos, considerando poder constituir um comportamento abusivo "[i]mpor, de forma direta ou indireta, preços de compra ou de venda ou outras condições de transação não equitativas".

2. A prática das instituições Europeias
2.1 General Motors[1091]

Em 19.12.1974, a Comissão condenou a General Motors ("GM") por abuso de posição dominante por prática de preços excessivos pela emissão do certificado de conformidade de automóveis Opel importados para a Bélgica provenientes de outros países europeus. O certificado era obrigatoriamente emitido pela GM, enquanto distribuidor exclusivo autorizado. A Comissão considerou o preço excessivo essencialmente com base em dois fatores: *(i)* o preço cobrado pela GM era duas vezes superior ao cobrado por outros fabricantes por um serviço idêntico[1092]; *(ii)* a GM cobrava o mesmo preço pelos certificados emitidos relativamente aos seus modelos fabricados na Europa e nos Estados Unidos, não obstante os custos de emitir os certificados relativos aos primeiros fossem muito inferiores[1093].

[1091] Decisão da Comissão, de 19.12.1974, JO L 29 de 3.2.1975, p. 14-19 (ed. em língua inglesa) (75/75/EEC); Acórdão do TJ, de 13.11.1975, Proc. 26/75 *General Motors*/Comissão, Col 1975/00467 (ed port.).
[1092] Decisão da Comissão, *GM*, para 8.
[1093] Ver acórdão do TJ, *GM*, para 21.

O TJ anulou a decisão da Comissão, atendendo às circunstâncias especiais em que os preços foram fixados a um nível elevado, ao facto de a GM ter reduzido o seu preço em linha com o verdadeiro custo económico da operação, e ainda por a GM ter reembolsado o montante em excesso às pessoas que reclamaram, ainda antes da intervenção da Comissão[1094].

O TJ deixou contudo claro que um comportamento que consiste na imposição de um preço que é excessivo em relação ao valor económico do serviço prestado e que tem o efeito de impedir as importações paralelas por neutralizar preços possivelmente mais favoráveis cobrados noutras áreas da Comunidade, ou por conduzir a preços não equitativos no sentido do (agora) artigo 102º alínea a) TFUE, pode configurar um abuso de posição dominante[1095].

2.2 United Brands[1096]

Em 1975, a Comissão considerou a empresa *United Brands Company* ("UBC") detentora de posição dominante no mercado das bananas, e, entre um conjunto de outros abusos, condenou-a pela prática de preços não equitativos. Como vimos *supra*, no capítulo 9, a UBC empreendia uma política de repartição do mercado e cobrava preços distintos em função do Estado-Membro de destino, chegando essas diferenças a superar em vários casos os 100%. Nos Estados-Membros onde praticou preços mais elevados (Alemanha, Países Baixos, Dinamarca, Bélgica e Luxemburgo), a Comissão considerou que a UBC cobrou preços não equitativos, por serem excessivos face ao valor económico do produto fornecido.

Embora não tivesse avaliado a estrutura de custos da UBC, a Comissão baseou a sua análise na circunstância de: *(i)* nas regiões onde eram mais reduzidos os preços já permitiam lucros; *(ii)* os preços praticados por concorrentes que comercializavam bananas sem marca com uma qualidade apenas ligeiramente inferior eram, no entanto, 20% a 40% mais baixos; *(iii)* o preço das bananas com marca vendidas pelos principais concorrentes da UBC era inferior em cerca de 7% e estas empresas realizavam lucros[1097].

[1094] Ver acórdão do TJ, *GM*, para 22.
[1095] Ver acórdão do TJ, *GM*, para 12.
[1096] Decisão da Comissão, de 17.12.1975, Proc IV/26.699 – Chiquita (JO 1976, L 95, p. 1 e segs.); acórdão do TJ, de 14.2.1978, Proc. 27/76 *United Brands*/Comissão, Col 1978 ed. Port. 00077.
[1097] Acórdão do TJ, *UB*, paras 237, 239 e 240.

Atendendo a esta situação, a Comissão considerou que "se justifica uma redução por parte da UBC dos seus níveis de preços para valores, pelo menos, inferiores em 15% aos que cobra aos seus clientes no mercado em causa, exceto a Irlanda, já que os preços não equitativos que atualmente cobra constituem um abuso de posição dominante da sua parte[1098]".

O TJ reafirmou neste processo que uma empresa em posição dominante pode ser condenada por prática de preços excessivos, mas, no que toca à conclusão da Comissão de que a UBC os tinha praticado, considerou não poder confirmá-la, essencialmente, por três razões: *(i)* a Comissão tinha-se abstido de proceder a uma análise da estrutura de custos da empresa dominante; *(ii)* não tinha sido feita prova de que o preço praticado na Irlanda dava lucro – a UBC alegava que não – e a Comissão não logrou refutar a alegação, por não ter realizado uma análise de custos; e *(iii)* a diferença de cerca de 7% entre o preço das bananas Chiquita (da UBC) e o dos principais concorrentes não permite concluir automaticamente que o preço é excessivo[1099].

O TJ sublinhou que um preço excessivo consiste num preço sem uma correspondência razoável com o valor económico da prestação fornecida[1100]. Admitindo que podem conceber-se vários métodos para estabelecer se o preço de um produto tem ou não caráter excessivo, o TJ observou que esta desproporção excessiva pode contudo ser determinada, de forma objetiva, caso seja possível, por exemplo, calculá-la por comparação entre o preço de venda do produto em questão e o seu custo de produção, inferindo daí o montante da margem de lucro[1101]. Como vimos detalhadamente no ponto 1.3 *supra*, este exercício envolve dois passos: *(i)* verificar se existe uma desproporção excessiva entre o custo efetivamente suportado e o preço efetivamente praticado; e *(ii)* em caso afirmativo, avaliar se o preço será não equitativo em si mesmo *ou* em comparação com os produtos concorrentes[1102].

O teste estabelecido pelo TJ neste processo é ainda hoje o teste de referência utilizado para a avaliação do caráter excessivo de um preço[1103].

[1098] Acórdão do TJ, *UB*, para 241.
[1099] Acórdão do TJ, *UB*, paras 250 e 251.
[1100] Acórdão do TJ, *UB*, para 250.
[1101] Acórdão do TJ, *UB*, para 251.
[1102] Acórdão do TJ, *UB*, para 252.
[1103] Ver *supra* ponto 1.3.

2.3 British Leyland[1104]

Em 1984, a Comissão condenou o fabricante de automóveis britânico *British Leyland* ("BL") por violação do (agora) artigo 102º TFUE por um conjunto de práticas que visavam impedir o comércio paralelo de automóveis de outros Estados-Membros, em especial as reimportações dos seus automóveis. Entre estas práticas encontrava-se a cobrança de taxas com um valor excessivo para a emissão de certificados de conformidade para veículos com volante à esquerda. A BL cobrava inicialmente taxas de 25 libras esterlinas para a emissão do certificado de conformidade tanto de veículos com volante à direita como de veículos com volante à esquerda. No entanto, em 1981, com vista a desincentivar as reimportações de veículos para o Reino Unido, fixou a taxa de emissão do certificado de conformidade para veículos com volante à esquerda em 150 libras esterlinas para revendores profissionais e em 100 libras esterlinas para os particulares. Para os veículos com volantes à direita a taxa manteve-se.

A Comissão considerou que o serviço prestado no âmbito da emissão de um certificado de conformidade era o mesmo tanto para veículos com volantes à esquerda como para veículos com volante à direita e que, em ambos os casos, consistiam numa simples operação administrativa de controlo que não podia envolver encargos significativos. Não existia pois qualquer justificação objetiva para a existência de uma taxa diversa para a emissão de certificados de conformidade consoante os veículos tivessem volantes à esquerda ou à direita e, em especial, qualquer razão que pudesse justificar um valor seis vezes superior para os certificados de veículos com volantes à esquerda[1105].

Nestes termos, o TJ considerou que "a Comissão podia validamente concluir que a taxa exigida fora fixada a nível manifestamente desproporcionado face ao valor económico da prestação fornecida e que essa prática constituía uma exploração abusiva por parte da BL da situação de monopólio que lhe reconhece a regulamentação britânica[1106]".

O TJ parece ter aceite a análise respeitante ao valor económico do serviço, que resultava, em grande parte, de comparações de custos.

[1104] Acórdão do TJ, de 11.11.1986, Proc. 226/84, *British Leyland*/Comissão, 226/84, Col, p. 3263, nº 24.
[1105] Acórdão do TJ, *BL*, para 28.
[1106] Acórdão do TJ, *BL*, para 30.

Na prática, a Comissão concluiu que o preço era excessivo (ou que não tinha uma relação razoável com o valor económico do serviço), por dois motivos. Por um lado, porque sendo os custos de emitir certificados de conformidade para volantes à esquerda e volantes à direita essencialmente o mesmo, os preços eram muito diferentes. Por outro lado, porque a BL cobrava preços muito distintos em comparação com o que havia já cobrado noutras alturas, sem que existisse uma justificação objetiva para a diferença.

2.4 Bodson[1107]

Em 1988, o TJ pronunciou-se, em sede de reenvio a título prejudicial, entre outros temas, sobre a compatibilidade com o (agora) artigo 102º alínea a) TFUE dos preços cobrados pela *société des pompes funèbres des régions libérées*, à qual a cidade francesa de Charleville-Mézières havia entregue a concessão exclusiva de serviços funerários externos.

O contributo deste processo para o enquadramento do tema dos preços excessivos prende-se essencialmente com o facto de o TJ ter reconhecido o importante papel de que podem revestir-se as comparações dos preços investigados com os preços cobrados por serviços idênticos, prestados noutras localidades onde exista concorrência (*e.g.* onde não existam concessões exclusivas), em regime de mercado livre ou pelos próprios municípios. De acordo com o TJ, tal comparação "seria suscetível de fornecer uma base de apreciação do caráter equitativo ou não dos preços praticados pelas concessionárias[1108]".

2.5 SACEM (Tournier e Lucazeau)[1109]

Em 1989, dois acórdãos do TJ relativos às taxas cobradas pela *Société des auteurs, compositeurs et éditeurs de musique* ("SACEM") – entidade gestora de direitos coletivos dos artistas em França – às discotecas, abordaram o tema da qualificação como excessivos de preços que eram várias vezes

---

[1107] Acórdão do TJ, de 4.5.1988, Proc 30/87 *Corinne Bodson/Pompes funèbres des régions libérées*, Col 1988 02479.

[1108] Acórdão do TJ, de 4.5.1988, Proc 30/87 *Corinne Bodson/ Pompes funèbres des régions libérées*, Col 1988 02479, para 31.

[1109] Acórdão do TJ, de 13.7.1989, Proc. C-395/87 *Tournier*, Col 1989 2521; Acórdão do TJ, de 13.7.1989, Proc. Ap. 110/88, 241/88 e 242/88, *François Lucazeau* e outros contra *Société des Auteurs, Compositeurs et Editeurs de Musique* (SACEM) e outros, Col. 1989 2811.

superiores aos praticados por sociedades de autores noutros Estados-Membros.

No processo *Tournier* colocou-se ao TJ a questão de saber se "o artigo [102º TFUE] deve ser interpretado no sentido de que constitui uma condição de transação não equitativa" o facto de uma empresa de controlo e de cobrança de direitos de autor que beneficia de uma posição dominante em parte substancial do mercado comum (...) fixar uma base de cálculo e uma taxa para os direitos, quando se verifica que essa taxa é várias vezes superior à praticada por todas as sociedades de autores dos países membros da CEE, sem razão objetivamente justificável e sem relação com as importâncias distribuídas aos autores, tornando o direito desproporcionado relativamente ao valor económico da prestação fornecida?[1110-1111]"

O TJ respondeu afirmativamente sublinhando contudo que a validade da comparação dependerá de ter sido realizada numa "base homogénea".

De acordo com o TJ, "quando uma empresa em posição dominante impõe, pelos serviços que presta, *tabelas sensivelmente mais elevadas* que as praticadas nos outros Estados-Membros e quando a comparação dos níveis das tabelas foi *efetuada numa base homogénea*, essa diferença deve ser considerada indício de um abuso de posição dominante[1112]". Apurado este indício, caberá, nessa altura, "*à empresa em questão justificar a diferença, baseando-se nas*

[1110] Cf. *Tournier*, Relatório para Audiência – Processo 395/87, p. 2526 e 2527; em *Lucazeau*, a questão formulada apresenta uma redação diferente, v. para 7.
[1111] Nas Conclusões apresentadas ao processo, o Advogado-Geral Jacobs observou que o critério da jurisprudência *United Brands* não podia aplicar-se ao presente caso. Segundo o AG, em *United Brands*, "o Tribunal indicou (em relação a um produto e não a um serviço) que é necessário examinar se a diferença entre os custos efetivamente suportados no fabrico do produto e o preço efetivamente exigido é excessivo e, se a resposta a essa questão for em sentido afirmativo, se foi imposto um preço que é injusto, em valores absolutos ou quando comparado com produtos concorrentes (nº 252 do acórdão). Alega-se que é inadequado, no presente contexto, proceder na base de uma comparação entre os custos de produção e o preço de venda, dado que é impossível determinar o custo da criação de uma obra intelectual, como é uma obra musical. Além disso, é impossível comparar o nível dos direitos impostos pela SACEM com o nível dos que são exigidos pelas suas concorrentes, porque não há nenhuma". Ver Conclusões do Advogado-Geral Jacobs no âmbito dos processos 395/87, 110/88, 241/88 e 242/88, para 53.
[1112] Acórdão *Lucazeau*, para 25.

divergências objetivas entre a situação do Estado-membro em causa e a prevalecente em todos os outros Estados-membros[1113-1114]" (nosso ênfase).

A conclusão que pode extrair-se da jurisprudência *Tourier* e *Lucazeau* é pois a de que não obstante *(i)* a impossibilidade de calcular custos de produção e, logo, de os comparar com os preços cobrados, e *(ii)* a inexistência de concorrentes com os quais comparar os preços investigados, um preço pode ser caraterizado como excessivo unicamente com base num outro elemento comparativo (neste caso o preço cobrado por outros prestadores de idêntico serviço noutros Estados-Membros), devendo, no entanto, tal comparação ser realizada numa "base homogénea".

2.6 Deutsche Post[1115]

Em 2001, a Comissão condenou por abuso de posição dominante a empresa nacional alemã de correios, a *Deutsche Post* ("DP"), por cobrar taxas excessivamente elevadas por serviços de correio transfronteiriços, mercado onde detinha uma posição dominante[1116]. Além de considerar estarem em causa condições discriminatórias e outros abusos, a Comissão deu ainda como provada a existência de preços não equitativos.

Sublinhou a Comissão não existirem dados fiáveis que pudessem ser utilizados numa análise da estrutura de custos da DP (só pouco tempo antes a empresa introduzira um sistema de contabilidade dos custos internos transparente) nem tão pouco preços de operadores concorrentes que pudessem ser comparados, uma vez que o mercado era um monopólio legal.

Nesta medida, recorreu aos dados respeitantes ao Acordo REIMS II, em que a DP e outras associadas, declararam que o custo médio de transporte e entrega do correio transfronteiriço de entrada (incluindo uma margem de lucro razoável) pode corresponder a aproximadamente 80% da tarifa

---

[1113] Acórdão do TJ, de 13.7.1989, Proc 395/87, Tournier e out/*Société des Auteurs, Compositeurs et Editeurs de Musique* (SACEM) e outros, para 38, Col. 1989 2521.

[1114] Acórdão do TJ de 13.7.1989, Proc. Ap. 110/88, 241/88 e 242/88, *François Lucazeau* e outros/*Société des Auteurs, Compositeurs et Editeurs de Musique* (SACEM) e outros, Col. 1989 2811, paras 3 e 25.

[1115] Decisão da Comissão, de 25.7.2001, Proc. COMP/C-1/36.915, *Deutsche Post AG*, Interceção de correio transfronteiriço, JO 2001, L331 p. 40.

[1116] Os factos do caso são descritos em detalhe no capítulo 9, relativo à discriminação abusiva, pág 325.

interna[1117]. A Comissão observou então que caberia à DP provar que este valor não correspondia ao seu custo médio, e, como tal não sucedeu, utilizou-o como referência, constatando que a tarifa havia sido fixada num montante 25% superior a este.

A Comissão parece pois ter equiparado o suposto custo de prestação do serviço (ainda que apenas estimado com base em dados do REIMS II) ao valor económico do mesmo, concluindo que uma diferença de 25% entre este e o preço configurava um preço não equitativo. Para a Comissão, "tendo em conta o estatuto monopolista da DPAG e as especificidades dos serviços postais referidas *supra* – conclui[-se] que a tarifa aplicada pela DPAG não apresenta uma relação suficiente ou razoável com os custos reais ou com o valor real do serviço prestado. Consequentemente, o preço fixado pela DPAG explora de forma excessiva os consumidores e deve ser considerado como um preço de venda não equitativo na aceção do artigo [102º TFUE][1118]".

2.7 Scippacercola[1119]

Em 2002, um grupo de utilizadores do aeroporto Spata, em Atenas, apresentou uma denúncia à Comissão Europeia por violação dos artigos 102º e 106º TFUE. A denúncia referia-se a alegadas práticas de preços não equitativos respeitantes a taxas cobradas diretamente aos utilizadores pelos serviços de manutenção dos procedimentos de segurança do aeroporto.

A Comissão rejeitou a denúncia, sublinhando que a prestação de serviços de segurança aos passageiros do aeroporto de Atenas não constituía uma atividade económica a que pudesse ser aplicado o artigo 102º TFUE, mas que ainda que constituísse, os elementos trazidos ao processo não configuravam indícios suficientemente fortes da existência de um preço excessivo. De acordo com a denunciante, a taxa de segurança foi objeto de aumentos e era mais elevada do que noutros aeroportos e do que no antigo aeroporto de Atenas. No entanto, a informação recolhida preliminarmente pela Comissão apontava para que os aludidos aumentos não tinham efetiva-

---

[1117] Cf Decisão da Comissão, DP, para 160.
[1118] Cf. decisão da Comissão, *DP*, para 167.
[1119] Decisão da Comissão, de 2.5.2005, Proc. COMP/D3/38469 *Airport users/AIA (Athens International Airport) of Spata+Greece*; acórdão do TG de 16.1.208, Proc. T-306/05 Isabella Scippacercola/Comissão, Col. 2008 II-00004; despacho do TJ, de 25.3.2009, Proc. C-159/08 Isabella Scippacercola e outros/Comissão, Col. 2009 I-00046.

mente ocorrido e que as diferentes taxas pagas noutros aeroportos podiam ter muitas explicações, incluindo diferenças ao nível do serviço prestado, ou dos custos de o prestar. Existia também evidência de que era mais caro prestar o serviço no novo aeroporto do que no antigo aeroporto de Atenas. Concluiu portanto a Comissão que as comparações apresentadas não podiam permitir extrair conclusões quanto ao eventual caráter excessivo dos preços. O TG e o TJ confirmaram este entendimento.

2.8 *Port of Helsingborg*[1120]

Em 2004, a Comissão rejeitou uma queixa por prática de preços excessivos apresentada pela *Scandlines*, uma companhia sueca que operava serviços de *ferries* entre a Suécia e a Dinamarca, contra a *Helsingborgs Hamm AB* ("HHAB"), uma empresa municipal encarregue da gestão do porto de *Helsingborg*, localizado no sudoeste da Suécia. De acordo com a *Scandlines*, os preços cobrados pela HHAB pelos serviços portuários prestados eram excessivos e discriminatórios. Ocupa-nos aqui apenas o tema do caráter excessivo dos preços.

Quanto a estes, a Comissão considerou não ter obtido evidência suficiente que permitisse concluir que o preço cobrado pela HHAB pelos serviços portuários prestados não apresentava uma relação razoável com o respetivo valor económico.

Para chegar a esta conclusão recorreu à jurisprudência *United Brands*, recordando que o teste decisivo se centra na relação do preço do produto com o seu valor económico, e que envolve dois passos: *(i)* um primeiro, que consiste na análise dos custos de produção do produto/serviço em questão e a sua comparação com o preço efetivamente cobrado; e *(ii)* um segundo, que passa por avaliar em que medida os preços são "não equitativos" *(a)* em comparação com os de outros concorrentes que prestam o mesmo serviço (outros portos) ou *(b)* em si mesmos[1121].

Quanto ao primeiro passo, a comparação entre custos e preços não é, em si mesma, suficiente para concluir pela existência de um abuso, ainda que a margem apurada seja excessiva. No entanto, a Comissão não determinou sequer o caráter excessivo da margem. Notou a Comissão que resultava da sua avaliação que as receitas eram suficientes para cobrir os custos mas

---

[1120] Decisão da Comissão, de 23.7.2004, Proc. COMP/A.36.568/D3 – *Scandlines Sverige AB/ Port of Helsingborg*.
[1121] Decisão da Comissão, *Port of Helsingborg*, paras 102 e 103.

que esse facto não lhe permitia concluir que eram "excessivas" no sentido do primeiro passo do teste que resultava da jurisprudência *United Brands*.

Prosseguiu, não obstante, para o segundo passo do exercício tendo acabado por concluir que também não se encontrava satisfeito.

No que se refere à comparação com as tarifas de outros portos, a Comissão revelou que o parâmetro de comparação aplicável em casos de preços excessivos é elevado e que não é suficiente qualquer comparação não sistemática, que não leve na devida conta todas as circunstâncias e especificidades.

Em particular, concluiu não ser possível extrair qualquer conclusão válida no caso, na medida em que *(i)* cada porto aplica o seu próprio sistema de cobrança específico; *(ii)* a maior parte dos proprietários dos *ferries* que utilizam um determinado porto com frequência celebram acordos individuais com o porto em questão nos termos do qual pagam menos do que o indicado na tarifa oficial, em que assentaria a comparação; *(iii)* a lista de serviços prestados em terra e na água dentro do porto varia de porto para porto; *(iv)* cada porto é substancialmente diferente dos restantes no que respeita às suas atividades, à dimensão dos seus ativos e investimentos, ao montante das suas receitas e aos custos de cada atividade[1122].

Por outro lado, a propósito de saber se os preços eram não equitativos em si mesmos, a Comissão observou que na determinação do valor económico do serviço, a avaliação tomava em linha de conta não apenas os custos efetivamente incorridos com a prestação do serviço, mas igualmente outros custos e outros fatores que não se encontram refletidos nas contas da HHAB. Entre estes, a Comissão apontou os elevados custos afundados incorridos na construção do porto, o custo de oportunidade que representa manter o porto numa localização que poderia ser utilizada de forma mais rentável se servisse outros fins e a localização do porto de Helsingborg, que é perfeita para os operadores de *ferries* e vai ao encontro das suas precisas necessidades, o que configura um valor intangível em si mesmo. A Comissão concluiu pois que o valor económico do serviço prestado era muito superior aos seus custos, embora fosse difícil determinar o seu valor preciso uma vez que a maior parte dos seus componentes são intangíveis[1123].

[1122] Decisão da Comissão, *Port of Helsingborg*, para 162.
[1123] Decisão da Comissão, *Port of Helsingborg*, paras 209 e 210.

A análise do valor económico do serviço empreendida pela Comissão neste caso representa uma significativa evolução face aos anteriores processos e, como tem sido observado por alguns autores, reflete melhor a teoria económica, que define o valor económico de um produto ou serviço com base não apenas nos seus custos mas também na disposição que os consumidores têm para pagar por ele[1124].

A clarificação relativa ao papel desempenhado pelos aspetos relacionados com a procura no apuramento do valor económico do produto foi bastante importante para a melhor compreensão do conceito[1125]. De acordo com a Comissão "a procura é relevante principalmente porque os clientes estão particularmente dispostos a pagar mais por qualquer caraterística específica associada ao produto/serviço que eles valorizam. Essa caraterística específica não implica necessariamente custos de produção mais elevados para o fornecedor do serviço. No entanto, é valioso para o cliente e igualmente para o prestador do serviço e, nessa medida, aumenta o valor económico do produto/serviço[1126]".

2.9 Rambus[1127]

Em 9.12.2009, a Comissão arquivou o processo onde investigara o comportamento da empresa norte-americana Rambus no mercado da tecnologia para os *chips* informáticos DRAM (*Dynamic Random Access Memory*). Os *chips* DRAM constituem um tipo de memória utilizada principalmente nos sistemas de computadores, mas também numa larga gama de outros produtos que necessitam de armazenar dados de forma temporária (*e.g.* servidores, impressoras, PDAs e máquinas de filmar).

A esmagadora maioria dos *chips* DRAM existentes no mercado respeita a norma tecnológica definida pela JEDEC, em traços gerais, uma organização norte-americana, que reune a indústria e define "normas" com vista a permitir a interoperabilidade tecnológica. A Rambus, como outras empresas da indústria, era membro da JEDEC. No âmbito da sua participação nos procedimentos de definição de normas tecnológicas para os *chips* DRAM no seio da JEDEC, a Rambus terá desenvolvido um plano para "capturar"

[1124] Ver O'Donoghue, Robert e Padilla, Jorge, cit, 612.
[1125] Decisão da Comissão, *Port of Helsingborg*, paras 226 e 227.
[1126] Decisão da Comissão, *Port of Helsingborg*, para 227 (nossa tradução).
[1127] Decisão da Comissão, de 9.12.2009, Proc. COMP/38.636 – Rambus .

a norma tecnológica do mercado, tentando influenciar a adoção de uma determinada norma relativamente à qual detinha patentes, ocultando, no entanto, tal facto aos restantes membros da JEDEC (*patent ambush*). Adotada a norma, a Rambus passou a reclamar *royalties* (potencialmente) abusivas, com base nos direitos resultantes das patentes.

A Comissão considerou que o facto de a Rambus cobrar as ditas *royalties* apenas era possível devido ao comportamento desleal que adotara, configurando tal comportamento uma potencial violação do artigo 102º TFUE.

Como contrapartida do arquivamento do processo, a Rambus ofereceu compromissos, por um período de 5 anos, que consistiram em: *(i)* não cobrar quaisquer *royalties* pelos *chips* DRAM baseados em normas JEDEC adotadas enquanto pertencia àquela organização; e *(ii)* cobrar um *royalty* máximo de 1.5% pelos *chips* DRAM subsequentes, adotados após ter deixado de pertencer à JEDEC (antes cobrava 3.5%[1128]).

Dada a natureza do caso, em especial o facto de as principais preocupações se relacionarem com os comportamentos de *patent ambush* e só depois com as *royalties* possivelmente elevadas, a Comissão dedicou pouca atenção à qualificação jurídica e económica destas *royalties* como preços excessivos. Neste caso, a natureza potencialmente excessiva das *royalties* cobradas não decorria, como normalmente, de comparações mas parece resultar antes da circunstância de o direito a cobrá-la ter sido adquirido de forma desleal.

2.10 Standard & Poors[1129]

Em 15.11.2011, a Comissão adotou uma nova decisão de arquivamento com compromissos relativa aos preços praticados pela *Standard & Poors* ("S&P") para licenciar aos bancos a utilização dos códigos de identificação de valores mobiliários internacionais norte-americanos (US ISIN). O acesso a estes códigos é essencial para a gestão de valores mobiliários. Os ISIN são atribuídos e distribuídos por agências nacionais de numeração em cada país (*National Numbering Agencies* ("NNA")). A *S&P* é a única entidade para os valores mobiliários norte-americanos. A Comissão considerou que os preços praticados pela *S&P* para estes serviços no E.E.E. poderiam ser não equitativos.

[1128] Decisão da Comissão, Rambus, para 55 e 74; ver igualmente contributo da Comissão Europeia para a *OECD Policy Roundtable – Excessive Prices*, 7.2.2012, pág 316.
[1129] Decisão da Comissão, de 15.11.2011, Proc. COMP/39.592 S&P.

Na decisão de arquivamento, a Comissão começou por recordar que um preço excessivo é um preço que "não apresenta uma relação razoável com o valor económico do produto" e que não existe uma única forma para realizar esta avaliação. Lembrou igualmente que o TJUE havia já deixado em aberto a possibilidade de ser utilizado um termo de comparação adequado, quando este se encontre disponível[1130], e que a determinação de um preço não equitativo pode ser efetuada com base em "critérios interpretativos" resultantes de regras e regulamentações setoriais específicas[1131]. Neste contexto, a avaliação preliminar que desenvolveu assentou, em boa medida, nas regras da norma ISO 6166, nos termos da qual o princípio de recuperação de custos determina que as agências nacionais de numeração em cada país não devem cobrar, pela distribuição de ISINs, mais do que o necessário para recuperar os custos incorridos com essa distribuição. Adicionalmente, de acordo com as mesmas normas, só pode ser cobrada uma taxa no âmbito de relações de fornecimento direto dos ditos códigos. Quando se tratar de fornecimento indireto não pode ser cobrada qualquer taxa[1132].

Com base neste princípio, a Comissão considerou que a prática da *S&P* de cobrar uma taxa a utilizadores indiretos, *i.e.*, aos bancos, corretores, gestores de fundos, etc., que necessitam dos códigos para a sua atividade diária e que os obtiveram junto dos prestadores de serviços especializados neste tipo de informação (e não da *S&P* diretamente) era contrária ao princípio da recuperação de custos decorrente da ISO 6166.

No que toca às relações de fornecimento direto, a Comissão constatou que a S&P "vende em pacote" dois produtos distintos: um produto, que consiste nos códigos e registos, só era vendido em conjunto com outros dados comerciais, não permitindo aos seus clientes adquiri-los isoladamente, mesmo que só pretendessem utilizar um deles. A Comissão observou então que exigir o pagamento de serviços não solicitados pode contribuir para considerar um preço como não equitativo[1133]. Acresce que, uma vez que a *S&P* vendia apenas em pacote, no âmbito da análise de cus-

---

[1130] Decisão da Comissão, *S&P*, para 27.
[1131] Decisão da Comissão, *S&P*, para 27.
[1132] Decisão da Comissão, *S&P*.
[1133] Decisão da Comissão, *S&P*, para 27 com referência à jurisprudência do TJ de 10.12.1991, Proc. C-179/90 *Porto di Genova SpA/Siderurgica Gabireli SpA*, pág 19, Col. 1991 I-05889.

tos, foram confrontados os preços do pacote e os custos de disponibilizar (apenas) um dos produtos nele incluído pacote (os códigos dos valores mobiliários norte-americanos). O resultado da análise da Comissão foi o de que os preços excediam "significativamente" os custos[1134].

A apreciação da Comissão levou ainda em conta o facto de nenhuma das *NNA* da União Europeia adotar uma prática idêntica no mercado, *i.e.* nenhuma outra vendia obrigatoriamente em pacote[1135].

Por fim, o facto de a S&P considerar que detém direitos de autor sobre os códigos e de cobrar um taxa para o respetivo licenciamento foi igualmente visto pela Comissão como um indício de prática abusiva na medida em que, também neste caso, nenhuma outra *NNA* na União Europeia procede de igual modo. No entender da Comissão, este facto poderá, também ele, configurar mais um indicador da existência de preços não equitativos[1136].

Os compromissos assumidos pela *S&P* passaram pela eliminação das taxas de licenciamento a utilizadores indiretos e por uma redução significativa para utilizadores diretos.

2.11 Conclusões quanto à prática das instituições europeias

A prática das instituições europeias não é particularmente rica quanto a abusos de posição dominante por prática de preços excessivos. É, no entanto, possível, retirar dos processos que tiveram lugar, orientações muito úteis.

A análise dos principais casos permite-nos concluir, conforme se referiu em 1.5 *supra*, que as intervenções tiveram lugar sobretudo em mercados com barreiras à entrada e à expansão muito elevadas e duradouras e onde não se previa que a posição da empresa dominante viesse a ser ameaçada num futuro próximo. Pode também concluir-se que não obstante se conheçam diversas metodologias para avaliar a natureza excessiva de um preço, o teste resultante da jurisprudência *United Brands* constitui, ainda hoje, a metodologia de referência.

É por isso provável que as autoridades responsáveis pela aplicação das regras de concorrência procurem, sempre que possível, levar a cabo o teste

---

[1134] Ver Decisão da Comissão, *S&P*, paras 36 e 37.
[1135] Ver Decisão da Comissão, *S&P*, paras 36, 37 e 38.
[1136] Ver Decisão da Comissão, *S&P*, para 42.

de dois passos que resulta deste acórdão. Contudo, atendendo à escassez de casos europeus quanto a este tipo abuso, muitos dos problemas identificados logo nos primeiros processos continuam ainda por resolver.

A decisão *Port of Helsingborg* foi, porventura, a mais esclarecedora, possivelmente por ser uma das poucas em que a Comissão avaliou a aplicação do artigo 102º a) TFUE fora de um contexto em que as principais preocupações se prendiam com a política de construção europeia. Neste processo ficou claro que o teste a satisfazer para que um comportamento possa ser caraterizado como um abuso de posição dominante por prática de preços excessivos é bastante exigente, implicando, desde logo, uma consideração adequada daquilo a que corresponde o valor económico do produto, com a subjacente identificação das suas diferentes componentes (tangíveis e intangíveis) em cada caso concreto.

As comparações efetuadas, de forma consistente, que levem na devida de conta as especificidades de cada caso, de modo a apenas comparar situações que possam ser comparadas, desempenham um papel fundamental. Comparações com outros parâmetros de preços (noutros mercados por fornecedores do mesmo produto, noutros momentos pela própria empresa investigada, no mesmo mercado por empresas concorrentes, etc.) foram também levadas a cabo, dependendo da informação disponível em cada caso. Quantos mais os parâmetros comparados, mais sólidos e fiáveis serão os resultados da comparação.

3. A prática nacional – Recomendação da AdC sobre preços de originação de chamadas para números especiais e não geográficos[1137]

Tanto quanto é do conhecimento público, a AdC não adotou, até hoje, qualquer decisão condenatória por prática de preços excessivos. No entanto, em 19.1.2012, efetuou uma recomendação aos operadores móveis nacionais, a TMN, a Vodafone e a Optimus para, até 31.7.2012, reavaliarem "a adequação dos seus preços de originação de chamadas para serviços especiais e números não geográficos em função dos custos deste serviço grossista. (...) Não sendo efetuada a reavaliação recomendada, (...) a AdC determinará a abertura de um inquérito de caráter contraordenacional, para eventual exercício dos seus poderes sancionatórios[1138]"

[1137] Recomendação AdC nº 1/2012. Disponível em www.concorrencia.pt.
[1138] Recomendação AdC nº 1/2012, pontos 26 e 27.

Convém começar por explicar que os números de serviços especiais e os números não geográficos são os que, no plano nacional de numeração, correspondem a serviços de apoio a clientes (inicados por "16"), serviços informativos (e.g. "118"), serviços de televoto ("607"), audiotexto ("601"), tarifa única ("760", "761" e "762"), chamadas grátis para o chamados (números "800") entre outros[1139].

Para que os clientes dos operadores de telefonia móvel possam aceder a estes serviços, os operadores móveis têm que prestar às entidades que os disponibilizam (e que são os titulares dos referidos números) um serviço que consiste no transporte da chamada desde o ponto terminal móvel da sua rede até ao ponto de interligação indicado pela entidade titular destes números. O tráfego em questão é propriedade desta última, que remunera os operadores móveis pelo serviço.

Os preços destes serviços grossitas de originação de chamadas para o tipo de números em causa não se encontram sujeitos a regulação setorial, o que significa que o regulador das comunicações eletrónicas, o ICP-ANACOM, não dispõe de poder para os fixar. Nesta medida, considerando que estes se encontravam em níveis "injustificadamente muito elevados, para além de distantes de preços praticados em serviços similares" e "extraordinariamente acima dos custos", o ICP-ANACOM solicitou a intervenção da AdC, ao abrigo das regras da concorrência.

Analisado o processo, a AdC chegou à conclusão de que os preços dos operadores móveis podiam configurar preços excessivos. Os elementos referidos na Recomendação, e que terão estado na base das conclusões da AdC, permitem-nos tecer alguns comentários.

A análise da AdC partiu de uma comparação entre o custo e o preço do serviço, concluindo que o preço representa mais do dobro dos custos totais unitários.

Uma das questões que maiores dificuldades suscita em processos de preços excessivos é precisamente a forma de repartir custos no caso de empresas multiprodutos (como os operadores móveis). Conforme vimos, não existe um critério estabilizado na prática europeia para calcular custos de empresas multiprodutos, revelando todos os critérios conhecidos algum grau de arbitrariedade na repartição de custos comuns. Talvez por isso a AdC tenha optado por tomar em consideração

---

[1139] Recomendação AdC nº 1/2012, ponto 3.

os custos totais unitários, que representam a medida mais favorável aos operadores.

A AdC sugere depois que o diferencial apurado é significativamente superior aos apurados pela Comissão na Decisão *United Brands* (15%) e na Decisão *Deutsche Post* (20%)[1140]. Quanto à Decisão *United Brands*, importa notar que nem esta sugeriu que um diferencial de 15% entre custos e preços era excessivo (ordenou sim uma redução dos preços nessa ordem) nem tão pouco a posição da Comissão foi confirmada peloTJ quanto ao tema dos preços excessivos (embora tenha sido quanto a outros abusos). No que respeita à Decisão *Deutsche Post* tratou-se, como também vimos, de um caso de bloqueio ao correio transfronteiriço entre o Reino Unido e a Alemanha – envolvendo preocupações ao nível da consolidação do mercado interno , e não foi também apreciada pelo TJ. Não pode, por isso, dizer-se que o diferencial apurado (que na realidade era de 25% e não de 20%) possa constituir uma referência válida para avaliar se um preço é excessivo.

A AdC compara também os preços praticados nos serviços em questão com os de serviços supostamente similares *(a)* os serviços de acesso e originação de chamadas para MVNO e *(b)* os serviços de terminação de chamadas em redes móveis, identificando diferenciais de preços significativos. Naturalmente que para poder ter algum significado, os serviços ditos "similares" devem poder, na realidade, ser mesmo comparáveis com os serviços em questão (a Recomendação da AdC desvaloriza eventuais diferenças entre eles). Recorde-se que na decisão *Port of Helsinborg*, que rejeitou uma denúncia de preços excessivos, a Comissão considerou não ser possível extrair qualquer conclusão das comparações com serviços prestados noutros portos, uma vez que estes apresentavam diferenças que invalidavam as referidas comparações. Diferenças ao nível técnico ou comercial podem bastar para invalidar as conclusões que a AdC sugere poderem ser extraídas.

Note-se, por outro lado, que a Recomendação da AdC é também omissa quanto a um tema que está longe de se encontrar estabilizado e que poderá ter relevo para este caso. Como tivemos oportunidade de ver *supra* no ponto 1.3.2 do presente capítulo, as empresas multiproduto frequentemente adotam estratégias de preços pensadas para maximizar as vendas de um grupo

---

[1140] Recomendação AdC nº 1/2012, ponto 15.

de produtos relacionados (e não de um único produto), que apresentam elasticidades da procura diferentes, tendo como principal preocupação a cobertura dos custos totais de produção, incluindo os custos comuns, e não os de cada produto isoladamente. É por isso natural que enquanto em alguns desses produtos o lucro é elevado ou muito elevado noutros é reduzido ou inexistente. Este tipo de estratégia está longe de ser ilegítima. É frequente a observação de que levar a cabo avaliações produto a produto neste tipo de mercados (como fez a AdC) poderá levar a resultados irrealistas e sem significado quanto ao caráter (normal ou excessivo) do lucro realizado apenas num deles. Não decorre da Recomendação a razão pela qual neste caso se justificaria avaliar isoladamente o serviço em questão.

Por fim, a AdC recomenda a reavaliação dos preços de forma a compatibilizá-los com os custos do serviço sem que sugira contudo como deve tal compatibilização ser feita, *i.e.*, sem que defina aquilo a que corresponde um preço compatível com os custos do serviço, para efeitos de uma avaliação de preços excessivos.

A nosso ver, a AdC parece procurar um método "amigável" para resolver as questões que identifica. Tal opção poderá não ser alheia ao reconhecimento de que está em causa uma matéria com grandes complexidades e incertezas que podem não ser fáceis de endereçar com sucesso no âmbito de um procedimento contraordenacional. Não é, na verdade, uma filosofia muito distinta da adotada pela Comissão Europeia nos processos *Rambus* e *S&P*, em que aquela entidade parece ter preferido arquivar o procedimento mediante a assunção de compromissos de comportamento por parte das empresas respeitantes ao nível dos preços praticados do que provar em tribunal que estavam em causa preços excessivos.

4. Os elementos do abuso de posição dominante por prática de preços excessivos

A existência de um abuso de posição dominante pela prática de preços excessivos exige o preenchimento dos seguintes requisitos:

(i) Detenção de posição dominante por parte da empresa que fixa o preço;
(ii) Ausência de uma relação razoável do preço cobrado com o valor económico do produto;
(iii) Inexistência de uma justificação objetiva.

4.1 Posição dominante

Apenas quando levada a cabo por uma empresa detentora de posição dominante, a prática de preços excessivos suscita preocupações ao nível do direito da concorrência.

O mercado onde a posição deve ser detida é aquele onde o preço excessivo é praticado. Inversamente ao que sucede em algumas categorias de abusos de exclusão, em que a posição dominante detida num mercado é utilizada para produzir efeitos noutros (*e.g.* compressão de margens, venda subordinada, recusa de acesso a uma infraestrutura essencial), o preço excessivo é praticado no mercado onde a posição dominante é detida. Um preço excessivo praticado num mercado onde a empresa não detém posição dominante, ainda que a detenha a montante ou a jusante do mercado onde o preço é praticado, não parece ser suscetível de dar origem a efeitos de exploração.

Refira-se por outro lado que nem o artigo 102º alínea a) TFUE nem o artigo 11º, nº 2, alínea a) da Lei nº 19/2012 distinguem tipos de posição dominante em função do grau. É por isso difícil defender que apenas em situações de monopólio ou quase monopólio ou onde as barreiras à entrada são muito elevadas o regime jurídico do abuso de posição dominante por prática de preços excessivos tem aplicação.

Todavia, atendendo às dificuldades e inconvenientes associados à aplicação deste regime jurídico, a que aludimos *supra* nos pontos 1.3 e 1.4, e tendo igualmente em linha de conta a prática das instituições europeias, a que nos referimos no ponto 2., admitimos que apenas quando os mercados em questão apresentem barreiras à entrada ou à expansão muito elevadas, ou insuperáveis, faça sentido aplicar o regime jurídico dos preços excessivos.

4.2 Ausência de uma relação razoável do preço cobrado com o valor económico do produto

A caraterização de um preço como excessivo implica a demonstração da ausência de uma relação razoável com o valor económico do produto.

Vimos *supra* em 1.3 que não existe uma única forma de realizar esta demonstração, mas que algumas comparações (*e.g.* entre custos e preços; entre os preços da empresa investigada e os de concorrentes ou de outros fornecedores do mesmo produto noutros mercados; entre preços atuais e preços anteriores ou posteriores praticados pela empresa em posição dominante, etc.) têm assumido um papel muito importante neste contexto.

O teste resultante da prática europeia sugere: *(i)* uma comparação ao nível da relação entre preços e custos da empresa dominante, de forma a determinar se se verifica uma "desproporção excessiva" entre ambos; e *(ii)* em caso afirmativo, verificar se o preço cobrado é não equitativo "em si mesmo" ou "em comparação com os preços de outros produtos".

É hoje claro que se trata de um teste de dois passos. Ainda que, apesar das dificuldades, seja possível apurar uma margem de lucro excessiva, isso não é suficiente para qualificar um preço como excessivo. É depois necessário avançar para o segundo passo.

Neste processo assume especial relevo o apuramento daquilo a que corresponde o valor económico do produto. A Comissão Europeia, em linha com a teoria económica, observou já que este corresponde não apenas aos custos de produção mas também a outros custos não refletidos nas contas da empresa (*e.g.* custos afundados) e, em particular, a elementos relacionados com a procura, como sejam a disposição que os consumidores têm para pagar por ele.

Um preço elevado e uma margem excessiva por comparação com o custo de produção pode ainda assim vir a revelar-se em linha com o valor económico do produto, não sendo aquele considerado excessivo em si mesmo – *e.g.* porque o serviço é de tal modo valorizado pelos clientes que sentem que pagam o preço justo – nem é excessivo por comparação com os preços dos concorrentes ou de outros fornecedores do mesmo produto – que cobram sensivelmente o mesmo.

4.3 Inexistência de uma justificação objetiva

Como nos restantes casos em que é aplicado o artigo 102º TFUE e as disposições nacionais correspondentes, ainda que os elementos do tipo se encontrem preenchidos, cabe depois avaliar em que medida a empresa dominante pode justificar objetivamente o comportamento.

O TJUE já rejeitou expressamente que uma estrutura de custos elevada, que seja o reflexo da ineficiência da própria empresa dominante, possa constituir uma justificação objetiva da prática de preços excessivos. No entanto, diversas outras razões poderão aceitar-se, dependendo das circunstâncias do caso. Como vimos ao longo do capítulo, a necessidade de recuperar investimentos avultados em I&D que não constam das contas auditadas da empresa, a escassez do produto num determinado cenário conjuntural, a transitoriedade do preço alto, um nível de custos reduzido em virtude de uma superior eficiência, entre outros, são fatores que poderão justificar um eventual caráter excessivo do preço.

Capítulo 12
Outros abusos

1. Introdução

O artigo 11º da Lei nº 19/2012 e o artigo 102º TFUE contêm listas de comportamentos que podem configurar abusos de posição dominante. No capítulo 4 vimos que estas listas não se revestem de caráter exaustivo, tendo antes uma natureza meramente exemplificativa.

Um abuso de posição dominante não tem que obedecer a uma forma particular, pré-definida, podendo corresponder a um qualquer comportamento que se enquadre no conceito de abuso. Tal como recordou o TJ ainda recentemente:

> "[A]o proibir a exploração abusiva de uma posição dominante no mercado, na medida em que isso possa afetar o comércio entre Estados-Membros, o artigo [102º TFUE] visa os comportamentos de uma empresa em posição dominante, que, num mercado em que, precisamente em consequência da presença da empresa em questão, o grau de concorrência já está enfraquecido, têm por efeito impedir, através do recurso a mecanismos diferentes dos que regulam a concorrência normal de produtos ou de serviços com base nas prestações dos operadores económicos, a manutenção do grau de concorrência ainda existente no mercado ou o desenvolvimento dessa concorrência[1141]".

[1141] Acórdão do TJ, de 14.10.2010, Proc. C-280/08P *Deutsche Telekom*, ainda não publicado, para 174.

O âmbito abrangente que a jurisprudência conferiu ao artigo 102º TFUE tem permitido aplicar esta disposição a um conjunto de comportamentos distintos. Nos capítulos anteriores, analisámos aquelas que são comummente vistas como as principais categorias de abuso de posição dominante. No presente capítulo, procuramos falar sucintamente de outros abusos, aos quais o artigo 102º TFUE tem também sido aplicado, mas que não têm tido o mesmo tratamento concetual por parte da doutrina. Não temos, contudo, a ambição de ser exaustivos, referindo-nos apenas aos que, a nosso ver, assumem um relevo maior.

Começamos, portanto, por nos deter sobre a aplicação do artigo 102º TFUE a abusos estruturais (2.), à aquisição de direitos de propriedade intelectual (3) e, depois, à designada *vexatious litigation* (4.). Passamos então ao designado abuso de procedimentos regulados, onde nos referimos ao processo *AstraZeneca* (5.). Prosseguimos para o tema da aplicação do artigo 102º TFUE a comportamentos de captação ilegítima de parâmetros tecnológicos de indústria (*patent ambushes*) (6.) e terminamos, no ponto 7, com uma referência à decisão da AdC no processo OTOC.

2. Abusos estruturais

Os manuais de direito da concorrência referem-se comummente ao acórdão do TJ no processo *Continental Can*[1142] como a base jurídica para a aplicação do artigo 102º TFUE a alterações estruturais do mercado envolvendo empresas dominantes. Nesta oportunidade, o TJ admitiu que esta disposição podia fundamentar a intervenção da Comissão no âmbito de operações de concentração. No entanto, o acórdão em causa data de 1973 e a partir de 1989 a Comunidade passou a dispor de um regulamento de controlo de concentrações[1143], deixando por isso de se justificar aplicar o artigo 102º TFUE a estes casos.

O artigo 102º TFUE não deixou contudo de poder aplicar-se a outras práticas suscetíveis de afetar a estrutura do mercado ainda que não se enquadrem em nenhuma das categorias mais frequentes de abusos.

O caso *Irish Sugar* é frequentemente citado como exemplo da aplicação desta disposição a um comportamento suscetível de afetar a estrutura con-

---

[1142] Acórdão do TJ, de 21.2.1973, Proc. 6/72, *Europemballage Corporation e Continental Can Company Inc*/Comissão, Col 1973 p 109.

[1143] O Regulamento (CEE) nº 4064/89 do Conselho, de 21.12.1989, entretanto revogado e substituído pelo Regulamento CE nº 139/2004, de 20.1.2004, JO 29.1.2004, L 24/1.

correncial de um mercado. Neste processo, a IS foi condenada por abuso de posição dominante por, entre diversos outros comportamentos, adquirir o açúcar de um concorrente aos distribuidores e retalhistas e trocá-lo depois pelo seu próprio açúcar. De acordo com a Comissão, a IS "acordou em 1988 com um grossista e com um retalhista na substituição de produtos concorrentes de açúcar de retalho, isto é, o açúcar em embalagens de um quilograma Eurolux da Compagnie française de sucrerie, pelo seu próprio". De acordo com a Comissão,

> "[a] substituição de produtos realizada por uma empresa dominante constitui um abuso na aceção do artigo [102º] sempre que tenha como objetivo ou efeito a restrição ou eliminação da concorrência exercida por um novo operador no mercado. Foi o que aconteceu no processo em apreço. Na verdade, a substituição de produtos resultou numa consolidação da posição conjunta da [recorrente] e da SDL, que corresponde quase a um monopólio como fornecedores de açúcar no mercado[1144]".

3. Aquisição de direitos de propriedade intelectual

Em 1988, a Comissão considerou que a empresa *Tetra Pak Rausing SA* violou o (agora) artigo 102º TFUE ao adquirir, através da compra do grupo *Liquipak*, a exclusividade associada à licença de exploração de patente[1145]. Segundo a Comissão, a aquisição da patente tinha por efeito fortalecer a posição já dominante da *Tetra Pak*, enfraquecendo ainda mais a concorrência existente e tornando mais difícil a entrada no mercado de novos concorrentes[1146]. O facto de a operação ter ocorrido mediante a aquisição de uma empresa foi desvalorizado pela Comissão, na medida em que a operação de concentração constituía apenas o meio da infração. O que revestia particular relevo era a aquisição da exclusividade de uma licença que, pela sua importância, configurava a única possibilidade que as restantes empresas tinham de competir com a *Tetra Pak*. Foi, por isso, o impacto que, naquele caso concreto, a aquisição da empresa em causa originava no mercado que foi censurada pelas instituições europeias. O TG clarificou que:

[1144] Decisão da Comissão, de 14.5.1997, Proc. 35.059/F-3 – *Irish Sugar plc*, JO L 258, p 1, para 226.
[1145] Decisão da Comissão, de 26.7.1988, Proc. IV/31.043-*Tetra Pak I* (Licença BTG), JO L 272, p. 27.
[1146] Ver para 60 da Decisão da Comissão.

"[A] simples aquisição de uma licença exclusiva por uma empresa em posição dominante não constitui, em si, um abuso na aceção do artigo [102º]. Efetivamente, para efeitos da aplicação desta disposição, devem ser tomadas em consideração as circunstâncias que rodearam tal aquisição, especialmente os seus efeitos na estrutura da concorrência no mercado em causa. (...) [F]oi com inteira razão que a Comissão não pôs em causa a licença exclusiva enquanto tal, mas censurou especificamente, ao abrigo do artigo [102º], o efeito anticoncorrencial da sua aquisição pela recorrente. Resulta claramente da fundamentação e das conclusões da decisão que a violação do artigo [102º] declarada pela Comissão decorreu precisamente da aquisição pela Tetra Pak da licença exclusiva "nas circunstâncias específicas deste processo". O contexto específico a que a Comissão faz expressamente referência carateriza-se pelo facto de que a aquisição da exclusividade não só "fortalece a já considerável posição da Tetra, como tem por efeito evitar, ou pelo menos atrasar consideravelmente, a entrada de um novo concorrente no mercado em que se regista um pequeno grau de concorrência ou mesmo nenhuma" (nº 45 da decisão; ver igualmente nº 60). O elemento decisivo na declaração do caráter abusivo da aquisição da licença exclusiva residia, assim, especificamente na posição da sociedade recorrente no mercado em causa e sobretudo, como resulta da decisão (nº 27), na circunstância de, no momento dos factos, só a detenção do processo protegido pela licença BTG ser suscetível de dar a uma empresa os meios de competir eficazmente com a recorrente no domínio do acondicionamento asséptico do leite"[1147].

4. *Vexatious Litigation*

Intentar ações contra concorrentes pode, em determinadas circunstâncias, configurar um abuso de posição dominante na aceção do artigo 102º TFUE. Tais circunstâncias são necessariamente limitadas, na medida em que o acesso à justiça não pode, sem mais, ser retirado ou limitado a uma empresa pelo facto de ser detentora de posição dominante. Todavia, quando a justiça é indevidamente utilizada com vista a prejudicar o acesso de concorrentes ao mercado, uma empresa detentora de posição dominante pode ser vista como estando a explorar abusivamente essa posição. Os proces-

---

[1147] Acórdão do TG, de 10.7.1990, Proc. T-51/89, *Tetra Pak Rausing*/Comissão, Col 1990 II-00309, para 23.

sos por norma referenciados a este respeito são *Boosey & Hawkes*[1148], *ITT Promedia*[1149] e *Compagnie Maritime Belge*[1150].

Em *Boosey & Hawkes*, as denunciantes acusaram a empresa dominante *Boosey & Hawkes* de as ter processado indevidamente no Reino Unido por violação de direitos de autor. Embora a ação tenha sido abandonada mais tarde, o facto de ter sido intentada teria tido por efeito a imposição de uma pesada sobrecarga financeira sobre os denunciantes e o atraso do lançamento de um produto concorrente numa altura crítica[1151]. Na decisão de medidas provisórias adotada, a Comissão preferiu enquadrar o caso à luz de recusa de fornecimento, não se tendo pronunciado expressamente sobre a alegação quanto a este tipo de prática. No entanto, não descartou também que pudesse estar em causa uma violação do artigo 102.º TFUE.

Em *ITT Promedia*, esta empresa acusou a *Belgacom*, operador incumbente de telecomunicações na Bélgica e detentor de uma posição dominante no mercado das listas telefónicas, de ter intentado uma ação judicial com vista a impedir a sua entrada no mercado. Neste caso, a Comissão pronunciou-se expressamente sobre a alegação notando que "o facto de se intentar uma ação judicial, expressão do direito fundamental de acesso à justiça, não pode ser qualificado de abuso", salvo se ficar demonstrado o preenchimento de dois critérios cumulativos:

(i) em primeiro lugar, que a ação não possa ser razoavelmente considerada como tendo por objetivo fazer valer os direitos da empresa (dominante) interessada e só possa, deste modo, servir para perseguir a outra parte; e,

(ii) em segundo lugar, que seja concebida no âmbito de um plano que tenha por objetivo eliminar a concorrência.

[1148] Decisão da Comissão, de 29.7.1987, *BBI/Boosey & Hawkes* – medidas temporárias, JO 1987 L286/36.
[1149] Acórdão do TG, de 17.7.1998, Proc. T-111/96, *ITT Promedia*/Comissão, Col. 1998 II-02937.
[1150] Decisão da Comissão Europeia de 22.12.1992, IV/31.043, IV/32.448 e IV/32.450, Cewal e outros JO L 34 de 10.2.1993, p 20; acórdão do TJ, de 16.3.2000, Proc. Ap. C-395/96 P e C-396/96 P, *Compagnie maritime belge e outros*, Col. p. I-1365.
[1151] Ver Decisão da Comissão, de 29.7.1987, *BBI/Boosey & Hawkes* – medidas temporárias, JO 1987 L286/36, para 9 a).

O primeiro dos critérios significa, segundo a Comissão, que a ação judicial deve ser, numa perspetiva objetiva, manifestamente desprovida de qualquer fundamento. O segundo refere que a ação judicial deve ter por objetivo eliminar a concorrência. Os dois critérios devem estar reunidos para se concluir pela existência de um abuso[1152].

Em sede de recurso, o TG confirmou que este tipo de prática pode configurar um abuso de posição dominante, e subscreveu ainda a validade dos critérios utilizados na decisão da Comissão, esclarecendo, porém, que estes devem ser interpretados de forma restritiva[1153]. Salientou o TG que:

> "Sendo o acesso à justiça um direito fundamental e um princípio geral que garante o respeito do direito, é apenas em circunstâncias completamente excecionais que o facto de se intentar uma ação judicial é suscetível de constituir um abuso de posição dominante na aceção do artigo [102º TFUE][1154]" (nosso ênfase).

Notou ainda o TG que, no que respeita ao primeiro critério:

> "é a situação existente no momento em que a ação em questão é intentada que deve ser tomada em consideração para determinar se este critério está preenchido e que na aplicação do referido critério, não se trata de determinar se os direitos que a empresa interessada invocava no momento em que intentou a ação judicial existiam efetivamente, ou se a ação estava bem fundamentada, mas determinar se essa ação tinha por objetivo invocar o que a empresa, nesse momento, podia razoavelmente considerar como sendo os seus direitos. Resulta da última parte da formulação desse critério que ele está apenas preenchido quando a ação intentada não tinha esse objetivo, no que diz respeito ao único caso em que é permitido concluir que tal ação só servia para perseguir a parte contrária[1155]".

No mesmo julgamento, sublinhou ainda o TG que

> "[p]ode igualmente constituir um abuso, na aceção do artigo [102º TFUE], o pedido de execução de uma cláusula de um contrato, se, nomeadamente, esse

---

[1152] Acórdão do TG, de 17.7.1998, Proc. T-111/96, *ITT Promedia*/Comissão, Col. 1998 II-02937, para 56
[1153] Acórdão do TG, *ITT Promedia*, para 61.
[1154] Acórdão do TG, *ITT Promedia*, para 60.
[1155] Acórdão do TG, *ITT Promedia*, para 72 e 73.

pedido ultrapassar o que as partes podiam razoavelmente esperar do contrato ou se as circunstâncias aplicáveis aquando da celebração do contrato foram entretanto modificadas[1156]".

Por fim, em *Compagnie Maritime Belge*, o facto de a *Cewal*, uma conferência marítima detentora de posição dominante coletiva, ter reclamado com insistência às autoridades do antigo Zaire (atual República Democrática do Congo) o respeito rigoroso do seu direito exclusivo, com vista a afastar do mercado o seu único concorrente, foi visto como um comportamento abusivo[1157].

Em conclusão, o recurso, por parte de empresas dominantes, a expedientes de litigância num contexto que torna evidente que o seu único propósito é o de impedir o acesso de concorrentes ao mercado pode, ainda que em circunstâncias limitadas, configurar um abuso de posição dominante.

5. Abuso de procedimentos regulados

As instituições europeias já aplicaram o artigo 102º TFUE a comportamentos de empresas dominantes que se traduziram numa utilização indevida de procedimentos regulados.

Em *AstraZeneca*[1158], a Comissão considerou que a empresa multinacional farmacêutica *AstraZeneca* ("AZ") abusou da sua posição dominante mediante a adoção de dois comportamentos distintos, ambos relacionados com uma estratégia para impedir ou retardar a entrada de empresas de medicamentos genéricos no mercado do seu medicamento Losec, uma marca comercial utilizada na maioria dos mercados europeus para um produto de tratamento de úlceras do estômago à base de omeprazol.

De acordo com a Comissão, o primeiro abuso relacionou-se com a estratégia global da AZ que visava a obtenção de certificados complementares de proteção ("CCP")[1159] para o omeprazol mantendo assim os fabrican-

---

[1156] Acórdão do TG, *ITT Promedia*, para 140.
[1157] Ver acórdão do TG *Compagnie Maritime Belge*, paras 84 a 88. O TJ deu importância ao facto de o contrato prever a possibilidade de derrogações que teriam permitido à conferência marítima dominante acomodar o respeito pelo artigo 102º TFUE. Este caso é analisado na perspetiva das reduções seletivas de preços no capítulo 5.
[1158] Decisão da Comissão, de 15.6.2005, Proc. COMP/A.37.507/F3 – *AstraZeneca*; acórdão do TG de 1.6.2012, Proc. T–321/05, *AstraZeneca*/Comissão, Col. 2010 II-02805..
[1159] O Regulamento (CE) nº 1768/92 do Conselho, de 18 de Junho de 1992, relativo à criação de um certificado complementar de proteção para os medicamentos (JO L 182, p. 1), prevê a

tes de produtos genéricos afastados do mercado deste produto. Contudo, para o conseguir, a AZ induziu em erro as autoridades omitindo as datas da autorização de introdução do medicamento no mercado. A AZ teria assim, supostamente, conseguido a obtenção ou a manutenção dos CCP para o omeprazol, a que não teria direito, ou para os quais teria apenas um direito com uma duração mais limitada.

Em sede de recurso, o TG forneceu importantes esclarecimentos a propósito das circunstâncias em que uma empresa pode cometer um abuso de posição dominante num caso desta natureza. O caráter enganoso da informação prestada revestiu-se de um papel central na qualificação do comportamento como abusivo. De acordo com TG:

> "[D]eve referir-se que *a apresentação de informações enganosas às autoridades públicas, suscetível de induzi-las em erro e de permitir, em consequência, a concessão de um direito exclusivo ao qual a empresa não tem direito, ou ao qual tem direito por um período de tempo limitado, constitui uma prática alheia à concorrência pelo mérito, que pode ser particularmente restritiva da concorrência.* Tal comportamento não corresponde à especial responsabilidade que recai sobre uma empresa em posição dominante de não prejudicar, através de um comportamento alheio à concorrência pelo mérito, uma concorrência efetiva e não falseada no mercado comum (v., neste sentido, acórdão Nederlandsche Banden-Industrie-Michelin/Comissão, nº 30 supra, nº 57)[1160]" (nosso ênfase).

O TG acrescentou depois que a informação prestada deve ser idónea a induzir em erro as autoridades públicas:

> "Importa realçar que a apreciação da natureza enganosa das declarações prestadas às autoridades públicas com o fim de obter indevidamente direitos exclusivos deve efetuar-se "in concreto" e é suscetível de variar consoante as circunstâncias particulares de cada processo. *Cabe nomeadamente analisar se, à luz do contexto em que a prática em causa foi implementada, se esta última era suscetível de conduzir as autoridades públicas a criar indevidamente obstáculos regulamen-*

---

criação de um CCP, que tem por objeto prolongar a duração do direito exclusivo conferido pela patente e, dessa forma, conferir uma proteção com duração suplementar. O CCP destina-se a compensar a redução da duração da proteção efetiva conferida pela patente, correspondente ao período compreendido entre a entrega do pedido de patente para um medicamento e a autorização de colocação no mercado do referido documento.

[1160] Acórdão do TG, *AZ*, para 355.

tares à concorrência, por exemplo através da concessão irregular de direitos exclusivos a seu favor. A este respeito, como observa a Comissão, a margem de apreciação limitada das autoridades públicas ou o facto de não serem obrigadas a verificar a exatidão ou a veracidade das informações transmitidas podem constituir elementos relevantes a ser tomados em consideração para determinar se a prática em causa é suscetível de provocar a criação de obstáculos regulamentares à concorrência[1161]" (nosso ênfase).

O TG deixou ainda claro que o facto de as autoridades públicas não se terem deixado enganar não iliba a empresa dominante de responsabilidade:

"Por último, o simples facto de certas autoridades públicas não se terem deixado enganar e terem detetado as inexatidões das informações fornecidas em apoio dos pedidos de direitos exclusivos, ou de os concorrentes terem obtido, posteriormente à concessão irregular dos direitos exclusivos, a anulação destes, não basta para considerar que as declarações enganosas não tinham de modo nenhum probabilidades de sucesso. De facto, como foi acertadamente referido pela Comissão, uma vez provado que um comportamento é objetivamente suscetível de restringir a concorrência, o seu caráter abusivo não depende dos imprevistos das reações de terceiros[1162]".

Quanto ao segundo comportamento abusivo, a AZ procedeu à revogação da autorização de colocação no mercado das cápsulas do medicamento Losec o que, de acordo com a Comissão, atrasou o lançamento de produtos genéricos concorrentes e impediu as importações paralelas de outros Estados-Membros.

De acordo com a Comissão, o quadro regulamentar[1163] estabelece um procedimento simplificado que tem por fim permitir que os fabricantes de medicamentos com uma semelhança essencial com medicamentos já autorizados economizem o tempo e os custos necessários para recolher dados relativos aos ensaios tóxico farmacológicos e clínicos e evitar a repetição, sem necessidade imperiosa, dos ensaios no ser humano e em animais.

[1161] Acórdão do TG, *AZ*, para 357.
[1162] Acórdão do TG, *AZ*, para 360.
[1163] Em particular o sistema do artigo 4º, terceiro parágrafo, nº 8, segundo parágrafo, alínea a), iii), da Diretiva 65/65/CEE, então em vigor.

Contudo, na determinação das condições necessárias para poder recorrer a esse procedimento simplificado, o legislador sujeitou esse procedimento à condição de o medicamento de referência estar autorizado há seis ou dez anos na Comunidade[1164]. Assim, para que um pedido de autorização de colocação no mercado de um medicamento genérico possa ser processado no quadro do procedimento simplificado, a autorização de colocação no mercado de referência tem ainda que estar em vigor no Estado-Membro em causa no momento da apresentação desse pedido e não permite que este procedimento simplificado ainda se encontre disponível após a revogação da autorização de colocação no mercado do medicamento de referência[1165].

Ora, tendo a AZ revogado a autorização de colocação no mercado das cápsulas de Losec (passando a vendê-las em comprimidos), embora o período de exclusividade concedido pela patente inicial tivesse terminado, a via do registo simplificado deixou de se encontrar disponível para os fabricantes de omeprazol genérico. Assim, de acordo com a Comissão, a AZ procurou conservar artificialmente a sua exclusividade no mercado[1166].

Em sede de recurso, o TG recordou que uma empresa em posição dominante:

> "[N]ão pode usar procedimentos regulamentares de forma a impedir ou tornar mais difícil a entrada de concorrentes no mercado, se não houver razões ligadas à defesa de interesses legítimos de uma empresa empenhada numa concorrência pelo mérito ou justificações objetivas. Nesses termos, há que concluir que, após o termo do período de exclusividade acima referido, o comportamento que impede os fabricantes de produtos genéricos de utilizarem o seu direito de beneficiar dos resultados dos ensaios tóxicofarmacológicos e clínicos produzidos com o objetivo da colocação do produto original no mercado não encontra justificação na proteção legítima de um investimento que se inscreva numa concorrência pelo mérito, já que a AZ, precisamente, já não gozava, ao abrigo da Directiva 65/65/CEE, do direito exclusivo de explorar os resultados dos referidos ensaios[1167]".

"A revogação por iniciativa da AZ das autorizações de colocação no mercado apenas impedia que os requerentes de autorizações de colocação no mer-

---

[1164] Acórdão do TG, *AZ*, paras 642 e 666.
[1165] Acórdão do TG, *AZ*, para 669.
[1166] Acórdão do TG, *AZ*, para 645.
[1167] Acórdão do TG, *AZ*, para 675.

cado de medicamentos essencialmente semelhantes pudessem recorrer ao procedimento simplificado (...) e deste modo, restringir ou protelar a entrada no mercado de produtos genéricos. Do mesmo modo, em função da atitude adotada pelas autoridades nacionais perante uma revogação da autorização de colocação no mercado de um produto por razões estranhas à saúde pública, essa revogação poderá impedir as importações paralelas. A análise da questão de saber se, tendo em conta o contexto factual e jurídico em causa no presente processo, a Comissão fez prova bastante de que a revogação das autorizações de colocação no mercado das cápsulas de Losec era suscetível de excluir as importações paralelas deste produto será efectuada no quadro da análise do segundo fundamento[1168]".

A AZ alegou, todavia, ter o direito de pedir a revogação das suas autorizações de colocação no mercado para as cápsulas Losec, tendo-se nessa medida limitado a exercer legitimamente um direito. O TG relembrou contudo que o facto de a AZ ter o direito de pedir a revogação das referidas autorizações não a isentava da proibição do artigo 102º TFUE. O TG considerou que "a ilegalidade de um comportamento abusivo à luz do artigo [102º TFUE] nada tem a ver com a sua conformidade ou não com outras regras jurídicas (...) [e] que os abusos de posição dominante envolvem, na maioria dos casos, comportamentos que seriam lícitos à luz de outros ramos do direito que não o direito da concorrência[1169]".

Note-se contudo que, embora tenha confirmado, no essencial, a decisão da Comissão, o TG reduziu o montante da coima para 52.5 milhões de euros, por entender que a Comissão não provou que em alguns Estados--Membros a revogação da autorização de entrada no mercado era suscetível de produzir um impacto nas importações paralelas.

O processo encontra-se neste momento pendente no TJ. O Advogado--Geral Mazak, nas Conclusões apresentadas em 15.5.2012, recomendou ao TJ que negue provimento ao recurso apresentado pela AZ, confirmando assim os abusos de posição dominante[1170].

[1168] Acórdão do TG, *AZ*, para 676.
[1169] Acórdão do TG, *AZ*, para 677.
[1170] Conclusões do Advogado-Geral Mazak, de 15.5.2012, Proc. C-457/10P *AstraZeneca*/Comissão, ainda não publicado.

6. Patent ambushes

O caso *Rambus*[1171], a que nos referimos a propósito do tema dos preços excessivos, é frequentemente apontado como um processo em que a Comissão se preparava para aplicar o artigo 102º TFUE a um comportamento que consistiu na apropriação da norma tecnológica de uma indústria, mediante a ocultação de informação aos restantes membros da indústria. A empresa Rambus, como outras empresas da setor informático, era membro da JEDEC, uma organização norte-americana, que reúne a indústria e define as normas tecnológias de forma a permitir a interoperabilidade entre os equipamentos.

No âmbito da sua participação nos procedimentos de definição de parâmetros tecnológicos para os chips *DRAM*[1172] no seio da JEDEC, a *Rambus* terá desenvolvido um plano para "capturar" a norma tecnológica do mercado, tentando influenciar a adoção de uma determinada norma relativamente à qual detinha patentes, ocultando no entanto tal facto aos restantes membros da JEDEC (*patent ambush*). Adotada a norma, a *Rambus* passou a reclamar *royalties* pela sua utilização. A Comissão considerou que o facto de a Rambus cobrar as ditas *royalties* apenas era possível devido ao comportamento desleal que adotara, configurando tal comportamento uma potencial violação do artigo 102º TFUE, No entanto, o caso acabou por vir a ser arquivado, mediante a aceitação de compromissos oferecidos pela *Rambus*.

7. A Decisão da AdC Ordem dos Técnicos Oficiais de Contas (OTOC)[1173]

Em 7.5.2010, a AdC aplicou o artigo 102º TFUE e o artigo 6º, nº1 da Lei nº 18/2003 (a antiga lei da concorrência), à Ordem dos Técnicos Oficiais de Contas ("OTOC"), por uma prática que considerou configurar um abuso de posição dominante.

De acordo com os factos do processo, a OTOC terá aprovado um regulamento que consagrou um serviço designado "Controlo de Qualidade dos TOC", e onde passava a exigir aos Técnicos Oficiais de Contas ("TOC") a obtenção de uma média anual de 35 créditos em formação promovida pela

---

[1171] Decisão da Comissão, de 9.12.2009, Proc. COMP/38.636 – Rambus.

[1172] Os *chips* DRAM (*Dynamic Random Access Memory*) constituem um tipo de memória utilizada principalmente nos sistemas de computadores, mas também numa larga gama de outros produtos que necessitam de armazenar dados de forma temporária (*e.g.* servidores, impressoras, PDAs e máquinas de filmar).

[1173] Decisão da AdC, de 7.5.2010, PRC 03/09 – *Ordem dos Técnicos Oficiais de Contas*.

OTOC ou por esta aprovada. De acordo com a decisão da AdC, a OTOC terá procurado monopolizar o mercado da formação, dificultando a entrada no mesmo de outras entidades. Por um lado, não fixara quaisquer critérios para regulamentar programas com matérias e durações para definir equivalências, e, por outro lado, não aprovara nem divulgara quais as entidades públicas ou privadas acreditadas para fazerem concorrencialmente as ações de formação em causa[1174].

De acordo com a AdC, a OTOC abusou da posição dominante que detém no mercado da formação dos TOC na medida em que através dos seus comportamentos utiliza as "possibilidades que decorrem da sua posição dominante para auferir vantagens que não obteria numa situação de concorrência praticável e suficientemente eficaz[1175]".

Estes comportamentos traduzem-se, em particular, no facto de a OTOC:

(i) Segmentar de forma artificial o mercado da formação em dois tipos de cursos que, na prática, podem não diferir em termos de conteúdo;
(ii) Colocar como requisito de admissibilidade de cursos de natureza profissional, ministrados por outras entidades formadoras, que os mesmos detenham uma carga letiva superior a 16 horas;
(iii) Decidir, mediante critérios pouco claros e objetivos, que entidades se poderão inscrever como formadoras (e, como tal, como suas concorrentes no mercado em causa), no âmbito do sistema de controlo de qualidade da atividade destes Técnicos;
(iv) Decidir que ações de formação ministradas por outras entidades, já por si inscritas como formadoras, poderão ser utilizadas para efeitos de atribuição de créditos;
(v) Cobrar a essas outras entidades um quantitativo, quer pelo seu processo de inscrição como formadoras (€200), quer pelo de equiparação de cada uma das ações que pretendam ministrar (€100)[1176].

No ponto 355 da sua decisão, a AdC afirma que "o facto de a OTOC concorrer, enquanto entidade formadora, num mercado que ela própria

---

[1174] Cf. Decisão da AdC, *OTOC*, pontos 9 e 10.
[1175] Cf. Decisão da AdC, *OTOC*, ponto 316.
[1176] Cf. Decisão da AdC, *OTOC*, ponto. 317.

segmentou, de forma artificial, e em que é ela que decide quais as entidades que consigo podem concorrer e em que termos, segundo critérios pouco transparentes, cobrando-lhes taxas, quer pelo acesso a esse mercado, quer pelo exercício da sua atividade, resulta proibida pelo artigo 6º, nº 1, da Lei nº 18/2003, bem como do artigo 102º do TFUE".

A decisão da AdC é, a nosso ver, criticável por um conjunto de razões que têm que ver com a falta de fundamentação no que respeita ao suposto abuso de posição dominante. É verdade que as práticas descritas sugerem, aparentemente, uma tentativa de monopolização do mercado da formação do TOC por parte da OTOC. No entanto, não é aconselhável adotar uma abordagem *per se* em sede de aplicação do regime jurídico dos abusos de posição dominante. Muitas vezes um comportamento aparentemente restritivo da concorrência pode, na realidade, originar eficiências que o compensem e ser benéfico para os consumidores. Do mesmo modo, embora um conjunto de fatores enunciados na decisão sugira que a OTOC dificultava ilegitimamente a concorrência por parte de outras entidades, esperava-se que, num período pós reforma da aplicação do artigo 102º TFUE, a AdC não se dispensasse de levar a cabo uma análise centrada nos efeitos da prática ao aplicar o artigo 102º TFUE.

REFERÊNCIAS BIBLIOGRÁFICAS

Obras

American Bar Association (ABA) Section of Antitrust Law, *Market Power Handbook– Competition Law and Economic Foundation (Section of Antitrust Law)*, 2005

Bork, Robert H., *The Antitrust Paradox – A policy at war with itself*, The Free Press, 1978

Elhauge, Einer and Geradin, Damien, *Global Competition Law and Economics*, Hart Publishing, 2007

Erik Osterud, *Identifying Exclusionary Abuses by Dominant Undertakings under EU Competition Law – The Spectrum of Tests*, International Competition Law Series, Wolters Kluwer, 2010

Etro, Federico e Kokkoris, Ioannis, *Competition Law and the enforcement of Article 102*, Oxford University Press, 2010

Ezrachi, Ariel (Ed.), *Article 82EC: Reflections on its Recent Evolution*, Studies of the Oxford Institute of European and Comparative Law, Hart Publishing, Vol 12, 2009

Ezrachi, Ariel, *EU Competition Law: An Analytical Guide to the Leading Cases – Second Edition*, Hart Publishing, 2010

Faull, Jonathan e Nikpay, Ali ((Ed.), *The EC Law of Competition*, Second Ed., Oxford, 2007

Hawk, Barry E. (Ed.), 2009 Fordham Competition Law Institute 000 International Antitrust Law and Policy, 2010, Juris Publishing, Inc.

Lyons, Bruce (Ed.), Cases in European Competition Policy – The Economic Analysis, Cambridge University Press, 2009

Jones, Alison e Sufrin, Brenda, EU Competition Law, Fourth Ed., OUP, 2011

Mackenrodt, Mark Oliver, Conde Gallego, Beatriz and Enchelmaier, Stefan, Abuse of Dominant Position: New interpretation, New Enforcement Mechanisms?, MPI Studies on Intellectual Property, Competition and Tax Law, Springer, 2008

Mankiw, N. Gregory, *Principles of Economics*, Second Ed., Harcourt, 2000

Mateus, Abel e Moreira, Teresa (Ed.), Competition Law and Economics – Advances in Competition Policy Enforcement in the EU and North America, EE, 2010

Motta, Massimo, *Competition Policy – Theory and Practice*, Cambridge, 2004

Moura e Silva, Miguel, *Direito da Concorrência – uma introdução jurisprudencial*, Almedina, 2008

Moura e Silva, Miguel, *O Abuso de Posição Dominante na Nova Economia*, Almedina, 2010

Niels, Gunnar, Jenkins, Helen e Kavanagh James, *Economics for Competition Lawyers*, Oxford, 2011

O'Donoghue, Robert and Padilla, Jorge, *The Law and Economics of Article 82 EC*, Hart Publishing, 2006

Pace, Lorenzo Federico, European Competition Law: The Impact of the Commission's Guidance on Article 102, Edward Elgar, 2011

Pinto Monteiro, Luís, *A Recusa de Venda em Licenciar Direitos de Propriedade Intelectual no Direito da Concorrência*, Almedina, 2010

Ritter, Lennart, Braun, W. David, Rawlinson, Francis, *European Competition Law: A practitioner's guide*, Second Ed., Student Edition, Kluwer Law International, 2000

Rousseva, Ekaterina, *Rethinking Exclusionary Abuses in EU Competition Law*, Hart Publishing, 2010

Simon Bishop and Mike Walker, *The Economics of EC Competition Law: Concepts, Application and Measurement*, University Edition, Sweet & Maxwell, 2010

Wish, Richard, *Competition Law*, Sixth Ed, 2008, Oxford

Wish, Richard e Bailey, David, *Competition Law*, Seventh Ed., 2012, Oxford

Artigos

Ahlborn, Evans and Padilla, *The antitrust economics of tying: a farewell to per se illegality*, in The Law and Economics of tying, no. 1, Nov 2006

Anderman, Steven, *The Epithet That Dares Not Speak its Name: The Essential Facilities Concept in Article 82 EC and IPRs after the Microsoft case* in Article 82 EC and its recent developments, Hart Publishing, Ed. Ariel Ezrachi, 2009

Areeda, Philip and Turner, Donald, *Predatory Pricing and Related Practices under Section 2 of the Sherman Act*, Harvard Law Review, Vol. 88, 4, 1975

Bishop, Simon, *Delivering benefits to consumers or per se illegal?: Assessing the competitive effects of loyalty rebates*, in The Pros and Cons of Price Discrimination, Konkurrensverket, 2005

Carlton, Dennis and Waldan, Michael, *The Strategic Use of Tying to Preserve and Create Market Power in Evolving Industries*, 2002, 33, RAND Journal of Economics 194-220

Choi, Jay P and Stefanidis, C., *Tying, Investment, and the Dynamic Leverage Theory*, 2001, 32 RAND Journal of Economics 52

Cournot, A., *Recherches sur les Principes Mathématiques de la Théorie des Richesses*, Paris, Hachette, 1838

Evans, David S., *Two-Sided Market Definition*, disponível em: http://www.ssrn.com

Evans, David and Noel, M., *Analysing Market Definition and Power in Multi-sided Markets*, 2005, disponível em: http://www.ssrn.com

Evans, David, Padilla, Jorge and Salinger, Michael, *A Pragmatic Approach to Identifying and Analyzing Legitimate Tying Cases*, European Competition Law Annual 2003: What is an Abuse of a Dominant Position?, The Robert Schuman Centre at the European University Institute, 2006, Hart Publishing

Gerard, Damien, *Price Discrimination under Article 82 c) EC: Clearing up the Ambiguities. GCLC Research Papers on Article 82 EC – July 2005*

Geradin, Damien, *Refusal to Supply and Margin Squeeze: A Discussion of Why* the *"Telefónica Exceptions" are wrong*, 29.1.2011., disponível em: http://www.ssrn.com

Geradin, Damien, *Limiting the scope of Article 82 EC: What Can The EU Learn From the US Supreme Court's Judgment in Trinko, in the Wake of Microsoft, IMS and Deutsche Telekom?*, 2004, 41, Common Market Law Review 1519, 1530

Geradin, Damien, *The necessary limits to the control of "excessive" prices by competition authorities – A view from Europe*, pág 9, disponível em http://www.ssrn.com

Geradin, Damien e Petit, Nicolas, *Price Discrimination under EC Competition Law: The Need for a case-by-case Approach*, GCLC Working Paper 07/05

Geradin, Damien e O'Donoghue, Robert, *The Concurrent Application of Competition Law and Regulation: the Case of Margin Squeeze Abuses in the Telecommunications Sector*, GCLC Working Paper 04/05, p. 50

Geradin, Damien, Hofer, P., Louis, Fr., Petit N. and Walker, M. *The Concept of dominance*, GCLC Research Papers on Article 82 EC, College of Europe, 2005

González Dias, F. Enrique and Padilla, Jorge, *The linkLine Judgment – A European perspective*, in GCP, disponível em http://www.globalcompetitionpolicy.org

Gyselen, Luc, Rebates – *Competition on the Merits or Exclusionary Practice*, in European Competition Law Annual 2003, What is an Abuse of a Dominant Position?, 2006, Hart Publishing

Graf, Thomas, *How indispensable is indispensability*, 18.4.2011, in www.kluwercompetitionlawblog.com

Harris, BC and Simon, JJ, *Focusing Market definition: how much substitution is necessary?* (1989) 12 Research in Law and Economics, 207-26

Humpe, Christophe and Ritter, Cyril, *Refusal to Deal, GCLC Research Papers on Article 82 EC – July 2005*

Lianos, Ioannis, *Categorical Thinking in Competition Law and the effects-based approach in Article 82*, in Article 82 EC: Reflections on its Recent Evolution, Hart Publishing, Oxford

Monti, Giorgio, *Article 82 EC: What Future for the Effects-based Approach?*, Journal of European Competition Law & Practice, 2010, Vol 1, No.1

Muller, Ulf and Rodennhausen, Anselm, *The Rise and Fall of the Essential Facilities Doctrine*, 2008, European Competition Law Review

Kellezi, Pranvera, *Rhetoric or Reform: Does the Law of Tying and Bundling Reflect the Economic Theory?*, in Article 82 EC: Reflections on its Recent Evolution, Studies of the Oxford Institute of European and Comparative Law, Hart Publishing, 2009

Kuhn, Kai-Uwe and Van Reenen, John, *Interoperability and market foreclosure in the European Microsoft case*, in Lyons, Bruce (Ed.), Cases in European Competition Policy – The Economic Analysis, Cambridge University Press, 2009

Martinez Lage, Santiago and Allendesalazar, Rafael, *Community Policy on Discriminatory Pricing: A practicioner's perspective*, European Competition Law Annual 2003: What is an Abuse of a Dominant Position, 2006, Hart Publishing

Miguel de la Mano (Economista Chefe da DG COMP), *Competitive effects of rebates: Seeking economic and legal consistency*, Conferência CRA 8.12.2010. disponível em: http://www.crai.com/

Motta, Massimo and de Streel, Alexander, *The Pros and Cons of High Prices, Excessive Prices in Competition Law: Never say Never?*, Konkurrensverket, 2007

Motta, Massimo and *de Streel, Alexandre, Excessive Pricing in Competition Law: Never Say Never?* in *The Pros and Cons of High Prices*, Konkurrensverket, 2007

Motta, Massimo and de Streel, Alexander, *Excessive Pricing and Price Squeeze under EU Law*, in *What is an abuse of dominant position?*, Hart Publishing, 2006

Nalebuff, Barry, *Bundling, Tying, and Portfolio Effects*, DTI Economics Paper No 1, Part 1 Conceptual Issues, Yale University

Motta, Massimo, *Michelin II – The treatment of rebates*, in Lyons, Bruce (Ed.), *Cases in European Competition Policy – The Economic Analysis*, Cambridge University Press, 2009

Nalebuff, Barry, *Bundling as an Entry Barrier*, 2004, 119, *The Quarterly Journal of Economics*, 159-87

O'Donoghue, Robert & Macnab, Louise, *Dominant Firm's Duties to deal with Pharmaceutical Parallel Traders Following Glaxo Greece*, Competition Policy International, Volume 5, Number 1, Spring 2009

Schnichels, Dominik, *The Application of European Competition Law to the Pharmaceutical Sector – Some Personal Thoughts*, International Antitrust Law & Policy, 2009 Competition Law Institute

Temple Lang, John, *Defining Legitimate Competition: Companies' Duties to Supply competitors and Access to Essential Facilities*, 1994, Fordham International Law Journal 437-488

Temple Lang, John, *The principle of essential facilities in European Community Competition Law– The Position since Bronner*, 2000, 1, Journal of Network Industries 395, 397

Temple Lang, John, *Practical Aspects of Aftermarkets in European Competition Law*, CPI, Vol 7, No 1, Spring 2011

Temple Lang, John and O'Donoghue, Robert, *Defining Legitimate Competition: how to clarify pricing abuses under article 82 EC*, Vol. 26, cit., Fordham Int'l L.J., 2002-2003

Temple Lang, John and O'Donoghue, Robert, *The Concept of an Exclusionary Abuse under Article 82 EC*, GCLC Research papers on Article 82 EC – July 2005

Veljanovski, Cento, Presentation to C5 Advanced Forum on Telecommunications Law & Regulation, 26 May, London

Whinston, Michael, *Tying, Foreclosure and Exclusion* (1990) 80 American Economic Review 837

Williams, Mark, *Excessive Pricing, in The Pros and Cons of High Prices*, Konkurrensverket, 2007

ÍNDICE

AGRADECIMENTOS	7
PREFÁCIO	9

Capítulo 1. INTRODUÇÃO	11
1. Apresentação e âmbito	11
2. Os benefícios da concorrência e o regime jurídico dos abusos de posição dominante	13
3. Os sujeitos do regime jurídico dos abusos de posição dominante	15
4. O processo de reforma e modernização da aplicação do artigo 102º TFUE	17
5. Plano da obra	19

Capítulo 2. MERCADO RELEVANTE	21
1. Introdução	21
1.1 Considerações gerais	21
1.2 Razão de ordem	23
2. Mercado relevante de produto	24
2.1 Considerações gerais	24
2.2 Substituibilidade do lado da procura	25
2.3 O teste do monopolista hipotético	26
2.4 Elasticidade da procura	28
2.5 Perda Crítica	29
2.6 A falácia do Celofane	29
2.7 A prática da Comissão Europeia na definição de mercados em processos de abusos de posição dominante	32
2.8 Fatores tidos em consideração para demonstrar a substituibilidade	33
2.9 Cadeias de substituição	35
2.10 Substituibilidade do lado da oferta	38

2.11 Concorrência potencial ... 40
3. Mercado relevante geográfico ... 41
  3.1 Considerações gerais ... 41
  3.2 Fluxos transfronteiriços e custos de transporte ... 42
  3.3 Fatores tidos em consideração para demonstrar a substituibilidade geográfica ... 44
  3.4 Exemplos de delimitações de mercados geográficos ... 45
4. Temas específicos respeitantes à definição do mercado relevante ... 46
  4.1 O mercado temporal ... 46
  4.2 Mercados com dois lados ... 47
  4.3 Subtituibilidade apenas de um lado ... 49
  4.4 Produtos substitutos e produtos complementares ... 50
  4.5 Mercados secundários ... 51
  4.6 Pacotes de produtos ... 55

Capítulo 3. POSIÇÃO DOMINANTE ... 59
1. Introdução ... 59
2. Noção de posição dominante ... 60
3. Posição dominante individual ... 63
  3.1 Posição no mercado da empresa e dos seus rivais ... 64
    3.1.1 Cálculo de quotas de mercado ... 65
    3.1.2 Quotas de mercado e produtos diferenciados ... 65
    3.1.3 Presunções resultantes de limiares de quotas de mercado? ... 66
      3.1.3.1 Quotas de mercado superiores a 50% ... 66
      3.1.3.2 Quotas de mercado inferiores a 50% mas superiores a 40% ... 68
      3.1.3.3 Quotas de mercado inferiores a 40% ... 68
      3.1.3.4 Quotas de mercado elevadas que podem não corresponder a uma posição dominante ... 69
  3.2 A existência de barreiras à expansão ou à entrada ... 70
  3.3 Poder negocial dos compradores ... 76
4. Posição dominante coletiva ... 77
5. Temas específicos respeitantes à posição dominante ... 79
  5.1 Posição superdominante ... 79
  5.2 Parceiro comercial obrigatório ... 81
  5.3 Posição dominante e mercados vizinhos ... 82
  5.4 Posição dominante enquanto comprador ... 83
  5.5 Poder de mercado transitório ... 84

Capítulo 4. CONCEITO DE ABUSO DE POSIÇÃO DOMINANTE	87
1. Introdução	87
2. Abusos de Exploração	88
3. Abusos de Exclusão	89
3.1 A natureza objetiva do conceito de abuso	90
3.1.1 A questão da imputação subjetiva do ilícito no direito nacional	92
3.2 Efeito sobre a manutenção ou desenvolvimento da concorrência	93
3.2.1 Efeito concreto ou meramente potencial?	94
3.2.2 Prejuízo para o consumidor	99
3.3 Meios diferentes daqueles que regem umam concorrência normal com base nas prestações das empresas	101
3.4 Responsabilidade especial da empresa dominante	105
3.5 Nexo de causalidade entre a posição dominante e o abuso?	107
3.6 A relação entre o artigo 102º TFUE e o artigo 11º da Lei nº 19/2012	109
3.6.1 O regulamento CE 1/2003	109
3.6.2 A jurisdição do artigo 102º TFUE e do artigo 11º da Lei nº 19/2012	109
3.6.2.1 A afetação do comércio entre os Estados-Membros	110
3.6.2.2 Uma parte substancial do mercado interno	112
3.6.3 A lista do artigo 102º TFUE e do artigo 11º da Lei nº 19/2012	113
3.7 Consequências da violação do artigo 102º TFUE e do artigo 11º da Lei nº 19/2012	115
3.8 A relação entre os artigos 101º e 102º TFUE e entre os artigos 9º e 11º da Lei nº 19/2012	117
4. Justificação Objetiva	118
4.1 Ónus da prova	120
4.2 Justificações mais frequentes	120
Capítulo 5. RECUSA EM CONTRATAR	127
1. Introdução	127
1.1 Considerações gerais	127
1.2 Razão de ordem	129
1.3 O dever de fornecer um concorrente	129
1.3.1 A necessidade de uma ponderação cuidada do impacto nos incentivos das empresas	129
1.3.2 As circunstâncias em que a recusa pode ser ilícita	132
1.4 Recusa de venda implícita	134
1.5 As disposições da Lei nº 18/2003 relativas à recusa de venda	135

1.6 A proibição da recusa de venda na Lei nº 19/2012 e no
artigo 102º TFUE 137
2. Recusa de venda a concorrentes 138
 2.1 A prática das instituições europeias 138
  2.1.1 Commercial Solvents 138
  2.1.2 Telemarketing 139
  2.1.3 Volvo/Veng 140
  2.1.4 Magill 141
  2.1.5 Ladbroke 142
  2.1.6 Oscar Bronner 143
  2.1.7 IMS Health 145
  2.1.8 Microsoft 146
  2.1.9 Clearstream 149
  2.1.10 Conclusões quanto à jurisprudência europeia 150
 2.2 Recusa de fornecimento e a reforma do artigo 102º TFUE 151
 2.3 A experiência nacional – o processo Condutas 154
  2.3.1 A decisão da AdC 155
  2.3.2 A Sentença do TCL 156
  2.3.3 O Acórdão do TRL 158
3. Os elementos do abuso de posição dominante por recusa
 de fornecimento a concorrentes 158
 3.1 Posição dominante 159
  3.1.1 Dois mercados 159
  3.1.2 Presença da empresa dominante em ambos os mercados? .. 161
 3.2 Recusa em contratar 162
 3.3 Indispensabilidade do input para a concorrência num mercado
  relacionado 162
 3.4 Eliminação da concorrência 164
 3.5 Prejuízo para o consumidor 165
 3.6 Inexistência de justificação objetiva 165
 3.7 O requisito das "circunstâncias excecionais" nos casos de direitos
  de propriedade intelectual 167
4. Recusa de fornecimento a não concorrentes 169
 4.1 Recusa de fornecimento nas relações com distribuidores
  ou revendedores 169
 4.2 Recusa de fornecimento para prevenir o comércio paralelo 172

Capítulo 6. COMPRESSÃO DE MARGENS 177
1. Introdução 177
 1.1 Considerações gerais 177

1.2 Razão de ordem	180
1.3 A compressão de margens como um tipo de abuso de posição dominante autónomo	180
1.3.1 Compressão de margens como recusa de fornecimento implícita	180
1.3.2 A autonomização da compressão de margens como abuso de posição dominante	183
1.4 Os custos a ter em conta	185
1.5 Compressão de margens e regulação	187
1.5.1 O critério da margem de manobra	187
1.5.2 A existência prévia de uma obrigação regulamentar que impõe a obrigação de fornecimento	190
1.6 A compressão de margens no artigo 102º TFUE e na Lei nº 19/2012	191
2. Prática das instituições europeias	192
2.1 National Carbonising	192
2.2 Napier Brown/ British Sugar	193
2.3 Industrie des Poudres Sphériques	196
2.4 Deutsche Telekom	198
2.5 Telefónica	203
2.6 TeliaSonera	204
2.7 Conclusões quanto à prática das instituições europeias	211
2.8 A compressão de margens e a reforma do artigo 102º TFUE	212
3. Prática nacional – o caso Banda Larga	213
4. Os elementos do abuso de posição dominante por compressão de margens	216
4.1 Integração vertical	216
4.2 Posição dominante no mercado a montante	217
4.3 Efeito anticoncorrencial	218
4.4 Inexistência de justificação objetiva	218
Capítulo 7. PREÇOS PREDATÓRIOS	219
1. Introdução	219
1.1 Considerações gerais	219
1.2 Razão de ordem	220
1.3 A deteção de um preço predatório	221
1.4 Classes de custos	224
1.5 Recuperação das perdas	225
1.6 O direito de acompanhar os preços dos concorrentes	227
1.7 O operador hipoteticamente tão eficiente como a empresa dominante	229
1.8 Razões procompetitivas para preços abaixo de custos	230
1.8.1 Perdas inevitáveis no lançamento de novos produtos	230

1.8.2 Campanhas promocionais	232
1.8.3 Outras razões procompetitivas para fixar os preços abaixo dos custos	233
1.9 Preços predatórios aplicados a grupos-alvo de consumidores	235
1.10 Reduções seletivas de preços	236
1.11 A proibição de preços predatórios no artigo 102º TFUE e no artigo 11º da Lei nº 19/2012	238
2. A prática das instituições europeias	239
2.1 AKZO	239
2.2 Tetra Pak II	242
2.3 Compagnie Maritime Belge	244
2.4 France Telecom	247
2.5 Post Danmark	250
2.6 Conclusões quanto à prática europeia	253
2.7 Preços predatórios e a reforma do artigo 102º TFUE	254
3. A prática nacional – o caso Myzoncard	258
4. Os elementos do abuso de posição dominante por prática de preços predatórios	261
4.1 Posição dominante no mercado onde é levada a cabo a prática ou num mercado adjacente	261
4.2 Sacrifício e efeito anticoncorrencial	262
4.3 Inexistência de uma justificação objetiva	264
5. Subsidiação cruzada	266
Capítulo 8. VENDAS SUBORDINADAS E AGRUPADAS	269
1. Introdução	269
1.1 Considerações gerais	269
1.2 Razão de ordem	271
1.3 Conceitos-chave	272
1.4 Efeitos anticoncorrenciais das vendas ligadas	273
1.5 Razões procompetitivas para vendas ligadas	277
1.6 Evolução do enquadramento jurídico das vendas ligadas: da ilegalidade per se ao predomínio da *rule of reason*	281
1.7 A proibição da venda ligada no artigo 102º TFUE e no artigo 11º da Lei nº 18/2012	282
2. A prática das instituições europeias	284
2.1 Hoffman-La Roche	284
2.2 Napier Brown/ British Sugar	285
2.3 Hilti	286
2.4 Tetra Pak	289

2.5 Microsoft	291
2.6 Conclusões quanto à prática das instituições europeias	295
2.7 Vendas ligadas e a reforma do artigo 102º TFUE	296
3. A prática nacional	296
3.1 Sugalidal	296
3.2 MyZoncard?	298
4. Os elementos do abuso de posição dominante por venda ligada	300
4.1 Posição dominante no mercado do produto subordinante	301
4.2 Produtos distintos	301
4.3 Efeito de encerramento anticoncorrencial	303
4.3.1 Venda subordinada e venda agrupada	304
4.3.2 Desconto multiproduto	305
4.4. Inexistência de justificação objetiva	306
Capítulo 9. DISCRIMINAÇÃO ABUSIVA	307
1. Introdução	307
1.1 Considerações gerais	307
1.2 O âmbito da proibição de discriminação abusiva	309
1.3 Razão de ordem	312
1.4 As condições para a discriminação	312
1.5 Efeitos da discriminação de preços	314
1.6 Efeito restritivo de primeira linha ou horizontal e de segunda linha ou vertical	315
1.7 A relevância da distinção entre casos de efeito horizontal e casos de efeito vertical	316
1.8 A discriminação abusiva na Lei nº 19/2012	320
2. A prática das instituições europeias	320
2.1 Principais processos	320
A. Discriminação por empresas verticalmente integradas	322
2.1.1 Deutsche Bahn	322
2.1.2 Irish Sugar	323
2.1.3 Deutsche Post	325
2.1.4 Clearstream	327
2.1.5 BdKEP	329
2.1.6 Conclusões	330
B. Discriminação por empresas não verticalmente integradas	331
2.1.7 United Brands	331
2.1.8 Corsica Ferries	332
2.1.9 Aeroportos Belgas	333
2.1.10 Aeroportos de Paris	334

2.1.11 Aeroportos de Espanha	335
2.1.12 Aeroportos Portugueses	336
2.1.13 Conclusões	338
C. Discriminação com efeitos horizontais e verticais (sem integração vertical)	339
2.1.14 British Airways	239
2.1.15 Solvay	341
2.1.16 Conclusões	343
3. A prática nacional	344
3.1 Banda Larga	344
3.2 Circuitos	348
3.2.1 A decisão da AdC	348
3.2.2 A Sentença do TCL	350
3.3 Conclusões quanto à prática nacional	352
4. Os elementos do abuso de posição dominante por discriminação abusiva	353
4.1 Posição dominante	354
4.2 Prestações Equivalentes	354
4.3 Condições Desiguais	356
4.4 Desvantagem na concorrência	356
4.5 Inexistência de uma justificação objetiva	357
Capítulo 10. ACORDOS EXCLUSIVOS E DESCONTOS CONDICIONAIS	359
1. Introdução	359
1.1 Considerações gerais	359
1.2 Razão de ordem	361
2. Acordos de compra exclusiva	361
2.1 Considerações gerais	361
2.2 Exclusividade e equivalência à exclusividade	363
2.3 Cláusulas inglesas	364
2.4 Principais efeitos dos acordos de compra exclusiva	364
2.5 Acordos de compra exclusiva no artigo 102º TFUE e na Lei nº 19/2012	366
2.6 Prática das instituições europeias	366
2.6.1 Principais processos	366
2.6.1.1 Suiker Union	366
2.6.1.2 Hoffman-La Roche	368
2.6.1.3 BPB Industries	369
2.6.1.4 Almelo	370
2.6.1.5 Van den Bergh Foods	371
2.6.1.6 Solvay	373
2.6.1.7 Tomra	374

2.7 Conclusões quanto à jurisprudência relativa a acordos de compra exclusiva	376
2.8 Acordos de compra exclusiva e a reforma do artigo 102º TFUE	377
3. Descontos condicionais	380
3.1 Considerações gerais	380
3.2 Principais categorias de descontos	381
3.3 Principais efeitos dos descontos condicionais	382
3.4 Os descontos no artigo 102º TFUE e na Lei nº 19/2012	383
3.5 Prática das instituições europeias	384
3.5.1 Principais processos	384
3.5.1.1 Hoffman La-Roche	384
3.5.1.2 Michelin I	385
3.5.1.3 Irish Sugar	388
3.5.1.4 British Airways	390
3.5.1.5 Michelin II	394
3.5.1.6 Solvay	397
3.5.1.7 Intel	399
3.5.1.8 Tomra	401
3.6 Conclusões quanto à prática europeia	403
3.7 Descontos condicionais e a reforma do artigo 102º TFUE	405
4. Os elementos do abuso de posição dominante resultantes da exclusividade	409
4.1 Posição dominante	409
4.2 Exclusividade e efeito de encerramento anticoncorrencial	410
4.3 Inexistência de justificação objetiva	411
CAPÍTULO 11. PREÇOS EXCESSIVOS	413
1. Introdução	413
1.1 Considerações gerais	413
1.2 Razão de ordem	415
1.3 Conceito de preços excessivos	415
A. O primeiro passo do teste da avaliação dos preços excessivos	416
1.3.1 Comparação entre custos e preços	416
1.3.1.1 O cálculo dos custos de produção	416
1.3.2 A determinação de uma margem excessiva	419
B. O segundo passo do teste da avaliação dos preços excessivos	422
1.3.3 Os preços não equitativos em si mesmos	422
1.3.4 Comparações de preços	424
1.3.4.1 Preços cobrados pelos mesmos produtos noutros mercados	424
1.3.4.2 Preços praticados por concorrentes	425

1.3.4.3 Preços históricos (da empresa dominante)	426
1.3.4.4 Preços cobrados noutros locais	
(comparação geográfica)	427
1.4 Principais objeções ao controlo de preços excessivos	428
1.5 Casos em que é mais provável a censura de preços excessivos ser adequada	430
1.6 Preços de compra excessivamente baixos	431
1.7 A proibição dos preços excessivos no artigo 102º TFUE e na Lei nº 19/2012	432
2. Prática das instituições europeias	432
2.1 General Motors	432
2.2 United Brands	433
2.3 British Leyland	435
2.4 Bodson	436
2.5 SACEM	436
2.6 Deutsche Post	438
2.7 Scippacercola	439
2.8 Port of Helsingborg	440
2.9 Rambus	442
2.10 Standard & Poors	443
2.11 Conclusões quanto à prática das instituições europeias	445
3. A prática nacional – Recomendação da AdC sobre preços de originação para números não geográficos	446
4. Os elementos do abuso de posição dominante por prática de preços excessivos	449
4.1 Posição dominante	450
4.2 Ausência de uma relação razoável do preço cobrado com o valor económico do produto	450
4.3 Inexistência de uma justificação objetiva	451
Capítulo 12. OUTROS ABUSOS	453
1. Introdução	453
2. Abusos estruturais	454
3. Aquisição de direitos de propriedade intelectual	455
4. Vexatious Litigation	456
5. Abuso de procedimentos regulados	459
6. Patent ambushes	464
7. A Decisão da AdC Ordem dos Técnicos Oficiais de Contas (OTOC)	464
REFERÊNCIAS BIBLIOGRÁFICAS	467